21世纪高等院校经济管理类规划教材

管理学

□ 周劲波　主编
□ 廖明岚　邹晓辉　副主编

人民邮电出版社
北　京

图书在版编目（CIP）数据

管理学 / 周劲波主编. -- 北京 : 人民邮电出版社, 2011.4（2013.8 重印）
21世纪高等院校经济管理类规划教材
ISBN 978-7-115-24048-4

Ⅰ. ①管… Ⅱ. ①周… Ⅲ. ①管理学－高等学校－教材 Ⅳ. ①C93

中国版本图书馆CIP数据核字（2010）第265306号

内 容 提 要

本书根据管理学的学科特点、基本要求，将管理活动的过程职能和专业职能结合起来，并兼顾管理的层级特征，形成一个三维的立体理论架构。在此基础上，阐述了管理学的基本原理、方法和技能。全书共分 9 章，包括绪论、管理理论发展史、管理环境与信息情报、决策、计划、组织、领导、控制和变革、创新与创业。每章内容包括教学目标、教学重点、教学难点、关键术语表（中英文对照）、管理名言、引导案例、章节正文、复习小结、案例分析、练习题、参考文献、网络资源和习题答案等模块。

系统学习本书后，能够全面了解管理理论和实务所面临的新挑战和新观念，深刻理解管理学的特点、三维立体结构和各大职能模块，熟练掌握管理的基本理论和相关的实务操作方法及技能。

本书体系严谨、内容全面、功能模块齐全，适合大学本科所有管理类专业的师生作为教材使用，也可作为各类机构管理者，尤其是企业管理者和有志于从事管理工作的人员的自学和参考用书。

21 世纪高等院校经济管理类规划教材

管 理 学

◆ 主　　编　周劲波
　副 主 编　廖明岚　邹晓辉
　责任编辑　武恩玉
◆ 人民邮电出版社出版发行　　北京市崇文区夕照寺街 14 号
　邮编　100061　　电子邮件　315@ptpress.com.cn
　网址　http://www.ptpress.com.cn
　大厂聚鑫印刷有限责任公司印刷
◆ 开本：787×1092　1/16
　印张：20.5　　2011 年 4 月第 1 版
　字数：505 千字　　2013 年 8 月河北第 2 次印刷

ISBN 978-7-115-24048-4

定价：36.00 元

读者服务热线：（010）67170985　印装质量热线：（010）67129223
反盗版热线：（010）67171154
广告经营许可证：京崇工商广字第 0021 号

前　言

近两年在全球范围内发生的经济危机，让我们更加深刻地认识到人类的各项实践活动，尤其是经济实践活动需要进行更加科学有效的管理。实践是人类用于改善世界的活动，而管理是人类用于改善实践的活动，所以管理可以理解为是对人类的实践的实践，要想改善人类的实践活动，就得改善人类的管理活动。

广义地来说，自从有了人类的实践活动以来，就有了管理活动，管理的思想和方法也就在管理实践活动中逐步地孕育和发展。但直到上世纪初，随着企业的发展壮大，科学研究方法的成熟和推广，系统的管理理论，即管理学才应运而生。管理学由对企业的管理实践的研究，扩展到对所有人类组织机构的管理实践的研究，形成了普遍适用于各类组织机构的管理学。管理学理论的应用小到由两个人构成的家庭组织，大到全球的人类组织，无论是日常生活当中，还是工作生产当中，只要有人类的实践活动，就都可以应用管理学的理论，所以系统地学习和研究管理学对于我们任何一个参与社会实践的人来说都是不可或缺的。

因为系统的管理学理论来源于对企业管理实践的研究，所以我们将以企业这一类组织作为最初的管理学研究的对象和载体，并进一步将其扩展到其他类型的组织机构当中。管理活动的职能模块可以概括为纵横两个维度。从管理活动进行过程的不同来划分，可以将管理划分为各个过程职能或程序职能，这些过程职能或程序职能包括：情报、决策、计划、组织、领导、控制和创新变革。这是做任何一项管理工作都要涉及的七个基本过程，对于每一个过程中应掌握的知识、理论、方法和技能，就构成了七个基本的管理过程模块。从管理活动作用对象的不同来划分，可以将管理活动划分为各个专业职能或领域职能。在企业管理中，这些专业职能或领域职能包括供应管理、运营管理、研发管理、营销管理、财务管理、人力资源管理和信息管理，这是任何一家企业的管理活动都要涉及的七个基本对象或领域，在其他的组织机构中也有类似的专业职能或领域职能模块。作为管理活动的对象或载体的组织机构，其结构特征是有层级性的，所以管理活动也是有其层级性的，任何组织机构都有基层管理、中层管理和高层管理三个层级，不同层级的管理活动之间既有其共性，又有其特殊性，这样由管理的纵横两个职能维度，加上管理的层级性维度，就得到了管理学的三维立体结构。本书就是在这一结构框架下进行编写的。以过程或程序职能作为写作的主线，并将专业或领域职能有机地联系起来编写，在每一个过程或程序职能中融入各个专业或领域职能的内容，同时兼顾到不同管理层级的特点，编写一部结构清晰，内容完整，功能齐全，可用于教学、自学、考试、评估的教材，使读者对管理学有一个系统和全面的把握，为读者进一步分专业或领域职能来学习各门课程打下良好的基础。

本书各章内容的功能模块包括：教学目标、教学重点、教学难点、中英文对照的关键术语表、管理名言、引导案例、章节正文内容、正文案例说明、复习小结、本章综合案例分析、练习题（选择题、判断题、名词解释、简答题、论述题或材料题）、参考文献、网络资源（网站名称和网址）、习题答案。理论部分主要参考国外权威教材的理论体系，结合中国的国情、文化和背景来进行编写。本书着力加强了案例部分，共有三个模块的案例内容：一是每章正文之前的引导案例，引导读者的兴趣，并对章节正文内容有一个感性的认识；二是为阐述章节正文中的相应理论而进行举例说明的案例，以便更好地让读者领悟理论知识；三是每章复习小结之后的综合案例分析，旨在提高读者应用本章所学理论来对实际案例进行分析、解决实际问题的能力。考虑到案例中所涉及的人名、地名、企业名称及相关的背景材料与中国学生的贴近程度问题，案例以有国内背景的企业案例为主，具体可分为如下几种情形：国内企业在国内运作，国外企业在国内运作，国内企业在国外运作。除了少数全球知名企业之外，一般不选用国外企业在国外运作的案例。这样就使得全书所选用的案例能够做到两个贴近：一是贴近理论；二是贴近读者。

本书由广西师范大学、桂林电子科技大学、桂林理工大学 3 所高校经验丰富的管理学原理课程的一线教师参与编写，具体分工如下：第 1 章，广西师范大学周劲波；第 2 章，桂林理工大学刘洁；第 3 章，广西师范大学顾淑红；第 4 章，广西师范大学廖明岚；第 5 章，桂林电子科技大学花均南；第 6 章，广西师范大学阳芳；第 7 章，广西师范大学邹晓辉；第 8 章，广西师范大学张晞；第 9 章，广西师范大学刘强。

由于我们的水平和经验有限，加之时间紧迫，书中难免有疏漏和错误。我们竭诚欢迎读者提出宝贵的批评和意见，帮助我们再版时能够得以改进。

周劲波

2010 年 10 月于桂林

目　录

第一章 绪 论

【教学目标】

1. 了解管理与管理学的含义、性质及管理过程的基本职能
2. 了解管理者的分类、管理者的基本素质
3. 掌握管理的基本原理和方法
4. 掌握管理、效率与效益、管理基本职能等基本概念
5. 掌握管理学的性质特点
6. 认识管理学的价值

【教学重点】

1. 管理的概念、职能与性质
2. 管理人员的角色与技能
3. 管理的基本职能
4. 管理的基本问题

【教学难点】

1. 管理的含义、特征
2. 管理学的性质
3. 管理学的研究方法
4. 管理学的学科地位

【关键术语】

管理（manage） 管理者（manager） 管理学（management）
组织（organization） 角色（role） 职能（function）

【管理名言】

管理是由心智所驱使的惟一无处不在的人类活动。

——〔美〕戴维·B·赫尔茨

综合起来，中国人的管理行为乃在于：一切求合理。

——〔中〕曾仕强

在人类的历史上，还很少有什么事比管理的出现和发展更为迅猛，对人类具有更为重大和更为激烈的影响。

——〔美〕彼得·德鲁克

卓越管理无止境，只有不断学习、不断留意世界的发展，管理者才有可能不断超越自己，为公司或组织开创美好的未来！

——〔美〕汤姆·比得斯

引导案例

“百年老店”的现代管理启蒙

北京同仁医院是一所以眼科闻名中外的“百年老店”。我们走进医院的行政大楼，会惊讶地发现大堂的指示牌上清楚地标明：五楼MBA办公室。详细了解后，原来目前该医院已经从北大清华聘请了11位MBA，另外还有一名学习会计的研究生，连医院的常务副院长毛羽也是一位留美归国的医院管理MBA。

根据我国加入世贸组织达成的协议，2003年，我国正式开放了医疗服务业。2002年初，圣新安医院管理公司对国内数十个城市的近30家医院及其数千名医院职工进行了调查访谈，得出结论：目前国内大部分医院还处于极低层次的管理启蒙状态，绝大多数医院并没有营销意识，普遍缺乏现代化经营管理常识。更为严峻的竞争现实是：医院提供的服务不属于那种单纯通过营销可以扩大市场规模的市场——医院不能指望通过市场手段刺激每年病人数量的增长。

内忧外患迫使同仁医院下定决心引进职业经理人并实施规模扩张，希望建立一套行政与技术相分离的现代医院管理制度。同仁显然是同行中的先知先觉者。2002年，医院领导层在职代会上对同仁医院的管理做过“诊断”：行政编制过大、员工队伍超编导致流动受限；医务人员的技术价值不能得到体现；管理人员缺乏专业培训，管理方式滞后；经营管理机构力量薄弱。同时他们开出“药方”：引入MBA，对医院大手笔改造，涉及岗位评价及岗位工资方案、医院成本核算、医院工作流程设计、经营开发等。

目前，几乎国内所有的医院都没有利润的概念，只计算年收入。但在国外，一家管理有方的医院，其利润率可高达20%。这也是外资对国内医疗市场虎视眈眈的重要原因。

同仁医院要在医院中引入现代市场营销观念、启动品牌战略和人事制度改革。树立“以病人为中心”的服务观念：以病人的需求为标准，简化就医流程，降低医疗成本，改善就医环境；建立长期利润观念，走质量效益型发展道路；适应环境、发挥优势、实行整合营销；通过扩大对外宣传、开展义诊咨询、开设健康课堂等活动形式，有效扩大潜在的医疗市场。

同仁所引进的MBA背景各异，绝大多数都缺乏医科背景。他们能否胜任医院的管理工作？医院职业化管理至少包括了市场营销管理、人力资源管理、财务管理、科研教学管理、全面医疗质量管理、信息策略应用及管理、流程管理等七个方面的内容。这些职能管理与医学知识相关但非医学专业。

同仁医院将MBA们“下放”到手术室3个月之后，悉数调回科室，单独辟出MBA办公室，以课题组的形式，研究医院的经营模式和管理制度。医院引入的企业化管理，主要包括医院经营战略、医疗市场服务营销、医院服务管理、医院成本控制、医院人力资源、医疗质量管理、医院信息系统和医院企业文化等内容。其中，医院成本控制研究与医院人力资源研究是当务之急。

几乎所有的中国医院都面临着成本控制的难题，如何堵住医院漏洞，进行成本标准化设计，最后达到成本、质量效益的平衡是未来中国医院成本控制研究的发展方向。另外，现有医院的薪酬制度多为“固定工资＋奖金”的模式，而由于现有体制的限制，并不能达到有效的激励效果，医生的价值并没有得到真实的体现，导致严重的回扣与红包问题。如何真正体现员工价值、并使激励制度透明化、标准化成为首要解决的难题。

这一切都刚刚开始。指望几名MBA就能改变中国医院管理的现状是不可能的。不过，医院管理启蒙毕竟已经开始，这就是未来中国医院管理发展的大趋势。

案例向我们展示了管理、管理职能、管理者的表现和作用，也让我们看到管理实践活动存在于一切组织类型当中，不光是企业，也包括各类社会组织和政府组织，在各类组织当中，管理有着一些共同的规律和特点，受过专业培养的 MBA 通用管理者，会成为职业管理者，可以在各类组织中担当起管理的重任，提高组织的绩效。本章从总体上阐述管理实践、管理职能和管理者的共性特性和规律，让读者对管理有一个全面而概要的了解。

第一节　管理的概念与特点

一、管理的含义

在现代社会中，管理可以说无时不在，无处不在。不管人们从事何种职业，人人都在参与管理：或管理国家、或管理企业，或管理家庭。国家的兴衰、企业的成败、家庭的贫富，无不与管理是否得当有关。因此，管理是一个广义的名词。它包括生产生活的方方面面，如政治管理、军事管理、城市管理、交通管理、教育管理、经济管理、企业管理等。虽然这些领域都有自己的具体对象，但在管理的含义上却有着共性，即一般意义上的管理实质。由于考察角度不同，人们对管理含义的解释也不尽相同，最主要有以下几种。

1. 赫伯特·A·西蒙（Herbert A. Simon）等认为：决策贯穿于管理的全过程和所有的方面；组织是由一些决策者构成的系统；决策正确与否直接关系到组织工作的成败。因此“管理就是决策”。

2. 哈罗德·孔茨（Harold Koontz）的定义是：管理就是设计和保持一种良好环境，使人们在群体里高效率地完成既定目标。

3. 小詹姆斯·H·唐纳利（James H. Donnelly）等认为：管理就是由一个或更多的人来协调他人活动，以便收到个人单独活动所不能收到的效果而进行的各种活动。

4. 亨利·法约尔（Henry Fayol）等人则认为：管理，就是实行计划、组织、指挥、协调和控制。

5. 路易斯·布恩（Lalis E. Boone）和戴维·克茨（Dawid Kurtz）认为：管理就是使用人力及其他资源去实现目标。

6. 彼得·德鲁克（Poter F. Druoker）认为：管理是一种以绩效责任为基础的专业职能。管理是一种实践，其本质不在于“知”而在于“行”；其验证不在于逻辑，而在于成果；其唯一权威就是成就。

7. 管理就是协调人际关系，激发人的积极性，以达到共同目标的一种活动。

8. 管理就是领导。

9. 管理就是经由他人完成任务。

上述各类定义，可以概括为三个方面的内容：首先，管理是计划、组织、控制、激励和领导五项基本活动。这五项活动也称为管理的五大基本职能；其次，管理是通过协调人力、物力和财力资源实现组织目标的活动，即围绕着组织目标使组织的各类资源的利用和谐化、同步化的活动；再次，管理是协调组织资源使组织成员更加高效率地达到组织目标的过程。

根据以上三个方面的内容，管理可以定义为：**管理是通过计划、组织、领导和控制等环节，协调人力、物力和财力资源以期有效地达到组织目标的过程。**

这一定义包含着以下七重含义：

1. 管理是一种有意识、有组织的群体活动，不是盲目无计划的、本能的活动；

2. 管理是围绕着某一共同目标进行的；

3. 管理是一个动态的协调过程，协调人与人之间的活动和利益关系，它贯穿于整个管理过程的始终；

4. 管理包括一系列相互关联的职能，即计划、组织、领导、控制等；

5. 管理工作强调有效合理地利用资源，确保组织的效率和效果；

6. 管理是在特定环境下开展工作的，有效的管理必须审时度势，根据环境的特点进行活动；

7. 管理是人类改造世界的实践过程，是一种特殊形态的实践活动。

二、管理的要素

管理是一项有组织的社会活动，它包括5个基本要素：管理主体、管理客体、管理目标、管理职能和管理手段。

1. 管理主体

管理主体是指从事管理活动的人员。组织中的管理主体由两类人构成：一类是根据组织既定目标将目标任务分解为各类管理活动、工作任务，并督促完成既定目标的人。这类人员通常是组织的核心人物，或者说是组织的高层管理人员；另一类是从事各方面具体管理活动的人。这类人员通常是组织中的骨干人物，即组织的中层管理人员和基层管理人员。没有他们，组织既定的目标难以实现。后者在成为管理主体的同时，又是前者管理活动的作用对象，即受前者领导和控制，从而执行前者分解的组织目标和任务。因此，后者既是管理活动的发出者，又是管理活动的收受者。也就是说，其既是管理的主体又是管理的客体。

2．管理客体

管理客体是指管理活动所作用的对象，即管理的收受者。从这个定义出发，管理的客体可以分为3类：

（1）组织中的一般成员。组织中的一般成员均是管理的客体，他们执行组织分配的工作任务，遵守一定的运行规则进行工作。

（2）组织中的其他资源。组织中的其他资源包括物质资源、信息资源、关系资源等，这些资源均是管理的客体，是管理的收受者，它们在管理的作用下经过特定的技术转换过程成为组织的产出物。

（3）与组织的扩张和发展相关的人力、财力、物力、信息和其他组织。这一类客体具有很大的不确定性，经常发生变动。

3．管理目标

管理目标是指管理活动的努力方向和所要达到的目的。凡是管理活动都必然有目标，尽管各种管理活动的主体不同、客体不同、内容不同、范围不同，甚至具体的目标也有很大差别，但都不会没有目标，否则，就不成为管理活动。

管理目标具有层次性。低层的管理目标是指一项具体的管理活动或管理工作的目标。如企业的利润管理就是要通过增加企业的销售收入，降低产品成本，以达到利润增加的目标；市场营销管理就是要通过市场调查，生产市场所需的产品，在满足消费者需求的基础上实现组织赢利的目标。这一层次的目标对于具体的管理活动或管理工作来说是非常重要、不可缺少的。因为管理活动若没有这一具体的目标，这个活动本身就没有存在的必要了。另外，低层的管理目标又是组织高层的管理目标规定下的产物，管理的终极目标就是组织最高层的战略目标。所以具体的管理活动或管理工作的目标若与组织高层目标相脱离，管理就不可能实现组织的最终目标。

4．管理职能

管理职能是指为了达到管理目标，管理者和管理对象之间用什么方式对管理活动进行计划、组织、领导和控制的问题，它是管理者和管理对象之间发生联系的纽带，是管理活动的主要体现。

5．管理手段

管理手段是指为了达到管理目标和实现管理职能，管理者所使用的作用于管理对象的管理方法和管理工具，以期提高管理效率和管理效能。

三、管理学特点

管理学与其它学科相比，有许多不同的特点。

1．一般性

管理学主要是研究管理活动中的共性原理和基础理论。既然是一般原理，它适用于一切企业组织和事业单位，不管是工厂、学校、政府、军队、服务机构、科研机构，还是社会团体，它们为了实现本单位的既定目标，都需要完成包括计划、组织、领导和控制等一系列的管理职能，协调各种关系。在特殊性中孕育着共性，需要管理学中共同普遍的原理和方法去指导。

2. 综合性

管理工作具有复杂性，它涉及到许多学科的知识，概括起来有哲学、心理学、人类学、社会学、政治学、经济学、历史学、伦理学、数学、统计学、运筹学、系统学、会计学、工艺学、教育学、法学、计算机科学等近20门科学。因此可以说管理学是一门交叉学科或边缘学科，它要在内容上和方法上综合利用上述学科的成果，才能发挥自己的作用，这就充分地体现了该学科的综合性。

3. 模糊性

管理工作本身既有科学性的一面，又有艺术性的一面，实际工作中所遇到的复杂因素，使它在研究方法上不同于数学和自然科学，很难完全量化，也难于在现实生活中找出绝对理想的最优管理方案，管理科学在整体上重视定性分析和定量分析相结合的方法，追求满意决策。因此从某种程度上讲，它是一门不精确的科学。这种提法并不是要贬低管理学研究的意义，而是要人们认识管理活动的特点，在学习管理理论的同时，更加重视管理的艺术性一面。因地、因时、因人制宜地创造适合自身组织的管理经验。

4. 实践性

管理学是为管理者提供管理的有用理论、原则、方法的实用学科，只有把管理理论同管理实践相结合，才能真正发挥这门学科的作用。如果把管理学仅仅停留在某些理论方面的研究，就失去了学科本身的作用。学习管理学应该全面结合国内外典型的案例分析，并且通过在实际工作中所取得的经济效益和社会效益来验证是否真正掌握了管理学的本质和精髓。

第二节　管理的性质与意义

一、管理的性质

1. 管理工作不同于作业工作

一个组织正常的运转需要有两类活动，即管理活动与作业活动，它们共存于同一组织中，确保组织目标的圆满完成。作业工作是指在组织中专门从事某项具体生产业务活动和专门技术工作的人员所进行的工作，他们大多位于一线，直接从事生产与技术工作；而管理工作则是为作业工作提供服务的活动，从本质上讲，就是通过他人并使他人同自己一起去完成组织的目标和任务。在通常的情况下，管理者大量的时间和精力主要用于计划安排、组织与领导以及检查控制等方面。需要说明的是，作业工作和管理工作虽然是相对独立的不同性质的工作，但这不意味着管理工作者不能去从事作业工作。例如，一位研究所所长直接参与重大科研工作，往往有利于促进与下属人员的沟通与理解，对工作起到一定的激励作用。但是，作为管理者要注意工作的主次。如果把大部分时间和精力都用于作业工作，那就等于忘记了管理者的身份，因而也不可能成为称职的管理者和有效的管理者。

2．管理是科学与艺术的统一

管理是一门科学，管理工作有其内在的规律性，同其它科学一样，管理的科学性表现在它是大量管理实践经验的升华，管理活动的基本规律以及从事管理活动的科学手段与方法，对从事任何管理工作均有重要的指导作用。管理工作者都要认真地学习它，掌握它的本质。孔茨认为“科学是经过整理的知识，任何科学的根本特点是运用科学的方法去发展知识，管理具有这个特点”。管理作为进行社会生产的必要条件，它的科学性同社会生产的规律性紧密相联，社会生产的规律性要求管理具有科学性。同时，管理形成了一套系统的理论和科学方法。它借助于现代科学技术和手段，利用系统的管理基本原理和科学方法，研究和探索人们如何有组织地、有效地实现既定目标，从中揭示管理活动的各种规律。管理在总结和概括反映客观规律的理论和方法的同时，也在不断地通过管理实践的结果验证和丰富理论本身。因此，管理的科学性，表现在它以反映管理客观规律的理论和方法为指导，有一套分析问题、解决问题的科学方法论等方面。

管理也是一门艺术，艺术的含义是指能够熟练地运用知识并且通过巧妙的技能来达到某种效果。而有效的管理活动正反映了此特点。在现实的管理实践中，仅仅掌握科学的管理理论和方法是不够的。任何管理理论并不能为所有的管理者提供解决一切问题的标准答案。管理工作者只有根据管理基本理论和基本方法，密切结合实际，根据实际情况的变化，运用自身的才智和丰富的实践经验，才能取得良好的管理成果。因为管理作为一门科学就像其他科学一样是不断地发展的，它本身还不够完善。同时，在现实生活中的管理问题千差万别，必须灵活运用管理理论，才能进行有效的管理。

管理的艺术性，即强调管理的实践性，没有实践则无所谓艺术。当然，最富有创造性的“艺术”总是以它对所借助科学的理解为基础的。因此，科学和艺术并不是相互排斥的，而是相互补充的。机械地搬用管理原理，难以从实际出发有效地达到管理的目标；但是，管理人员如果不掌握管理科学，只能是凭直觉或经验管理。因此，管理的科学性和艺术性反映了管理理论知识和灵活运用相结合的必要性。

二、管理的意义

1．管理是一种普遍的社会现象或文化现象

从理论上讲，人类的活动不但具有目的性，而且具有相互依存性，这一特征说明只有有效的管理才能协调人们共同的劳动，最大限度地发挥人力资源的作用，促进人类社会和文明的发展，同时也回答了为什么管理实践与人类历史同样悠久的原因，所以从理论上讲只要有人类实践活动的地方就有管理。管理可以称之为对人类实践的实践。

2．管理和技术是促进社会和经济发展的两只车轮

科学技术是生产力，已经成为人们的共识，但是科学技术和管理的发展从来就是相辅相成、缺一不可的。从人类历史的发展进程看，18世纪末，英国率先开展了第一次工业革命，资本主义得到了长足的发展，与生产和技术的发展相呼应，英国出现了一批如亚当·斯密、查尔斯·巴贝奇、罗伯特·欧文等优秀的经济学家和管理工作者，他们的理论又进一步指导和刺激生产和经济技术的发展，使英国在长达一个多世纪的时间里，充当了世界霸主的地位。

进入 20 世纪以来，英国人在管理上趋于保守和落后，而美国却后来居上。1911 年泰勒创立了科学管理理论，使西方国家的工业管理，从传统管理迈入了科学管理的轨道。随后在美国又创立并发展了管理的三大工程（工业工程、价值工程、系统工程）和行为科学理论，在很大程度上促进了工业生产和科学技术的迅猛发展，以致在 1953 年，英国不得不向美国派出第一个企业管理考察团，考察结果，主张引进美国的企业管理。英国人很有感慨地说："出现世界上第一个工厂的是英国，然而走了一百多年，还要从美国学企业管理。"原因是显而易见的，谁重视管理的革新，谁就能促进技术和经济的飞速发展。同样，第二次世界大战后，作为战败国的日本，在经济上取得高速的发展，也是因为他们在战略上以管理作为战后重建的中心。首先是认真系统地学习美国先进的管理经验，然后加以消化，结合本国情况和东方文化的特点，创造出一套具有日本特色的管理方法。20 世纪 70 年代以来，美国在某些方面也加入到向日本学习管理的行列中来了。

对于现阶段世界上大多数发展中国家来说，管理就更为重要。大量的事实说明，单是资金与技术方面的援助，并不能给这些国家带来发达和"造血"功能，问题几乎都出在他们缺乏有效的管理。有一些学者甚至认为：所谓发展中国家，并非是发展落后，而是管理落后。

通过对历史的回顾，我们不难看出：

（1）一个国家、一个地区科学技术的落后，固然是阻碍生产发展的重要因素，但是任何高新技术的运用并不一定都能自动形成很高的生产能力。许多国家的实践都证明，只有通过有效的管理，才能使科学技术真正转化为生产力。同时，管理工作本身与上层建筑有着密切的联系，一般情况下，往往滞后于生产力的发展，如果不加重视，反过来，就很可能成为发展生产力的制约因素。

（2）现代的社会化大生产不同于任何历史时期的小生产，管理工作的复杂性远远地超过某些单纯的技术工作和作业工作。因为现代化管理要求协调社会各个行业、各种专业、各类人员之间的相互关系，合理地运用有限的资源，调动各方面的积极性。如果管理不善，不仅会导致效率低下，甚至会阻碍社会和企业的发展。

3．中国加强管理的必要性

20 世纪 50 年代，我国全面学习前苏联的管理模式，实行高度集中统一的计划经济体制，对刺激国民经济的发展起到了重要作用；但是随着时间的推移，这一管理体制逐渐暴露出许多固有的弱点和问题，特别是我国经历了"文化大革命"的十年动乱，我国国民经济跌落到崩溃的边缘。正反两个方面深刻的经验和教训说明，只有改革、寻求适合中国特点的现代管理方式和方法，才是唯一的出路。邓小平同志提出的建设具有中国特色的社会主义市场经济，为我国今后的经济和社会发展指明了正确的方向，但是要实现这一伟大的目标，就必须不断地探索和实践，特别是管理的实践。我国作为发展中国家，资源短缺，特别是资金、能源、原材料短缺，往往成为限制经济可持续发展的重要因素。因此，如何将有限的资源进行合理的配置和利用，使其最大限度地形成有效的社会生产力，同时又不造成环境和生态的破坏，就必须探索和加强有效的管理。我国的未来要进一步发展市场经济，就需要不断地有选择地学习发达国家先进的管理理论、方法和手段，有步骤地进行管理体制和管理方法的改革。同时，我国在社会制度、文化传统、价值观念上和西方国家有很大的不同，这就需要我国的管理不但要学习他人，更要不断地创新和发展。我国有丰富的人力资源，他们聪明、勤劳，但多数人文化素质不高，如何有效地开发和利用这一庞大的人力资源，实施有效的管理，也是当前和今后所面临的重大课题。总之，我国未来社会和经济的可持续发展更需要现代化的管理。

第三节　管理的主体与职能

一、管理者的角色变化

1. 管理者角色

（1）谁是管理者

在明确谁是管理者之前，首先要弄清楚组织的含义是非常重要的。因为管理者都是在组织中工作的。

组织是指一种由人们组成的、具有明确目的和系统性结构的实体。各种组织，无论大小，都具有以下三个共同特征：①都有一个明确的目标；②都是由人组成的；③都形成了一种系统性的结构，用以规范和限制成员的行为。

管理者在组织中工作，但并非组织工作的每一个人都是管理者。组织中的成员可以分为两种类型：管理者和操作者。操作者是指直接从事某项工作或任务，不具有监督他人工作职责的人。例如汽车装配线上的装配工人，麦当劳店里烹制汉堡包的厨师等；而管理者是指挥别人活动的人，他们要为下属人员卓有成效的工作创造良好的环境，并实现预期的目标。根据管理者在组织中所处的层次不同，可以将管理者分为以下三种类型：基层管理者、中层管理者和高层管理者。

基层管理者可能被称为领班；中层管理者可能享有部门或办事处主任、项目经理、地区经理、部门经理的头衔；而高层管理者的头衔有总裁、副总裁、总经理、首席执行官等。

凡是管理者都要执行管理职能，但由于管理者在组织中所处的层次不同，他们在执行这些职能时也就各有侧重。就职能来说，随着管理者在组织中的晋升，他们从事更多的计划和更少的直接监督工作。所有管理者，无论他处于哪个层次上，都要制定决策，履行计划、组织、领导和控制职能，但不同层次的管理者他们花在每项职能上的时间不同。例如，高层管理者要考虑整个企业组织的设计，而基层管理者集中于工作小组的工作设计。

（2）管理者的角色

美国著名管理学家彼得·德鲁克 1955 年提出了“管理者的角色”理论，管理者的角色是指特定的管理行为范畴。彼得·德鲁克认为管理是一种无形的力量，这种力量是通过各级管理者体现出来的。

20 世纪 60 年代末，加拿大管理学家（Hanry Mintzbarg）亨利·明茨伯格对五位总经理的工作进行了一项仔细研究后，提出管理者在组织活动中扮演着 10 个不同的，但却高度相关的角色。明茨伯格将管理者的角色分为以下三个方面：人际关系角色、信息传递角色和决策制定角色。如表 1-1 所示。

表 1-1 明茨伯格的管理者角色理论

角色	描述	特征活动
	人际关系角色	
1. 挂名首脑	象征性的首脑，必须履行许多法律性或社会性的例行义务	迎接来访者，签署法律文件
2. 领导者	负责激励和动员下属，负责人员配备、培训和交往的职责	实际上从事所有的有下级参与的活动
3. 联络者	维护自行发展起来的外部接触和联系网络，向人们提供恩惠和信息	发感谢信，从事外部活动
	信息传递角色	
4. 监听者	寻求和获取各种特定的即时信息，以便透彻地了解组织与环境，作为组织内部和外部信息的神经中枢	阅读期刊和报告，保持私人接触
5. 传播者	将从外部和下级得到的信息传递给组织的其他成员——有些是关于事实的信息，有些是解释和综合组织的有影响的人物的各种价值观点	举行信息交流会，用打电话方式传达信息
6. 发言人	向外界发布有关组织的计划、政策、行动、结果等信息，作为组织所在产业方面的专家	举行董事会议，向媒体发布信息
	决策制定角色	
7. 企业家	寻求组织和环境中的机会，制定改进方案以发起变革，监督某些方案的策划	制定战略，检查会议执行情况，开发新项目
8. 混乱驾驭者	当组织面临重大的、意外的动乱时，负责采取补救行动	制定战略，检查陷入混乱和危机的时期
9. 资源分配者	负责分配组织的各种资源——事实上是批准所有重要的组织决策	调度、询问、授权，从事涉及预算的各种活动和安排下级的工作
10. 谈判者	在主要的谈判中作为组织的代表	参与工会的合同谈判

在明茨伯格的角色理论中，可以看出，不论何种类型的企业和在企业中的哪个层次上，管理者都扮演着相似的角色。但是，管理者的角色也是随着管理层次的变化而变化的，特别是传播者、挂名首脑、谈判者、联络者和发言人角色，对于高层管理者要比低层管理者更重要。明茨伯格的管理者的角色理论与计划、组织、领导和控制管理职能理论是一致的。首先，管理职能提供一种清晰的界限分明的方法，使我们能够对管理者从事的成千上万活动和用以实现组织目标的各种技术进行明确的分类；其次，虽然明茨伯格的管理角色的分类很详细，但是这些角色实质上与四种职能是一致的。许多角色基本上可以归入一个或几个职能中。比如，资源分配角色是计划职能的一部分，企业家角色也属于计划职能中的一部分；而所有人际关系角色都是领导职能的组成部分。

2. 管理者的角色变化

一般而论，管理者有十种角色，而在现实当中因为组织类型不同，组织内管理者的层次不同，所以管理者扮演这十种角色的侧重点是不同的。这就是管理者角色的变动。

（1）组织中的管理层次

一个组织可能很庞大，成员众多，而每个管理者的管理能力又是有限的，因此，组织内进行分工，进而划分管理的层次就十分必要。通过划分组织内的管理层次，可以使高一级的管理者通过委派工作给下一级管理者而减轻其压力，从而保证工作的有效性；另一方面使自己管理的下属保持合理数量，也使协调变得容易。

2009年诺贝尔经济学奖获得者奥利佛·威廉姆森（Oliver Williamson）教授曾提出"最优科层"的概念：假定组织有1000个专业化的成员，他们各自从事1000种不同的专业，组织用一个科层结构来组织分工。这个科层结构可以分成三层；即最高层是一个主管，他管十个部门的部长，每个部长管十个工作单位，每个工作单位负责人管十个专业成员；也可以只设一层，一个主管管1000个专业成员。

三层结构的坏处是管理人员多，工资开销大；而其好处是，每个层次负责人管的人较少，因而协调容易。一层结构的好处是管理人员的工资开销少，而坏处是协调困难，会导致组织效率的下降和损失。所以，"最优科层结构"就是折中这个两难的局面，找到一个最优层次数，因而使好处减去坏处的净利最大化。

事实上，一般组织通常都可以分成三个管理层次：决策层、中间层（或执行层）、操作层。

组织的层次划分通常呈现为金字塔式，即决策层的管理者少，执行层的管理者多一些，操作层的管理者更多。决策层的管理者有时又称为高层管理者，执行层的管理者称为中层管理者，操作层的管理者则称为基层管理者。

（2）管理者角色的变动

不同层次不同岗位的管理者，在组织运行中十种角色上扮演的频率、程度等方面均是不同的。高层管理者是一个组织总体战略的决策者并负责全面的管理工作，主要关注组织长期的生存、发展和总体有效性，也称为战略管理者。因此，高层管理者的主要角色是决策制定角色。中层管理者位于高层管理者和基层管理者之间，有时被称为战术管理者，负责将战略管理者制定的总目标和计划转化为更具体的目标和活动；中层管理者在人际关系角色、信息传递角色和决策制定角色三个方面的角色分配方面基本上是均等的，这也是由中层管理者既承上启下，又独当一面的特点所决定的；基层管理者，或称为作业管理者，是监督组织运作的低层管理者。他们实施中层管理者制定的具体计划，直接涉及组织内非管理人员及其具体的执行工作，主要是调动下属人员进行团队合作。因此对他们而言，人际关系角色是最重要的角色。

另外，处于不同管理层次中的管理者在计划、组织、领导和控制4个管理过程职能中所花费的时间和精力也是不同的。随着管理者在组织中的晋升，他们将花更多的时间用于计划工作和组织工作，用于直接从事督促和领导工作的时间随之减少，而用于控制工作的时间和精力则略有增加。

（3）组织规模对角色重要性的影响

组织规模是不同的，有的组织甚至大到有成千上万的成员，有的组织或许只有几个成员。尽管划分组织规模大小除了以成员多少为标准外，还可以以其他为标准，如企业的年销售收入、净资产规模，如医院的病床拥有量等。组织规模的不同，不同组织内的管理者角色的重要性也是不同的。

小组织管理者最重要的角色是发言人，这是因为小组织的管理者要花大量时间让他人认识本组织，花大量时间筹措资源，寻找新的机会促进组织发展。而大组织的管理者主要任务是处理内部资源的有效配置以获得最佳的资源配置效果。所以与大组织的管理者相比，小组织的管理者更可能是一个多面手，他的工作内容可能上至最高领导的必要工作，下至基层管理者的必要工作。

二、管理者的职能定位

管理职能是什么？学术界至今尚无完全统一的看法。法国管理大师亨利·法约尔在 1915 年提出管理的职能应包括计划、组织、指挥、协调、控制五项。后来，西方许多学者在此基础上，做了发展和补充，先后出现了所谓的三职能说、四职能说、五职能说、六职能说乃至七职能说。

尽管对管理职能的划分，有不同的理解和分类，但是大多数专家都认同：管理的基本职能就是管理工作所包括的几种基本活动的内容，其中有四项基本职能是多数专家所公认的，即计划、组织、领导和控制。

1. 计划。计划指在一定时间内，对组织预期目标和行动方案所做出的选择和具体安排。简单地说，计划涵盖了组织的目标和实现目标的途径，它是一切管理活动的前提，可以说离开了计划，其它管理职能就无法行使。有效的计划不仅为组织指明了发展的目标和方向，统一组织的思想，同时也为组织制定行动步骤提供了衡量的基点。它是名副其实的管理第一职能。

2. 组织。组织是从事管理活动的载体，包括对组织结构和组织行为的分析和研究。主要完成下述职能：（1）设计组织，涉及组织结构、部门与岗位设置及其相互联系；（2）人员配备，即根据各种岗位从事活动的需要，解决好人员选聘、考核和培训问题，确保将合适的人选安置在各级组织机构相应的工作岗位上；（3）组织运行，根据业务活动与环境的变化，维持组织的正常运转，处理好组织中的各种关系，并研究和实施组织结构的调整和变革。

3. 领导。领导是指在组织确立之后，各级管理者利用组织赋予的权力和自身的影响力，指导和影响组织成员为实现组织目标所做出的努力和贡献的过程与艺术。有效的领导工作是组织任务完成的关键因素。在日常的管理活动中发挥着指挥、协调、监督、相互沟通以及对员工的激励等必不可少的作用。

4. 控制。控制是指为了确保系统按预期目标运作，对其发展过程不断地调整和施加影响的过程。世界上任何事物的发展都需要有效和适当的控制，管理控制尤其必不可少。管理控制的手段虽然多种多样，但其目的都在于组织适应环境的变化，限制偏差的累积，以保证计划目标的兑现，或根据客观环境的变化，适时地做出调整。

第四节　管理学原理及方法

所谓原理是指某种客观事物的实质及其客观规律的表述。这里的“原”就是原本，“理”就是道理和规律。管理的原理就是指在管理活动中所应当遵循的基本规律。而管理方法则是指在管理活动中，为确保管理目标的实现、管理工作的顺利进行所采用的工作方式。管理原理和管理方法是彼此相互联系和相辅相成的。管理原理只有通过必要的管理方法才能在管理的实践活动中发挥作用，而管理方法只有在正确的管理理论指导下，才不致产生盲目性，并能取得有效的成果。

管理本身兼有科学性和艺术性。科学性说明管理活动完全是有章可循的。而管理原理正是管理活动的高度抽象和实践经验的升华，是指导一切管理的行为准则。因此，可以说掌握了管理的原理就等于掌握了管理活动的基本规律，从而提高管理工作的科学性，并有助于建立科学的管理制度和方式方法。

管理方法是管理的自然延伸与具体化，是实现管理目标的途径和重要手段，也是从事管理活动不可缺少的中介和桥梁。事实上，我们身边大量的事例都说明，一个成功的管理者，都是因为他所从事的管理活动符合了管理的客观规律（即便是无意识的，也是如此）。同时，也得益于管理方法上的科学性和有效性。基于这一观点，本章将对管理原理和管理方法分别进行概括和表述。

一、管理学的基本原理

1. 系统原理

世间的一切事物都具有系统的属性。所谓系统，是指由相互联系和相互作用的若干部分组成，并具有特定功能的有机整体。加上它所处的环境，则是一个更大的系统。因此，在现代管理中，必须把任何一个管理的企业、单位或部门看成是一个系统。把系统原理应用到现代管理事业中，必须体现以下四个方面：

（1）管理工作必须有统筹兼顾的全局性，把整体目标优化作为根本的出发点。从决策方案的选择，到组织、指挥、协调、控制等具体管理工作过程，都要用系统的观点、系统分析方法进行，正确处理整体与局部、局部与局部以及各要素之间的关系。把整体观念、全局利益始终放在首位，并精心运筹、全面安排，实现系统的整体优化。只有这样，才能避免轻重缓急倒置、大小不分、是非混淆等片面孤立把研究解决问题的不良倾向。

（2）必须力求管理局部的良好分工与协作，使之充分发挥各自的职能和作用，以求管理全局的最佳效能；必须对人、财、物、事等各要素科学组织、调节和运用，以取得“人尽其才、物尽其用、财尽其利”的优良效果。

（3）搞好企业（部门或单位等）与环境的协调统一，使管理系统自身的调节与社会大系统的动态变化，保持顺应同步的态势，这是管理经营能够立足和发展的宏观必要条件。为此，管理者必须重视国内外市场和商品信息的调查和搜集，重视国内外政治、经济、文化、科技等方面的重大变化，并据此及时制定出管理的决策和对策，为不断适应时代潮流、赶上时代步伐打下良好基础。

（4）根据系统的动态性原理，强调管理工作的时限性。系统处在不断的变化之中，其中内因是变化的依据，外因是变化的条件。所以管理工作不存在一成不变的模式，应当因地、因时、因人不断调整。

2. 人本原理

人是管理系统中最积极、最活跃、最有主观能动性的因素，也是首要的因素；管理应“以人为中心”，充分发挥人的聪明才智，最大限度调动人的积极性和创造性，这是做好管理工作的根本。

（1）人本原理启示我们，人是企业管理的主体，管理者一定要正确地认识人、尊重人、依靠人，要坚决抛弃传统管理中把人视为机器附属物的错误观念。在这种思想的指导下，强调企业应适度分权，职工参与管理，发挥职工代表大会以及股份制公司董事会职工代表及股东大会的作用。国外一些企业中，实行股权分散化和大众化，吸引更多的员工关心和参与企业的管理工作，也是人本原理的一种运用，对我们也有一定借鉴意义。

（2）管理者应重视满足广大职工的合理需要。组织行为学认为，需要是人行为动力的源泉，人的需要可分为物质需要和精神需要。管理者在可能的条件下，千方百计满足职工在衣食住行等方面基本的物质需求以及在社交、知识、道德、荣誉等方面的精神需求，将会极大地调动人的积极性，同时也有助于人的良好个性的形成与发展。

（3）强调管理工作是为人服务的。包括对职工、用户、顾客乃至全社会的服务，重视建立良好的人际关系与和谐的企业内外环境。

3．责任原理

责任原理是指管理工作必须在合理分工的基础上，明确规定组织的各级部门和个人必须完成的工作任务和相应的责任。职责明确，才能对组织中每一个员工工作业绩作出正确的考核和评价，有利于挖掘人的潜能和保证组织任务的完成。

（1）在管理工作中，要强调职责、权力、利益和能力的协调统一。责任原理的核心是职责，必须在数量、质量、时间、效益上有明确的规定，并通过相应的条例、规程等形式表现出来。明确了每个人的职责，就要授予其相应的权力（包括人、财、物各个方面）并通过相应的利益来体现人们完成职责、创造业绩的补偿，即责、权、利的一致性。完成职责要以人的能力作为后盾，所谓能力是指人们顺利完成某种活动的心理特征，它以知识和技能作为基础。

（2）在管理工作中，对人的奖惩要分明，注意公正和及时。对人的奖惩是对某工作职责及其业绩客观与公正的评价，有助于提高人的积极性和激发工作动机。奖惩要以科学准确的考核为前提，使人产生公平感。奖惩工作要及时，立竿见影，对强化人的行为（不管是正强化还是负强化）有着十分重要的作用。奖励和惩罚对管理工作都是不可缺少的，但惩罚可能招致人的挫折感，处理不当会出现消极行为等负面效应，因此应更多地强调奖励等正强化的方法，辅助以惩罚等手段，形成科学和规范的奖惩制度与方法。

4．权变原理

管理的权变原理，是指在组织活动环境和条件不断发展变化的前提下，管理应因人、事、时、地而权宜应变，采取与具体情况相适应的管理对策以达成组织目标的一项管理原理。

管理与环境之间存在着一种函数关系，一般情况下，前者构成因变数，后者为自变数，但这种函数关系不一定是因果关系，更准确的解释应为“如果——就应”的关系，即“如果”发生或存在某种环境情况，“就应”采取与之相适应并能有效解决所针对的管理问题的工作对策。组织所要研究的环境问题，不但包括一个组织所处的一般环境、任务环境（也称特定外部环境）和内部环境，还包括内部环境与外部环境的相互作用。一般外部环境包括政治、经济、文化、科学技术、国际等方面的因素。这些因素之间会相互作用，对组织运营起间接的影响。任务环境会直接地对组织产生影响，是组织更加关注的一类外部环境，它包括竞争对手、供应商、顾客、有关的政府管理机构等。存在组织外部的环境大多数是动态的，许多时候是难以预料的，这就给管理带来相当大的不确定性。从这个意义上说，管理某些失误也是不可避免的。环境的不确定性取决于环境的变化程度和复杂程度。组织外部环境变化剧烈，可称之为动态环境；如果变化很小，可称之为稳态环境。一个组织所处的环境不确定性越大，对组织的管理抉择和决定组织自身命运的自由限制就越大。这里所指的环境变化程度，是相对那些不可预见的而不是可以加以精确辨析的变化而言的。环境的复杂性与组织外部环境中要素数量多少及组织所拥有并可利用的与这些要素相关的知识量大小有关。对于管理来讲，外部环境一般被视为自变数。从管理角度看待内部环境，是指对开展管理活动起影响的内部各种资源力量和条件。内部环境变数是受外部环境变数影响的。管理因变数与环境自变数之间存在着相关关系，权变管理理论要突出第一个基本思想就是：管理方式和管理技术要随着组织的内外环境而改变，组织与其环境之间应有一致性。该理论强调的第二个基本思想是：组织内部的各个子系统之间也应有一致性。组织包含按不同角度进行划分的一系列子系统，管理的一个目的就是要考虑到各子系统之间的相关性，并根据一体化原则使各子系统完成组织目标的努力达到能生成最大效益的协调统一。

权变管理理论以系统观点为基础，将组织视为由若干子系统有机组成的开放系统，在管理中要根据组织所处的内外环境随机应变，不存在一种一成不变、普遍适用、一劳永逸的管理理论与方法，管理的成效取决于组织与其环境之间的适应性。该理论贴近于人们对具体问题进行具体分析、具体对待的科学认识过程，较之单纯追逐抽象的、普遍适用的管理理论与方法更能为人们所接受，也能更有效地解决具体的管理问题。这就为我们把这个理论归结为管理的权变原理提供了扎实的依据。权变管理理论的核心是正确的。但要反对走向相对主义的极端，认为权变就是"一切只能视条件而定"，不存在普遍适用的管理思想，那就犯了认识论上的错误。矛盾具有普遍性，因此解决矛盾的指导思想和处理原则也具有普遍性。普遍的矛盾在不同的发展过程，在不同的具体情况下，会有其各自不同的特点，会有许多新问题，不认识这一点，也就解决不了许多具体问题。

权变原理在管理的计划、组织、领导、控制等职能中运用得十分普遍，小到某一管理的权变方法，如PACD计划循环法、滚动计划法，或在特定条件下某一领导方式的选择，某一激励措施的采取，大到组织结构权变设计原则的提出等。把权变思想作为一个原理在理论上加以确立首先归功于权变理论学派的努力。这个学派不仅提出了权变管理时某些指导性思想，而且还提出了在管理中如何应用的具体方法。

5. 效益原理

效益和对效益不断的追求是管理活动永恒的主题。任何组织管理的最终目标都是为了追求和获取效益。所谓效益是指有效产出和其投入之间的一种比例关系。它包括经济效益和社会效益两个方面。通常经济效益比较直观，可以直接运用若干经济指标来计算和考核。而社会效益则具有间接性，难以完全量化。经济效益和社会效益既有联系，又有区别，二者是不可分割的，管理工作应该将两种效益有机地结合起来，而不能顾此失彼。效益原理要求管理工作必须充分注意到以下两个方面。

（1）正确处理组织管理工作中效率、效果和效益三者之间的关系。在管理工作中，效率是指单位时间内所取得成果的数量，它体现了输入与输出之间的关系。而效果是指经过投入转换所得到的有用成果，它体现了对组织目标与任务的完成情况。效益是指生产成品中，为社会所接受的成果。效率、效果和效益三者之间，既可以是一致的，也可以是不一致的。在管理活动中，有效率、有效果而无效益的情况大量存在，例如在我国当前家用电器和房地产开发中曾经发生过的重复引进和盲目开发的情况，均属于忽视效益的体现。

（2）在管理活动中，必须建立正确的效益观。管理工作必须克服在传统体制下以生产为中心的管理思想，转变为以效益为中心。追求效益应当成为管理活动的出发点和归宿，管理者，特别是主要管理者要以经营战略的眼光去处理企业的效益，正确处理企业局部效益与全局效益的关系，特别是追求长期稳定的高效益，并遵循客观规律去取得效益。

6. 信息原理

信息论的创始人申农（C. E. Shannon）指出：所谓信息是指人们对事物了解不定性的减少和消除。这就是说，信息泛指消息、情报、指令、数据、图表、信号等一切有价值的情况和资料，人们能够获得并认识它们，就意味着在该领域中，对事物了解不定性的减少和消除。一个现代管理系统，通常有人流、物流和信息流三种并存的运动。人流和物流是管理系统生产经营活动的物质流程和主体流程，为了使生产经营活动取得良好的效果，必须对人流和物流加以科学的计划、组织和调节，使其按一定规律运行。人流与物流的运动状态，则取决于信息流运动状态的健康和畅通。由于信息在管理系统中是双向流动，因而独具反馈作用，信息流如同管理工作的神经系统，其状态决定管理机体运动是否正确、敏捷、速度和效率，正确而完备的信息是正确决策的基础和前提。重大和关键信息的收集和运用，甚至关系到管理事业的成败和兴衰。现代管理工作者贯彻和运用信息及其反馈控制原理，应注意以下两点：

（1）现代企业的生存和发展的必要条件是要建立十分发达的信息渠道。建立以计算机为代表的、以现代科技为基础的电子数据处理系统（Electronic Data Processing System，EDPS），用于管理数据的检索、处理加工和转换；进一步发展管理信息系统（Management Information System），对各级管理部门提供有效的管理和控制信息；最终建立决策支持系统（Decision Support System，DSS），即建立人机合一系统，立足于帮助各级管理者实现科学决策。

（2）要十分重视信息的收集、储存、加工整理和运用，力求达到全面及时，准确可靠。要实现这一目标，除运用高科技手段外，要有完备的组织结构系统，确保信息的筛选、分析评估、取舍，以及在管理预测、决策、计划、指挥和控制工作中及时、正确地运用。

二、管理学的研究方法

任何管理，都要选择、运用相应的管理方法。各种管理任务的完成，需要体现管理艺术的多种办法和技巧。管理，不能不解决方法论问题。

1. 管理方法的系统层次与类别

毛泽东曾经说过，我们不但要提出任务，而且要解决完成任务的方法问题。我们的任务是过河，但是没有桥或没有船就不能过。不解决桥或船的问题，过河就是一句空话。不解决方法问题，任务也是瞎说一顿。管理过程不能只是确定管理的目的，提出管理的任务，还要研究、解决管理的方法问题。管理中研究、解决达成管理目的、完成管理任务的方法问题，是十分重要的。管理活动是人们协作劳动的客观需要，是认识活动和实践活动的统一，各项管理职能的实现，都要借助于一定的管理方法。管理方法存在于整个管理过程中，它的适用性会直接影响、制约管理过程的有效开展。得方法者才能事半功倍。

管理方法是指为保证管理活动顺利进行，达成管理目标，在管理过程中管理主体对管理客体进行有目的作用的方式、手段、办法、措施、途径的总和。

管理的任务、对象、内容、环境是复杂多变的，因此，社会实践中运用的管理方法也是多种多样的。管理方法按其普遍性程度不同，由低到高，大体上可分为三个层次。

第一层次是具体管理方法。它是对某种活动过程、某个资源要素实施管理所特有的专门方法，为解决具体管理问题服务的。企业中各种类型的职能管理，由于其目的、内容、对象、要求在相互间都有所区别，就要求有适合这些不同的特殊方法。网络技术、量本利分析、全员设备管理等是以物质资源为主要管理对象的具体管理方法，预测技术、决策技术是以信息资源为主要管理对象的具体管理方法，而激励管理、政治思想工作则是以人力资源为管理对象的具体管理方法。"各种物质运动形式中的矛盾，都带有特殊性"，"用不同的方法去解决不同的矛盾"是由各种不同管理活动所具有的特殊性决定的，对具体的管理活动过程的认识和控制，有其具体的、特殊的方法。

第二个层次是一般的管理方法。它是从许多领域、类型管理活动总结概括出来的，往往具有一定范围的通用性。任何组织的运行都需要确定计划，按计划要求组织资源并加以控制，需要对相应的活动进行协调，对参与活动的人们加以激励。存在于各种组织中的这些管理活动的共同性决定了某些管理方法的通用性，但是，究竟哪些方法是管理的一般方法，人们的看法又不尽一致，甚至有很大的区别。有的学者从管理的认识角度归纳，认为观察、调查、实验、模型等方法是管理的一般方法，认为"不论管理学者和管理者具有什么样的认识和观点，也不论他们是自觉地还是自发地主张从实际出发，要正确地提出和解决管理中的问题，都必须应用观察、调查、实验、模型等基本方法，从多方面了解管理对象的现状和变化的趋势"。有的学者从对方法运用的普遍性程度分析入手，认为"调查的方法、抽象的方法、系统论方法、控制论方法、目标管理法等，对于各种不同的管理活动都是适用的"。管理方法是完成管理"过河"任务的"桥"或"船"，基于这样的认识，我们认为行政方法、经济方法、法律方法、教育方法是管理的几个较为重要的一般方法。

第三个层次是管理的哲学方法。哲学思想影响着人们的思维方式并引导人们怎样去观察和认识世界。管理是一种基本的社会实践，从事管理活动的人们的动机和行为一样要受到一定哲学思想或观点的支配。哲学对管理的指导作用任何时候都存在着，这主要表现在为管理提供正确的价值观和方法论。管理中缺乏哲学观点和哲学方法的正确运用，就难以获得对所从事的管理活动有本质性的认识。哲学方法是重要的。我们除要认识到，"一个特定企业的管理人员不管他们是否研究过他们所继承的哲学遗产，都会按照某种哲学观念来经营自己的企业"，而且，"在管理的武库中最具威力的武器还是哲学"，但在管理实践中不能停留在哲学的层次上夸夸其谈。哲学方法不能替代一般管理方法或具体管理方法。人们要借助哲学方法提供的最普遍的指导思想去构造解决管理问题的一般方法或具体方法，把解决管理问题的思维上升到哲学高度。满足于对哲学方法的掌握而欠缺管理的一般方法或具体方法，会使我们面对复杂的管理问题无能为力。

管理方法的类别，还可以按照其他的角度进行划分：

按管理职能划分，有预测方法、决策方法、计划方法、组织方法、指挥方法、控制方法、激励方法等；

按所用方法的定量化程度划分，有定性管理方法和定量管理方法；

按管理对象的范围划分，有宏观管理方法和微观管理方法等；

按管理活动的类型划分，可有生产管理方法、物资管理方法、信息管理方法、技术管理方法、人事管理方法等；

按用于制定决策还是用于实施决策的不同功能划分，可分为管理认识方法（观察方法、调查方法、实验方法、逻辑方法等）和管理实践方法（强制性控制方法、动机激励方法、思想教育方法、社会推动方法等）；

按管理者类型划分，有专制型管理方法、民主型管理方法和放任型管理方法；

按管理组织形式划分，又可有一长制管理方法、委员制管理方法、集体领导分工负责制管理方法和参与式管理方法等；

按管理方法产生的前后时序划分，有传统管理方法和现代管理方法。

管理方法来源于管理实践。管理的发展过程，也就是管理方法的发展过程。现代管理方法是一个多层次、多序列且内容十分丰富的体系。管理方法的丰富性，反映了现代管理内容更加丰富、复杂，反映了现代管理科学水平的不断提高，反映了人类管理能力的不断增强。对管理方法进行不同层次和角度的分类，可使我们全面了解不同管理方法的内容、特点和运用领域，以便在管理中适当地选择方法、创新方法、运用方法和完善方法。

2. 定性和定量分析相结合的方法

许多管理活动的开展是为了解决问题的需要。解决问题要从对问题的分析入手。管理分析中应用的诸多方法都可以从定性与定量角度加以归类。这两种或是说这两种结合起来应用的管理分析方法，在实际工作中应用得极其普遍，对它们的选择与应用的效果如何又直接影响管理分析的质量。

管理中人们对分析对象的认识，是从把握该分析对象的质的依存性开始的。这种质的依存性是管理者认识分析对象内在规律性的起点。然而，任何质的依存性、规律性都表现为一定的量。量的分析是质的分析的延伸，而且在量的分析的基础上，又可以加深对质的认识。所以，要把握管理分析对象的内在规律，就必须在把握该分析对象质的规律性的基础上，深入研究它的量的规定性，即在定性分析的基础上进行定量分析。这两种分析方法的运用不可偏废。

管理中所讲的定性，是指文字描述分析对象的性质；定量，是指以数量表示所分析的事物将来可能发展的范围与性能，可能产生何数值程度的影响。运用数理知识和方法，对管理现象及其发展趋势，以及与之相联系的各种因素，进行计算、测量、推导、预见等，是定量分析方法；基本情况加判断，粗略统计加估计是定性分析方法。这两种方法并存运用，原因有四个方面。

一是不同的组织管理水平。管理中分析往往是为决策提供抉择方案。仅凭定性分析方法不能满足先进的管理要求，须采用现代定量分析方法。相对落后的管理，传统的经验型的定性分析方法大体上可与之相适应。

二是各种分析对象的特点不同。比如有些商品的供求关系较简单，消费变化不大，相关因素少，用定性分析方法即可满足决策需要；又比如有些分析对象若采用定性方法所得出的分析对策不能构成决策依据，就须采用定量分析方法。

三是数据信息的局限。对于那些统计、会计等有关资料上可反映出来的经济数值，适宜通过数学计算得出较准确的结论。而对有些社会、政治、心理、生理、自然现象的变化，虽然它们与管理活动有关，但这些信息模糊度、不确定性程度大，无法或很难作出准确测算，唯有借助定性分析方法才能作出若干原则性、方向性的结论。

四是由于管理者知识素质之差别。掌握了有关定量分析的方法与技术，在复杂的分析对象面前能综合测评，甄别相关影响，把握其发展趋势。若管理者的定量分析知识修养差，实践经验不足，分析时很可能力不从心，只好退而采用过去常用的、轻车熟路的定性分析方法。

3. 系统分析方法与结构分析方法

“任何一个系统都是要素的总和，要素之间存在一定关系，这些总和构成统一的整体发挥其功能。”“有机体——不论是社会的有机体还是自然的有机体的发展，一方面使它的各部分之间的机能的再分部分增加，另一方面使部分之间的关系更为密切，这个原理是没有很多例外的。每一部分的自给自足越来越少，越来越多地依靠其他部分，因此，一个高度发达的有机体的任何部分出了毛病，就会影响其他部分。”同样，任何事物及其派生现象都是一个复杂的整体，都具有一定的结构，因此都是一个系统。结构方法和系统方法对它们的分析只不过是从不同的角度出发，达到不同的目的而已。结构方法着重于要素的分析，目的是把握结构的功能；系统方法侧重于联系的分析，目的是选择最优状态。结构方法不满足于对事物存在状态的探求而要深入事物的内在结构，用整体关系的思维方式来探求事物内在的质和功能；系统方法同样不满足于对事物的简单的了解，而是用整体思维的方式来分析复杂的事物。要使企业这样一个复杂系统能够作为一个适应性开放系统有效运行，必须视其组织为一个整体，即整体观（holistic view）。但是，整体系统方法由于其固有的抽象性和高度概括性，使人们在具体运用时，往往感到无从下手。如奥斯波恩所言：“整体性是系统方法的强势所在，但它又是如此的模糊和抽象，以至在实际运作中难以应用。”系统观反对把组织还原成要素、把机体还原成细胞的“还原论”做法，强调不仅要注意系统构成的要素，更应了解由要素组成的有机系统的整体特性，并兼顾考虑内部环境与外部环境因素，以使各子系统发挥应有的协同作用。企业是一个复杂系统，各单元之间联系广泛而紧密，呈网络状分布，通常需要建立方程来描述，建立方程就需要整体与局部同时考虑。

4. 自组织分析方法

自组织理论是系统理论——主要是美籍奥地利理论生物学家路德维希·冯·贝塔朗菲（Ludeig Von Bertalanfy）的一段系统论的新发展，由耗散结构（Dissipative Structure）理论、协同学（Synergetics）、突变论（Catastrophe Theory）和超循环理论（Super circle）组成，但基本思想和理论内核可以完全由耗散结构理论和协同学给出。自组织理论以新的基本概念和理论方法研究自然界和人类社会中的复杂现象，并探索复杂现象形成和演化的基本规律。从自然界中非生命的物理、化学过程怎样过渡到有生命的生物现象，到人类社会从低级走向高级的不断进化等，都是自组织理论研究的课题。

自组织理论方法主要包括自组织的条件方法论、自组织的协同动力学方法论、自组织演化路径（突变论）方法论、自组织超循环结合方法论、自组织分形结构方法论、自组织动力学（混沌）演化过程论、综合的自组织理论方法论等。这里主要论述和研究协同动力学、突变论、混沌等方法论。

自组织的协同动力学方法论有三大要点：第一，在大量子系统存在的事物内部，在输入必要的物质、能量和信息的基础上，须激励竞争，形成影响和相互作用的网络；第二，提倡合作，形成与竞争相抗衡的必要的张力，并不受干扰地让合作的某些优势自发地、自主地形成更大的优势；第三，一旦形成序参量后，要注意序参量的支配不能采取被组织方式进行，应按照体系的自组织过程在序参量支配的规律下组织系统的动力学过程。这可能产生两种有序运动，一种即数量化的水平增长其复杂性和组织程度的演化，另一种则是突变式的组织程度跃升动力学演化。

自组织演化路径的方法论认为，演化的路径具有多样性，有三条路径：一是经过临界点或临界区域的演化路径，演化结局难以预料，小的激励极可能导致大的涨落；二是演化的间断性道路，有大的跌宕和起伏，常出现突然的变化，其间大部分演化路径可以预测，但有些区域或结构点不可预测；三是渐进的演化道路，路径基本可以预测。突变论所利用的形态演化方法（结构化方法）在整体背景上进行自组织演化路径的突变可能性分析，为研究者提供了一个整体观。

混沌论对研究复杂性的非线性方法具有重大贡献。首先，混沌不仅可以出现在简单系统中，而且常常通过简单的规则就能产生混沌。简单系统能够产生复杂行为，复杂系统也能够产生简单行为。分层、分岔、分支、锁定、放大，非线性的发展或演化过程就是这样神奇而不可预测；其次，非线性动力学混沌是内在的，固有的，而不是外加的、外生的。尤其是在管理中的混沌特性决定了“混沌管理”方法的非最优化和不确定性。企业并不追求最优化和最高效率，这是由稳定的管理价值观所决定的；管理过程与结果之间无决定性的直接关系。

研究复杂的企业系统的行为，自组织的方法论要求我们在企业管理中，必须从整体出发，把管理看作是一个复杂的过程而且是自组织演化的过程。企业的发展有其自己的发展演变轨迹，企业管理者必须顺着企业发展的“脉络”实施恰当的管理。

5．归纳法

归纳法就是对一系列典型的事物进行观察分析，找出各种因素之间的因果关系，从中找出事物发展变化的一般规律，这种从典型到一般的研究方法也称为实证研究。鉴于影响管理活动的相关因素很多，许多因素对管理系统单独的影响程度很难量化，所以归纳法的运用相当广泛。改革开放以来，在我国农村广泛推行家庭联产承包责任制，由于它比较适合我国当前农村生产力的发展水平，对农业的发展起到了重要促进作用。它的产生就是对安徽农村试行农村经营承包的典型经验，加以总结概括而形成的有效管理制度与形式，可以说是应用归纳法的典型事例。归纳法的运用一定要注意选好典型，调查对象应有足够的数量，即要尽可能多地选取样本。调查研究要综合访谈法、问卷法等多种形式，保证调查结果有必要的精度，在此基础上弄清各种事物之间的相关关系，分析整理应尽量避免主观主义和形而上学的方法，以便找出符合客观事实、对相同事物有指导意义的结论。

6．试验法

试验法是人为地为某一试验创造一定的条件，并观察试验结果，再与未给予这些试验条件（对照组）的对比试验的实际结果进行比较分析，从中寻求外加条件与试验结果之间的因果关系，找出其中某些普遍适用的规律性。例如，美国在 1927 年～1932 年间所进行的霍桑试验，以后根据其试验结果所发表的人际关系理论就是一个典型的试验法事例。这种方法在微观管理工作如生产管理、设备管理、产品质量管理以及营销方法、劳动组织等许多领域中，都能得到广泛的应用。

7. 演绎法

该法是指对某些较复杂的管理问题，可以从某种概念出发，运用某种逻辑推理和统计分析的方法，找出各种变量间相互关系，建立某种相关的数学和经济模型，反映管理活动简化了的事实，例如管理学中常见的投入产出模型、决策模型、预测模型、库存模型、现金流量模型等。演绎法的发展和运用，进一步加强了数学与管理学的结合，大大促进了管理学定量分析方法的推广，特别是现代计算机技术迅速发展，使得运用演绎法处理管理问题的速度、精度以及使用范围都得到进一步的改善和加强。

8. 权变观和案例方法

权变观和案例法也是研究和解决管理问题的重要方法。权变观是指在管理活动中，按照不同的情境、不同的组织类型、不同的目标和价值，采取不同的管理思想和管理方法的一种观念。案例分析法是对典型案例进行分析、总结出一般性规律的方法。案例方法虽然是管理实践中常用的方法，但是，使用它要注意避免犯经验主义的错误。

第五节 管理学性质及对象

一、管理学的性质

管理学是一门综合性的学科，不仅具有社会科学属性，而且具有自然科学的属性。首先，在内容上它需要从社会生活的各个领域和方面，从各类组织的管理活动中，概括和抽象出对各门具体管理学科都其有普遍指导意义的管理思想、原理和方法；其次，在方法上它需要综合运用现代社会科学、自然科学和技术科学的成果，来研究管理活动过程中普遍存在的基本规律和方法。如在优化资源配置方面，经济学的机会成本、弹性系数、盈亏分析、边际效用等理论，都为管理决策提供了有效的分析工具；心理学是研究个人行为、领导方式和激励行为最基本的理论；在组织行为方面，社会学和社会心理学对组织模式、权威、信息沟通以及个体在群体中的行为等研究作出了贡献；在个人的基本价值观、士气和接受行为的规范方面，文化的差别有着直接的影响。个人价值系统（如人们对事物重视的优先顺序）会影响人们的士气、工作态度和行为，这些问题的研究是以人类学为基础的；政治、权力、领导与被领导矛盾是管理活动中的现实问题，政治学关于权力、权威和团体矛盾的构成等内容，为研究组织的政治问题提供了理论前提；改善工作设计、工作流程和程序、选择厂址和工厂设计等是管理的具体内容，在这些方面，工程学对管理学的贡献是十分突出的；在大多数的管理方法中，应用了大量数学和统计学原理，特别是在现代管理预测和决策方面，计量分析已经成为主要方法；计算机科学与控制论的产生和发展对管理学研究也产生重大影响。控制论中的反馈原理，为管理学中决策科学化提供了正确决策的基础。

综上所述，管理学同其他许多社会科学和自然科学有着密切关系，是综合利用各学科成果来发挥作用的学科。

二、管理学的研究对象

1. 管理学的广义研究对象

（1）生产力方面。主要研究生产力的合理组织问题。即研究如何根据组织目标合理配置组织中的各项资源，以求获得最佳的经济、社会效益的问题。

（2）生产关系方面。主要研究如何处理各类组织之间、组织内部人与人之间的经济关系、协作关系和分配关系，建立完善的管理体制，为实现组织目标服务。

（3）上层建筑方面。主要研究如何使组织内部环境和组织外部环境相适应的问题；研究如何使组织的各项规章制度、劳动纪律与社会的政治、哲学、法律、道德等上层建筑保持一致的问题，从而维持正常的生产关系，促进生产力的发展。

2. 管理学的狭义研究对象

（1）管理原理。管理学首先研究管理的基本规律，即研究适用于一切社会和个别社会形态的各种基本规律。如管理的目的、过程、原则和内容等。

（2）管理功能或职能。管理的各种功能既体现管理的基本任务，又反映了管理的全过程。

（3）管理的主要方法、技术和手段。管理功能的执行和完成，是靠管理方法、技术和手段来实现的。因此，对管理方法、技术和手段的研究是管理学的重要内容。

（4）管理者。管理者是管理的主体。管理者是能否实施有效管理的关键因素。管理者群体结构的优化以及他们之间的关系，是管理学研究的重要课题。

（5）管理历史。管理学要研究管理思想及实践的发展历史，以便更好地继承和发展管理理论和方法。

概括以上内容，管理学的研究对象是现代社会条件下管理活动的基本规律和一般方法。

第六节　管理学科体系结构

一、管理体系

一个组织的管理体系应当是一个三维的立体结构，它包括管理层次维、管理领域维和管理过程维。管理层次维包括高层管理（战略管理层）、中层管理（战术管理层）和基层管理（作业管理层）；管理领域维包括信息管理、营销管理、生产运营管理、物流管理、研究与发展管理、人力资源管理和财务管理等；管理过程维包括情报、决策、计划、组织、领导、控制和创新等。这三个方面交织在一起构成了完整的管理体系。

无论是从管理人员的数量、总体工作量、工作的繁琐程度，还是从所涉及的信息量、信息处理量、信息的精细程度和使用频度来看，下层管理都要比上层管理“庞大”得多，因此我们通常都把管理的体系结构画成“金字塔”形的。而上层管理通常具有难度大、影响面大、风险大，以及综合性和系统性强等特点。

1．管理层次维

一个规模较大、结构和功能比较复杂的组织必须分层次地进行管理。否则，大到组织发展方向，小到员工考勤，事无巨细，一律由同一个管理层进行管理，这样将无法达到预期的管理效果，是不符合管理规律的。如果一个大公司的总经理，一手抓产品开发和市场战略，同时一手抓车间生产调度的各个细节和每个员工的劳动纪律，很难想象他能够胜任这项工作，能够管理好这个公司。高层管理、中层管理和基层管理只有分工明确、相互协调，才能使组织的事业有条不紊地向前发展。上层管理要为下层管理提供指导，下层管理则要对上层管理的指令进行细化和具体化，并加以实现。而执行层是各管理层的管理对象，它将对各层管理指令进行终端实现，它已不属于管理的范畴。

（1）高层管理

高层管理又称为战略管理，其管理人员主要是组织的最高领导者，例如企业的董事长、首席执行官、总裁、总经理等。该层次管理者的主要任务是制定组织的长远发展战略（如2～5 年），组织和安排战略规划的实施，领导中层管理人员完成组织的各项任务，进行组织与外部环境以及组织内部各部门之间的相互协调与沟通，控制战略规划的执行效果等等。高层管理除了关心组织的总体发展外，还要考虑其中各个领域的发展战略，如企业的市场战略、产品战略、人才战略和财务战略等，因为这些领域的发展战略是支撑总体战略的重要内容。

（2）中层管理

中层管理又称为战术管理，其管理人员是组织的中层领导者。例如，大学里的学院院长、教务处处长、科研处处长、学生处处长、研究生院院长、图书馆馆长等；企业的分公司经理、产品系列主管、项目主管、分区经理、部门主管、工厂主管、首席人力资源长官、首席财务长官、首席信息长官等等。中层管理人员的主要任务是根据高层管理的要求，制定本部门较短期的行动计划（如 6 个月～2 年），组织力量实施该计划，并且在实施过程中进行协调和控制，以保证管理任务的顺利完成。中层管理既要考虑组织的整体利益和长远目标，又要兼顾部门的局部利益和短期目标；既要考虑本部门基层管理之间的联系，又要考虑与其他部门的相互关联。

（3）基层管理

基层管理又称为低层管理、底层管理或作业管理，其管理人员是组织的基层领导者，如企业的作业单元主管、基层业务主管、广告组经理、营销点经理、营业部主任。班组长、工段长、工头、领班、监管人员等。基层管理需对中层管理的目标和计划作进一步分解，使其更加具体和可操作，并制定出单项的短期作业计划（如 1 周～6 个月），然后进入实质性的执行阶段，并对执行过程进行直接监督、调整和控制，以便最终实现高层管理计划。可见，基层管理是直接管理层，它决定着最终执行效果的优劣，因此其重要性也是不容忽视的。

2．管理领域维

管理领域维是对组织的不同业务或职能范围的划分，因此它又称作管理范围维、管理业务维或管理领域职能维等。管理领域维一般分为业务管理、人事管理和财务管理等。对于大多数组织来说，人事管理和财务管理一般都是必不可少的，而业务管理对不同的组织则包含了不同的内容。例如，一个企业的业务管理包括市场营销管理、生产管理、物资管理、质量管理、设备管理、技术管理等；而一所大学的业务管理则包括教学管理、科研管理、招生和毕业管理、学生培养管理、校办产业管理、实验室管理、后勤管理等。

管理领域通常和组织的职能或业务部门的关系比较密切。例如，财务管理一般由财务处负责，人力资源管理主要由人事处负责。但是，管理领域和职能部门往往不是一一对应的，有时一个管理领域涉及到多个部门。例如，企业的市场营销管理与销售部、市场部和新产品开发部等都有关系；生产管理涉及到生产部和生产车间；质量管理与质量检验部、生产车间、采购部、设备处等部门都有关系。有时一个部门也可能涉及到多个管理领域，如生产车间与生产管理、质量管理和成本管理等都有关系，技术处和技术管理、生产管理、质量管理、研究与开发管理等领域相联系。

另外，每一个管理领域一般都有各自的战略管理问题、战术管理问题和作业管理问题。例如，市场营销的战略层管理问题通常包含企业的长远市场规划、新产品和新市场的规划、顾客服务战略模型的谋划等内容；其战术层管理问题包括下一年度的市场研究和预测、销售计划、新产品计划、分销渠道计划、广告和促销计划、价格政策等较为近期的管理工作；而作业层的管理问题则包含销售力量的组织和分配，销售订单、发票、顾客服务等日常管理，销售开支的预算和成本控制，近期广告和促销活动的效果分析等更为具体的管理事务。表 1-2 列出了生产、人力资源和财务管理在不同管理层次中的管理问题的例子。

表 1-2　　各管理领域在不同层次中的管理问题

管理层次／管理领域	战略管理	战术管理	作业管理
市场营销管理	长远市场规划，新产品/新市场规划，顾客服务战略模型	年度市场研究和预测，销售计划，新产品计划，分销渠道计划，广告和促销计划，价格政策等	销售力量的组织和分配，销售订单、发票、顾客服务等管理，预算和成本控制，广告和促销效果分析等
生产管理	生产规模、生产能力和生产技术的长远发展规划；大型生产线的引进，基建与改造项目，纵向一体化等重大决策	年度生产计划，包括品种、数量、质量及其结构；能源、设备等辅助计划	生产作业计划和物料需求计划的制定；劳动组织与管理，现场管理，生产进度控制；质量管理，库存管理等
人力资源管理	5 年内组织人力资源的专业结构、学历结构、年龄结构等方面的调整目标，人才引进、培养和使用的战略对策等	年度人才招聘计划，包括人数、类别和要求等；1～2 年内的人才培训计划；员工业绩考核与奖励的制度和实施方案等	人力资源管理按月的分解计划，招聘、培训、考核、奖惩等详细计划，以及实施过程中的组织、协调工作
财务管理	战略规划所需的大笔资金的筹措，包括数量、类型和方式等；资金使用的战略规划	固定资产、流动资金、利润和财务收支平衡等方面的年度计划	资金筹措、回收、使用，纳税和分配等日常管理；财务分析、核算、监督和制等

3. 管理过程维

从各类组织、各类业务领域以及各管理层次具体的管理过程中，可以抽象出一些具有共性的基本管理程式，如决策、计划、组织、领导、协调、沟通和控制等，我们把这些管理内容称为管理的过程职能。而关于管理过程职能的基本理论、原则和方法对任何组织、任何管理领域、任何管理层次都是存在的，而且基本上是相通的。

以管理决策为例，不同的组织都需要做各种各样、大大小小的决策，如政府部门关于城市建设规划的决策、企业促销方式的策划、银行贷款发放的决策、大专院校新增专业的选择、军队作战方案的确定等；不同的业务领域都需要做出各种类型的决策，如企业销售网点的设置、生产调度决策、财务预算的制定、管理干部的选用、奖金发放方案的确定等；不同的管理层次都需要制定各种决策，如企业经营方向的战略性决策、产品结构调整的战术性决策、某次广告策划方案的作业性决策等。而做出这些决策所需要的理论、方法、步骤和技巧等都是相通的。进一步地，管理过程维、管理层次维和管理领域维构成了一个相互交织在一起的有机的整体。以生产管理为例，在生产管理的每一个层次中，都存在着计划、组织、领导和控制等过程；同样，营销管理、人力资源管理、财务管理等管理领域也可以在管理过程维和管理层次维两方面进行分解。其具体内容和形成的结构如表 1-3 所示。

表 1-3　　各管理过程在不同层次中的管理问题

管理层次 / 管理过程	战略管理	战术管理	作业管理
计划	5 年内生产规模和产品结构的战略规划	年度基本生产计划和辅助生产计划	生产作业计划、物料需求计划和车间调度计划
组织	生产组织的总体设计，分厂设置，各分厂厂长任命等	各分厂内部的机构设置，如车间、生产科、物资科和质检科等	各车间、科室内部的机构设置，如生产线、班组、工段等，人员安排，岗位职责的建立等
领导	公司领导协调各分厂之间的关系，优化资源配置，调动厂长的积极性等	分厂领导协调各车间、科室的工作，调动基层干部的积极性等	车间和科室领导协调生产过程中的人力、原材料、设备、时间等资源，使生产过程有序地进行
控制	检查生产规模、产品结构和质量等方面的发展情况，采取宏观调控措施	检查生产计划的执行情况，采取相应措施解决生产问题	检查生产作业计划和物料需求计划等方面的执行情况，及时采取调整措施解决生产作业问题

这些过程本身也并不是截然分开的，而是相互交织在一起的。例如，决策在管理的各个过程中都是存在的，计划需要决策，组织需要决策，领导和控制等过程也需要决策；决策、计划、组织和控制等都需要领导能力和领导方法，反过来，领导工作也需要有决策、计划、组织、协调、沟通和控制的能力。控制过程实际上是决策、计划、组织、协调和沟通等过程的有机组合。

管理学的理论体系可以概括为纵横两个结构。从管理活动进行过程的不同来划分，可以将管理划分为各个过程或程序职能，这些过程或程序职能包括：情报、决策、计划、组织、领导、控制和创新。这是做任何一项管理工作都要涉及的七个基本过程，对于每一个过程中应掌握的知识、理论、方法和技能，就构成了七个基本的管理过程模块。从管理活动作用对象的不同来划分，可以将管理划分为各个专业或领域职能，这些专业或领域职能包括：物流管理、运营管理、研发管理、财务管理、人力资源管理、信息管理和营销管理，这是任何一家工商企业的管理所涉及到的七个基本对象或领域。七个过程职能与七个专业职能可以分别成为一门学科或课程，相互交叉可构成更为细化具体的 49 门学科或课程，总共可以形成 63 门学科或课程。

表 1-4　　　　　　　　　　管理领域和管理过程

	情　报	决　策	计划	组织	领导	控制	创新
物流管理	GPS & GIS	配送中心管理	运筹学	供应链管理		仓储管理	
运营管理	企业战略管理	企业战略管理	运筹学	项目管理	COO 教程	质量管理	创业学
研发管理		技术经济			CTO 教程		技术创新
营销管理	市场调查	消费者行为学	商业策划	渠道管理	CMO 教程	客户关系管理	电子商务
财务管理	会计学原理	行为财务学	企业税收筹划		CFO 教程	审计学	证券投资
人力资源管理	人事测评		职业生涯规划	组织行为学	领导学	绩效管理	E-HR 管理
信息管理	网站管理	决策支持系统		数据库管理	CIO 教程	信息安全管理	

二、管理学科的体系

随着科学技术和社会经济的不断发展以及市场竞争的日益激烈，管理问题变得越来越复杂、越来越重要，因而管理学得到了前所未有的重视和发展，现代管理科学的门类和内容已经相当丰富。例如，在管理的门类方面有行政管理、工商管理、国民经济管理等；在管理学内容方面出现了各种专门的管理学分支：战略管理学、组织管理学、人力资源管理学、财务管理和决策科学等。作为管理学的基础理论，管理学原理试图揭示各行业或各部门管理活动中的一般规律和普遍原理，并且描述各种专门的管理学之间的相互关系，进而构筑起管理体系的整体结构。

管理学是一门横跨社会科学、自然科学和技术科学的交叉学科。长期以来，有人为管理学究竟是属于社会科学还是属于自然科学的问题争论不休，实际上，它是在这些学科的基础上发展起来的一门独立的学科，它既不属于社会科学，也不属于自然科学，更不可能属于技术科学，也就是说，理、工、文、管等是相互平行的学科。

管理学的基础科学主要有三类：在社会科学方面，管理学主要涉及到哲学（含系统哲学）、经济学、社会学、心理学和人类学等学科；在自然科学方面，管理学的基础主要是数学，其中包括运筹学、概率论、线性代数、矩阵论、随机过程理论和动态优化论等；在技术科学方面，包括信息科学与信息技术（含计算机技术和网络技术等）、系统科学与系统工程、控制理论与控制技术等学科。

管理学的基本原理运用在不同的部门或行业就出现了各种管理门类，如国民经济管理、产业经济管理、行政管理、企业管理、商业管理、旅游管理、教育管理和科技管理等。从这些管理门类中可以抽象出一些相通的和具有共性的管理学内容，如战略管理、人力资源管理、财务管理、物资管理、信息管理、组织管理、决策科学、领导科学、管理控制、营销管理、生产管理、作业管理等。

第七节　管理学在当代学科体系中的地位

当今社会是一个科学技术高速发展的年代，科技以其对经济和生产力的巨大影响，强烈地冲击着人类社会生活的各个方面，因而成为备受世人关注的焦点，今天的经济已被冠名为知识经济，自然科学家、专业技术人士也成为世人关注的焦点，现在也已有了“知本家”一说，但我们也应当看到现今的科技必须加上或者说包含有管理的理论和技术才是我们这个时代真正意义上的科学技术，才能成为经济的真正支柱，以此为支柱的经济才能称其为“知识经济”，同样只有具备管理才能的专业技术人士才是我们这个时代最需要的、最有作为的科技人才，才是我们这个时代真正意义上的科技人才，才能成为真正的“知本家”。管理学已在当今的科学学科体系中占据着重要的地位和具有重大的意义，以下就此问题从哲学、科学、管理学三个层面进行讨论。

一、哲学层面的思考

哲学作为最古老的学问，作为科学的母体，有着古老悠久的发展历程。自从各门具体科学从哲学中分离出来后，哲学仍保留着世界观和方法论的功能，渗透在各门具体科学之中；哲学也是从各门具体科学中概括总结抽象提升而得，成为科学理论的出发地和归宿。循着主流哲学的发展历程，尤其是当代的主流哲学——马克思主义哲学的发展路径，当代哲学应当是一种实践的哲学，即以实践为世界观和方法论的哲学。实践既是人类社会与外界（自然界）分化和统一的基础，又是物质与意识分化与统一的基础，同时也是主、客观分化与统一的基础，世界既不统一于人类的主观意识，也不统一于纯然的自然界，以任何一方作为出发点和统一点都将是独断的、假设的和导致自相矛盾而终难自圆其说的，世界只能统一于人类的实践活动之中。世界不以我们的主观意识的改变而改变，但它确因为我们的实践而改变。马克思主义哲学的革命性变革正在于把实践的观念引入哲学当中，对其进行了重新界定，并将其作为其哲学的核心贯穿始终，把它提高到哲学世界观和方法论的高度，用实践的观点来看待世界，把实践作为我们解决一切问题的根本方法。马克思就明确地把自己的哲学称为实践唯物主义。马克思有一句名言：以往的哲学家都是在用不同的方式解释世界，但问题在于改造世界。马克思把哲学的焦点转移到了改造世界上即实践上，但这也仅仅是问题的提出，在当今这个时代我们不能仅仅只停留在问题的提出上，我们还必须进一步地去解决问题，或者说进一步地深究：问题在于“如何”改造。马克思已将人类关注的焦点、研究活动的重心放在了实践上，我们现在是应当进一步将哲学的焦点放在“如何”实践上。

管理，在最广泛的意义上来讲，就是如何改造改进我们的实践活动，使之更有效率，更有效果。因其是对人类实践活动的改进改造和再创造，所以可以谓之是对实践的实践。因此，循着主流哲学，尤其是马克思主义的实践主义哲学的发展逻辑，当今的哲学应当是一种以管理为内涵的哲学，从管理的理念中可以提升出一种哲学的世界观和方法论。现今人类的实践活动都必须讲究一定的方法才可能达成目的，取得成效，因此，管理的观念和方法将成为我们看待世界和处理一切事情解决一切问题的总的基本方法。哲学的重心焦点经由古代本体论和近现代认识论，已经进入到当代的以管理为内涵的实践论。

二、科学层面的思考

具体科学从近代开始逐步从哲学母体中分离出来，逐步替代了哲学具体的认识功能，成为人类认识世界的主要方式。科学也因此在很长一段时间里将其焦点放在认识世界上，科学的任务被界定为“追求真理”，如同它的母体——哲学一样，重在对世界进行解释而不是改造世界。试图用最简洁最完美的方式将世界解释得更加清楚，便于理解。当时的科学家大都是出于好奇和兴趣，对科学问题孜孜以求，探索宇宙的奥秘。爱因斯坦、普朗克、波尔、薛定谔，这些相对论与量子力学的领袖人物，就是这类科学家中最典型的代表，近现代以追求真理、探索奥秘、解释世界为任务的科学类型在他们所生活的那个时代也到达了巅峰。之后，科学的重心转向了为实践服务。

人类的实践从最广泛的意义上讲是指人类的一切活动，包括生产、经济、政治、军事、生活等各个方面。因此，重心转向为实践服务的科学也必须深入到人类实践活动的一切领域。近现代的科学从一统的哲学中分离出来并不断地分化，为的是更好地认识世界。而当代科学的分化则是为了更好地服务于实践。因此，两种分化虽然从表面上来看都是学科数量的不断增多，但其性质是大不一样的。前者是使得学科越分越单纯，越分越窄小，越分越细致，例如从哲学中分出物理、化学、生物学等，而又从物理学中分出力学、电学，从化学中分出无机化学、有机化学，从生物学中分出植物学、动物学，依此类推，还可不断地往下划分，也就是不断地进行分类研究，因此有学者也称自近代以来所发展起来的科学实际上就是一种分科之学，这种细分有利于我们对客观事物做更深入细致的分析和研究，因此，近现代科学的发展使得我们对世界的认识有了空前的提高，可以说自然世界的奥秘基本上被我们人类解读了。量子力学之后的近八十年中，基础的自然科学没有取得什么实质性的突破就是一个很好的说明，这与当今人类高速加速发展的态势是不相称的，是难以从中得到解释的。

近现代的科学是一种对象性的科学，是按照客观世界固有的种类来划分的，为的是认识世界更方便，而不是紧紧围绕人类实践来构建学科体系的。很多学科的产生和发展是建立在人们对大自然的兴趣上的，例如数论、天文等一大批学科中的相当部分的领域是与人类实际的实践活动相距甚远而没有什么直接联系的，但有一大批科学家却在孜孜以求，矢志不渝。科学活动在很大的程度上讲是一种精神活动和精神享受，是一种精神活动，一种认识活动，是一种精神追求，追求一种精神的愉悦。犹如哲学、音乐、美术一样，其中审美、精神的成分较重。

当代的科学，有如它的母体——哲学的重心转向实践一样，科学的重心也全面转向为实践服务。这时候学科的产生、构建、分化和发展都是紧紧围绕着实践而展开的。用一个什么样的具体实践，就会产生一个专门针对这一具体实践的学科，来专门研究这一具体实践，以求改进这一具体实践的活动。因为，人类的实践活动能力在不断地增强，实践活动的范围、对象、广度和深度都在不断地扩展，因此，新学科的产生和分化更加地迅猛，所谓知识爆炸的原因也正在于此。每一项实践活动就得有一门相应的学科，学科门类的数量之大可想而知。这同时也决定了这一时期学科分化的特点与前一时期学科分化的特点不同，实践活动的复杂化、精深化，决定了新兴学科它在数量上要比前一时期巨大得多，二者不是一个数量级的，新兴学科它在性质上不再是越分越单纯，越分越单一，学科间的界线越来越多，越来越清晰，而是越来越交叉，越来越综合，学科间的界线越来越模糊，它是将上一个科学时代分化发展出来的单纯的学科综合运用于某一实践活动中，并进一步研究发展的产物，是在这一实践活动中综合发展出来的学科，所谓综合性学科、交叉性学科、边缘性学科说的就是这一类学科。我们人类的实践活动不可能只是单独地运用上一个科学时代所形成的某一具体学科的，而必然是综合地运用这些学科，所以，这种综合的趋势是不可避免的，新兴学科的综合性质也是必然的。但是，这种综合与科学的母体——古老哲学的综合性是不一样的。在具体科学未从哲学中分化出来之前，哲学的综合是一种大一统的综合，人类的所有学问都包含在哲学当中，它是人类一个完备的知识体系，有着严密的层级结构和体系。我们这个时代的科学综合只是在某一实践领域中部分学科的综合，并不是向旧哲学的简单回归。因此，我们所说的时代呼唤通才、全才，综合型、复合型人才，并不是上一个时代所指的通晓人类全部知识的全才型的哲学家，或者是所谓的博物学家，而是能在某一实践领域综合运用相关学科知识，并在运用中将这些知识整合为新的学科知识，或者说能掌握、运用和创造与这一实践活动领域相关的，专门围绕这一实践而展开的，专门研究这一实践活动的人才。由于现今人类实践活动的领域在高速倍增，又由于当今竞争的加剧，越来越强调实践活动的高效性，每一项实践活动都越做越精深，越做越复杂，越做越科学，所需的知识技能越来越多，而每一个人的能力和精力仍然是非常有限的，每项实践活动的越来越复杂决定了每个人所能从事的实践活动领域越来越窄小，因此，每一个人穷其一生，能熟知某一实践活动，熟知围绕这一实践活动所产生的专门的某一综合复杂性的科学学科就已经是很不容易了，我们很多专业技术人士也就是这样度过一生的。所以，在我们这个时代，一般来说，每一位专业技术人才都只能是专才，没有能通晓众多实践活动领域的所谓的全才、通才，只能是对某一实践活动领域相对应的某一学科知识和技能有着精深造诣的人才。

三、人类科学知识体系演进历程的思考

现今人类实践的广泛性、复杂性、精深性，决定了围绕实践活动所产生的科学学科的复杂性、多样性，大量性，有时甚至每一个实践活动的某一个阶段都有一门对应的学科，科学的发展似乎有一种无限发散、无限增多的趋势。人类的科学知识很难再收敛聚合成一个体系，隔行如隔山，这种趋势让人担心，人类的科学知识体系将成为一盘散沙，学科之间不再有共通性，缺乏内在的一致性和联系性，不同学科之间难以相互理解，不同学科的科技人员难以沟通。但如果是这样科学将不再成其为科学了，人类的科学知识体系必然是有着内在统一性和一致性的。人类追求统一性的天性，从科学的母体——哲学开始这种科学的传统就一直延续着。先前是由旧哲学来完成和实现，由某一具体的自然物到某一抽象的理念。后来，由从哲学中分化出来的具体科学中的物理学来担此重任，其所追求的统一性的重点放在寻找世间的万事万物都是由怎样一种最基本的实体粒子构成的，但发现找不到这样一个终极的粒子，于是又将重点转向了寻找非实体性的统一的力场，但也未能找到。在相对论和量子力学之后的近一个世纪，人类科学暂时放弃了这种在哲学本体论所指导下的对世界统一性追寻的努力模式，转向了在哲学认识论引导下的对认识方式统一性的追寻，即放弃了对对象世界的基本构成物的统一性的追寻，转向认识方式一致性的追寻上，于是系统论、信息论应运而生，可以说，相对论、量子力学之后，最大的科学理论的突破不是发生在力图在哲学本体论指导下追寻世界本源、本体的统一性的代表学科——物理学之中，而是在我们上面所说的系统论和信息论之中。这些学科的特点就是用一种统一的认识模式和框架来看待世间万物，而不管它们的本源、本体的组成上有何不同。这些学科可称之为横断性学科，与将众多单纯性学科综合起来的综合性、交叉性、边缘性学科不同，它是对概括了所有这些学科以及原有的那些传统的经典的单纯性学科抽象出来的研究而形成的学科，因而渗透于并可运用于所有这些学科当中。在这一时代它成为在整个人类的科学知识体系中，仅次于哲学而处在第二级位置上的学科。它直接在认识论哲学世界观的指导下，从认识论哲学世界观中领受寻找世

界统一性的任务，即寻找认识、理解、解释、把握事物的模式和方式的统一性；而作为上一个时代直接在本体论哲学世界观的指导下，从全体论哲学世界观中领受寻找世界统一性的任务，即寻求世界的存在、本体、本源的统一性的学科——物理学已失去了第二级位置的地位。处于人类科学知识大厦第二层的科学学科是哲学与其它科学学科的中介，它既给予哲学以实际的、实证的内容，又给予科学内在的一致性和统一性，成为一切学科的指导和基础以及联系的纽带，使得人类的知识体系成为一个有机的、统一的整体。因此，这一层级的科学学科的发展对于整个科学的发展是至关重要的，具有根本性、决定性的意义，成为整个科学发展的总引擎。近现代物理学中牛顿力学、相对论、量子力学的诞生和发展，使整个科学发生了根本性的变化，而现代系统论、信息论的诞生和发展，又使得科学图景发生了根本性的变化。

哲学作为人类知识的最高层级，作为科学的指导，具有相当的超前性。古代本体论的哲学到了近现代才造就了以物理学等基础学科为第二层级的近现代科学体系。近代认识论的哲学到了现代才造就了以系统论、信息论等横断性学科为第二层级的现代科学体系。那么,现代的马克思主义实践论哲学将在当代引导出以什么学科作为第二层级的科学学科体系呢?

作为第二层级的学科必须具有如下的特征：第一，直接围绕哲学所关注的焦点问题展开研究，回答这一焦点问题；第二，渗透在和运用于所有其它的学科之中。物理学直接研究世间万物存在、本源、本体这一哲学本体论提出的问题，用物理学的粒子和力场的理论和观点来回答这一问题，来解决世界的本体、本源和存在问题，并渗透在和运用于化学、生物学、心理学等当时所有的这些科学学科当中，物理学原理是当时所有这些学科所不能忽视的。同样，系统论是直接研究和回答认识论哲学所提出的如何认识和看待世界的问题，用系统论的系统、信息、控制、反馈的理论和观点来解决如何用统一的方式来认识、理解、看待、把握世界的问题，并渗透在包括物理学在内的所有学科之中，系统论的原理是所有学科所不能忽视的。依此类推，管理学是直接研究和回答实践论哲学所提出的实践问题的，用管理学的决策、组织、协调、整合、领导、控制的理论和观点来解决如何更好地开展实践活动、如何更好地改造世界的问题。由于当今实践性的具体的科学学科只是研究某一实践活动的，而管理学是寻求一切实践活动的共性的，因此，管理学是渗透在并可运用于指导各种具体的实践性学科。因为人类的认识活动和实践活动是紧密相连的，认识活动可以视为是一种特殊的实践活动，因此，与认识论哲学引导下的第二层级的系统论也可并入实践论哲学所引导下的第二层级的学科之中，与管理学一道成为当今科学体系中的第二层级的学科，为最上层的实践论哲学提供实际的、实证的知识，同时也为其它的各种在某一实践活动中产生的具体学科提供指导，在改进各种实践的管理活动的研究当中，整合、创生出各种实用的新兴学科，使当今人类的科学知识成为一个高效、完备的体系。

人类的科学知识体系的演化历史是一个有着前后内在联系的历史，每一个后来的体系都是兼容了前一个体系的。作为统帅的哲学，认识论的哲学就兼容了本体论哲学的内容，因为，认识总是要有对象的，而认识的对象就是本体论所要讨论的内容。同样，实践论哲学中的实践是离不开人类的认识的，认识活动是一种特殊的实践活动。联系我们前面对哲学下面的第二层级的学科及整个科学体系的讨论，我们得到如下的科学体系演进图，如图 1-1 所示。

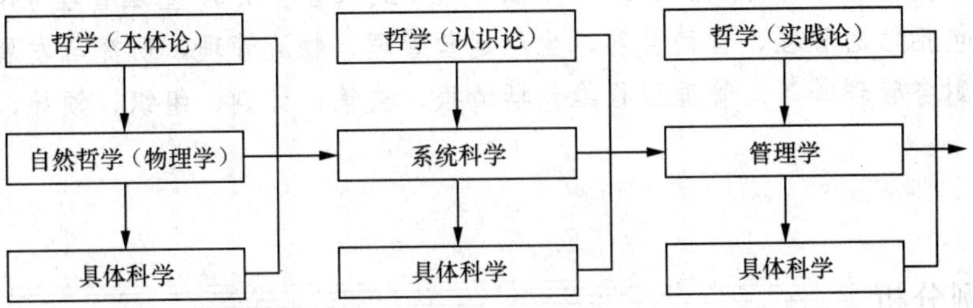

哲学（本体论） 哲学（认识论） 哲学（实践论）

自然哲学（物理学） 系统科学 管理学

具体科学 具体科学 具体科学

图 1-1　科学体系演进图

明确管理学在当代学科体系中的地位和意义，对我们当代的每一个专业技术人士都有着重要的意义。我们当今的科学活动都是围绕复杂的实践活动而展开的，专业技术人士必须有相当的管理学知识，才能在这一活动过程当中，在复杂的情形下，很好地决策，组织、协调、整合各种学科知识、技能、实体对象（人、财、物等），控制活动进程，根据反馈及时纠偏，必须具有一定的领导能力。因为，按照管理学的观点，领导就是一种影响力，而在如今的实践性科学、科学性实践的年代，任何一个专业技术人士都有可能在某一实践活动的某一时期某一阶段具有相当的影响力，当这一时期、这一阶段需要运用你所拥有的知识和技能的时候，这时你就应当具有相当的领导才能，才能把这一影响力用好，有效地领导他人，组织好该实践，取得好的成效。

复习小结

1. 管理的定义：管理是通过计划、组织、领导和控制等环节，协调人力、物力和财力资源以期合理有效地达到组织目标的过程。

2. 管理的五个基本要素：管理主体、管理客体、管理目标、管理职能和管理手段。

3. 管理学特点：一般性、综合性、模糊性和实践性。

4. 管理的性质：管理工作不同于作业工作，管理是科学与艺术的统一。

5. 管理的意义：管理是一种普遍的社会现象或文化现象，管理和技术是促进社会和经济发展的两只车轮。

6. 操作者：直接从事某项工作或任务的人，不具有监督他人工作的职责。

7. 管理者：指挥别人活动的人，他们要为下级人员卓有成效地工作创造良好的环境，实现预期的目标。

8. 管理者的三个层次：基层管理者、中层管理者和高层管理者。

9. 管理者的角色：人际关系角色、信息传递角色和决策制定角色。

10. 管理者的职能：情报、决策、计划、组织、领导、控制、创新。

11. 管理学的基本原理：系统原理、人本原理、责任原理、权变原理、效益原理和信息原理。

12. 管理学的研究方法：定性和定量分析相结合的方法、系统分析方法与结构分析方法、自组织分析方法、归纳法、试验法、演绎法、权变观和案例方法。

13. 管理体系：三维的立体结构，它包括管理层次维、管理领域维和管理过程维。管理层次维包括高层管理（战略管理层）、中层管理（战术管理层）、基层管理（作业管理层）；管理领域维包括信息管理、营销管理、生产运营管理、物流管理、研究与发展管理、人力资源管理和财务管理等等；管理过程维包括情报、决策、计划、组织、领导、控制和创新等职能。

案例分析

工厂经理李萧及其他人的工作

李萧是一家生产小型器械的装配厂经理。每天李萧到达工作岗位时都随身带来了一份他当天要处理的各种事务的清单。清单上的有些项目是他总部的上级电话通知他亟需处理的，另一些是他自己在一天多次的现场巡视中发现的或者他手下人报告的不正常的情况。

这一天，李萧与往常一样带着他的清单来到了办公室。他做的第一件事是，审查工厂各班次监督者呈送上来的作业报告。他的工厂每天24小时连续工作，每班次的监督者被要求在当班结束时提交一份报告，说明这班次开展了什么工作，发生了什么问题。看完前一天的报告后，李萧通常要同他的几位主要下属开一个早会，会上他们决定对报告中所反映的各种问题应采取哪些措施。

李萧在白天也参加一些会议，会见来厂的访问者。他们中有些是供应商或潜在供应商的销售代表；有些则是工厂的客户；有时也有一些来自政府机构的人。此外，总部的职能管理者和李萧的直接上司也会来厂考察。当陪伴这些来访者以及上司参观的时候，李萧常常会发现一些问题，并将它们列入到他那待处理事项的清单中。

李萧发现，他那待处理事项的清单好像永远没有完结，自己很明显地无暇顾及长期计划工作，而这些活动是他改进工厂的生产效率所必须做的。他似乎总是在处理某种危机，他不知道哪里出了问题。为什么他就不能以一种放松的方式工作呢？

思考题：

1. 从管理职能的角度，对李萧的工作进行分析。
2. 试运用管理者角色理论来描述李萧的工作，并完成表中的各项内容。

管理者的角色	案例中明确的活动	案例中未明确但可能发生的活动	活动重要性排序（个人/小组）
挂名首脑			
领导者			
联络者			
接收者			
传播者			
发言人			
企业家			
故障排除者			
资源分配			
谈判者			

3. 试将工厂经理的角色分别与公司总经理和作业监督者的角色作一比较，说明管理者工

作与组织层次的关系。

（1）指出任何有可能与该职位不相关的角色，并说明理由；

（2）对于可能存在于该职位的角色，请给出一个特定的活动事例，并说明每一角色可能在该职位工作中发挥的作用；

（3）按照该职位在每种角色上花费的时间多少，对各种角色的重要性作一个的排序；

（4）以3～5个学生为一组，讨论每个人的分析结果，然后以组为单位按上述步骤确定可能的角色及其重要性排序；

（5）每组指定一名学生作为发言人，向全班说明所在小组的分析结果，并与全班一起讨论并形成可能的结论。

练习题

一、填充

1. 1916年，法国实业家亨利·法约尔提出，管理是由______、______、______、______及______等职能为要素组成的活动过程。

2. 根据彼得·德鲁克教授的观点，管理是一种以______、______为基础的专业职能。

3. 许多新的管理理论和管理实践已经一再证明：______、______、______、______、______，这五种职能是一切管理活动最基本的职能。

4. 所谓______，就是指制定目标并确定为达成这些目标所必须的行动。

5. 根据亨利·明茨伯格的一项被广为引用的研究，管理者扮演着十种角色，可归为______、______、______三大类。

6. 1978年诺贝尔经济学奖的获得者赫伯特·西蒙提出，管理就是______。

7. 管理的本质是______，协调的中心是______。

8. 从纵向看，越是基层的管理者，控制的时效性越______，控制的定量化程度也越______。

9. 管理的______职能通过目标的制定和行动的确定表现出来，______职能通过组织结构的设计和人员的配备表现出来，______职能通过领导者和被领导者的关系表现出来，______职能通过偏差的识别和纠正表现出来。

10. 根据罗伯特·卡茨的研究，管理者要具备三类技能：______，______和______。

11. 管理的目的是为了______。

12. 控制的实质就是为了使实践活动符合于______。

13. 管理二重性指的是管理既具有______，又具有______属性。

14. 管理者的决策角色包括______，______，______和______。

15. 人际技能包括______________和______________。

16. 管理学是以各种管理工作中普遍适用的______和______作为研究对象的。

二、选择

1. 从理论概念出发建立的模型称为______，从统计规律出发建立的模型称之为______，建立在经济归纳法基础上的模型称之为______。

A. 描述性模型　　　　B. 经济计量模型

C. 解释性模型

2. ______职能本身并没有某种特有的表现形式，总是在与其他管理职能的结合中表现自身的存在与价值。

A. 计划　　　　B. 组织　　　　C. 领导

D. 控制　　　　E. 创新

3. 为了保证目标及为此而制订的计划得以实现，就需要有______职能。

A. 计划　　　　B. 组织　　　　C. 领导

D. 控制　　　　E. 创新

4. 管理者在处理与组织成员和其他利益相关者的关系时，他们就在扮演______。

A. 人际角色　　　　B. 信息角色　　　　C. 决策角色

5. 在______中，管理者处理信息并得出结论。

A. 人际角色　　　　B. 信息角色　　　　C. 决策角色

6. 在同不合作的供应商进行谈判的时候，管理者扮演的是______。

A. 企业家角色　　　　B. 干扰应对者角色　　　　C. 资源分配者

7. 对于基层管理而言，最重要的是______。

A. 技术技能　　　　B. 人际技能　　　　C. 概念技能

8. ______对于高层管理最重要，对于中层管理较重要，对于基层管理不重要。

A. 技术技能　　　　B. 人际技能　　　　C. 概念技能

9. ______对于所有层次管理的重要性大体相同。

A. 技术技能　　　　B. 人际技能　　　　C. 概念技能

10. 从典型到一般的研究方法是______。

A. 归纳法　　　　B. 试验法　　　　C. 演绎法

11. 著名的霍桑研究就是采用______研究管理中人际关系的成功例子。

A. 归纳法　　　　B. 试验法　　　　C. 演绎法

12. 作为______，管理者把重要的信息传递给工作小组成员，作为______，管理者把信息传递给单位或者组织以外的个人。

A. 监督者　　　　B. 传播者　　　　C. 发言人

13. 投入产出模型、企业系统动力学模型等，都是建立在一定理论概念基础之上的，属于______。

A. 描述性模型　　　　B. 经济计量模型　　　　C. 解释性模型

14. 在做出是否收购其他企业的决策中，管理者必须从多个角度出发全面分析拟购企业的目前状况及可能的发展余地等情况，这时管理人员需要的技能主要是______。

A. 诊断技能　　　　B. 人际关系技能

C. 概念性技能　　　　D. 技术技能

15. 田力是某大型企业集团的总裁助理，年富力强，在助理岗位上工作得十分出色。他最近被任命为集团销售总公司的总经理，从而由一个参谋人员变成了独立部门的负责人。下面是田力最近参与的几项活动，你认为这其中的哪一项几乎与他的领导职能无关？______。

A. 向下属传达他对销售工作目标的认识

B. 与某用户谈判以期达成一项长期销售协议

C. 召集各地分公司经理讨论和协调销售计划的落实情况

D. 召集公司有关部门的职能人员开联谊会，鼓励他们克服难关

16. 关于管理的应用范围，人们的认识不同，你认为下列哪个说法最好？______。

A. 只适用于盈利性工业企业

B. 普遍适用于各类组织

C. 只适用于非营利性组织

D. 只适用于营利性组织

17. 管理人员与一般工作人员的根本区别在于______。

A. 需要与他人配合完成组织目标

B. 需要从事具体的文件签发审阅工作

C. 需要对自己的工作成果负责

D. 需要协调他人的努力以实现组织目标

18. 企业管理者可以分成基层、中层、高层三种，高层管理者主要负责制定______。

A. 日常程序性决策　　B. 长远全局性决策

C. 局部程序性决策　　D. 短期操作性决策

19. 越是处于高层的管理者，其对于概念技能、人际技能、技术技能的需要，就越是按以下顺序排列______。

A. 概念技能，技术技能，人际技能

B. 技术技能，概念技能，人际技能

C. 概念技能，人际技能，技术技能

C. 人际技能，技术技能，概念技能

三、简答

1. 简要介绍彼得·德鲁克关于管理概念的观点。
2. 简要介绍西蒙关于管理概念的观点。
3. 简述系统论者关于管理概念的观点。
4. 归纳法有何局限性？
5. 运用归纳法进行管理问题的实证研究时，应当注意哪几点？

四、论述

1. 人类活动的特点是什么？为什么管理实践与人类历史同样悠久？
2. 何谓管理？管理的基本特征是什么？
3. 管理活动具有哪些基本职能？它们之间的关系是什么？
4. 分析管理二重性的基本内容。
5. 一个有效的管理者需要扮演哪些角色？需要具备哪些技能？

参考文献

1. 斯图尔特·克雷纳著. 管理百年：20 世纪管理思想与实践的批判性回顾. 海南：海

南出版社，2003.

2. 哈罗德·孔茨，海因茨·韦里克著，郝国华等译. 管理学（第九版）. 北京：经济科学出版社，1993.

3. 斯蒂芬·罗宾斯著. 管理学（第4版），北京：中国人民大学出版社，1997.

4. 约瑟夫·M·普蒂，海因茨·韦里克等著. 管理学（亚洲版）. 北京：机械工业出版社，1999.

5. 詹姆斯·斯通纳等著. 管理学教程（第6版）. 北京：华夏出版社，2001.

6. 詹姆斯·钱皮著. 再造管理. 台湾：牛顿时代出版社公司，1996.

7. 彼得·圣吉著. 郭进隆译. 第五项修炼——学习型组织的艺术与实务. 上海：三联书店，1994.

网络资源

中华企管网：http://www.wiseman.com.cn

中国管理传播网：http://www.manage.org.cn

世界经理人：http://www.cec.globalsources.com

中国企业家杂志：http://www.cnemag.com.cn

经理人：http://www.sino-manager.com

麦肯锡中国：http://mckinseyquarterly.com.cn

商界：http://www.shangjie.com

人力资源：http://www.sinohrm.com

管理突围：http://www.enjoymanage.com

中国财富网：http://www.caifu.com.cn

商业周刊：http://www.businessweek.com

经济学家：http://www.economist.com

中外管理：http://www.zwgl.com.cn

环球企业家：http://www.gemag.com.cn

21世纪经济报道：http://www.nanfangdaily.com.cn/jj

《世界经理人文摘》：http://www.cec.globalsources.com

21世纪人力资源网：http://www.e21hr.com

中华人力资源网：http://www.sino-hr.cn

中华管理论坛：http://www.vcmc.com

管理之风：http://czwancai.cctvt.com

Administrative Science Quarterly: http://www.johnson.cornell.edu/publications/asq

Academy of Management Journal: http://www.aom.pace.edu

Journal of Applied Psychology: http://jap.physiology.org

Organizational Behavior and Human Decision Process: http://www.elsevier.com/locate/issn/0749-5978

Academy of Management Review: http://www.aom.pace.edu/amr

Personal Psychology: http://www.apa.org/journals/psp.html

Industrial and Labor Relations Review: http://www.ilr.cornell.edu/ilrreview

Industrial Relations: http://www.blackwellpublishing.com/journal.asp?ref=0019-8692

Journal of Management: http://journalofmanagement.moore.sc.edu

Journal of Vocational Behavior: http://www.elsevier.com/locate/issn/0001-8791; http://www.sciencedirect.com/science

Journal of Occupational Psychology: http://www.bps.org.uk/publications/jOP_1.cfm

Journal of Management Studies: http://www.getcited.org/pub/100020800

Management Science: http://mansci.pubs.informs.org

Human Relations: http://www.tavinstitute.org/hrindex.htm

Journal of International Business Studies: http://www.jibs.net

Harvard Business Review: http://harvardbusinessonline.hbsp.harvard.edu/b02/en/hbr/hbr_home.jhtml

Journal of Organizational Behavior: http://luddite.heinz.cmu.edu/JOB

Research in Organizational Behavior: http://luddite.heinz.cmu.edu/JOB

California Management Review: http://www.haas.berkeley.edu/News/cmr

Organization Science: http://web.gsm.uci.edu/orgsci

习题答案

一、填充

1. 计划　组织　指挥　协调　控制
2. 绩效　责任
3. 计划　组织　领导　控制　创新
4. 计划
5. 人际角色　信息角色　决策角色
6. 决策
7. 协调　人
8. 强　高
9. 计划　组织　领导　控制
10. 技术技能　人际技能　概念技能
11. 实现预期目标
12. 计划
13. 自然　社会
14. 企业家角色　干扰应对者角色　资源分配者角色　谈判者角色
15. 对下属的领导能力　处理不同小组之间关系的能力
16. 原理　方法

二、选择

1. C; B; A 2. E 3. D 4. A 5. C 6. B 7. A 8. C 9. B 10. A 11. B 12. B; C 13. A 14. C 15. B 16. B 17. D 18. B 19. C

三、简答

1. 管理是一种以绩效、责任为基础的专业职能。(1) 管理与所有权、地位或权利完全无关;(2) 管理是专业性的工作;(3) 管理人员是一个专业的管理阶层;(4) 管理的本质和基础是执行任务的责任。这一观点淡化了管理的社会属性而片面强调了管理的自然属性。

2. (1) 管理就是决策。(2) 决策过程分成四个阶段:调查情况;制定方案;选择并执行方案;评价执行情况。

3. 管理就是根据一个系统所固有的客观规律,施加影响于这个系统,从而使这个系统呈现出一种新状态的过程。(1) 任何社会组织都是若干单元或子系统组成的复杂系统;(2) 系统的发展变化表现出一定的规律;(3) 管理职能就是根据系统的客观规律对系统施加影响;(4) 管理的任务就是使系统呈现出新状态,以达到预定的目的。

4. (1) 一次典型调查(或经验)只是近似于无穷大的总体中的一个样本,所以实证研究必须对足够多的对象进行研究才有价值;(2) 研究事物的状态不能人为地重复,管理状态也不可能完全一样,所以得出的结论只能是近似的;(3) 研究的结论不能用通过实验加以证明,只能用过去发生的事实来证明,但将来未必是过去的再现。

5. (1) 要弄清与研究事物相关的因素,并尽可能提出各种不相关的因素;(2) 选择好典型,并分成若干类,分类标志应能反映事物的本质特征;(3) 调查对象应有足够数量;(4) 调查提纲和问卷的设计要力求包括较多的信息数量,并便于作出简单明确的答案;(5) 对调查资料的分析整理,应采取历史唯物主义和辨证唯物主义的方法。

四、问答

1. (1) 自古至今,人类的一切社会活动,都具有三个基本特点:目的性、依存性和知识性;

(2) 这三个特点为人类的管理实践提供了客观条件,回答了为什么管理实践与人类历史同样悠久的问题。

2. 管理是社会组织中为了实现预期目标,以人为中心进行的协调活动。其基本特征为:(1) 管理的目的是为了实现预期目标;(2) 管理的本质是协调;(3) 协调必定产生在社会组织中;(4) 协调的中心是人;(5) 协调的方法是多样的。

3. (1) 计划、组织、领导、控制、创新是一切管理活动最基本的职能。

(2) 每一项管理活动都是从计划开始,经过组织和领导,到控制结束。各职能之间同时相互交叉渗透,控制的结果可能又导致新的计划,又开始一轮新的管理循环。如此循环不息,把工作不断推向前进。创新在管理循环中处于轴心的地位,成为推动管理循环的原动力。

4. (1) 管理具有自然属性,这种属性不以人的意志为转移,也不因社会制度意识形态的不同而有所改变,完全是一种客观存在。它的出现是由人类活动的特点决定的,是社会劳动过程中的一种特殊职能。管理是生产力。

（2）管理具有社会属性，它是为了达到预期目的而进行的具有特殊职能的活动，从来就是为统治阶级，为生产资料的占有者服务的。管理是一定社会生产关系的反映。

5.（1）根据亨利·明茨伯格的研究，管理者扮演着十种角色，这些角色可以归入三大类：人际角色，包括代表人角色、领导人角色和联络者角色；信息角色，包括监督者角色、传播者角色和发言人角色；决策角色，包括企业家角色、干扰应对者角色、资源分配者角色和谈判者角色。

（2）根据罗伯特·卡茨的研究，管理者要具备三类技能：技术技能、人际技能和概念技能。

第二章　管理理论发展史

【教学目标】

1. 阐述管理发展史的几个主要阶段；
2. 掌握泰勒科学管理理论的主要内容；
3. 掌握法约尔的一般管理理论；
4. 掌握韦伯的官僚组织理论；
5. 掌握霍桑实验和梅奥的人际关系学说；
6. 说明巴纳德的社会系统学说的主要内容；
7. 了解现代管理学派的主要理论和代表人物。

【教学重点】

1. 泰勒科学管理理论；
2. 法约尔的一般管理理论；
3. 霍桑实验和梅奥的人际关系学说；
4. 巴纳德的社会系统学说。

【教学难点】

1. 泰勒科学管理理论的主要内容；
2. 霍桑实验和梅奥的人际关系学说。

【关键术语】

科学管理（Scientific manage）　　一般管理（General manage）

行为科学（Behavioral science）　　社会系统（The social system）

【管理名言】

所有的日常活动中不注意效率的行为都在使整个国家资源遭受巨大损失，而补救低效能的办法不在于寻求某些出众或是非凡的人，而在于科学的管理。

——〔美〕泰勒

引导案例

从“经济人”到“能力人”

“经济人”与物本管理。西方第一代管理理论是以“经济人”假设为基础和前提的物本管理，当时的管理理论学家认为，人是经济人，是经济动物，人主要是为金钱而工作，为物质生活享受而生存，只要满足人对金钱和物质的需求，就能调动其积极性，劳资矛盾也主要源于经济利益的矛盾。基于这种认识，他们注重实行物本管理，这种管理的特点是见物不见人，重物轻人；把人当作工具，当作物来管理；人被当作机器的附属物，要人去适应机器；对人主要实行物质激励和金钱激励。即使是被誉为“科学管理之父”的泰勒，也只是把人当作物来管理，他并没有严格区分对物的管理和对人的管理。

“社会人”与人本管理。西方第二代管理理论是以“社会人”假设为基础和前提的人本管理。随着科学技术的迅猛发展和应用，社会生产率大大提高，以及生产日益社会化，各种各样的管理理论、管理方法相继出现。这些理论和方法在不同程度上都对物本管理提出了批判，其中影响最大的是20世纪30年代前后出现的以“社会人”假设为基础和前提的人本管理理论，这种管理理论有三种表现形式：人际关系学、行为科学和以人为本理论。

“能力人”与能本管理。西方管理理论发展的新趋势是以“能力人”假设为基础和前提的能本管理，这是西方管理理论发展的第三代。在西方现代社会，人们对物质方面的兴趣开始淡薄，而对人的创造能力的关注日益增长。作为人的最高需要的自我实现（按照人的兴趣、能力从工作中取得成就），正成为西方人追求的人生目标。面对西方发达工业社会的沉重代价，许多思想家从文化价值观和人性上思考问题，认为实行“人的革命”是避免高代价的一种重要方式，而“人的革命”的一个重要内容，就是挖掘人的潜力，发挥人的创造能力和智力，把人塑造成“能力人”。知识经济时代已经来临，知识经济的灵魂是创新，人的智力和创造能力将在21世纪的经济发展中起主导作用，具有创新能力的人力资本对现代经济的增长至关重要。历史发展的这种趋势，将引起政府管理的创新，其任务之一就是大力开发人力资源，充分调动人的智力因素，培养和发挥人的能力，营造一个能发挥创造能力的环境，其实质就是实行以“能力人”为基础和前提的能本管理，即以人的能力为本的管理。从“经济人”、“社会人”到“能力人”，反映管理思想的演进。了解管理的历史能够帮助我们理解今天的管理理论和实践。从管理理论的发展中我们可以追溯许多现代管理概念的起源，了解这些概念的演进，以便将过去与未来联系在一起。

第一节　古典管理理论

古典理论是古典的，然而也是现代的，古典管理的精华永存。

一、泰勒的科学管理理论

弗雷德里克·温斯洛·泰勒（Frederick Winslow Taylor，1856-1915年），出生于美国费城

一个富有的律师家庭，中学毕业后考上哈佛大学法律系，但不幸因眼疾而被迫辍学。1875 年，他进入一家小机械厂当学徒，1878 年转入费城米德维尔钢铁厂（Midvale Steel Works）当机械工人，在技术能力、管理能力上得到过锻炼，后来被资本家提拔为工头、中层管理人员和总工程师。他一直在该厂工作到 1897 年。

泰勒在管理方面的主要著作有《计件工资制》《车间管理》和《科学管理原理》。泰勒通过这一系列的著作，总结了几十年试验研究的成果，归纳了自己长期管理实践的经验，概括出了一些管理原理和方法，经过系统化整理，形成了“科学管理”的理论。泰勒被尊称为“科学管理之父”，这个称号被铭刻在他的墓碑上。

1. 泰勒科学管理理论的主要内容

19 世纪末之前，工业实行的是传统的管理办法，管理主要凭工厂主的个人经验，生产工艺、工艺制定以及人员培训也都是凭个人经验。企业主为了赚取更多的利润，一般是通过延长绝对劳动时间或者增加劳动强度，但是这两种方法引起了工人阶级越来越强烈的反抗。19 世纪末 20 世纪初，生产力的发展水平也急需一套系统的管理理论和科学的管理方法。在这样背景下产生了泰勒科学管理理论。泰勒的科学管理的根本目的是谋求最高效率，而要谋求最高的工作效率，就要用科学化、标准化的管理方法代替旧的经验管理。为此，泰勒在长期实践中提出了一些基本的管理制度。

（1）对工人提出科学的操作方法，以便有效利用工时，提高工效

泰勒认为，由于工厂主和工人对工人一天究竟能干多少工作心中无数，导致工人“磨洋工”，为了发掘工人劳动的潜力，就要制定科学的操作方法，以便有效利用工时，提高工效。为此，泰勒进行了时间和动作研究。研究工人工作时动作的合理性，去掉多余的动作，改善必要动作，并规定出完成每一个单位操作的标准时间，制定出劳动时间定额。

1898 年，泰勒在伯利恒钢铁厂进行了一项著名的实验。他看到该工厂搬运生铁块的工作量非常大，每个铁块重 80 多斤，距离为 30 米，有 75 名工人负责这项工作，工作效率并不高，每人每天平均只能把 12.5 吨的铁块搬上火车。泰勒经过认真观察分析后发现，一个好的搬运工每天应该能够搬运 47 吨。泰勒挑了一个叫施密特的人，按照事先设计好的时间表对该工人发出指示，如搬起铁块、开步走、放下铁块、坐下休息等。结果，这名工人每天的工作量如期提高到 47 吨，同时并不会感到太疲劳。泰勒据此把工作定额提高了将近 3 倍，劳动生产率提高了很多，并使工人的工资也有所提高。泰勒相信，即使是搬运铁块这样的工作也是一门科学，可以用科学的方法来管理。

（2）对工人进行科学的选拔、培训和晋升

泰勒指出：“健全的人事管理的基本原则就是使工人的能力与工作相适应。”所以泰勒提出培训工人的合理的工作方法。为了挖掘人的潜力，必须做到人尽其才。每个人具有不同的潜能，适合不同的工作。为了最大限度地提高劳动生产率，必须挑选合适的人，同时还要最大限度地挖掘他的潜力。要训练员工的技能，教他们合理的工作方法。通过培训，员工掌握了新的工作方法，更有利于提高工作效率。

（3）制定科学的工艺规程，使工具、机器、材料、作业环境标准化，并用文件形式固定下来

在经验管理时代，对工人在劳动中使用什么样的工具没有统一的标准，全凭师傅的经验摸索。泰勒认为，在科学管理的情况下，要用科学知识代替个人经验，一个很重要的措

施就是实施工具标准化、操作标准化、劳动动作标准化、劳动环境标准化等标准化管理。管理人员的任务就是要对以往长期的经验做总结，将它们概括为一定的标准，然后将这些标准在工厂中推行。只有使用标准化，才能使工人劳动更有积极性，更加合理地衡量他们的劳动成果。

泰勒不仅提出了实行各种标准化的主张，而且也为标准化的制定做出了实际的贡献。例如通过搬运铁块实验，他得出了工人一天可以搬47吨的日合理工作量，从而为实行定额管理奠定了基础；通过铁锹试验，得出铁锹每次铲物重21磅时，劳动效率最高，从而为实行工具标准化奠定了基础。

（4）实行具有激励性的差别计件工资报酬制度

泰勒认为，要在科学地制定劳动定额的前提下，采取差别计件工资制来鼓励工人完成或超额完成定额。对完成和超额完成工作定额的工人，按比正常单价高出25%支付工资，对没有完成定额的工人，则比正常单价低20%支付工资。泰勒指出，这种工资制度会大大提高工人们的劳动积极性。雇主的支出虽然有所增加，但由于利润提高的幅度大于工资提高的幅度，所以对雇主也是有利的。

（5）管理和劳动相分离

在传统的管理中，生产中的工作责任都推到工人身上，而工人则按照自己的习惯和经验来进行工作，工作效率由工人自己决定。因为这与工人的熟练程度和个人的心态有关，若要实现最高效率，必须用科学的方法来改变。要用科学的方法找出标准、将这个标准规范化，并在工作中实行，这就需要专门的人来负责，因为工人是不可能完成这一工作的，他们没有这方面的经验和知识，而且他们也会把标准定得非常低，这是不合理的。所以就必须把计划职能和执行职能分开。计划职能归管理当局，并设立专门的计划部门来承担。

计划部门从事全部的计划工作，并对工人发布命令，其主要任务是：进行调查研究并以此作为确定定额和操作方法的依据；制定有科学依据的定额和标准化的操作方法与工具；拟定计划、发布指令和命令；把标准和实际情况进行比较，以便进行有效的控制。

2. 对泰勒科学管理理论的评价

列宁认为："泰勒制——也是同资本主义其他一切进步的东西一样，有两个方面，一方面是资产阶级剥削的最巧妙的残酷手段，另一方面是一系列最丰富的科学成就，即按科学来分析人在劳动中的机械动作……"这段话精辟地阐述了科学管理的性质。

科学管理的最大贡献在于泰勒所提倡的在管理中运用科学方法和他本人的科学实践精神。泰勒将科学引入管理领域，用精确的调查研究和科学代替了个人的判断和经验。从本质上讲，科学管理理论突破了工业革命以来一直延续的传统的经验管理方法，是将人从小农意识、小生产的思维方式转变为现代社会化大工业生产的思维方式的一场革命。面对来自工人阶级和雇主们的巨大阻力，泰勒没有屈服，坚韧不拔，做了大量的科学试验，为科学管理献出了自己的毕生精力，其实践精神令人钦佩。

科学管理理论推动了生产力的发展，使劳动生产率大幅度提高。它运用于企业管理中，使得许多企业生产效率成倍提高。它的许多效率措施至今还被人们广泛使用。泰勒靠科学的方法在不增加工人劳动的情况下提高效率的观点，突破了前人只靠提高劳动强度和延长劳动时间来提高效率的思维界限，使资本主义的生产和财富飞速增长。

当然，泰勒的科学管理理论也有一定的局限性。他认为人仅仅是一种经济人，工人最关心的是提高自己的金钱收入，这无疑限制了泰勒的视野和高度。而且科学管理仅仅只是重视技术的因素，不重视人的社会因素，严密地控制和高度地服从加剧了劳资之间的矛盾。同时科学管理研究的范围也比较狭窄，侧重于生产作业管理，对于现代企业的经营管理、市场、营销、财务等都没有涉及。

二、法约尔的一般管理理论

当泰勒在美国研究和倡导科学管理理论的同时，欧洲也出现了一些古典管理理论，其中最著名的是以法约尔为代表的一般管理理论，泰勒的研究是从“车床前的工人”开始，重点内容是企业内部具体工作的效率；法约尔的研究则是从“办公桌前的总经理”出发的，以企业整体作为研究对象。

亨利·法约尔（Henry Fayol，1841-1925 年），法国科学管理专家，1860 年从圣艾帝安国立矿业学院毕业后进入康门塔里福尔香堡（Comentry-Fourchambault）采矿冶金公司，成为一名采矿工程师。不久被提升为该公司一个矿井的经理，1888 年出任该公司总经理。

法约尔的代表作是《工业管理和一般管理》。他认为，管理理论是指有关管理的、得到普遍承认的理论，是经过普遍经验检验并得到论证的一套有关原则、标准、方法、程序等内容的完整体系。他的管理理论除可应用于工商企业外，还可应用于政府、教会、慈善机构、军事组织以及其他企事业单位。

1. 法约尔一般管理理论的主要内容

（1）区别了经营与管理

法约尔区别了经营和管理，认为这是两个不同的概念，管理包括在经营之中。通过对企业全部活动的分析，将管理活动从经营职能（技术、商业、业务、安全和会计等五大职能）中提炼出来，成为经营的第六项职能。并进一步得出了普遍意义上的管理定义，即“管理是普遍的一种单独活动，有自己的一套知识体系，由各种职能构成，管理者通过完成各种职能来实现目标的一个过程”。

法约尔还分析了处于不同管理层次的管理者其各种能力的相对要求。随着企业由小到大、职位由低到高，管理能力在管理者必要能力中的相对重要性不断增加，而其他诸如技术、商业、财务、安全、会计等能力的重要性则会相对下降。

（2）提出管理的五大职能

法约尔将管理活动分为计划、组织、指挥、协调和控制等管理的五大职能，并进行了相应的分析和讨论。管理的五大职能并不是企业管理者个人的责任，它同企业经营的其它五大活动一样，是种分配于领导人与整个组织成员之间的工作。

（3）提出了管理的一般原则

法约尔在他的《工业管理与一般管理》一书中首先提出了一般管理的 14 条原则。

① 劳动分工。通过分工来提高管理工作的效率。

② 权力与责任。要贯彻权力与责任相符的原则，就应该有有效的奖励和惩罚制度，即“应该鼓励有益的行动而制止与其相反行动”。

③ 纪律，即企业与下属人员之间的协定和人们对这个协定的态度及其对协定遵守的情

况。“无论哪个社会组织，其纪律状况都主要取决于其领导人的道德状况”。

④ 统一指挥。一个下级人员只能接受一个上级的命令。在任何情况下，都不会有适应双重指挥的社会组织。

⑤ 统一领导。在设置组织机构的时候，一个下级只能有一个直接上级。

⑥ 个人利益服从整体利益。个人和小集体的利益不能超越组织整体的利益。

⑦ 合理的报酬。必须给工作和服务以公平合理的报酬，并尽量使企业以及其所属人员都满意。

⑧ 适当的集权和分权。集权即下属参与决策的程度。权力集中或分散的问题是一个简单的尺度问题，问题在于找到适合于该企业的最适度。

⑨ 等级制度。等级制度就是从最高权力机构直到低层管理人员的领导系列。通过这个等级链，不但可以明确组织中的成员权力关系，还表明了组织中信息传递的路线。

⑩ 秩序。指凡事各就其位，各得其所，无论是物品还是人员，都要选择好正确的位置。

⑪ 公平。管理者应该以善意和公道来对待下属，才能鼓励其所属人员全心全意和无限忠诚地执行工作职责。

⑫ 人员的稳定。一个人要有效地、熟练地从事某项工作，需要相当长的时间。组织成员的高流动会导致低效率。管理者当局要掌握人员稳定和流动的度，以利于企业中成员能力得到充分的发挥。

⑬ 首创精神。鼓励员工发表意见和主动工作，调动员工的积极性，对组织会是一种巨大的力量。

⑭ 人员的团结。加强组织的团结可以使内部更融洽和统一。

2．对法约尔一般管理理论的评价

法约尔的一般管理理论是西方古典管理思想的重要代表，后来成为管理过程学派的理论基础，对管理理论的发展和企业管理的历程有着深刻的影响。

法约尔是以大矿企业最高管理者的身份自上而下地研究管理，他的研究从具体的局部的操作性的管理实践活动中超脱出来，第一次对企业管理采取了完全是抽象思维的思考研究。他的管理理论是以企业为对象建立起来的，由于他强调管理的一般性，就使得他的理论在许多方面也适用于政治、军事及其他领域。法约尔提出的管理原则，经过多年的研究和实践证明，给实际管理人员巨大的帮助，现在仍然为许多人所推崇。这些原则的大多数在将来一定也有其实用价值。

法约尔一般管理理论的主要不足之处是他的管理原则缺乏弹性，以致于有时实际管理工作者无法完全遵守。以统一指挥原则为例，法约尔认为，不论什么工作，一个下属只能接受一个上级的命令，并把这一原则当成一个定律。这和劳动分工原则可能发生矛盾。因为根据劳动分工原则，应将各种工作按专业化进行分工，才有助于提高效率。当某一层次的管理人员制定决策的时候，他就要考虑来自各个专业部门的意见和指示，但这是统一原则所不允许的。例如，某一分厂的会计人员，在组织上隶属于这个分厂，按照统一指挥原则，总厂财务部门必然无法指挥分厂的会计人员。同样，一个地区的政府的各个职能部门，由于隶属于地区政府，如果上级职能部门内遵守统一指挥原则，也必然无法对地区职能部门进行指挥。

三、韦伯的官僚组织理论

官僚组织理论是古典管理理论的一个重要组成部分，它强调组织的运转要以合理的方式而不是依据管理者的判断。

马克斯・韦伯（Max Weber，1864-1920年）生于德国，曾担任过教授、政府顾问和编辑，对社会学、宗教学、经济学与政治学都有相当深的造诣。韦伯官僚组织理论产生的历史背景，正是德国企业从小规模世袭管理，到大规模专业管理转变的关键时期。他反对当时盛行的靠封建制和世袭制来管理的思想，提出了一个他称之为“官僚”的理想组织模式。韦伯的官僚组织理论对后世产生了深远的影响。

1. 官僚组织理论主要内容

任何组织都必须以某种形式的统治作为基础，没有某种形式的统治，任何组织都不可能达到自己的目标。韦伯将社会所接受的权力分为三种：法定权力：（理性的）法律规定的权力；传统权力：由传统惯例或世袭得来；超凡权力：来源于别人的崇拜与追随。

韦伯认为传统权力主要由传统惯例或世袭得来，人们对传统权力的服从是因为领袖人物占据着传统所支持的权力地位，人们是在习惯义务领域内的个人忠诚。领导人的作用似乎只为了维护传统，因而效率较低，不宜作为行政组织体系的基础。

超凡权力完全依靠对于领袖人物特殊的、超凡的神圣性，英雄行为或典范品格的信仰，以及对这个人所启示或发布的规范榜样或命令的信仰。超凡权力过于带有感情色彩并且是非理性的，不是依据规章制度。所以，超凡权力的形式也不宜作为行政组织体系的基础。

韦伯认为，只有法定权力才能作为理想行政组织体系的基础，它是建立在相关规章制度和行为规则的合法性基础之上的，提供了慎重的公正。有了适合于行政组织体系的权力基础，韦伯勾画出的理想的官僚组织模式具有下列特征。

（1）劳动分工与技术训练。在分工的基础上，规定每个岗位的权力和责任，组织中的人员应有固定和正式的职责并依法行使职权。然后通过技术培训来提高工作效率。

（2）权威等级。组织的结构是一层层控制的体系。在组织内，按照不同职位权力的大小，确定其在组织中的地位，形成有序的等级系统，以制度形式巩固下来。

（3）人与工作的关系。成员间的关系只有对事的关系而无对人的关系。

（4）成员的选用与保障。组织中所有人员的选拔和提升都要依据技术能力，每一职位根据其资格限制（资历或学历），经公开考试合格予以使用，务求人尽其才。

（5）正式的规则和法规。管理人员在实施管理时，要受制于规则和程序。组织根据完整的法规制度，组织与规范成员的行为，保证员工产生可靠的和可以预见的行为，达到组织的目标。

（6）成员的工资及升迁。按职位支付薪金，并建立奖惩与升迁制度，使成员安心工作，培养其事业心。

韦伯认为，凡具有上述六项特征的组织，可使组织表现出高度的理性化，其成员的工作行为也能达到预期的效果，组织目标也能顺利地达成。

2. 对官僚组织理论的评价

韦伯与泰勒、法约尔一起被称为“组织理论之父”，是西方古典管理理论的三位先驱。韦伯对理想的官僚组织模式的描绘，为行政组织指明了一条制度化的组织准则，这是他在管理思想上的最大贡献。

韦伯的理论所提出的科学管理体系是一种制度化、法律化、程序化和专业化的组织理论，阐明了官僚体制与社会化大生产之间的必然联系，突破了妨碍现代组织管理的以等级门第为标准的家长制管理形式，促进了管理方式的转变，消除了管理领域非理性、非科学的因素。韦伯这种强调规则、强调能力、强调知识的行政组织理论为社会发展提供了一种高效率、合乎理性的管理体制。现在我们普遍采用的高、中、低三层次管理就是源于他的理论。

韦伯的理想行政组织体系自出现以来得到了广泛的应用，无论是对西方学术界，还是社会各个领域，都产生了深刻的影响，现代社会各种组织都在不同程度地按照科层制原理来建立和管理的，它已经成为各类社会组织的主要形式。韦伯的行政组织理论不是管理思想的全新开创，只是社会实践的理论总结。我们在重温韦伯行政组织理论之时，也不是为了赞美他在历史上的重大贡献，而是认同其思想对现代组织行为的现实指导意义。

但是，韦伯的行政管理体制，即官僚制，也存在着难以克服的缺陷：他忽视了组织管理中人的主体作用，偏重于从静态角度分析组织结构和组织管理；忽视了组织之间、个人与组织之间、个人之间的相互作用；过于突出强调法规对于组织管理的决定作用，以及人对法规的从属和工具化性质。

第二节　行为科学理论

古典管理理论的代表泰勒、法约尔等人都着重强调管理的科学性、合理性和纪律性，对管理中人的因素和作用没有足够重视。他们认为个人在思想上、行动上力争获得个人利益，追求最大限度的经济收入，是“经济人”。因此工人被安排去从事固定的、枯燥的和过分简单的工作，成了“活机器”。这样会使工人的劳动变得异常紧张、单调和劳累，引起工人的强烈不满。随着经济的发展和科学的进步，有着较高文化水平和技术水平的工人逐渐占据了主导地位，单纯用古典管理理论和方法已经不能有效地控制工人，提高生产效率和增加利润。因此，在20世纪30年代后，一个专门研究人的因素以达到调动人的积极性的学派——行为科学学派应运而生。

一、霍桑实验和梅奥的人际关系学说

行为科学的发展是从人际关系理论开始的。人际关系理论的代表人物是埃尔顿·梅奥（Elton Mayo，1880-1949年），原籍澳大利亚的美国行为科学家，美国艺术与科学院院士，主要代表著作有《组织中的人》和《管理和士气》。1924年～1932年间进行了著名的霍桑实验。梅奥的“霍桑实验”宣告了“经济人”管理时代的结束，管理进入了新的时代。

1．霍桑实验

霍桑实验是在芝加哥西部电气公司的霍桑工厂进行的。长达九年的实验研究，真正揭开了作为组织中人的行为研究的序幕。霍桑工厂具有完善的娱乐设施、医疗制度和养老金制度，

但工人仍然有很强的不满情绪，生产效率很低。霍桑实验的目的是要找出工作条件对生产效率的影响，以寻求提高劳动生产率的途径。实验分为四个阶段。

第一阶段：工场照明实验（1924～1927年）。他们将工人分为两组：一组为“试验组”，先后改变工场照明度，让工人在不同的照明强度下工作；另一组为“控制组”。工人在照明度不变的条件下工作。

实验结果发现两个组的产量都在不断上升。通过这个实验，专家发现工场照明只是影响工人生产效率的一项微不足道的因素。由于未被掌握的因素太多，而任何一个因素都可能足以影响实验结果，于是他们决定继续进行研究。

第二阶段：继电器装配工人小组实验（1927～1928 年）。该实验通过材料供应、工作方法、工作时间、劳动条件、工资等因素的改变测量它们对工作效率的影响，目的是研究各种工作条件的变动对小组生产率的影响，以便能够更有效地控制影响工作效率的因素。实验结果发现无论每个因素如何变化，产量都是增加的，似乎是由于监督指导方法的改变，使工人工作态度有所变化，因而产量增加。这是霍桑实验的一个转折点。

第三阶段：大规模的访问与调查（1928～1931 年）。在上述实验的基础上，实验人员决定进行全公司范围的调查与访问，两年内调查了两万人次。职工由于可以不受拘束地谈自己的想法，发泄心中的闷气，从而态度有所改变，生产率相应的得到了提高。而且通过访谈所得结论与上述实验所得结论相同，即“任何一位员工的工作绩效，都受到其他人的影响”。

第四阶段：接线板接线工作室实验（1931～1932年）。研究人员以集体计件工资制刺激，企图提高员工工作效率。公司给工人规定的产量标准是焊接 7 312 个接点，但他们只完成 6 000—6 600 个。实验发现生产小组内有一种默契，工人们会故意自行限制产量，当他们达到自己确定的非正式标准产量时，即使还有许多时间，他们也会自动停工，否则就会受到小组的冷遇和排斥，奖励性工资并未像传统的管理理论认为的那样使工人最大限度地提高生产效率。实验小组成员经过访谈发现工人这样做的原因有三个：一是怕老板把工作标准再度提高；二是怕由于生产效率提高使一部分工人失业；三是为了保护速度慢的同伴，使他们不受老板的惩罚。

2．人际关系学说的主要内容

霍桑实验的研究结果否定了传统管理理论的对于人的假设，表明了工人不是被动的，孤立的个体，他们的行为不仅仅受工资的刺激，影响生产效率的最重要因素不是待遇和工作条件，而是工作中的人际关系。据此，梅奥提出了自己的观点。

（1）工人是“社会人”而不是“经济人”。梅奥认为，工人是“社会人”，人们的行为并不单纯出自追求金钱的动机，还有社会方面的、心理方面的需要，即追求人与人之间的友情、安全感、归属感和受人尊敬等，而后者更为重要。

（2）企业中存在着非正式组织。正式组织是为了实现企业目标而明确规定各成员相互关系和职责范围的一种架构。企业中除正式组织之外，还存在着非正式组织。非正式组织中有自己的核心人物和领袖，有大家共同遵循的观念、价值标准、行为准则和道德规范等。非正式组织形成的原因很多，有地理位置关系、兴趣爱好关系、亲戚朋友关系、工作关系等。梅奥认为非正式组织的作用在于维护其成员的共同利益，使个人有机会表达思想，有利于沟通，提高员工士气，促进员工更为稳定。在工作中能够使人感到温暖，扩大协作程度，减少厌烦感。但是非正式组织可能集体抵制上级的政策和目标，强迫组织内部的一致性，从而限制了部分人的自由和限制产量。

梅奥认为在正式组织中，以效率逻辑为其行为规范，而在非正式组织中，则以感情逻辑为其行为规范。如果管理人员只是根据效率逻辑来管理，而忽略工人的感情逻辑，必然会引起冲突，影响企业生产率的提高和目标的实现。因此，管理当局必须重视非正式组织的作用，注意在正式组织的效率逻辑与非正式组织的感情逻辑之间保持平衡，以便管理人员与工人之间能够充分协作，提高劳动效率。

（3）新的领导能力在于提高工人的满意度。梅奥认为，提高劳动生产率的主要途径是提高工人的满意度。高的满意度来源于工人个人需求的有效满足，不仅包括物质需求，还包括精神需求。职工的满意度越高，其士气就越高，从而生产效率就越高。管理人员应该深刻认识到这一点，善于倾听下属的意见，充分考虑员工的个人情况和工作中的人际关系，力争使员工在安全、归属感和友谊方面的需求得到满足。

2. 对人际关系学说的评价

梅奥的人际关系理论第一次把管理研究的重点从工作上或从物的因素上转到人的因素上来，为管理思想的发展开辟了新的领域，引发了管理上的一系列改革，其中的许多措施至今仍是管理者们所遵循的信条。

（1）提倡下级参与企业的各种决策，以此来改善人际关系，提高职工士气。反对采取解雇和制裁等强制性手段迫使职工服从的传统管理方法；

（2）加强意见沟通，允许职工对作业目标、作业标准和作业方法提出意见，鼓励上下级之间实行意见交流；

（3）强调对管理者和监督者进行教育和训练，重视管理者自身的人际关系以及协调人际关系的能力，以改变他们对工人的态度和监督方式；

（4）重视和利用各种非正式组织，注重职工的工作环境和生活环境的美化，建立娱乐、运动、生活福利设施等。

人际关系学说也存在着缺陷。该理论过分强调非正式组织的作用，认为组织内人群行为强烈地受到非正式组织的影响。但是实践证明，非正式组织并非经常地对每个人的行为有决定性的影响，经常起作用的仍然是正式组织。过多地强调感情的作用，认为职工的行动主要受感情和关系的支配，同时忽视经济报酬、工作条件、外部监督、作业标准对工人的影响，也不利于提高生产效率。

二、巴纳德的社会系统学说

切斯特·巴纳德（Chester I. Barnard, 1886-1961 年）是社会系统学派的创始人。1909 年他在哈佛大学读完了全部经济学课程，因缺少实验学科的学分而未获得学位。他于同年进入美国电话电报公司工作，1927 年起担任新泽西贝尔电话公司总经理直到退休。他帮助制定过美国原子能委员会的政策，在新泽西紧急救济队、新泽西感化院、联合劳务组织担任过领导职务。1948 年～1952 年间担任洛克菲勒基金会董事长。由于他在研究企业组织的性质和理论方面做出了杰出的贡献，得到过七个荣誉博士学位。巴纳德深入分析现代管理的特点，写出了《经理人员的职能》、《组织与管理》等许多重要著作。他将社会学概念应用于分析经理人员的职能和工作过程，并把研究重点放在组织结构的逻辑分析上，提出了一套协作和组织的理论。

1. 社会系统学说的主要内容

巴纳德认为，社会的各级组织包括军事的、宗教的、学术的、企业的等多种类型的组织都是一个协作的系统，它们都是社会这个大协作系统的某个部分和方面。这些协作组织是正式组织，都包含三个要素：**协作的意愿、共同的目标和信息联系**。

协作意愿是指组织成员对组织目标做出贡献的意愿。有协作意愿意味着个人实行自我控制，交出个人行为的控制权，让组织进行控制。若无协作意愿，组织目标将无法实现。一个人是否具有协作意愿依个人对贡献和诱因进行合理的比较而定。所谓贡献，是指个人对实现组织目标做出的有益的活动和牺牲。诱因是指为了满足个人的需要而由组织所提供的效应。巴纳德认为，一个人决定是否参与组织活动时，首先要将自己对组织可能做出的贡献和从组织那里可能得到的诱因进行比较。只有当诱因大于贡献时，个人才有协作的意愿，而当诱因小于贡献时，个人协作意愿会减弱。不仅如此，个人还要将参加这一组织和不参加这一组织或参加另一组织的净效果进行比较，从而决定参加哪个组织或独立从事生产活动。然而对贡献和诱因以及其净效果的衡量都是个人的主观判定，它随个人价值观的不同而有很大变化。所以组织要针对不同的人来增大诱因，更好地满足员工不同的需求，从而激发他们为组织做出贡献的意愿。

一个组织必须要有共同的目标，而且目标必须为组织的成员理解和接受，组织成员才知道需要他们做出哪些行为和努力，协作会给他们带来哪些满足，协作的意愿才会产生。对组织目标的理解分为协作性理解和个人性理解。协作性理解是指组织成员站在组织利益立场上客观理解组织目标：个人性理解是指组织成员站在个人利益立场上主观理解组织目标。当组织目标简单具体时，两者的矛盾较小；当目标复杂抽象时，两者产生矛盾的可能性较大。因此，管理人员的主要职责就是向组织成员灌输组织目标和统一对组织目标的理解。巴纳德认为必须区分组织目标和组织成员的个人目标。组织目标是外在的非个人的客观目标；个人目标是指内在的个人的主观目标。这两者之间并没有直接的关系，也并不一致。对于个人目标和组织目标的不一致，巴纳德提出了“有效性”和“能率”两条原则。当一个组织系统协作得很成功，能够实现组织目标时，这个系统就是“有效性”的，它是系统存在的必要条件。系统的“能率”是指系统成员个人目标的满足程度，协作能率是个人能率综合作用的结果。这样就把正式组织的要求同个人的需要结合起来。一个人之所以愿意为组织目标做出贡献，并不是因为组织目标就是个人目标，而是因为实现组织目标将有助于达成个人目标。管理人员的最要任务之一就是协调组织目标与个人目标的差异。

信息联系是组织存在和发展的第三个因素。通过信息联系将组织的共同目标和协作意愿联系和统一起来才有意义和效果。有组织目标而无良好的信息联系将无法统一和协调组织成员为实现组织目标所采取的合理行动。信息联系是组织内一切活动的基础。

巴纳德还提出了**权威接受论**。他认为经理人员的作用就是在一个正式组织中充当系统运转的中心，并对组织成员的活动进行协调，指导组织的运转，实现组织的目标。经理人员作为企业组织的领导核心，必须具有权威。权威是存在于正式组织内部的一种“秩序”，是个人服从于协作体系要求的愿望和能力。管理者权威的建立关键在于能否在组织内部建立起上情下达、下情上达的有效的信息交流沟通系统，这一系统既能保证上级及时掌握作为决策基础的准确信息，又能保证指令的顺利下达和执行。要维护这种权威，身处领导地位的人必须随时掌握准确的信息，做出正确的判断，更重要的是取得组织内部人员的同意、支持和合作。

管理者权威的大小取决于下级人员接受命令的程度。巴纳德分析个人承认指令的权威性并乐于接受指令的四个条件是：

（1）他能够并真正理解指令；

（2）他相信指令与组织的宗旨是一致的；

（3）他认为指令与他的个人利益是不矛盾的；

（4）他在体力和精神上是胜任的。

经理人员不应滥用权威，发布无法执行或得不到执行的命令。

2. 对社会系统学说的评价

巴纳德的社会系统学说对管理理论做出了重要的贡献。巴纳德最早把系统理论和社会学知识用于管理领域，创立了社会系统学派。他对“沟通”、“动机”、“决策”、“目标”和“组织关系”等问题进行了开创性的专题研究。巴纳德的“权威接受论”对权威提出了全新的看法，对我们很有启发。

关于经理的职能，尤其是将一个传统的组织改造为现代组织的经理人员来说，巴纳德的价值尤其突出。因为传统的组织偏重于非正式组织和非结构化的决策与沟通机制，目标也是隐含的。要将其改造为现代组织，就必须明确组织的目标、权力结构和决策机制；明确组织的动力结构，即激励机制；明确组织内部的信息沟通机制。

巴纳德在组织管理理论方面的开创性研究，奠定了现代组织理论的基础，后来的许多学者如德鲁克、孔茨、明茨伯格、西蒙、利克特等人都极大地受益于巴纳德，并在不同方向上有所发展。

第三节　现代管理理论的主要学派

西方现代管理思想大致可以分为八大学派，即管理过程学派、管理科学学派、行为科学学派、决策理论学派、系统理论学派、经验主义学派、经理角色学派和权变理论学派。这些学派虽然都有自己的独到之处，但他们所研究的对象基本是一致的，这些学派都在接受实践的检验。

一、管理过程学派

管理过程学派又称为管理职能学派，是美国加利福尼亚大学的教授哈罗德·孔茨（Harold Koontz, 1908-1984）和西里尔·奥唐奈里奇提出的。这一理论是在法约尔的一般管理理论的基础上发展而来的。法约尔将管理活动分为计划、组织、指挥、协调和控制五大管理职能，并进行了相应的分析和讨论。在法约尔之后，孔茨和奥唐奈里奇在仔细研究了这些管理职能的基础上，将管理职能分为计划、组织、人事、领导和控制五项，而把协调作为管理的本质。孔茨利用这些管理职能对管理理论进行分析、研究和阐述，最终建立起管理过程学派。管理过程学派有如下的观点。

1. 管理过程学派认为，无论是经济组织、政府组织、宗教组织还是军事组织，无论组织所处的环境有多么不同，管理人员所从事的管理职能都是相同的。管理活动的过程就是管理的职能逐步展开和实现的过程。因此，管理过程学派把管理的职能作为研究的对象，对这些职能进行研究，阐明每项职能的性质、特点和重要性，归纳出若干原则作为指导，以便提高组织效力，达到组织目标。

2. 管理过程学派确定的管理职能和管理原则，为训练管理人员提供了基础。把管理的任务和非管理的任务（如财务、生产以及市场交易）加以明显地区分，能使经理集中于经理人员的基本工作上。管理过程学派认为，管理存在着一些普通运用的原则，这些原则是可以运用科学方法发现的。管理的原则如同灯塔一样，能使人们在管理活动中辨明方向。

3. 管理过程学派提供了一个分析研究管理的思想构架。内含广泛又易于理解，一些新的管理概念和管理技术可容纳在计划、组织、人事、领导和控制等职能中。

管理过程学派一方面受到人们的普遍接受，一方面也常常受到批评。

管理过程学派所归纳出的管理职能通用性有限，对静态的、稳定的生产环境较为合适，而对动态的、多变的生产环境难以应用。只在工会力量不大，或失业率很高、生产线稳定的情况下适用。

管理程序的通用性值得怀疑。在管理者日常管理中，一定是先有了目标和组织，然后进行管理，而不是先有一套典型的职能，能够到处运用到不同的组织中去。管理职能并不是普遍一致的，不仅因为职位的高低和下属的情况而异，也因组织的性质和结构而发生变化。

二、管理科学学派

管理科学学派又称作数量学派，它是泰勒科学管理的继续与发展。其代表人物为美国的瑛尔伍德·斯潘赛·伯法（Eluood Spancer Buffa）。管理科学学派有如下几个观点。

1. 管理科学学派力图抛弃凭经验、凭主观判断来进行管理，而依据科学的方法和客观的事实来解决管理问题，要求按照最优化的标准为管理者提供决策方案，设法把科学的原理、方法和工具应用于管理过程，侧重于追求经济和技术上的合理性。

2. 管理科学的研究突破了操作方法、作业研究的范围，而向整个组织的所有活动方面扩展，要求进行整体性的管理。由于现代科学技术的发展，一系列的科学理论和方法被引进到管理领域。因此，管理科学可以说是现代的科学管理。

3. 解决复杂系统的管理决策问题，可以用计算机作为工具，寻求最佳计划方案，以达到企业的目标。管理科学其实就是管理中的一种数量分析方法。它主要用于解决能以数量表现的管理问题。其作用在于通过科学的管理方法，减少决策中的风险，提高决策的质量，保证投入的资源发挥最大的经济效益。

但是，管理科学方法的应用也有它的局限性。首先，并不是所有管理问题都是能够定量的，这就使得管理科学方法的适用范围有限。而且采用此种方法大都需要相当数量的费用和时间，因而它只是用于那些大规模的复杂项目。其次，实际解决问题中管理人员与管理科学专家之间容易产生隔阂。实际的管理人员可能对复杂、精密的数学方法很少理解，无法做出正确评价。而管理科学专家一般又不了解企业经营的实际工作情况，因而提供的方案不能切中要害，解决问题。这样，双方就难以进行合作。

因此，管理科学不是万能的。我们要充分认识到它是一种重要的管理技术和方法，而起决定作用的还是人。所以，在管理中管理人员要尽快地掌握管理科学，使之与各种管理技术、管理方法相符合，以便发挥更大的作用。

三、行为科学学派

行为科学开始于20世纪20年代末30年代初的霍桑实验，创始人是美国哈佛大学教授、管理学家梅奥。梅奥等人创建了人际关系学说。经过30年的大量研究工作，许多社会学家、人类学家、心理学家、管理学家都从事行为科学的研究，先后发表了大量优秀著作，提出了许多很有见地的新理论，逐步完善了人际关系理论。如马斯洛（A.H.Maslow，1908-1970年）的“需求层次理论”，指出主管人员都必须随机制宜地对待人们的各种需求，著有《人类动机的理论》；弗雷德里克·赫茨伯格（F.Herzberg）的“双因素理论”，强调主管人员必须抓住能促使职工满意的因素，著有《工作的激励因素》；道格拉斯·麦格雷戈（D. M. McGregor，1906-1964）的“X-Y理论”等。

行为科学学派是从人的需要、欲望、动机、目的等心理因素的角度研究人的行为规律，特别是研究人与人之间的关系、个人与集体之间的关系，并借助于这种规律性的认识来预测和控制人的行为，以实现提高工作效率，达成组织的目标。行为科学学派有如下几方面的观点。

1. 行为科学学派将管理对象的重心由对事和物的管理转变为对人及其行为的管理。他们认为，一切事情都要靠人去做，一切产品的生产都要靠人去实现，一切的组织目标都需要人实现。管理者可以通过对人的行为的预测、激励和引导，来实现对人的有效控制，并通过对人的行为的有效控制，达到对事和物的有效控制，从而实现管理的预期目标。

2. 行为科学引起了管理方法的转变。随着对人性的认识和管理对象重点的变化，管理方法由原来的监督管理，转变到人性化的管理。它认为传统的组织结构和关系容易造成工人心理上的压力而产生对立情绪。主张在管理中考虑人的社会关系和感情因素的作用以及人的主动性和创造性。管理者要了解人的欲望、感情、动机的作用，满足人的需要和尊重人的个性，采用激励和诱导的方式来调动人的主动性和创造性，进行人力资源开发。根据这个理论，企业界提出了“以职工为中心”的、“弹性”的管理方法，出现了“参与管理”、“目标管理”和“工作内容丰富化”等各种新的管理方式。

3. 强调个人目标和组织目标的一致性。调动积极性必须从个人因素和组织因素两方面着手，使组织目标包含多个个人目标，不仅改进工作的外部条件，更主要的是要改进工作设计，从工作本身满足人的需要。

但是管理学者们认为行为科学学派还有缺陷。行为科学研究的对象是人，但在管理中被管理者的对象不仅仅是人，只对人进行研究的管理显然是不完善的，除了人的行为以外，还应有某些技术方面的知识。如果没有这些因素，管理人员即使有了行为科学知识，也将无法应用。

四、决策理论学派

决策理论学派是在第二次世界大战之后发展起来的一门新兴的管理学派。决策理论学派的主要代表人物是获得1978年诺贝尔经济学奖的赫伯特·亚历山东·西蒙（Herbert Alex-ander

Simon，1916-2001 年）。西蒙继承了巴纳德的社会系统学派，并提出了决策理论，着重研究为了达到既定目标所应采取的组织活动过程和方法，并建立了决策理论学派，形成了一门有关决策过程、准则、类型及方法的较为完整的理论体系，主要著作有《管理行为》《组织》《管理决策的新科学》等。其理论要点有如下几个方面

1. 决策贯穿管理的全过程，决策是管理的核心。西蒙指出，组织中经理人员的重要职能就是作决策。他认为，任何作业开始之前都要先做决策，制定计划就是决策，组织、领导和控制也都离不开决策。

2. 系统阐述了决策原理。西蒙对决策的程序、准则、程序化决策和非程序化决策的异同及其决策技术等作了分析。西蒙提出决策过程包括四个阶段：提出制定决策的理由；尽可能找出所有可能的行动方案；在诸行动方案中进行选择，选出最满意的方案；对该方案进行评价。这四个阶段中的每一个阶段本身就是一个复杂的决策过程。

3. 在决策标准上，用“令人满意”准则代替“最优化”准则。西蒙认为由于组织处于不断变化的外界环境影响之下，搜集到决策所需要的全部资料是困难的，而要列举所有可能的行动方案更加困难。况且人的知识和能力也是有限的，所以在制定决策时，很难求得最佳决策。在实践中，应该用“管理人”假设代替“理性人”假设，“管理人”不考虑一切可能的复杂情况，只考虑与问题有关的情况，采用“令人满意”的决策准则，从而可以做出令人满意的决策。

4. 一个组织的决策根据其活动是否反复出现可分为程序化决策和非程序化决策。经常性的活动决策应程序化以降低决策过程的成本，只有非经常性的活动，才需要进行非程序化的决策。程序化决策与非程序化决策的划分并不是严格的，因为随着人们认识的深化，许多非程序化决策将转变为程序化决策。

决策理论尽管具有了有许多其他理论所不具备的优点，但仍存在一些缺陷。管理是一种复杂的社会现象，仅靠决策也无法给管理者有效的指导，实用性不大。另外决策并非只存在管理行为中，人们的日常活动中也普遍存在决策。决策学派没有把管理决策和人们的其他决策行为区别开来。

五、系统理论学派

第二次世界大战之后，企业组织规模日益扩大，企业内部的组织结构也更加复杂，如何从企业整体的要求出发，处理好企业组织内部各个单位或部门之间的相互关系，保证组织整体的有效运转是重要的研究课题，系统理论学派应运而生。系统理论学派是指将企业作为一个有机整体，把各项管理业务看成相互联系的网络的一种管理学派。

这一理论的代表人物是弗理蒙特·卡斯特（Fremont.E.Kast）、罗森茨威克（J.E.Rosenzing）等人。弗理蒙特·卡斯特是美国管理学家、华盛顿大学的教授，他的代表作是《系统理论和管理》。该学派重视对组织结构和模式的分析，应用系统理论的范畴、原理，全面分析和研究企业和其他组织的管理活动和管理过程，并建立起系统模型。从系统的观点来考察和管理企业，有助于提高企业的整体效率。企业领导人有了系统观点，就更易于在企业各部门的需要和企业整体的需要之间保持适当的平衡，该理论的主要观点有如下几个方面。

1. 组织是一个由许多子系统组成的，组织作为一个开放的社会技术系统，是由五个不同的分系统构成的整体。这五个分系统包括：目标价值子系统、技术子系统、社会心理子系统、

组织结构子系统和管理子系统。这五个子系统之间既相互独立，又相互作用，不可分割，从而构成一个整体。这些系统还可以继续分为更小的子系统。

2. 企业是由人、物资、机器和其他资源在一定的目标下组成的一体化系统。它的成长和发展同时受到这些组成要素的影响，在这些要素的相互关系中，人是主动的，其他要素则是被动的。管理人员需力求保持各部分之间的动态平衡、相对稳定、一定的连续性，以便适应情况的变化，达到预期目标。同时，企业还是社会这个大系统中的一个子系统，企业预定目标的实现，不仅取决于内部条件，还取决于企业外部条件，如资源、市场、社会技术水平和法律制度等，它只有在与外部条件的相互影响中才能达到动态平衡。

3. 如果运用系统观点来考察管理的基本职能，可以把企业看成是一个“投入—产出”，投入的是物资、劳动力和各种信息，产出的是各种产品（或服务），如图 2-1 所示。

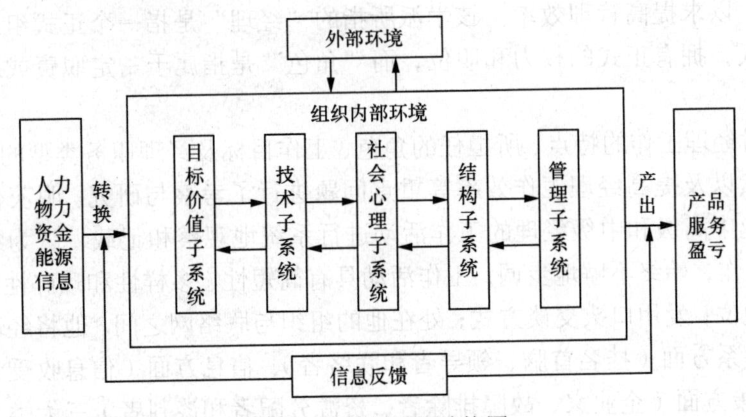

图 2-1　组织系统结构图

但是，也有不少学者认为现代组织和管理面临着十分复杂的条件，系统管理理论企图用系统的一般原理和模式来解决如此复杂的现实问题是难以奏效的，系统方法过于抽象，实用价值不大。这个学派在 20 世纪 60 年代达到鼎盛时期，以后逐渐衰退，但是这个学派的一些思想还是有助于管理研究的。

六、经验主义学派

经验主义学派的主要代表人物是彼得·德鲁克（Peter F.Drucker，1909-2005 年），主要作品有《管理实践》、《管理——任务、责任、实践》；欧内斯特·戴尔（Ernest Dale, 1914-不详），代表作是《伟大的组织者》。经验主义学派认为管理学就是研究管理经验，认为通过对管理人员在个别情况下成功和失败的经验教训的研究，会使人们懂得在将来相应的情况下如何运用有效的方法解决管理问题。因此，这个学派的学者把对管理理论的研究放在对实际管理工作者的管理经验教训的研究上，强调从企业管理的实际经验而不是从一般原理出发来进行研究，强调用比较的方法来研究和概括管理经验。

经验主义学派理论认为管理应侧重于实际应用，而不是纯粹的理论研究，管理的实际应用是以知识和责任为依据的。管理者的任务是制定目标和措施并传达给有关的人员，进行组织工作，进行鼓励和联系工作，对工作和成果进行评价，使员工得到成长和发展。经验主义学派代表人物德鲁克提出任务（或目标）决定管理，并据此提出目标管理法。目标管理结合以工作为中心和以人为中心的管理方法，使职工发现工作的兴趣和价值，从工作中满足其自我实现的需要，同时，企业的目标也因职工的自我实现而实现，这样就把工作和人性二者统一起来了。目标管理在当今仍是运用最多的管理方法。

经验主义学派的方法可以说在管理理论丛林中较具特色，但他们受到了许多管理学家的批评。经验主义学派由于强调经验而无法形成有效的原理和原则，无法形成统一完整的管理理论，管理者可以依靠自己的经验，而无经验的初学者则无所适从。而且，由于组织环境一直处于变化之中，过去所依赖的经验未必能运用到将来的管理中。

七、经理角色学派

经理角色学派是20世纪70年代才出现的一个管理学派，代表人物是亨利·明茨伯格（Henry Mintzbery，1939-不详）。该学派以对经理所担任角色的分析为中心来考虑经理的职务和工作，以求提高管理效率。该学派所指的“经理”是指一个正式组织或组织单位的主要负责人，拥有正式的权力和职位，而“角色”是指属于一定职责或地位的一套有条理的行为。

该学派对经理工作的特点、所担任的角色、工作目标及经理职务类型的划分，影响经理工作的因素以及提高经理工作效率等重点问题进行了考察与研究。明茨伯格采用日记的方法对企业中高级和中级经理的工作活动进行系统地观察和记载，认为经理有以下特点：大量的工作，始终不懈地步调；工作活动具有简短性、多样性和琐碎性；把现实的活动放在优先地位；爱用口头交谈方式；处在他的组织与联络网之间。他将经理所担任的角色分为人际关系方面（挂名首脑、领导者和联络者）、信息方面（信息收受者、传播者和发言人）、决策方面（企业家、故障排除者、资源分配者和谈判者）三大类十种角色。明茨伯格从以上十个角色中提炼出经理工作的六项目标，即经理的主要目标是保证他的组织实现其基本目标——有效率地生产出某些产品或服务；经理必须设计和维持他的组织业务的稳定性；经理必须负责他的组织的战略决策系统，并使他的组织以一种可控制的方式适应于其变动的环境；经理必须保证组织为控制它的那些人的目的服务；经理必须在他的组织同其环境之间建立起关键的信息联系；作为正式的权威，经理负责他的组织的等级制度的运行。

但是，经理角色学派得出的管理十种角色靠归纳得出，对管理者的调查由于数量较少，受到学者们的怀疑。另外，明茨伯格所得出的管理行为是否包含了所有的管理行为也很值得怀疑。

八、权变理论学派

进入20世纪70年代以来，权变理论在美国兴起，并受到广泛的重视，其代表人物有弗雷德·卢桑斯（Fred Luthans）、菲德勒（F.E.Fielder）、豪斯（R.J.Howse）等人。权变理论认为，组织和组织成员的行为是复杂的，不断变化的，而环境又给有效的管理带来困难，所以在管理中要根据企业所处的内外条件随机应变，针对不同的具体条件寻求不同的最合适的管理模式、方案或方法，没有什么一成不变、普遍适用的“最好的”管理理论和方法。为了使问题得到很好的解决，要进行大量的调查和研究，然后把组织的情况进行分类，建立模式，据此选择适当的管理方法。建立模式应考虑如下的因素。

1. 组织的规模。组织中成员的数量是影响管理的最重要因素，随着人数的增加，需要协调的工作量就加大。当一个组织规模发展了之后，就应发展更加正规和高级的协调技术。

2. 工艺技术的模糊性和复杂性。为了达到组织目标，要采取技术把资源输入转换为输出——顾客满意的产品和服务。不同的组织性质，工艺技术的性质也是不同的，管理方法也不相同，管理者要考虑技术的模糊性和复杂性。

3. 管理者位置的高低和权利。管理者位置的高低直接影响其采取的管理方式。例如，组织中高层管理者、中层管理者和基层管理者都要制定计划，但是他们所制定的计划的种类是不同的，而且不同管理位置所需要的权利是不同的。

4. 下级个人之间的差别。每个人所接受的教育、家庭环境、个人态度与性格都是不同的，造成了人与人之间的差别，管理者实施管理时要考虑这种差异性。

5. 环境的不确定性。政治、技术、经济、文化等方面的变化会引起组织的不确定性，对管理者的管理方式产生影响，管理者要根据变化的外部环境调整自己的管理方式。

权变理论为人们分析和处理各种管理问题提供了一种十分有用的方法。它要求管理者根据组织的具体条件，及其面临的外部环境，灵活地处理各项具体管理业务，使管理活动更加符合实际情况，更加有效。所以，管理理论中权变的或随机制宜的观点无疑是应当肯定的。同时，权变理论学派提出管理的动态性，人们开始意识到管理的职能并不是一成不变的，以往人们对管理的行为的认识大多从静态的角度来认识，而权变理论学派使人们对管理的动态性有了新的认识。

但权变理论学派存在一个带有根本性的缺陷，即没有统一的概念和标准。权变理论强调变化，否定管理的一般原理、原则对管理实践的指导作用。该理论通过对大量案例的分析，从中概括出若干基本类型，试图为各种类型确认一种理想的管理模式，但是始终无法提出统一的概念和标准，未能形成普遍的管理职能。每个管理学者都根据自己的标准来确定自己的理想模式，权变理论使实际从事管理的人员感到缺乏解决管理问题的能力，初学者也无法适从。

复习小结

1. 科学管理理论于19世纪末20世纪初在美国形成，其代表人物是泰勒。泰勒将科学引入管理领域，用精确的调查研究和科学方法代替了个人的判断和经验。科学管理理论的主要内容：有对工人提出科学的操作方法，以便有效利用工时，提高工效；对工人进行科学的选择、培训和晋升；制定科学的工艺规程，使工具、机器、作业环境标准化，并用文件形式固定下来；实行具有激励性的差别计件工资报酬制度；管理和劳动相分离。

2. 行为科学理论的发展是从人际关系理论开始的。人际关系理论的代表人物是埃尔顿·梅奥。梅奥的"霍桑试验"宣告了"经济人"管理时代的结束，管理进入了新的时代。梅奥的人际关系理论第一次把管理研究的重点从工作上和从物的因素上转到人的因素上来，为管理思想的发展开辟了新的领域。主要观点：工人是"社会人"而不是"经济人"；企业中存在着非正式组织；新的领导能力在于提高工人的满意度。

3. 现代管理理论是指20世纪70年代开始至今的管理新理论，它是古典管理理论和行为科学理论之后的必然产物，与现代组织的发展密不可分。大致可以分为八大学派，即管理过程学派、管理科学学派、行为科学学派、决策理论学派、系统理论学派、经验主义学派、经理角色学派、权变理论学派。这些学派虽然都有自己的独到之处，但他们所研究的对象基本是一致的，这些学派都在接受实践的检验。

案例分析

案例一：是否应处分她们？

王丹、张固和姚洁同年毕业于北京服装学院，又同时被亚岛迷服装公司聘用，并同住公司一间集体宿舍。三人平时关系密切，业余时间总在一起。一次，公司定于晚上召开全体员工大会，王丹三人没有请假就去看一场难得的音乐会。这件事使公司领导产生了不同意见。一种观点是：公司要形成统一的集体，就要制止这种小团伙的发展，主张严肃处理这次音乐会事件。另一种观点是：她们的交往不算反常，不能扣“小团伙”的帽子，公司应通过适当方式对她们进行帮助教育。

思考题：

1. 你认为哪种观点正确？
2. 如果你是该单位领导，你将怎样做？

案例二：医院的难题

下面这一事件发生在天气凉爽的十月的某一天，地点在圣路易斯的巴恩斯医院。

戴安娜·波兰斯基给医院的院长戴维斯博士打了电话，要求立即作出一项新的人事安排。从戴安娜的急切声音中戴维斯能感觉得到发生了什么事。他告诉她马上过来见她。大约五分钟后，波兰斯基走进了戴维斯的办公室，递给他一封辞职信。

“戴维斯博士，我再也干不下去了，”她开始申述：“我在产科当护士长已四个月了，我简直干不下去了。我怎么能干得了这工作呢？我有两个上司，每个人都有不同的要求，都要求优先处理。要知道，我只是一个凡人。我已经尽最大的努力适应这份工作，但看来这是不可能的，让我举个例子吧。请相信我，这是一件平平常常的事情。像这样的事情，每天都在发生。”

“昨天早上7:45，我来到办公室就发现桌上留了张纸条，是达纳·杰克逊（医院的主任护士）给我的。她告诉我，她上午十点需要一份床位利用情况报告，供她下午在董事会作汇报时用。我知道，这样一份报告至少要花一个半小时才能写出来。30分钟以后乔伊斯（戴安娜的直接主管，基层护士监督员）走进来问我为什么我的两个护士不在班上。我告诉她，雷诺兹医生（外科主任）从我这要走了她们两位，说是急诊外科手术正缺人手，需要借用一下。我告诉她，我也反对过，但雷诺兹坚持说只能这么办。你猜，乔伊斯说什么？她叫我立即让这些护士回到产科部。她还说，一个小时之后，她会回来检查我是否把这件事办好了！我跟你说，戴维斯博士，这种事情每天都发生好几次。一家医院就只能这样运作吗？”

思考题：

1. 请用法约尔和韦伯的理论对问题进行解释。
2. 如何解决所面临的问题？

练习题

一、选择

1. 体现泰勒管理思想的代表作是（　　）。

A.《劳动、工资和利润》　　B.《科学管理原理》

C.《动作研究》　　D.《科学管理入门》

2. 企业管理当局必须对工厂管理人员进行训练，使他们能更好得倾听和了解工人的个人情绪和实际问题。这是（　　）得出的结论。

A. 工场照明试验　　B. 继电器装配工人小组试验

C. 大规模的访问与调查　　D. 接线板接线工作室试验

3. 法约尔认为，企业无论大小，简单或复杂，其全部活动都可以概括为（　　）。

A. 5 种　　B. 6 种　　C. 7 种　　D. 8 种

4. 一般认为管理过程学派的创始人是（　　）。

A. 泰勒　　B. 法约尔　　C. 韦伯　　D. 德鲁克

5. 决策理论学派认为解决问题的第一步是（　　）。

A. 问题是什么　　B. 备选方案是什么

C. 谁决策　　D. 哪一个备选方案最佳

二、判断（正确的打“√”，错误的打“×”）

1. 法约尔认为经营和管理是两个相同的概念。（　　）

2. 韦伯提出的法定权力是理性的、法律规定的权力。（　　）

3. 行为科学把组织中的人不是单纯作为“经济人”，而是作为“社会人”来研究的。（　　）

4. 巴纳德社会系统学说的研究对象包括正式组织和非正式组织。（　　）

5. 管理过程学派把管理看作是一个过程，其研究对象就是管理的过程和职能。（　　）

三、名词解释

1. 管理的定义（法约尔）

2. 超凡权力（韦伯）

3. 正式组织

四、简答

1. 泰勒的科学管理理论的主要内容是什么？该理论有什么贡献？有何局限性？

2. 法约尔的一般管理理论的主要内容有哪些？该理论的贡献和局限性是什么？你认为法约尔的管理十四条原则对我们今天的管理有何指导意义？

3. 韦伯的官僚组织理论的主要观点是什么？

4. 梅奥的人际关系理论的主要内容是什么？该理论的贡献有哪些？其局限性是什么？

5. 行为科学理论研究的主要内容是什么？它与古典管理理论有什么不同？

6. 巴纳德的社会系统学说的主要观点是什么？

五、论述

1. 试论推动管理思想发展的主要因素。

2. 你认为在组织发展过程中出现的不同管理理论和管理方法有什么意义？

参考文献

1. 孙耀君. 西方管理学名著摘要. 南昌：江西人民出版社，1995

2. 丹尼尔·A. 雷恩[美]，孙耀君等译. 管理思想的演变. 北京：经济科学出版社，1992

3. 徐国华等. 管理学. 北京：清华大学出版社，1998

4. 哈罗德·孔茨[美]，海因茨·韦里克，郝国华等译. 管理学. 北京：经济科学出版社，1993

5. 邢以群. 管理学. 浙江：浙江大学出版社，2008

网络资源

1. http://netc.nwsuaf.edu.cn/jingpin/2003/zhexue/west

2. http://www.sylql.com/gg/Article_Class.asp?ClassID=10

习题答案

一、选择

1. B　2. C　3. A　4. B　5. A

二、判断

1. ×　2. ✓　3. ✓　4. ×　5. ✓

三、名词解释

1. 管理是普遍的一种单独活动，有自己的一套知识体系，由各种职能构成，管理者通过完成各种职能来实现目标的一个过程。

2. 超凡权力完全依靠于对领袖人物特殊的、超凡的神圣性、英雄行为或典范品格的信仰，以及对这个人所启示或发布的规范榜样或命令的信仰。

3. 正式组织是为了实现企业目标而明确规定各成员相互关系和职责范围的一种架构。

四、简答

1. 泰勒的科学管理理论的主要内容有：对工人提出科学的操作方法，以便有效利用工时，提高工效；对工人进行科学的选拔、培训和晋升；制定科学的工艺规程，使工具、机器、材料、作业环境标准化，并用文件形式固定下来；实行具有激励性的差别计件工资报酬制度；管理和劳动相分离。

该理论的贡献：科学管理理论推动了生产力的发展，使劳动生产率大幅度提高；它运用于企业管理中，使得许多企业生产效率成倍提高；它的许多效率措施至今还被人们广泛使用。泰勒靠科学的方法在不增加工人劳动的情况下提高工效的观点，突破了前人只能靠提高劳动强度和延长劳动时间来提高效率的思维界限，使资本主义的生产和财富飞速增长。

该理论的局限性：对人性假设有局限性，认为人仅仅是一种经济人，工人最关心的是提高自己的金钱收入，这无疑限制了泰勒的视野和高度。而且科学管理仅仅只是重视技术的因素，不重视人的社会因素，严密的控制和高度的服从加剧了劳资之间的矛盾。同时科学管理研究的范围比较狭窄，侧重于生产作业管理，对于现代企业的经营管理、市场、营销、财务等都没有涉及。

2. 法约尔的一般理论的主要内容：区别了经营与管理；将管理活动分为计划、组织、指挥、协调和控制等管理的五大职能；首先提出了一般管理的十四条原则。

该理论的贡献：他的研究从具体的局部的操作性的管理实践活动中超脱出来，第一次对企业管理采取了完全是抽象思维的思考研究。他的管理理论是以企业为对象建立起来的，由于他强调管理的一般性，就使得他的理论在许多方面也适用于政治、军事及其他部门。

法约尔提出的管理十四条原则经过多年的研究和实践证明，给实际管理人员巨大的帮助，现在仍然被许多人所推崇。这些原则的大多数在现在也有其实用价值。

局限性：法约尔一般管理理论的主要不足之处是他的管理原则缺乏弹性，以致于有时实际管理工作者无法完全遵守。

3. 韦伯的官僚组织理论的主要观点：任何组织都必须以某种形式的统治作为基础，没有某种形式的统治，任何组织都不可能达到自己的目标；只有法定权力才能作为行政组织体系的基础，它是建立在相信规章制度和行为规则的合法性基础之上，提供了慎重的公正；有了适合于行政组织体系的权力基础，理想的官僚组织模式具有劳动分工与技术训练、权威等级、人与工作的关系等特征。

4. 梅奥的人际关系理论的主要内容：工人是“社会人”而不是“经济人”；企业中存在着非正式组织；新的领导能力在于提高工人的满意度。

该理论的贡献：梅奥的人际关系理论第一次把管理研究的重点从工作上和从物的因素上转到人的因素上来，为管理思想的发展开辟了新的领域，引发了管理上的一系列改革，其中的许多措施至今仍是管理者们所遵循的信条。例如：提倡下级参与企业的各种决策，以此来改善人群关系，提高职工士气；加强意见沟通，鼓励上下级之间实行意见交流等。

局限性：该理论过分强调非正式组织的作用，认为组织内人群行为强烈地受到非正式组织的影响。但是实践证明，非正式组织并非经常地对每个人的行为有决定性的影响，经常起作用的仍然是正式组织。过多地强调感情的作用，认为职工的行动主要受感情和关系的支配。同时忽视经济报酬、工作条件、外部监督、作业标准对工人生产效率的影响，这些因素在人们行为中仍然起着十分重要的作用。

5. 行为科学理论研究的主要内容是专门研究人的因素以达到调动人的积极性。它与古典管理理论有明显的不同。古典管理理论着重强调管理的科学性、合理性、纪律性，而对管理中人的因素和作用没有足够重视。他们认为个人在思想上、行动上力争获得个人利益，追求最大限度的经济收入，是“经济人”。而行为科学理论认为工人是“社会人”，人们的行为并不单纯出自追求金钱的动机，还有社会方面的、心理方面的需要。管理人员重视人与人之间的关系，善于倾听下属的意见，充分考虑员工的个人情况和工作中的人际关系，力争使员工在安全方面、归属感、友谊等方面的需求得到满足。

6. 巴纳德的社会系统学说的主要观点：社会的各级组织，包括军事的、宗教的、学术的、企业的等多种类型的组织都是一个协作的系统，它们都是社会这个大协作系统的某个部分和方面；协作组织是正式组织，都包含三个要素，即协作的意愿、共同的目标和信息联系；巴纳德还提出了权威接受论，他认为经理人员的作用就是在一个正式组织中充当系统运转的中心，并对组织成员的活动进行协调，指导组织的运转，实现组织的目标，而经理人员作为企业组织的领导核心，必须具有权威。

五、论述

1. 推动管理思想发展的主要因素有以下四个方面：

第一，生产方式的变革。生产方式的变革是管理思想发展的决定因素；

第二，国家、民族、阶级间的斗争。国家、民族、阶级间的政治、军事、经济斗争是推动管理思想发展的直接因素；

第三，科技文化的进步。科技文化的进步是促进管理思想发展的主要条件；

第四，管理思想家的智慧和探索。管理思想家的智慧和探索直接关系到管理思想发展的具体形式。

2. 理解在组织发展过程中出现的不同管理理论和管理方法对于我们管理现代企业可以起到借鉴作用。从 19 世纪末开始的古典管理理论到 20 世纪 30 年代后的行为科学理论，到从 20 世纪 70 年代开始至今的现代管理理论。这些理论无不凝结着管理学者们的心血。虽然这些理论都有一些局限性，但是很多方面还是值得我们借鉴的。例如泰勒提出的劳动分工至今仍为很多企业使用；法约尔提出的管理十四条原则很多也在各种组织中运用；决策理论学派、系统理论学派、经验主义学派、权变理论学派等的很多主要观点也在运用。这些组织发展过程中出现的不同管理理论和管理方法使我们今天的企业管理更完善，更科学。

第三章　管理环境与信息情报

【教学目标】

1. 掌握管理环境的概念及其构成；
2. 掌握组织和环境的关系，理解环境对组织的影响和组织对环境的作用；
3. 理解管理环境的特征，掌握环境分析的方法和管理环境的程序；
4. 掌握信息的分类和经济信息的特征。

【教学重点】

1. 环境对组织的影响和组织对环境的作用；
2. 环境分析的方法；
3. 信息在管理工作中的作用；
4. 信息的评估及其管理。

【教学难点】

1. 环境分析的方法和管理环境的程序；
2. 有效信息的特征及信息的评估。

【关键术语】

管理环境（Management environment）　外部环境（External environment）

内部环境（Internal environment）　一般环境因素（General environmental factor）

特殊环境因素（Special environmental factor）

信息管理（Information management）　经济信息（Economics information）

【管理名言】

现代管理最主要的任务是应付变化。

——〔美〕卡斯特

企业可以对变化熟视无睹——那么，就得忍受其结果；或者，企业可以创造性地驾驭变化——那么，就可以相应地获得利益。

——〔美〕D·洛克菲勒

企业对需求的变化，要经常通过灵敏的触角获得信息，选择能够应付需要变化的研究开发项目。

——〔日〕上野明

在以情报能力的强弱决定胜负的时代，情报能力可以说是一个企业的生命。

——〔日〕原田昌范

引导案例

美乐公司的烦恼

美乐是一家从事贸易活动的家族企业。公司最初员工不多，而且大多与公司创建者有关系。公司以家族管理模式运行，家族成员控制了公司绝大多数的关键活动，如计划、采购、财务等，所以员工相处得像一家人一样。

随着我国加入了WTO和贸易活动的增加，美乐公司也得到了快速的发展，不断从外部招聘了大量员工，现已达到300人左右。公司原本一目了然的组织结构不见了，员工也常常感到不能得到老板明确的工作指示。美乐公司被迫去适应内外部环境的变化，解雇和招聘员工变得很平常。作为企业的所有者张华也为这些骤然的变化所苦恼，无法面对随之而来的许多问题。

环境发生了巨大的变化，包括企业所有者在内的公司的所有员工该怎样去认识自己所处的环境，并设法去适应和改变环境呢？

任何组织都存在于一定的环境之中，环境一方面为组织提供了必要的条件，另一方面又对组织活动起制约作用。因此研究组织的运行、发展和管理，就必须研究组织所处的环境，并设法适应或改变环境，以求得组织更好地生存和发展。本章主要论述组织的管理环境和信息情报。

第一节 管 理 环 境

管理工作是在一定的环境条件下开展的，环境是组织赖以存在和发展的基础，为组织的各项活动提供了必要的条件。同时，环境也在一定程度上制约着组织的活动。组织所面临的环境会影响组织的管理行为和管理方式，管理的有效性依赖于管理者对环境的洞察和把握，管理活动必须围绕着环境的变化而变化。

一、环境和管理环境的概念

1. 环境

美国圣迭戈大学教授斯蒂芬·P·罗宾斯（Stephen P. Robinns）将环境定义为：对组织绩效具有潜在影响的外部机构或力量。环境既有其静态结构，也包括结构要素间的动态运行。从空间意义上说，环境是存在事务之外并对事务有影响的存在物和存在状态。但是对环境一词的理解不能仅仅停留在空间层面，一些包含在事务之中的，但未被作为事物直接内容的存在物或状态也可以被理解成环境。总之，环境是一种客观力量，是事物存在与发展必须面对的客观存在。

2．管理环境

管理环境，是指可能对组织行为和**组织经营管理活动**产生直接或间接影响的所有**内、外部因素的总和，包括组织外部环境和内部环境。**

作为管理者，要提高组织运行效率，实现组织管理目标，不仅要了解政治、经济、法律、科技、文化，以及需求、竞争等组织外部环境因素，还必须掌握员工的价值观、经营条件等组织内部环境因素，及时掌握环境变化信息，以便根据环境的变化做出正确决策。

二、组织与环境

企业组织存在于影响其运行的环境之中，环境是组织生存与发展的必要条件，在很大程度上，企业进行组织变革的一个较为直接的因素往往是由于环境的变化。随着时代的发展、科学的进步、经济全球化趋势的加剧，外部环境变化的速度越来越快，对组织的影响也越来越大。一个组织能否生存并获得成功，在很大程度上取决于是否很好地处理了组织与环境的关系。

组织与环境的关系表现为两个方面：一是环境对组织的影响，即环境对组织的决定和制约作用；二是组织对环境的适应和影响作用。

1．环境对组织的影响

组织是一个相对独立的开放系统，因此环境必然会对组织产生影响。概括起来，环境对组织存在以下几方面的影响。

（1）环境是组织赖以存在和发展的基础

首先，一个组织是否应组建，要根据所在的环境，根据社会需要和可能条件来决定。离开社会需要，组织也就失去了存在的意义；符合社会需要而不具备必需的条件，组织便无法组建。其次，组织展开工作所需要的各种生产要素和劳务——人、财、物等要素，这些都来源于组织所处的环境。最后，组织的产出品，只有在组织的外部进行各种不同形式的交换，让渡其使用价值，实现商品和劳务的价值，才能获得收益，从而维持和扩大其生产经营活动。

（2）环境影响组织内部的管理活动

环境对组织中的各种管理活动都会产生不同程度的影响。比如外部市场竞争的加剧，要求企业重新调整内部各部门的分工与协作关系以提高竞争能力；文化教育的普及和劳动力素质的提高，要求企业领导者采取新的激励制度和措施，以满足员工的高层次需求。因此，管理者必须对可能影响管理工作的各种因素加以识别和判断，并做出相应的反应。

（3）环境影响和制约组织的效益水平

对于一个组织来说，其管理工作的好坏和效益水平的高低取决于两个方面：一是是否有良好的外部环境。稳定的国家政策，高素质的劳动力，健全的市场，完善的法律政策等，会促进组织的管理工作效率和效益的提高；否则，会造成管理工作的困难甚至混乱。二是管理者是否重视环境、适应环境，是否能够基于变化的环境做出的正确决策。作为管理者，要分析并把握环境变化的规律，认清环境中的机会和挑战，促进管理工作的改善和效益的提高。

2. 组织对环境的适应和影响

从系统论的角度看，环境对组织具有决定和制约作用，但既然组织与环境是一种互动关系，那么组织与环境的关系显然还有另外一面，即组织对环境的适应和影响。

一般地说，组织对环境的影响或反作用有两种方式：一种是被动或消极地适应环境，即完全按照环境的特点和要求来调整自己的行为内容和行为方式，利用自身条件去适应现实环境，而不对环境有任何影响和改变；另一种是主动并积极地适应环境，即尽可能多地掌握环境的信息、情报，通过对环境因素及其发展变化趋势的科学分析和预测，采取积极主动的措施，在顺应环境变化的同时，改造和创造环境，甚至改变环境要素。这是组织面对环境影响的两种不同方式，前者是被动地接受环境影响，而后者则是积极、主动改变或创造环境，两者相比，显然后者对组织的生存与发展显得更主动，也更为有利。如果企业具有主动适时改变企业行为以便更好地适应环境变化的能力，那么组织对环境的依赖性就会降低，更有利于组织的长远发展。

比如，在传统的营销理念中，一种常见的说法是“市场需要什么，我就生产什么”，这就是一种典型的被动地适应环境的体现，而“创造市场”或“引导市场”的理念则体现出一种积极主动的姿态。美国通用汽车公司前 CEO 杰克·韦尔奇曾说过，“未来的领导者应是能在汽车行驶过程中更换轮胎的人”。这句话实际上从一个侧面表明了组织面对环境应该采取怎样的应对方式。

三、管理环境的构成及分类

根据各种因素对组织行为和经营管理活动影响程度的不同，可以将管理环境分为组织外部环境和组织内部环境两大类。组织外部环境还可以根据其对组织业绩影响程度的不同，进一步细分为一般环境和任务环境。

一般环境，又称宏观环境，是指对组织活动产生影响，但其影响的相关性不强，或间接相关的一些因素。一般包括政治、经济、法律、科技、文化、自然环境等。这些因素一般都不只针对某一具体的组织，对组织的影响也不是直接的。正因为如此，这些因素对某一特定的组织有什么样的影响，以及有多大的影响都不清楚。但可以确定的是，这些因素会对组织产生某种重大的影响。如科技进步和产品的更新换代，就会使一些企业遭到无情地淘汰。因此，管理者必须认真分析和研究自己组织所在的一般环境。

任务环境，又称特殊环境，是指对某一特定组织的组织目标的实现产生直接影响的外部环境因素。包括顾客、竞争者、资源供应商、合作者、政府管理部门及社会上的各种相关的利益代表组织。与一般环境因素相比，这些因素对组织的影响更频繁、更直接。对任何一个组织，其任务环境都与其他组织有所不同；一个组织发展的不同时期，其任务环境也可能不同。管理者对本组织任务环境的了解和把握情况会直接影响管理效果。

对一个组织而言，组织的外部哪些因素是一般环境因素，哪些是任务环境因素，还取决于组织的目标定位。同样是两个饮料生产企业，一家专业生产儿童饮料，一家生产保健品饮料。对于这两家企业，人口结构、饮食习惯、政府对食品卫生的有关规定、饮料生产技术的发展等，都是它们在经营中都必须加以考虑的。进一步地，对前一家企业而言，还要考虑国家的计划生育政策、儿童在社会中的地位等一般环境因素和儿童的数量、儿童的习惯、所需原材料的供应情况、儿童饮料市场的竞争情况等；而对后一家企业，将更关心保健技术的发展、保健品市场的需求及竞争情况、国家对保健品生产的特殊规定等。

由此看来，对一个组织的发展有重大影响的环境因素，对另一个组织可能根本不重要。一般而言，管理者在日常工作中比较注重对特殊环境因素的分析与研究，但是管理环境，特别是一般环境对组织具有更大的不确定性，这种不确定性可能使组织面临极大的风险。组织要持续发展，也必须对一般环境因素保持敏感。

管理环境除了一般环境和任务环境外，还包括管理的内部环境。内部环境是构成组织内部生产经营过程的各种因素，并且体现为组织的总体经营与竞争能力，它是组织适应外部环境变化，实现组织经营目标的基本条件。组织内部条件也是组织惟一的可控因素，可以经过努力与加强管理来改变。一般包括组织文化（组织内部气氛）和组织经营条件（组织实力）两大部分。组织文化是处于一定经济社会文化背景下的组织在长期的发展过程中逐步生成和发展起来的、日趋稳定独特的价值观，以及以此为核心而形成的行为规范、道德准则、群体意识、风俗习惯等。组织经营条件是指组织所拥有的各种资源的数量和质量情况，包括人员素质、资金实力、科研力量、信誉等。这些因素不仅和外部因素一样影响一个组织目标的制定与实现，而且还直接影响该组织管理者的管理行为。

综上所述，管理环境的构成如图 3-1 所示。

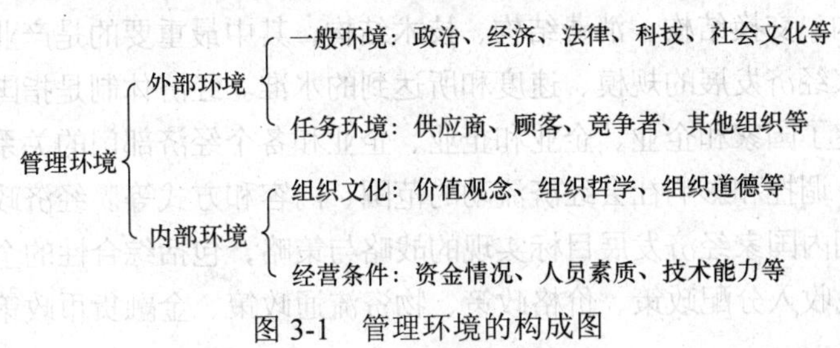

图 3-1　管理环境的构成图

1．外部环境

（1）一般环境，即宏观环境

外部一般环境，又称为宏观环境，是在一定时空内存在于社会中的各类组织均会面对的环境。其内容庞杂，大致可分为政治、经济、法律、技术、社会文化、自然条件等五个方面。

① 政治环境

政治环境常常制约、影响组织的行为。就企业而言，一个企业在进行长期投资决策的时候，首先要考虑的就是所处的政治环境。政治环境对企业的影响有以下几个特点：一是影响直接，即国家政治环境直接影响着企业的经营决策和经营状况；二是难于预测。即对于企业来说，很难预测国家政治环境的变化趋势；三是影响不可逆转，即政治环境因素一旦影响到企业，就会使企业的各项经营活动发生非常明显的变化。比如一个国家或地区的政治局势不稳定，频繁发生战乱、罢工等，企业就有萧条和倒闭的风险。因此，组织必须对政治环境的变化充分的关注和准确地把握。只有这样，才能把握有利时机，制定出正确的战略规划。

对政治环境的分析主要应分析国内的政治环境和国际的政治环境。国内政治环境分析的主要因素有政治制度、党和国家的方针政策、政党和政党制度、政治性团体和政治气氛等。国际政治环境分析的主要因素有国际政治局势、国际关系、目标国的国内政治环境等。

近年来，政治环境发生了较大的变化，呈现出了一些新的特点。首先，各国政策多变性。各个国家为了保护自身的利益和发展，都在一定程度上修改着自己的法律、法规或制定新的政策。政策的多变性给各类组织的管理增加了许多新的不确定因素，迫使各类组织的管理者加强其在政策等方面的预测和适应能力。其次，局部地区纷争不断。随着前苏联的解体和美国实力的削弱，世界政治向多极化方向发展。伴随而来的是民族争端和局部动乱的增多，这给国际性生产经营活动带来了许多不确定因素。另外，经济已经成为各国竞争的焦点，贸易摩擦日益加剧。

② 经济环境

经济环境是指构成组织生存和发展的社会经济状况及国家的经济政策。经济环境是影响组织，特别是作为经济组织的企业活动的重要环境因素，构成组织的经济环境的因素很多。在市场经济条件下，组织的经济环境主要可分为宏观经济环境和微观经济环境。

组织的宏观经济环境是指构成组织生存和发展的社会经济状况及国家经济政策，主要由社会经济结构、经济发展水平、经济体制和宏观经济政策等几个要素构成。社会经济结构指国民经济中不同的经济成分、不同的产业部门以及社会再生产各个方面在组成国民经济主体时相互的适应性、量的比例及排列关联的状况。社会经济结构主要包括五方面的内容，即产业结构、分配结构、交换结构、消费结构、技术结构，其中最重要的是产业结构。经济发展水平是指一个国家经济发展的规模、速度和所达到的水准。经济体制是指国家经济组织的形式。经济体制规定了国家和企业、企业和企业、企业和各个经济部门的关系，并通过一定的管理方法和手段，调控和影响社会经济流动的范围、内容和方式等。经济政策是指国家、政党制定的一定时期内国家经济发展目标实现的战略与策略，包括综合性的全国经济发展战略和产业政策、国民收入分配政策、价格政策、物资流通政策、金融货币政策、劳资政策、对外贸易政策等。

微观经济环境主要指企业所在地区或所需服务地区的消费者的收入水平、消费偏好、储蓄情况、就业程度等因素，这些因素直接决定着企业目前及未来的市场规模的大小。假定其他条件不变，一个地区的就业越充分，收人水平越高，那么该地区的购买能力就越大，对某种活动及其产品的需求就越大。例如，美国 1991 年～1992 年的经济萧条给许多零售商敲响了警钟，他们开始明白自己在很大程度上依赖消费者的可支配收入。

在过去的 10 年中，中国的经济环境发生了巨大的变化。其中主要的变化有：国内经济迅速发展，卖方市场开始向买方市场转变；对国际市场的依赖性增大；市场竞争加剧；人民生活水平的提高向市场提出了新的要求；经济体制政革不断深入等。

③ 法律环境

法律环境是指与组织相关的社会法制系统及其运行状态，主要包括以下几个方面的因素。

a. 法律规范，特别是和企业经营密切相关的经济法律法规，如《公司法》《中外合资经营企业法》《合同法》《专利法》《企业破产法》等。

b. 国家司法执法机关。我国主要有法院、检察院、公安机关以及各种行政执法机关。与企业联系较为密切的行政执法机关有工商行政管理机关、税务机关、物价机关、计量管理机关、技术质量管理机关、专利机关、环境保护管理机关、政府性审计机关等。此外，还有一些临时性的行政执法机关，如各级政府的财政、税收、物价检查组织等。

c. 企业的法律意识。企业的法律意识是企业的法律观、法律感和法律思想的总称，是企业对法律制度的认识和评价。企业的法律意识，最终都会转化为一定性质的法律行为，并造成一定的行为后果，从而构成每个企业不得不面对的法律环境。

d. 国际法所规定的国际法律环境和目标国的国内法律环境。法律环境对组织的影响具有刚性约束的特征。在当前我国法律体系日渐完善的情况下，组织必须加强法制观念，及时了解熟悉相关法律，确保在法律许可的范围内从事各项经营活动。

④ 科技环境

科技环境是指组织所处的社会环境中的科技要素及与该要素直接相关的各种社会现象的集合。大体包括四个基本要素：社会科技水平、社会科技力量、国家科技体制、国家科技政策和立法等。社会科技水平是指科技研究的领域、科技研究成果门类分布及先进程度和科技成果的推广和应用。社会科技力量指一个国家或地区的科技成果和开发的实力。科技体制主要指科技机构的设置原则和运行方式、科技管理制度、科技推广渠道等。国家的科技政策和立法是指国家对科技事业的相关管理政策。科学技术的影响主要体现在新产品、新机器、新工具、新材料和新服务上。在任何一个社会或组织，对于决定生产何种产品及提供何种服务，采用何种设备以及如何管理生产，技术水平是一个重要影响因素。组织要想在市场上立于不败之地，就应该十分注意自身技术、设备的更新，尽可能采用最新技术，生产出售市场欢迎的新产品。作为管理者，尤其是组织高层决策人士，必须留意组织外部的技术环境，了解当前新技术发展的趋势，使组织处于新技术领先位置，至少不能失去竞争能力。

⑤ 社会文化环境

社会文化环境主要包括一个国家或地区的人口、家庭文化教育水平、传统风俗习惯及人们的道德和价值观念等。组织成员来自于社会，组织活动离不开社会，社会文化环境主要就是通过人口结构（人口数量、年龄结构、人口分布）和生活方式（家庭结构、教育水平、价值观念）这两方面的改变影响组织的经济活动。人口因素是企业最关注的社会环境因素之一，人口构成了大多数产品的消费市场，对企业的战略制定有着重大的影响。家庭文化教育水平对组织的影响是间接的、潜在的和持久的。文化的基本要素包括哲学、宗教、语言文字、文学艺术等，它们共同构筑成文化系统，对组织文化有重大影响。

中国近几年的主要社会环境变化有：老龄化趋势加强；人口流动性增强；人口出生率下降；消费水平提高；生活方式多样化；价值观念不断更新等。

⑥ 自然环境

自古以来，我们就强调“天时、地利、人和”。如果说“天时”主要是与国家政策有关的话，那么“地利”则主要取决于地理位置、气候条件以及资源状况等自然因素。自然环境是指组织所处的外部自然条件状况，包括地形状况、气候条件、资源状况、自然灾害、环境污染等因素。一个国家的自然资源和生态坏境的变化既会给组织带来发展的机会，也会给组织的运行和发展带来某种威胁和限制，任何组织都必须有效地开发、利用自然资源环境。

⑦ 国际环境

国际环境包括组织所在国内外的所有可能对组织产生影响的因素，如汇率、各种国际组织、国际公约、与组织有关国家的国内环境等。随着经济全球化趋势的不断发展，国际环境对企业发展的影响越来越大，任何组织都必须引起高度重视。

（2）任务环境

任务环境，即微观环境，是指与组织实现其经营目标直接相关的那部分环境。它是由对组织绩效产生积极或消极影响的关键顾客群或要素组成的，一般包括供应商、顾客、竞争对手、有关政府部门和社会组织等。

① 供应商

企业组织的供应商，泛指组织活动所需的各类生产性资源和劳务的供应者。对企业来讲，供应商主要包括为企业提供原材料、生产设备、生产能源等物质资料的厂商，为企业提供资金的股东、银行、保险公司、福利基金会等组织，以及在劳动力市场上为企业提供人力资源的个体和中介机构等。另外，为企业生产经营过程提供各种劳务和服务的机构，如货物运输、设备修理、环卫清洁及保安等服务机构，也都构成企业的供应商。对组织来说供应商是非常重要的，他们不仅能提供资源，更重要的是供应商的供货质量决定组织的产品质量，供应商的交货期决定组织的产品交货期，供应商的成本提高会减少组织的利润。如果一个组织过分依赖于一个强有力的供应商，供应商的讨价还价能力就会提高，则组织将处于不利的境地。例如，如果计算机公司只能向微软购买软件或向英持尔购买芯片，微软或英特尔这些供应商就可以对计算机公司享有极大的价格优势或压力。

选择合适的供应商是一个重要的战略决策，供应商可以影响生产时间、产品质量和研发水平。与供应商建立良好关系，可以使企业获得正常生产所必须的资料，为正常的生产经营活动提供保障；可以促进企业形成系统化的生产，增强企业的经济实力和竞争能力；可以充分发挥供应商的积极性和合作精神，争取供应商的支持和援助，帮助企业提高经济效益。组织应努力寻求和发展与供应商双方的共同利益，建立良好的供应商关系。

② 顾客

所谓顾客是指组织的产品或服务的购买者，主要包括所有出于直接使用目的而购买以及为再加工或再销售目的而购买本组织产品或服务的个体和组织。企业所生产出的产品和服务如果不能销售出去，组织就不可能生存，更谈不上发展。在商业发达的社会中，企业的产品尤其是消费品，通常需要经过多个中间环节才能到达最终使用者手中，这样，不仅消费该产品的最终使用者是企业的顾客，而且产品在离开生产企业之后所经历的各环节的销售商，也都是该企业的顾客，即中间顾客。

顾客是企业面临的数量最多、范围最广的公众群体，它不仅包括直接从企业购买商品的顾客，还包括所有商品使用者和潜在需求者。企业与顾客之间的关系是企业最大、最普遍的外部关系。在现代市场经济条件下，企业的一切生产经营活动都以市场为中心，围绕市场需求进行，其经济利益和经营目标也只有通过产品的市场销售才能得以实现。而顾客作为商品的购买者和使用者，构成现实或潜在的市场需求，他们在市场上购买什么，购买多少，直接关系到企业利益和目标的实现程度。特别是随着买方市场的形成和竞争的加剧，顾客日益成为掌握企业命运的主导力量。能否赢得顾客的信赖与支持，直接关系到企业经营的成败。因此明智的企业无不对顾客关系予以高度重视。

③ 竞争对手

在各种各样的竞争环境中，组织首先面对的是同行业内的竞争对手。当企业为相同的顾客而竞争并试图占有谁都想占有的市场时，对竞争对手的可能行为进行科学的预测就显得非常必要。

首先要明确的是，谁是自己的竞争对手。简单地说，竞争对手就是与本组织存在资源和市场争夺关系的其他同类组织，既包括现有生产和销售与本企业相同产品或服务的企业，也包括潜在的进入者以及替代品制造厂商等。竞争对手一般是用诸如降价、开发新产品和广告运动等手段在竞争中取得优势，在选择自己的策略时须明确竞争对手的意图。新的成长性行业提供的获取利益机会多，竞争相对要缓和一些。当这个行业成熟了并且发展速度放慢时，利润也就降低了，那时，逐渐激烈起来的竞争会产生行业分化，竞争能力弱的公司将被淘汰，竞争能力强的公司获得生存和发展。因此，管理人员必须保持清醒的头脑，仔细研究分析本组织的竞争状况及竞争对手的实力，并及时采取适宜的竞争策略。

④ 有关政府部门和社会组织

我国除了拥有所有权的主管部门外，还有为国家和社会利益而监督企业经营的各有关部、局，如财政局、劳动局、税务局、质检局等。西方国家主管部门为了社会利益，也在若干方面对企业实行严格监督。例如，航空局对飞机是否合格、能否飞行等实行严格监督；有关食品与药物生产，也受到食品药物管理局的严格监督，未获批准发证，不准进行生产。在社会上，为了公众利益，也有很多组织，如消费者协会等对工商企业进行监督。因此，组织的管理者必须理顺同这些部门及其组织之间的关系,在主管部门的监督约束下进行管理活动。此外，企业的协作单位、兄弟组织也应包括在任务环境中。

（二）内部环境

组织活动的内部环境，是指影响组织进行日常工作的各种构成因素和条件。

组织实施管理，不仅要考虑尽量充分的从外部环境获得资源和支持，还必须充分考虑组织内部的各种对象、内容对管理的影响。在此过程中，既要合理配置内部资源，挖掘和发挥内部资源的潜力，又要扬长避短地运用组织内部的各种关系、习惯和能力，以实现组织的目标。

内部环境是管理者实施管理的基础，各个组织的不同主要表现在内部条件的区别上。这里着重从组织文化和经营条件来进行分析。

1．组织文化

组织文化作为重要的内部环境要素，是指在组织的发展过程中，逐渐形成有关组织的经营理念、工作作风、价值观念和行为准则。组织文化具有重要的功能，对于组织运行绩效有着直接的影响。组织文化主要包括以下五个方面。

（1）价值观念。价值观念是组织全体成员的最高追求，以及据以衡量个人行为是与非、美与丑、好与坏的准绳。它反映了组织目标和方向，对组织发展起巨大的推动作用，是组织文化的核心。

（2）组织哲学，即组织的经营管理哲学。一个组织要获得成功，就必须要以正确的经营管理观和经营管理方法论为指导。在管理行为上，哲学的基础决定着行为的趋向，任何组织，都应该结合本组织的特点，自觉地创造出具有本组织特色的经营管理哲学，树立现代管理的基本观念。

（3）组织道德规范。组织道德是调整组织之间、组织内部员工之间关系的行为规范的总和，它是社会一般道德在组织活动中的具体化。

（4）组织目标。组织目标代表组织的未来，是组织发展的方向和未来趋势，是组织成员经过努力才能实现的期望值，是激励员工积极性的重要精神力量。

（5）组织制度。组织制度是组织在管理过程中根据管理的实际需要，以实现组织经营目标为出发点，要求全体员工共同遵守的带有强制性的行为规范，它是实现组织目标的有力措施和手段，包括一系列规章制度、技术操作规程、工作标准等。

2. 经营条件

对组织内部经营条件的分析，目的在于掌握组织的实际情况，明确其自身的优劣势，从而更好地适应和利用外部的环境。其主要内容有如下四个方面。

（1）资金情况。组织都需要资金，而资金的满足程度取决于组织对资金的需要量、组织自身的实力、社会经济状况、组织信誉和未来发展前景等因素。组织的经济实力反映在偿债能力、投资回报能力等财务指标上。通常，资金运行状况良好的组织，其竞争也往往处于优势地位。

（2）人员因素。组织的人员因素主要是组织内部的人员数量、人员素质、人员结构（能力、年龄、专业、教育程度、性别等）。在一个组织中，最重要的是最高决策层管理者的整体素质，因为这在很大程度上决定着组织的发展。

（3）技术能力。组织的技术能力主要体现在生产技术和管理技术两方面。生产技术的进步可以提高自动化程度、工艺能力和生产效率，简化生产操作，降低劳动强度，推动有助于组织机构改进的管理方式的更新；现代管理技术可以有效地组织各种要素，创造巨大的经济效益和社会效益，并对组织管理思想、管理方式及管理的组织形态发生作用。

（4）物质条件和行业特点。组织的物质条件即组织的硬件环境，如厂房、机器设备、操作工具等。实力较强的组织一般都拥有较好的物质条件，从而为其发展打下良好的基础。不同的行业或不同类型的组织需要有不同的管理模式。行业的特点和发展的前景在很大程度上影响着组织的发展方向。

四、管理环境分析

1. 管理环境的特征

环境是组织生存的土壤，它既为组织活动提供条件，同时又必然对组织活动产生制约作用。而且，随着生产力水平的不断提高、科学技术的不断进步、市场经济的不断发展，环境因素的变化也越来越快，从而会越来越影响甚至决定组织的生存和发展。为了更好地适应复杂多变的管理环境，企业必须首先了解其特征。

（1）管理环境是不断变化的

管理环境是不断发展变化的，绝对稳定的环境是不存在的。环境的变化既可能给企业带来有利的环境机会，也可能给企业带来一定的威胁。企业生产经营的整个过程，实际上就是组织不断地适应环境的发展变化，充分发挥企业的主观能动性，抓住并利用对企业发展有利的环境机会，避开或克服对企业发展不利的环境威胁的过程。

（2）管理环境的差异性

环境的差异性不仅表现在不同的企业受不同环境的影响，而且还表现在同一种环境因素的变化对不同的企业的不同影响和同一企业在不同的发展阶段所面临的环境也不相同。由于环境因素对企业作用的差异性，导致企业为应对环境变化所采取的决策方案各有不同。

（3）管理环境的相关性

管理环境不是由某个单一因素所决定的，而是受到一系列相关因素的影响。例如，某种商品的价格不仅受到市场供求关系的影响，而且还受到国家经济政策和科学技术进步等因素的影响。当然，环境因素相互影响的程度也是不同的，有的可以通过调查、分析进行评估，有的则难以估计和预测。

（4）研究环境的目的性

企业研究环境的目的是为了适应不同的环境，从而求得生存和发展。由于企业同时要面对众多的环境因素，企业要适应的是对企业生产经营活动有影响的环境因素。对这些环境因素，企业不但要积极主动地去适应，而且还要不断创造和开拓对自己发展有利的环境。

2．管理环境分析方法

在管理学中，对于环境分析的方法由于所侧重的方面各不相同，方法也不尽相同，主要有环境分析矩阵、SWOT 分析法和波特模型等。本文将详细介绍波特模型的特点和应用。

波特模型，也称五种竞争力量模型，由美国著名战略专家、哈佛大学教授迈克尔·波特提出。他在 1980 年出版的《竞争战略》一书中不仅详尽地分析了行业中的五种竞争力量，而且还提出了各种组织都可以普遍采用的三种竞争战略；即成本领先战略、差别化战略、专一化战略。波特模型虽然是作为产业分析进而为战略制定服务的方法提出来的，但由于其分析方法和内容涵盖了环境分析的内容，因而被广泛地当作环境分析的一种方法和工具，如图 3-2 所示。

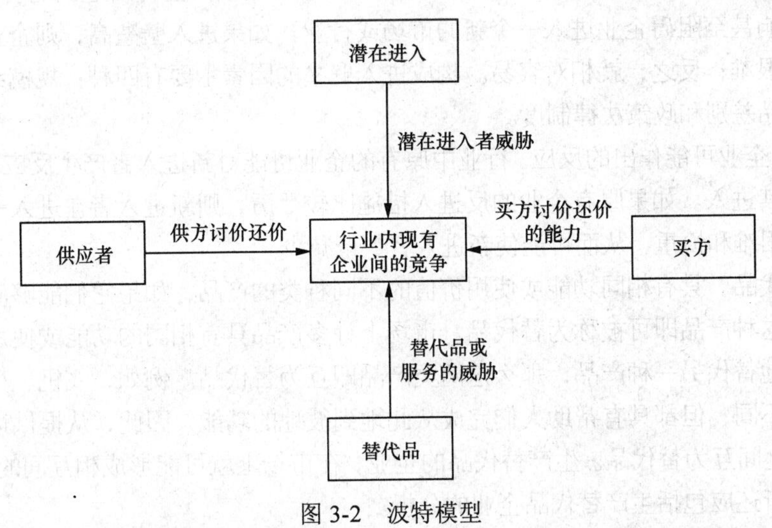

图 3-2　波特模型

波特在五种竞争力量模型中，主要分析了行业或产业竞争的五种力量，即行业内的现有竞争者、潜在进入者、替代品、顾客（买方）、供应商。这五种力量对组织造成的压力与威胁是不一样的，依次为现实竞争的威胁、潜在进入的威胁、供应商的威胁、顾客的威胁及替代产品或服务的威胁。对五种力量分析的内容也依类型不同而有所不同。

（1）现有竞争对手。组织面对的环境通常是一个竞争的环境，有众多同业竞争者在其中，他们生产的产品基本属于同质产品，因而竞争是在所难免的。对竞争对手的分析主要包括以下的内容：

① 基本情况的研究。基本情况的研究主要包括现有竞争对手的数量、地理分布情况、侧重的市场、各自的规模和实力。对现有竞争对手的研究，主要是找出主要的竞争对手，即哪些是对自己构成威胁最大的竞争对手。

② 对主要竞争对手的研究。一般来说，反映主要竞争对手实力的指标有三个：

a. 销售增长率，即其销售额与上年相比的增长幅度。

b. 市场占有率，即在总市场中主要竞争对手的市场占有份额。占有份额高，显然其竞争实力就强；反之，则弱。

c. 产品获利能力，即主要竞争对手获得利润的能力，可用利润总额或销售利润来表示。

③ 竞争对手的发展方向。在研究主要竞争对手时，还要研究他的发展动向，即市场发展或转移动向与产品发展方向。根据波特的观点，分析主要竞争对手的发展方向，主要是分析其退出某一产品生产或市场的难易程度，这涉及资产专用性、退出成本的高低、心理因素的影响、政府和社会的限制等因素。

（2）潜在竞争者。任何一种有利可图的产品或服务，必然会吸引新组织的进入，这些新进入者既可能给行业经营注入新的活力，促进市场的繁荣，但也势必给现有企业带来竞争压力，威胁其市场地位。因此，分析潜在竞争者也是必要的。

分析潜在竞争者主要是分析进入某一特定市场或行业的难易程度，如果进入很容易，则新的进入者可能会大量进入该行业或市场；如果进入较难，则一般新进入者会大大减少。进入某个市场或行业的难易程度通常受下列因素的影响。

① 进入壁垒。进入壁垒是指一个企业在进入一个市场或产业时所遇到的各种障碍，这些障碍直接影响甚至阻碍企业进入一个新的市场或行业。如果进入壁垒高，则企业进入一个市场或行业就很难；反之，就相对容易。构成进入壁垒的因素主要有四种：规模经济、绝对成本优势、产品差别和政策法律制度。

② 现有企业可能作出的反应。行业中原有的企业可能对新进入者产生反应，即采取降价等措施阻止其进入。如果原有企业的反进入措施比较严厉，则新进入者在进入一个新行业时往往就比较困难和慎重，从而可能使新进入者数量减少。

（3）替代品。具有相同功能或使用价值的不同种类的产品，如果它们能够满足消费者的同种需要，这种产品即可被称为替代品。市场上许多产品具有相同的功能或使用价值，可以完全或部分地替代另一种产品，那么这两类产品即互为替代品。例如，飞机、火车、汽车，尽管外形都不同，但都具有帮助人们完成从此地到彼地的功能，因此，从提供运输这个角度来说，三者之间互为替代品。生产替代品的企业，在市场上就可能形成相互间的竞争，因此，行业环境分析还应包括生产替代品企业的分析。

对替代品的分析主要从两个方面进行：一是分析哪些产品是本企业产品的替代品，这类产品有多少，这实际上是确认具有同类功能产品的过程；二是判断哪些类型的替代品可能对本行业和本企业的经营造成威胁。相对来说，前一方面内容的分析较为简单，而后一方面内容的分析较为复杂，为此，需要比较这些产品功能的实现能够给使用者带来的满足程度与获取这种满足所需付出的费用。如果两种相互可以替代的产品，其功能实现可以带来大致相当的满足程度，但价格却相差悬殊，则低价格产品可能对高价格产品的生产和销售造成很大威胁；相反，如果这两类产品的功能——价格比大致相当，则相互间不会造成实际的威胁。波特认为，替代品设置了产业中公司可谋取利润的定价上限，从而限制了一个产业的潜在收益。也就是说，由于替代品的存在，即使行业内只有少数生产厂商，几乎垄断该行业市场，也不能为所欲为地控制价格，获取高额垄断利润。

（4）买方。买方对企业经营的影响在于两个方面：一是买方的需求总规模决定着行业的市场潜力，从而影响行业内所有企业的发展边界；二是买方的讨价还价能力会影响提供这种产品或服务的企业的获利状况。前者属于市场需求潜力研究，而后者属于讨价还价能力研究。

① 需求潜力研究。需求潜力研究主要包括三个方面：一是总需求研究，即分析市场容量的大小、总需求中有支付能力的需求有多少、潜在需求有多少等；二是需求结构研究，主要研究需求的类别及构成情况、买方的类型（是团体还是个人）、买方的地区分布及比重；三是购买力研究，即研究购买力水平、购买力变化及影响因素等。

② 买方的讨价还价能力研究。波特认为，买方的产业竞争手段是压低价格，要求较高的产品质量或索取更多的服务项目，并且从竞争者彼此对立的状态中获利，所有这些都是以产业利润作为代价的。也就是说，买方的讨价还价能力直接影响企业的利润水平。研究买方的讨价还价能力，主要是分析研究讨价还价能力的大小及影响因素。一般地说，买方的讨价还价能力的大小主要取决于三个方面：一是购买量的大小，购买量越大，讨价还价能力越强；二是企业产品的性质，如果企业提供的是一种无差异的标准化产品，买方可以在别的渠道购买到，则买方的讨价还价能力就强；三是企业产品在买方产品形成中的重要性，这是对用于生产消费的买方来说，如果产品在购买方的产品形成中有重要地位，则买方的讨价还价能力就弱；反之，讨价还价能力就强。

（5）供方。供方即供应商，它在企业的生产经营中也起着重要作用，主要表现在：一是能否根据需求按时、按量、按质地提供所需要的生产要素，影响着企业生产规模的维持和扩大；一是供方所提供的生产要素的价格决定着企业的生产成本，进而影响利润水平。因此，对供方的研究主要在于两个方面：一方面要研究供方的供应能力及企业寻找其他供货渠道的可能性，另一方面是供方的讨价还价能力。综合地说，对供方的研究包括以下四个内容：

① 企业是否有其他货源渠道。企业如果长期从一个供方进货，则对之依赖性就强，可能受制于某一供应商。因此，企业应选择分散进货，或在必要时建立后备进货渠道，这样便可在一定程度上遏制供方提高价格的倾向。

② 供方所处行业的集中度。如果该行业集中度较高，由一家或几家供方控制，则该行业供应商的讨价还价能力就强；反之，讨价还价能力就弱。

③ 寻找替代品的可能性。如果行业的集中度高，分散进货的可能性也小，则企业应考虑寻找替代品，以降低供应商的讨价还价能力。

④ 企业后向一体化的可能性。后向一体化即向产业链的上游推进，自己生产原来由供应商提供的原材料。企业如果能够后向一体化，建立自己的原材料生产企业，则可以大大地削弱供方的讨价还价能力。

3. 环境分析的程序

（1）确定主题

确定主题就是环境分析的内容，它主要是根据组织活动中存在的问题来确定。研究主题的确定可以是涉及整个组织的活动，也可以是涉及组织的某一个方面。主题的确定是一项非常重要的工作，由于环境分析的目的是为组织活动的决策服务的，所以研究的主题往往也是由组织的决策者来下达。

（2）初步情况分析

在确定主题的基础上，环境分析人员利用现有的各种报表、统计资料，根据自己的经验、知识和判断能力，对组织内外环境进行初步的分析，提出要研究的主题可能涉及的因素，在各种可能因素中，识别出其中的主要因素等，为正式研究提供依据。

（3）收集各种资料

对需要研究的问题进行了初步分析后，要对提出的因素进行实际考察和验证，它应以全面、系统和及时地收集各种信息和资料为目的。如果通过资料的收集，对前面提出的可能涉及的因素得到确认后，就要采取相应的策略。

（4）资料整理

环境调查所需收集的信息资料是大量的、分散的，只有经过整理、分组计算、归纳和对比等加工处理后，才能得出科学的判断和结论。

（5）资料分析

资料分析即根据整理好的资料，作进一步分析，以掌握环境发展的动态。常用的资料分析方法有：描述性分析，即对调查所需要解决的问题作出如实、具体和确切的回答；因果性分析，即根据对调查资料中相关因素的分析，揭示出这些因素之间的因果关系，探明自变量对因变量的影响程度及其规律性；预测性分析，即根据调查资料所呈现的变化趋势，采用一定的预测方法，对未来一定时期环境状况的发展变化作出推测。

（6）环境预测

环境预测是指运用科学的手段和方法，在调查研究的基础上，根据所获得的信息资料，对环境的发展趋势和组织未来的发展作出估计和判断的过程。由此可知，环境预测的内容主要包括两个方面：一是利用收集到的资料及其相关分析，判断和估计环境变化的趋势；二是根据环境因素对组织活动的影响，以及所采取的相应措施，预测组织未来的活动条件能否得到有效改善。

五、环境因素的管理

1. 对环境的评估

组织环境之所以对管理者如此重要，是因为不是所有的组织环境都是一样的。那么管理者必须清楚怎样评估和衡量环境的不同。对于环境的衡量，可采用著名组织理论家汤姆森（J. D. Tompson）所提出的方法，即用环境的变化程度和环境的复杂程度来反映。

根据环境的变化程度，可将组织环境分为动态环境和稳定环境两类。形成环境的各种因素变化大，为动态环境；变化小则为稳定环境。稳定环境可能是一个没有新的竞争者，现有的竞争对手也没有技术上的创新，没有什么公众对组织施加压力的环境。例如，在 20 世纪 70 年代，文字处理一般是用油印。那时竞争对手有限，业务对象稳定，这是一个稳定的环境。但随着计算机文字处理系统的引入，到了 20 世纪 80 年代，人们已可以随时方便高速地进行文字处理，机械打字印刷市场开始萎缩，从事文字处理的企业开始由稳定环境转入动态环境，其生存受到了威胁。在改革开放之前，我国的大多数企业处于稳定的环境之中，而在进入改革开放以后，企业所处的环境变化程度大大增加，企业开始步入动态环境。

在稳定的环境中，管理人员可以比较准确地进行计划和预测。例如，顾客对服装的需求一般是随季节而变化的，我们可以根据这个规律进行各季销量预测，进而制定各季进货计划。因此，管理人员更关注的是动态环境，是不可预测的环境变化的大小。如果某种变化是可预测的，那么它仍不属于管理者要专门处理的对象。

跟环境的不确定性密切相关的是环境的复杂性。环境的复杂程度与组织环境的组成因素的多少及组织已拥有的对其环境影响因素的了解程度有关。根据环境的复杂程度，组织环境可分为复杂环境和简单环境。一个组织需要接触的顾客、供应商、竞争对手、政府机构越少，其环境越简单，相应地就是处于简单环境；另一方面，当一个工厂只订出10%的合同时，其环境复杂性增加，因为它还要与众多的用户接触以订出剩余的合同。

2．对环境的管理

外部环境是客观存在的。它对每一个组织都有影响，对组织的发展和管理的实施起着促进与制约的作用。但在环境面前，组织也并不是无所作为，任凭环境摆布。管理者必须抓好环境管理，充分地认识环境，分析环境，能动地适应环境，将环境对自己的不利影响减少到最低限度，求得内部管理与外部环境的动态平衡。

（1）了解认识环境

环境因素多种多样，且有较大的复杂性和不确定性。作为管理者，必须深入地了解、认识环境，尤其是要掌握与本组织及自身管理有关的静态的、动态的环境信息，把握环境发展的趋势与规律，了解关于环境的各种因素与变量，对各种环境变化做到心中有数，始终保持对环境的动态监视与整体把握。这是环境管理的基础。

（2）分析判断环境

在充分了解掌握大量环境信息的基础上，要对各种环境因素进行深入地分析和判断。只有经过分析判断，才能够确定环境对本组织有哪些影响，影响的性质是什么，影响的程度有多大，带来的有利因素和不利因素有哪些，管理上应采取什么对策等。在对环境的分析判断中，既要着眼于微观任务环境，又要放眼于宏观一般环境；既要研究动态环境，又要研究稳定环境；既要考虑当前的具体工作，又要把握全局的政策方向。

（3）能动适应环境

在了解、分析、掌握环境因素的基础上，在管理中能动地适应环境，并根据环境的变化不断地调整内部组织机构与经营管理策略，创造和把握组织生存发展的机会，这是管理者的重要职责，也是其能力和水平的重要表现。组织在适应环境方面可以采取以下策略：合理选择经营领域，聘请合适的管理人员强化管理，密切关注环境变化，加强计划和预测，建立缓冲机制，有效规避风险。

（4）制订正确的战略

在稳定的环境中，组织可以根据事先对环境变化趋势的分析和预测，提前做好应对计划；在动态环境中，管理者主要通过保持策略的灵活性来应对复杂多变的环境。例如可以采取多样化的经营策略来减少市场风险，提取风险基金来预防突发的资金问题等。

环境的变化是不以主观意志为转移的，对组织的影响与作用是不可抗拒的。组织与环境都是自然的产物，它们是相辅相成、相互影响的。应充分利用环境对组织有利的方面，或努力使其继续朝着有利方向发展。对环境中不利于组织发展的因素，组织一方面可通过组织内部的改革使组织与环境相适应；另一方面可努力通过组织的行为去影响环境，使其朝着有利于组织的方向变化。管理者若不去积极主动地研究和处理管理问题，最终难以实现组织的目标。

第二节 信息情报

随着信息时代的来临，信息在管理中的作用愈加明显和重要。管理者在日常工作中要适时获取适量的有价值的信息，保证组织目标的实现。有用信息具有一些特征，了解这些特征对管理者有效行使信息职能是十分必要的。组织中的信息管理工作包括信息的采集、加工、存储、传播、利用和反馈等环节。

一、信息的概念及特征

1. 信息的定义

信息（information）这一概念已在社会各个领域得到广泛的应用。关于信息的含义有许多种说法，一种通俗的解释是：信息是人们关心的事情的情况。例如，对于生产或销售某产品的企业来说，该产品的市场需求和销售利润的变化是重要信息；对于购买此产品的消费者来说，产品的性能及市场价格是重要信息。不难理解，关于某事物的某一情况对于不同的个人或群体具有不同的意义，某事物的情况只有对了解情况者的行为和思维活动产生了影响时，才能称为信息。

宇宙间一切事物都处于相互联系、相互作用之中，在这种联系和相互作用中存在着物质的运动和能量的转换。但是，许多事物之间的关系难以简单地从物质的运动与能量的转换来解释。例如，一则新闻可导致一个企业倒闭；一纸传单可能引起全城骚乱。这说明，决定事物之间相互联系、相互作用效果的往往不是事物之间物质和能量直接的量的转换和积累，而是传递相互联系、相互作用的媒介的各种运动与变化形式所表示的意义。当然，从物理学观点来看，任何事物的发展变化都是由于物质的运动和能量的转换。但是，按物质运动和能量转换的物理过程来描述事物之间复杂的关系，特别是描述社会现象和生物现象，即使是简单的问题都会变得十分烦琐，不能把握问题的本质。而使用信息这一概念来描述事物之间的相互关系，会使得复杂的问题得到科学、简明的表述。

因此，可以得出信息的一般定义：**信息是事物之间相互联系、相互作用的状态的描述。**只有当事物之间相互联系、相互作用时，才有信息。而一个事物影响另一个事物而使其某种属性发生变化，从信息的观点来看，是因为后者得到了前者的某种信息。

2. 信息的分类

信息交换的范围十分广泛，人与人、人与自然界、人与机器、机器之间、自然界生物之间以及各种物质之间，都有信息的传播。可以从不同的角度对信息进行分类。

（1）按信息的地位可以分为客观信息和主观信息。客观信息包括观察对象的初始信息、经观察者干预之后的效果信息、环境信息等；主观信息包括决策信息、指令信息、控制信息、目标信息等。

（2）按信息的作用可以分为有用信息、无用信息和干扰信息。

（3）按信息源的性质可以分为数字信息、文字信息、语音信息和图像信息等。

（4）按信息载体的性质可以分为纸介质信息、磁介质信息、光介质信息和生物介质信息等。

（5）按信息的应用领域可以分为政治信息、军事信息、经济信息、文化信息、科技信息、管理信息和体育信息等。

（6）按信息所在的企业应用部门可以分为研发信息、生产信息、营销信息、物流信息、财务信息和人力信息等。

3. 企业信息的特征

企业信息，首先是信息，所以它具有信息的一般特征。如信息无时不有、无处不在的客观性和普遍性；依附于一定物质载体才能被保存下来的依附性、存储性、累积性、可传递性；可以被接受、被加工处理，可以对其进行各种载体转换的可塑性或可识别性、可转换性；在传播、加工、转换和使用的过程中会使信息内容发生畸变的可伪性；可以同时为多个主体所拥有和使用的共享性；相对于不同的信息使用者具有不同使用效果的使用价值相对性等。而企业信息又具有自己独特的特征。

（1）经济性

企业是一种经济组织，企业的一切活动都是为了创造经济价值，赢得经济利益，而反映企业经济活动的特征、状况及其发展变化的企业信息，自然也就不可避免地带有极强的经济性。

企业信息的经济性特征，表现在两个方面：一是指信息是来自经济组织活动、经济领域的信息；二是指这种信息本身具有经济价值。信息的获取和利用可以为企业增加利润，给企业带来经济效益。

企业信息具有经济性特征，并不表示企业信息都必然是经济信息。因为企业信息是产生于企业内部或应用于企业部门的信息。产生于企业内部的信息，应用于企业部门的信息，并不都是经济信息，许多非经济信息，如政治信息、科技成果信息、社会文化信息等社会信息，以及水旱灾害、地震、台风等自然信息，在某些特定条件下都可能转变为企业信息。

一般的社会信息、自然信息转化为企业信息是有条件的。通常，那些处于企业管理部门最关心的目标范围内，或者与此目标关系密切的信息，具有某种广泛性意义和参考价值的信息，各种突发性的、打乱正常管理秩序的社会政治事件信息和自然灾害信息，对于全局有一定影响的倾向性信息等，只有它们能够进入并影响企业管理活动时，才有可能转变为企业信息。

（2）波动性

企业信息虽然在不同程度上客观地反映了企业经营中何时、何地发生了何事，因此其内容应该是相对确定的。但是，这些信息的意义，它们对人们的启示和利用能够得到的利益，即信息的有用性或价值性则是波动的。

企业信息的价值波动性表现在三个方面：首先，信息在不同时间的有用性是不同的。同样的信息，可能在一段特定的时期内很具价值，但过了这一时期就会变得分文不值。例如，反映企业经营活动出现偏差的信息，在活动尚未最终结束以前，企业根据它们所反映的情况，及时采取措施，则可以确保预定计划的实现，因此信息的价值是极高的。相反，如果在活动结束以后才发现反映偏差的信息，那么即使这些信息是绝对准确的，也难以指导企业采取任何措施以改变既定的事实。其次，同一信息在不同地区的有用性是不一样的。例如，制造某种产品的技术信息，在发达地区，由于生产厂家很多，市场趋于饱和，大部分消费者的需求已经得到满足，因此其有用性几乎接近于零。而在那些尚不发达的地区，该产品的生产技术可能还鲜为人知，因此其价值非常高。最后，同一信息对不同企业的有用性也是不一样的。由于不同企业认识和利用信息的能力各不相同，反映客观世界现状和特征及其变化的信息产生以后，企业如果及时地感知其存在，发现其意义，并具有利用这种信息从事某种活动的能力，则信息价值极高。反之，信息对企业的价值几乎为零。

此外，信息价值的波动性往往与使用者的数量有关。信息不同于资金和物质，物质资源或资金在一定时空只能由一个组织或人员拥有与支配，而信息的使用权则可同时被多个企业分享。因此，同一信息的使用者数量越多，对单个使用者来说，其价值越低，反之则越高。

（3）时效性

时效性指的是企业信息对企业管理的作用有时间方面的限制，它包括两层含义：一是信息本身具有生命周期，信息一经生成，企业管理者获得它的时间越短，其使用价值越高；在信息的生命周期内，获得该信息的时间越长，其使用价值就越小。时间的延误，会导致信息使用价值的衰减甚至消失；二是有些信息虽然是很早就生成的陈旧信息，但是企业管理者在决策中需要这一信息时能够及时地得到它，该信息仍然会具有使用价值。

许多信息管理学论著在论及信息的时效性时，只注意到上述第一种情形，强调企业管理者在信息发生后能尽快地获得，即所谓第一时间就能获得它。其实第二种情形也是信息时效性特征的体现。正因为第二种情形的存在，要求企业管理者做好信息管理工作，在需要某一信息时，能够及时地得到它。

（4）连续性

企业的生存和发展，是企业在与其内外系统相互协调的不断循环过程中实现的，因而，企业信息管理活动的过程也是一个连续过程，所以，企业信息也是源源不断地产生和流通的。信息是不会中断的，即使这个企业消亡了，新的企业又会诞生，一个社会的企业信息流是源源不绝的。

信息的连续性，反映了事物发生、发展的过程，反映了事物发展前后不同阶段之间的相互关系。正因为如此，我们可以根据信息来分析竞争对手的状况，也可以根据信息来预测自己的未来发展趋势。

二、信息的评估

1．有效信息的特征

组织存在于各种复杂的环境之中，所面对的也是复杂多变的信息，作为管理者要能够正确地识别真正具有价值的信息，以更好地实现组织的目标。对管理者有用的信息具备以下一些特征。

（1）高质量

高质量是有用信息最重要的特征。具体可分为以下几个方面：首先，高质量的信息必须是精确的。不能精确反映客观现状的信息，如果被用于决策或控制，必然不会收到良好的效果。清楚，是高质量的信息的另一要求，消息的内容对管理者来说必须是清楚的。另外，高质量的信息是排列有序的，而不是杂乱无章的。最后，信息传递的媒介对质量有重要影响。例如，如果管理者得到的是一大堆的分散性的材料，而不是少量简洁的总结性报告，则是一种不恰当的传递方式。

（2）及时

多数管理工作需要及时的信息。企业的许多工作与时间都有很大的关联度，面对多变的环境，组织必须迅速做出决策。提供给管理者的信息应该是最具时效性的，而不是过去的陈旧无用信息。及时的信息还要求信息要被系统地提供给管理者。例如，建立一个定期报告制度，每日、每周、每月或每季产生并提交报告。

（3）完全

信息要有助于管理工作的有效完成，那么它必须是完全的。信息的完全性也有几个方面的具体要求。

首先，信息的范围必须足够广泛，从而可以使管理者较全面地了解现状，并采取切实有效的措施。在条件许可的情况下，管理者不仅要获取当前的信息，还要了解组织的过去和未来的计划。简洁和详细是完全性的另外两个要求。这与第一个要求并不矛盾，因为简洁和详细是对立统一的，可以在简洁和详细之间找到一种平衡。信息应该以尽可能简洁的方式呈送给管理者，同时也应该尽可能详细，使管理者对现状有一定深度和广度的了解。但过于详细又会分散管理者的注意力，导致对重要信息的忽略。

2．信息的评估

在这么一个信息瞬息万变的时代，很多组织对信息的重要性认识不够，没有充分利用机会去收集数据，并充分利用数据产生的信息。收集和处理数据必然要花费时间、精力、财物等成本，这种成本要与信息所带来的收益进行对比分析。因此，管理者在做出取舍信息的决策时，首先要评估获取信息的成本。如果获取信息的成本要高于信息所带来的收益，则这类信息就不值得去获得。由此可以看出，信息评估的关键在于对信息的收益和获取成本进行预先的估计，即进行“成本—收益”分析。

首先，数据收集和信息产生的有关成本。成本分为两部分：第一部分是有形成本，指可被精确计算出的成本。例如，一个数据收集系统购买硬件和软件的成本（系统维护和升级成本、折旧成本以及系统运行和监督成本等）就是有形成本；第二部分是无形成本，指很难或不能被精确测算的成本，或是很难或不能准确预期的结果，包括因组织业绩下降而使信誉受损、员工士气不振以及因工作程序变动而造成的工作瘫痪等。

其次，因利用信息而产生的收益。收益也包括有形收益和无形收益两部分。有形收益包括销售额的上升、存货成本的下降以及可度量的劳动生产率的提高等；无形收益包括信息获取能力的提高、士气大振以及更好的顾客服务等。

决定是否收集更多的数据以产生更多和更好的信息是比较困难的。因为，在很多情况下，信息对组织来说是新的，确定可能发生的成本要比预测潜在的收益要容易。实际上，新信息的收益通常是难以预测的，只有在员工对新信息比较熟悉时才能对收益进行评估。

三、信息对管理的意义

1. 信息的采集和来源

（1）信息采集

企业信息的采集是企业信息管理过程的起点，贯穿于信息管理工作的全过程。它是指企业管理者根据一定的目的，将企业内外各种形态的信息采出并汇集起来，供自身系统使用的过程。企业信息的采集是做好企业信息管理工作的基础和前提，企业信息管理过程中的后续环节都基于此才能进行。由于企业内外环境在不断地变化，信息采集工作的内容质量和时间质量将直接决定信息管理工作的成败。

① 信息采集的要求

为了取得有用的企业信息，在采集过程中必须注意以下几个方面的要求。

首先，确保信息的准确性。准确性是指信息要能客观、正确地反映企业内部生产活动或外部经营环境的特点，这是对企业信息的最基本要求。否则，会给管理工作造成极大的危害，导致制定错误的决策或采取错误的控制措施。为了保证企业信息的准确性，要求在信息收集过程中，注意选择可靠的信息来源，用准确的语言或精确的数字客观地记录原始信息；在信息加工过程中，采用科学的方法，尽可能排除任何人为因素对信息内容及其价值的客观性的干扰。

其次，确保信息的完整性。完整性是指企业信息的收集和加工不仅应全面、系统，而且应具有连续性。企业的生产经营过程是由众多阶段和环节组成的，内部的许多部门和要素参与了这个过程。影响企业经营的众多要素之间存在着广泛的联系，企业只有全面地收集了反映这些部门、环节、环境及其相互关系的信息，才能够统一地指挥、协调和控制内部的活动，才可能达到企业内部工作适应外部环境的要求。

再次，确保信息的及时性。信息收集与加工的及时性要求是由信息的时效性特点所决定的。由于信息符号的价值是在其产生以后随着时间的延续而减弱的，因此，信息工作者应保证能将反映企业内外环境及目前特征的信息迅速地收集、加工并传递给有关的管理人员，以帮助管理者及时地制定决策，有效地利用机会、避开威胁，或及时地采取措施，以保证计划目标的实现。

最后，确保信息的适用性。适用性是指企业收集和加工的应是对企业经营有用的信息。反映企业经营状况的各种资料，或有关员工工作积极性的调查等，都是对企业经营及其管理有用的。但是存在于企业外部的信息则不然。从广义上来说，企业外部存在的一切都是企业的环境，如气候的变化、人口的增减、政策的变更、技术的进步、国家领导的交替、对外关系的恶化或改善，甚至在遥远国度发生的政治或军事冲突，无一不对企业经营产生某种程度的影响。但是，它们的影响程度是不同的，有些因素对本企业的影响要大些、直接些，另一些则小些，间接些。由于企业能力（资金、人力等条件）的限制，信息工作人员必须注意在众多的有关企业环境状况的信息中识别对企业经营有直接、重大影响的信息，并加以有效、及时地收集和加工。

② 信息采集的准备

信息的采集工作，有时候可以有计划、有步骤地进行，有时候又是在事先无法预料的情况下随机运作。但是作为企业的信息管理工作人员，在采集的目的、范围、信息源和方法等方面，还是需要有所准备，才能把信息采集工作做好。

第一，采集目的的准备。企业信息管理工作的目的，就是为了实现企业的阶段目标和战略目标。信息采集的目标是从战略目标、阶段目标派生出来的，是为了实现企业战略目标和阶段目标而产生的信息需求。

信息采集的需求有显性需求和潜性需求的区别。显性需求是指管理者十分明确地意识到的那些需求；潜性需求是指管理者事先没有意识到的，而实际上对管理工作有用的那些需求。显性需求的准备比较好办，按照需求去采集就可以了。潜性需求是管理者长期思索并渴望解决而没有解决，在问题面前百思而不得其解的情况下产生的。百思而不得其解，说明他没有意识到需要什么样的信息，但是当这些信息出现时，如果对信息有较高敏感度，就能够马上抓住，适时地采集潜性需求的准备是一种思想上的准备。

第二，采集范围的准备。这是指在信息采集之前恰当地划定信息采集的范围，具体包括内容范围、时间范围和地域范围。内容范围是指信息需求所限定的范围，包括事件本身的内容和该事件周边相关的内容；时间范围是指信息需求所需信息的时间跨度；地域范围是指信息需求所需信息发生的空间位置范围，如国别、地区和本单位发生的信息等。

第三，信息源的准备。社会可以提供的信息源十分丰富，有文献性信息源、口头性信息源、电子性信息源和实物性信息源四大类。

文献性信息源包括书报刊、政府出版物、专利文献、标准文献、会议文献、学位论文、公文报表等；口头性信息源包括电话、交谈、咨询、调查等；电子性信息源包括广播、电视、互联网、局域网等；实物性信息源包括展销会、博览会、销售市场、公共场所，以及事件发生、发展的现场。在采集之前应根据采集目的和信息源特征选择好信息源。

第四，采集方法的准备。信息采集的方法有三大类：直接观察、社会调查和文献阅读。每一类中又有许多种，在实际采集时，应根据采集的目的进行选择和组配。

2. 信息在管理工作中的作用

企业信息的作用可以从两个角度来分析：一般地看，信息是管理者认知管理对象的媒介，它可以帮助管理者了解管理对象的过去和现状，从而认识其变化规律、侦测其未来的变化；具体地看，管理者借助信息的流动使企业各种经营要素得以充分组合，使企业生产活动能够顺利地进行。

（1）信息是管理者认知管理对象的媒介

了解管理对象的特点是进行管理工作的前提。收集和分析管理信息可以帮助管理者提高对复杂的企业经营活动及其环境的认识程度。作为管理者认知管理对象的媒介和手段，企业信息的具体作用表现在以下几个方面。

① 可以帮助管理者确认管理对象目前的特点。企业内部的生产过程是众多的劳动者利用不同的生产手段作用于劳动对象的过程，这个过程始终是在一定社会环境中进行的。社会环境又包含着诸多的因素，参与企业活动的各种要素及构成社会环境的众多因素之间存在着错综复杂的关系。这些关系，仅凭管理者的直观感觉是难以把握的，只有借助于各种管理信息才能辨识其本质特征和相互间的主要关系。

② 可以帮助管理者揭示管理对象的变化规律。不同时期的企业信息反映了不同阶段企业经营过程及其环境的主要特征。通过对企业历史上不同时期企业信息的比较分析，能够发现某些经营现象之间的相互关系，从而可以揭示企业经营活动及其环境变化的一般规律。例如，通过分析过去若干年内消费者的收入水平、人口数量及企业产品销售量的变化，可以找到该产品的消费与收入水平或人口数量的函数关系。

③ 可以帮助管理者预测管理对象的未来发展趋势。企业信息对认知未来的作用表现在三个方面：首先，管理对象从历史演变到现在的变化规律可以为企业预测未来提供某种借鉴，管理者可以以此为基础推测企业经营及其环境在未来会呈现何种状况；其次，企业经营和市场环境在变化之前总会有某种迹象和征兆表现出来。这些迹象和征兆预示着将要发生的变化及变化的方向和幅度，掌握这些先兆性的信息、管理者就能推断企业的未来；再次，企业经营及其环境是由众多相互联系、相互依存、相互制约的要素构成的一个整体，其中任何一个要素的变化都会引起其他要素的连锁反应。因此，通过分析收集到的反映某种要素目前变化的信息，也可以帮助管理者对其他要素的未来调整做出估计。

（2）信息的流动是管理企业经营的基本手段

企业的生产经营过程首先是物质运动过程，在这个过程的起点，企业连续不断地投入某种原材料，各道工序上的劳动者利用不同的机器设备对它们进行加工转换，逐渐改变其物理形状或化学成分，通过总装或合成而形成最终产品。经过质量管理部门的严格检验后，在销售部门和销售人员的努力下，这些产品源源不断地从流水线的终端或成品库中流向市场和用户。企业是以产品表现其存在的，为了继续生存，企业必须不断地生产和提供新的产品。这就是说，企业物质运动过程是连续不断地进行的。

在这个过程中，企业不仅与外界存在着广泛的物质交换关系，而且，企业内部的各环节之间、整个企业与外界环境之间存在着大量的信息交换关系。一方面，企业不断向外界发送产量、价格、质量、销售渠道、供货方式、售后服务等信息；另一方面，企业也不断地从市场上获得供给、需求、竞争、人口、收入、消费偏好、国家政策改变或调整等信息。对这些外部信息进行处理后，管理人员便使之与内部生成的计划、控制或作业信息在企业的各个部门和层次之间进行横向与纵向的流动。正是企业信息的这种纵横内外的流动才使得企业经营过程的各个部分形成一个有机的整体。

企业信息及其流动对于组织企业生产经营活动的作用主要表现在以下三个方面。

① 促进企业与环境及内部各部门之间的关系调整，为经营决策的制定和执行提供依据。在一定环境中从事某种经营活动的企业，其生存必然要受到环境及其特征的制约。由于环境是在不断变化的，因此企业的内部活动也应经常调整，否则可能被环境所淘汰。外源信息的内向流动，可以帮助企业管理中及时把握环境变化的趋势，从而敏锐地采取措施调整内部活动，并及时把内部的调整及其结果的信息发向外部环境，使企业与环境在更高水平上实现新的均衡。

同时，管理中制定的调整决策必须经过企业各部门和管理层次的努力才能完成，企业经营活动方向和内容的调整，必然要求企业各部分的任务及其相互关系做相应调整、决策目标的分解、指令的下达，从而决策信息的流动，可以帮助企业各部门和员工重新确定自己的位置，并据此重新部署工作。

② 促进企业各部门之间相互关系的协调。企业是由若干要素组成的一个综合体。

只有企业信息经过企业各部门、各环节的纵横流通，才能使各部门相互衔接、按预定要求工作，成为企业整体的一个有用部分。没有信息的流动，各部门不明确自己的任务，不了解相关部门对自己的协作要求，各单位的活动就难以相互协调，整个企业就会呈现一片混乱。

③ 促进和保证企业经营活动的有序性。

企业规模越大，参与经营活动的要素和人员越多，相互协调工作的难度就越大，企业活动中出现无序状态的可能性就越大。这种无序状态发展到一定程度不仅会导致经营效率的急速下降，而且可能导致整个企业组织的崩溃。企业信息的流通可以迟缓，甚至防止无序状态的出现。信息在流动中被各管理部门和层次的正确理解和严格执行，可以保证企业活动依一定秩序有条不紊地进行。反映执行情况的信息能够迅速反馈，可以使管理中枢及时发现实际工作与计划的偏离，帮助它们找出偏离的原因，并据此采取措施改进工作或调整计划，从而有效防止经营过程中无序状态的扩展，促成企业目标的顺利实现。

四、信息的管理

信息管理，也叫“情报管理”，重庆大学教授司有和在《信息管理学》一书中是这样定义的：信息管理是人类为了实现确定的目标，对信息进行的采集、加工、存储、传播和利用，对信息活动各要素（信息、人、机器、机构等）进行合理的计划、组织、指挥和控制，以实现信息及有关资源的合理配置，从而有效地满足组织自身和社会信息需求的全过程。简言之，信息管理就是对信息和信息活动的管理。可见，信息管理包括两个方面：一是对“信息”的管理；二是对“信息活动”的管理。

所以，信息管理过程可以分为信息采集、信息加工、信息存储、信息传播、信息利用、信息反馈等六个环节。

1. 信息采集

关于这一部分的内容在前面已经有了详细的介绍，这里不再复述。

2. 信息加工

信息加工是将采集到的信息，按照不同的目的和要求，进行鉴别和筛选，使信息条理化、规范化、准确化，以便进一步存储、传播和利用，从而使信息具有一定使用价值的过程。

（1）信息加工的要求

① 系统性。通过信息加工，把内容上与采集的目标不相关的信息区别开来，将内容相关的信息集中在一起，并将原来无序的信息按照自己使用时的需要进行排序，前后连贯，呈现某一规律或者特征，明确相关信息之间的内在关系，体现出信息内容的系统性。

② 正确性。通过信息加工，使得记载信息的用语规范、标准、简洁、准确、明白，没有虚假、含糊不清的信息，并在信息表述的量上进行精简浓缩，重点突出，问题集中，使信息得到优化。

③ 及时性。一是指在采集到信息后要立即加工，特别是时效性强的信息更应该及时处理，以备急用；二是指决策急需加工某信息时，能立即完成加工任务。

（2）信息加工的程序

信息加工可以按照“鉴别——筛选——排序——初步激活——编写”程序进行。

① 鉴别。这是确认信息内容可靠性的过程。可靠性，包括信息本身是否真实存在，信息内容是否正确，信息过程的表述是否准确，数据是否正确无误，有无遗漏、失真、冗余等情况。

鉴别的方法有：查证法，即利用各种工具书和报刊鉴别性文章来查证本信息的方法；佐证法，即通过寻找其他相关物证、人证来验证本信息可靠程度的方法；逻辑法，即通过对信息本身所提供的材料进行逻辑分析，以发现本信息中有无前后矛盾、夸大其词、违背情理的地方。通常，在进行信息鉴别时，必须综合运用上述各种方法进行，单靠某一种方法难以奏效。

② 筛选。这是在鉴别的基础上，对采集到的信息做出取舍决定的工作过程。它和鉴别不是一回事。鉴别是解决信息的可靠性，依据的标准是信息的客观事实本身。筛选是解决信息的适用性，依据的是信息管理者的主观需求。鉴别中确认可靠的信息，不一定都保留，鉴别中确认存疑的信息，不一定都剔除。

筛选的依据是信息的适用性、精约性、先进性。主要分成四步：第一步，真实性筛选，根据鉴别的成果，保留真实的信息，剔除不真实的信息，进一步调查核实不确切的信息；第二步，适用性筛选，以适用性为依据，在保留的真实信息中，保留适用的信息，剔除与采集目标不相关的信息；第三步，精约性筛选，以相约性为依据，把那些虽然真实有用，但表述烦琐的信息剔除掉；第四步，先进性筛选，以先进性为依据，把那些虽然真实、有用、精约，但内容落后的信息剔除掉。

③ 排序。这是对筛选后保留下来的信息进行归类整理，就是将信息按照某一特征分出等级、层次系统来。具体选取什么特征，这要和使用相联系。

④ 初步激活。这是根据筛选后所保留的信息进行开发、分析和转换，实现信息的活化，以备使用。

⑤ 编写。这是信息加工过程的产出环节，是把经过加工后获得的信息编写成新的信息资料。通常，一条信息应该只有一个主题，要有简洁、清晰、严谨的结构，突出鲜明的标题，文字表述精炼准确、深入浅出。

以上信息加工的五个环节，一般是递进的过程，但在实际操作中，并无明显界限，有时几乎是同步进行。

3．信息存储

信息存储是指对加工后的信息进行科学有序的记录、存放、保管，以便使用的过程。它包括两层含义：一是用文字、声音、图像将加工后的信息，按照一定规则记录在相应的信息载体上；二是将这些信息载体，按照一定的特征和内容性质组成系统有序的、可供自己或他人检索的集合体。

信息存储工作的内容，包括归档、登录、编目、编码、排架等环节，与文献信息的存储管理是一致的。信息存储应该满足以下五个要求。

第一，简洁有序。这是指在记载信息内容、登录存储信息时，内容不缺不漏，用语简练准确，结构清晰有序。

第二，信息安全。保证信息在存储期间不发生丢失和毁坏，不仅要采取先进的保存技术，保护文献信息，做到防潮湿、防虫咬、防火灾、防损蚀，而且要十分注意计算机的信息安全问题。

第三，节约空间。这是指尽可能地减少存储信息所占用的场地，节省存储费用，同时，小空间存储，也便于信息的保管和检索。

第四，使用方便。存储信息的编码、排架、存放等方面进行编制时，要考虑到操作过程的简单、快速和方便。

第五，易于更新。企业存储的信息不能像图书馆图书那样一直收藏着。所以，存储的方式、分类的体系等要有便于更新，易于添加、删除资料等操作。

4. 信息传播

企业信息管理中的信息传播包括两个方面：一是企业自身产生的信息在企业内的传播和向企业外的传播；二是企业管理者们根据自身需要专门采集、加工后的信息在系统内外的有意传播。

（1）企业内信息传播的特点

企业内的信息传播和大众传播不同，具有自己的特点：

① 有明确的目的。一般社会传播的目的是向公众传播各类信息，对传播效果的评估也只存在于宏观层面。企业的信息传播则不同，它是为了完成具体的工作任务而进行的有意识行为，并且为了实现传播的目的，要求员工必须按所接收信息的内容去执行，否则会造成传播目标不能完全实现。

② 严格的控制。社会传播只对传播过程进行控制，对受传者的控制则是有限的，只能在提高传播信号的质量、分析受传者心理、按受传者心理和需求去进行信息编码等。企业的信息传播则不同，它不仅要注意提高传播信号的质量，分析受传者心理，按受传者心理和需求进行编码，而且要直接、严密地控制受传者的行为，以保证传播目的的实现。

③ 时效更强。社会公众传播虽然也强调传播的实际效果，但是如果传播不及时，对传播者本身不会有太大的影响。企业信息如果没有被及时有效地传播到位，就会造成企业的损失。

（2）信息传播的有效性

信息传播的有效性指的是信息经过传播到达受传者时效率最高，而所产生的成本最小。信息失真是导致信息传播失去有效性的主要因素。具体地说，造成信息失真的原因有以下三个方面。

① 传播主体的干扰。在企业信息传播中，传播主体是管理者和被管理者。传播主体在一些情况下，有可能会故意曲解信息的内容，隐瞒实际情况；或者受自身理解和表达能力弱及自己心理状态的影响和制约，造成信息的失真；或者由于工作能力低下，不善于识别、判断信息的价值，造成主次不分，颠倒信息有效性的位置。

② 传播渠道的干扰。企业的信息传播渠道，有外部的，也有内部的。外部的包括邮政、电信、广播、电视、报刊、文件专递、网络、E-mail 等。内部的有两种：一种是正式传播渠道，即正式信息系统；另一种是非正式传播渠道，即非正式信息系统。如果内部的正式传播

渠道机构庞杂、层次繁多，上层管理者的信息往下传播时，每经过一个层次，信息就要受到该层次管理者的一次综合，并根据自己的理解再传播出去，这样不仅传播速度慢，而且每一次综合和理解都不能保证信息的完整性。

③ 客观传播障碍的存在。客观障碍主要有自然语言的障碍、学科专业知识的障碍、传播技术迅速更新造成的障碍等。自然语言的障碍包括外国语言、方言、专业术语形成的障碍；现代传播技术更新很快，来不及学习和掌握也会成为障碍。

5. 信息利用

信息管理中的信息利用过程，指的是对经筛选保留的信息进行分析和转换，实现信息活化，以便使用的过程。这里所说的“信息利用”也就是进一步激活信息，为己所用。在信息利用中，一般有以下四种不同的方式。

（1）先开发后利用

信息开发包括外延开发和内涵开发。外延开发是指对信息源和信息渠道的开拓和发掘，以便获取更多的信息；内涵开发是指对已经掌握的信息进行深度加工、重组、激活，以求发现这些信息新的社会功能。信息利用，其本质上也是一种开发，但只是针对信息内容的表层功能的开发。所以，信息利用应该在信息的内涵开发之后进行。

（2）从普遍联系的角度出发寻找可利用的信息

因为主观世界和客观世界的信息之间的联系是普遍的、多样的，信息的社会功能也是多样的，信息的范畴是可以不断地扩充的，当我们掌握某一信息时，就可以在与这一已知信息具有广泛联系的范围里寻找可以利用的新信息。

（3）从发展的角度出发寻找可利用的信息

客观世界不仅是普遍联系的，而且是发展变化的，客观事物的表征信息也是发展变化的。用发展的眼光看待已经获取的信息，根据信息发展变化的规律或趋势来推测可能出现的若干信息，并从中选择对自己有用的信息，为管理工作服务。

（4）从否定之否定的角度出发寻找可利用的信息

事物不仅是发展变化的，而且在一定条件下会向它的反面转化，是一个否定之否定的过程。从与已知信息相反的方向来思考已经获得的信息，也可以寻找到对自己有用的信息。古人云：“贵上级则反贱，贱下级则反贵。”说的就是这个意思。

6. 信息反馈

信息反馈是将利用信息之后得到的结果（反馈信息）与利用该信息前对结果的预测相比较，以期获得该信息利用效果的结论，借以指导下一次信息利用的过程。

（1）信息反馈的作用

① 信息反馈是不断提高企业信息管理水平的基础。反馈信息既是上一管理过程的终结，又是下一管理过程的开始，它可以使信息管理者了解信息的使用情况，以便对原有的信息管理方案做出相应调整。企业信息管理工作的水平，正是在以信息反馈为前提实现一次次良性循环的过程中得以提高的。

② 信息反馈是优化企业管理者决策的条件。信息反馈在管理决策过程中起着调节作用。决策前，反馈信息制约着决策活动的方向、时间和要求，可使管理者明确各种决策的相对重

要程度。决策过程中，反馈信息可增加决策的有效程度，赢得决策受控对象的充分理解、认同和支持。企业的内外部环境是一个不断变化的动态过程，企业管理者在决策过程中要了解不断运动和变化着的客观实际情况，通过一定的反馈信息，消除不确定因素，对决策方案适时进行修改和调整，使决策更为完善和科学。

③ 信息反馈是企业实施有效控制的前提。控制是管理的重要职能，没有控制的管理，是不完全的管理，是很难实现企业的经营目标的。要实现有效控制，就必须及时了解企业的实际工作情况与企业计划和目标有无偏离、偏离到何种程度及其发生偏离的原因，这就是反馈信息，也只有在获得这些反馈信息后，才能采取针对性措施纠正偏差。

此外，企业内员工之间和各部门之间，企业外与各兄弟企业之间的协调问题，只有利用反馈信息才能解决。

（2）信息反馈的要求

信息反馈是一个不断变动的过程，须符合以下三个方面的要求。

① 反馈信息真实准确。反馈信息不真实、不准确，会造成控制决策的错误。这里不仅是指信息内容是否真实有效，而且是指能否正确识别反馈信息。多种原因造成的信息传播失真和反馈渠道中产生的信息都不能当作反馈信息，把这些信息作为反馈信息来使用，同样会导致决策的失误。另外，反馈信息表述得不准确、不完整、不简明，或者在传递过程中受到干扰，产生信息失真，也会影响基于反馈信息做出的决策。

② 信息传递迅速及时。企业总是在不停地运转着，环境也在发生着不断的变化，反馈信息传递迟缓，企业管理控制的实施就会被延误，使管理工作中的问题得不到及时纠正，给工作造成损失。因此，需要尽量缩短反馈信息的传输通道，准确把握控制过程的信息反馈途径，并且要有明确、对路的反馈信息信源。

③ 控制措施适当有效。许多信息管理著作谈及信息反馈的要求时，都说要“真实、准确、及时、简明”，其实这只是对反馈信息的要求。可是，反馈信息本身并不会表示出应该如何控制。同样一个反馈信息，不同的管理者会提出不同的控制措施。有了合乎要求的反馈信息，不一定会有好的反馈控制，有效的控制取决于根据反馈信息所制定的控制措施。

复习小结

管理环境是指存在于一个组织外部和内部的影响组织业绩的各种力量和条件因素的总和，既包括外部环境，又包括内部环境。外部环境又可分为一般环境和任务环境，一般环境是指某一特定社会中对所有组织都发生影响的环境因素；任务环境是指与特定组织直接发生联系的一些环境因素。内部环境包括组织文化与经营条件。组织与环境的关系表现为两个方面：环境对组织的影响，即环境对组织的决定和制约作用；组织对环境的作用。环境分析的方法有环境分析矩阵、波特模型和SWOT分析法等。环境分析一般按确定主题、初步情况分析、收集各种资料、资料整理和环境预测的程序进行。

信息是事物之间相互联系、相互作用的状态的描述。只有当事物之间相互联系、相互作用时，才有信息。企业信息的特征有经济性、波动性、时效性、连续性等特征。信息在管理工作中有重要的作用：信息是管理者认知管理对象的媒介，信息的流动是管理企业经营的基本手段。信息管理过程可以分为信息采集、信息加工、信息存储、信息传播、信息利用、信息反馈等六个环节。

案例分析

柯达、富士与乐凯之争

柯达是中国目前最大的彩色冲印服务商，它已在中国投入 12 亿美元，开设了 7 000 家快速彩色冲印加盟店，其中包括 1 000 家数码店。如今，他们计划把 70%的研发费用投入到数码领域，目标是平均每一万人拥有一家柯达快速彩色冲印店。

柯达认为自己是数码影像领域的真正领跑者。理由是柯达在品牌、营销网络、人才网络和电子影像技术 4 个方面都具备其他厂商不能比拟的优势。柯达在中国有 7 000 多家加盟店，而富士可能连 3 000 家都不到，基本上每一个中国大城市都有柯达自己的团队和分销网络，柯达掌握着 50%以上的电子影像核心技术。

富士也毫不示弱，宣布将投资 5 000 万元人民币，在 2003 年底开设 1 000 家数码激光冲印店并加强广告宣传攻势。据富士透露，柯达在北京开第一家数码冲印店时，富士已经有了 6 家数码激光点，卖出去了 10 台数码冲扩机，买主甚至包括柯达原来的加盟商。富士引以为豪的正是它自己生产的数码冲扩机。它为这种机器取名为“魔术手”。目前“魔术手”在中国已售出 300 多台，在全世界则卖出逾 6 000 台。富士特别提到，柯达自己并不生产数码冲印设备，它使用的是日本的“诺日士”冲扩机。

乐凯和柯达、富士比起来处于弱势。乐凯承认自己做的是低端产品。目前在国内市场有 20%的占有率，是在低于柯达售价 20%的情况下取得的。从 1999 年销售数据来看，乐凯销售额不到 1 亿美元，而柯达是 140.89 亿美元，柯达当年研发费用达 8.17 亿美元，乐凯则不足 1 000 万美元；乐凯的市场拓展人员 200 多人，不及柯达在中国的 1/4。中国加入 WTO 之后，对乐凯威胁最大的是专利。富士、柯达在国外银盐感光材料和数码领域申请了上万件专利，而乐凯仅有 9 件专利。（资料来源：www.cec.globalsources.com）

思考题：

1. 乐凯面临的管理环境如何？
2. 处于弱势的乐凯应该怎样进入数码领域？

练习题

一、名词解释

1. 管理环境
2. 一般环境
3. 任务环境
4. 信息管理

二、选择

1. 下列哪项不属于一般环境的内容（　　）。

A. 经济　　B. 法律

C. 资源供应商　　D. 科技

2. 组织文化包含哪些内容（　　）。

A. 价值观念　　B. 组织哲学

C. 组织目标　　D. 组织制度

3. 有效信息的特征有（　　）。

A. 高质量　　B. 及时

C. 完全　　D. 完整

4. 信息加工的程序有（　　）。

A. 鉴别　　B. 筛选

C. 排序　　D. 编写

三、判断

1. 组织过分依赖于一个强有力的供应商，则组织将处于不利的境地。（　　）

2. 分析矩阵、SWOT 分析法和波特模型都是环境分析的方法。（　　）

3. 信息评估的关键在于对信息的收益和获取成本进行预先的估计。（　　）

4. 信息的流动不属于管理企业经营的基本手段。（　　）

四、简答

1. 组织与环境的相互关系是什么？

2. 一般环境、任务环境和内部环境因素有哪些？

3. 信息在管理工作中有何作用？

五、论述

管理环境的特征和波特模型的内涵是什么？

参考文献

[1]（美）斯蒂芬·罗宾斯．管理学．北京：中国人民大学出版社，1997

[2]（美）彼得·德鲁克．管理：任务、责任、实践．北京：社会科学出版社，1987

[3]（美）理查德·L．达夫特．组织理论与设计．北京：清华大学出版社，2003

[4] 詹姆斯，哈林顿．业务流程改进．北京：中国财政经济出版社，2002

[5]（美）迈克尔·马奎特．创建学习型组织的要素．北京：机械工业出版社，2003

[6] 芮明杰．管理学——现代的观点．上海：上海人民出版社，1999

[7] 陈树文．组织管理学．大连：大连理工大学出版社，2005

[8] 成刚．组织与管理原理．上海：上海人民出版社，2002

[9] 刘志坚，徐北妮．管理学——原理与案例．广州：华南理工大学出版社，2003

[10] 任浩．现代企业组织设计．北京：清华大学出版社，2005

[11] 吴志消．管理学基础．北京：机械工业出版社，2003
[12] 韦克难．组织行为学．成都：四川人民出版社，2003
[13] 向海层，由建勋，杨炎坤．企业管理．北京：高等教育出版社，2003
[14] 徐晓黎．管理学原理．重庆：重庆大学出版社，2003
[15] 赵忠令，胡月星．现代领导心理．北京：中国社会科学出版社，2003

网络资源

1. 中国管理学网：http://www.cnglx.cn
2. 北京大学光华管理：http://www.gsm.pku.edu.cn
3. 复旦大学管理学院：http://www.fdsm.fudan.edu.cn
4. 北京企业管理研究所：http://www.bjqiyansuo.com

习题答案

一、名词解释

1. 管理环境，是指可能对组织行为和组织经营管理活动产生直接或间接影响的所有内、外部因素的总和，包括组织外部环境和内部环境。

2. 一般环境，又称宏观环境，是在一定时空内存在于社会中的各类组织均会面对的环境。

3. 任务环境，又称特殊环境，是指对某一特定组织的组织目标的实现产生直接影响的外部环境因素。

4. 信息管理是人类为了实现确定的目标，对信息进行的采集、加工、存储、传播和利用，对信息活动各要素（信息、人、机器、机构等）进行合理的计划、组织、指挥和控制，以实现信息及有关资源的合理配置，从而有效地满足组织自身和社会信息需求的全过程。

二、选择

1. C　2. ABCD　3. ABC　4. ABCD

三、判断

1. ✓　2. ✓　3. ✓　4. ×

四、简答

1.（1）环境对组织的影响：环境是组织赖以存在和发展的基础；环境影响组织内部的管理活动；环境影响和制约组织的效益水平。（2）组织对环境的适应和影响：组织对环境的影响或反作用有两种方式：一种是被动或消极地适应环境，另一种是主动并积极地适应环境。

2.（1）一般环境包括政治、经济、法律、技术、社会文化、自然条件等六个方面。（2）任务环境一般包括供应商、顾客、竞争对手、有关政府部门和社会组织等。（3）内部环境主要包括组织文化和经营条件两个大的内容。

3.（1）信息是管理者认知管理对象的媒介。（2）信息的流动是管理企业经营的基本手段。

五、论述（答案要点）

1. 管理环境的特征：

（1）管理环境是不断变化的；

（2）管理环境的差异性；

（3）管理环境的相关性；

（4）研究环境的目的性。

2. 波特模型

波特在五种竞争力量模型中，主要分析了行业或产业竞争的五种力量：

（1）行业内的现有竞争者；

（2）潜在进入者；

（3）替代品；

（4）顾客（买方）；

（5）供应商。

第四章 决　　策

【教学目标】

1. 明确决策的地位和作用；
2. 理解决策的基本概念、决策理论和决策过程；
3. 掌握决策基本方法并进行案例分析。

【教学重点】

1. 决策定义；
2. 决策理论；
3. 决策方法。

【教学难点】

1. 决策的原则与过程；
2. 决策理论；
3. 决策的方法。

【关键术语】

决策（decision-making）　　理性决策模型（rational decision-making model）

有限理性决策模型（Bounded rational decision-making model）

群体决策（group decision-making）　　头脑风暴法（Brainstorming）

哥顿法（Gordon Technique）　　德尔菲法（Delphi Technique）

【管理名言】

决策是管理的心脏，管理是由一系列决策组成的，管理就是决策。

——〔美〕赫伯特·亚历山大·西蒙

引导案例

大连中加海产品有限公司

大连中加海产品有限公司由大连海产品进出口贸易公司、大连经济技术开发公司和加拿大大洋食品有限公司三方共同投资兴办，每方各投资50万美元，合资年限为15年。第一届董事会选举西兹担任董事长，章文卿出任总经理。加拿大方面表示，不过高追求在华的利润，不参与该公司的直接管理，只要求该公司的产品优先供给加拿大市场，价格参照当年中国广交会成交价格执行。

该公司边建厂边投产，直到1989年5月初才完全建成。由于施工管理不尽完善，加上中国出现了比较严重的通货膨胀，致使工程造价大大超出预算指标。为此，投资三方必须各自再追加投资12.5万美元，以偿还章文卿单方面向中国银行申请的贷款。在此期间，该公司已向加拿大方面发运了两批成品小虾仁，都及时收到了货款。西兹的合作态度十分积极。5月中旬，西兹再次来到大连，参加了该公司落成剪彩仪式。在庆祝宴会上，合作三方都一致同意再各自追加投资12.5万美元，并愿意以友谊作为保证，但没有重新签定协议。6月下旬，该公司又向加拿大方面发运了第三批成品小虾仁，但迟迟没有得到货款。而且经多次催促，西兹仍然不肯把应追加的投资款汇来。

形势变得越来越严峻了。大连市工商局在10月份为本地区所有的合资企业发放验资证明。由于加拿大方面的投资没有全部到位，大连中加海产品有限公司的合资企业资格名不符实，营业执照已被收回。虽然该公司的生产还没有被勒令停止，但章总经理知道，这种局面不会维持多久的。必须立即采取果断措施扭转当前的局面。思来想去，他感到可能付诸实施的决策大概只有如下三种：

1. 把该公司转为中国国内的一般企业。但这样一来，该公司将不再享受合资企业的优惠待遇，职工工资水平降低3/4，占用土地不再免税等等。而且，中国方面参加投资的两家公司将承担归还所有贷款的责任，这会使该公司处于非常困难的境地。不仅如此，由于该公司地处大连市郊区，上下班十分不方便，公司职工很可能会因为工资降低而纷纷离去，其后果是不堪设想的。

2. 说服西兹把原有投资的50万美元股权，转让给第三国的一位投资者。如果西兹不肯追加投资，再拒绝这样做是没有道理的。日本方面曾经通过某些渠道表示对此很感兴趣，但条件比较苛刻。日本商人在大连地区已经与中国有关方面合资兴办了两家与该公司非常相似的海产品加工企业，派人直接参与管理。日本经理坚守岗位，表现出了他们对中国市场的务实态度，这无疑与北美或欧洲的一些商人的作法截然不同。如果日本人再加入大连中加海产品有限公司，则将形成很强大的支配力量，从长远的观点看，这很不利于大连地区海产品加工工业的发展。况且，日本方面一定也会提出由他们派人出任该公司总经理的要求。这是章总经理非常不愿意接受的条件。

3. 进一步争取西兹总裁的合作，设法让他尽快把追加投资款汇来。章总经理认为，西兹总裁是不应该中止与中国的合作的，起码应给予明确答复。

章总经理还没有最后拿定主意，但现实已经不允许他再拖延时间了。章总经理如何能作出正确有效的决策呢？管理实践中会遇到大量类似此案例中所面临的决策问题，如何做出一个科学正确的决策，需要有一定的决策理论、程序和方法的支持，学习完本章后，你就能掌握非常实用的决策的理论、程序和方法，解决管理实践中遇到的各种决策问题。

第一节　管理决策概论

决策是人类活动的主要内容之一。自古人类就以特有的决策能力来求得生存和发展。体现人类卓越决策才能的杰作比比皆是，世代生辉。中国古代的战略决策有：诸葛亮的“隆中对”而至三分天下；朱元璋采纳“广积粮、高筑墙、缓称王”的建议而建立王朝。战术决策有孙膑为田忌赛马献策而胜齐王等等。历史上很多决策活动是很有效的，其决策思想，以现代科学来分析也是很科学的。但是，这些决策在很大程度上是依靠决策者的智慧与经验，取决于他们的个人才能。虽然这些决策方法及决策思想有一定的普遍意义，对后人也有启发，但缺乏规范化，没有从科学规律上去总结，没有形成一套比较完整的、便于他人学习、掌握并能运用的理念与方法。一般认为这样的决策为经验决策。

通过人类的决策实践而形成的决策思想浩瀚而精深，亘古已有之。但是，后人对决策思想的系统归纳和研究却晚至20世纪初才开始。现代管理学家、经济学家、哲学家和心理学家们都在从不同的角度研究“决策”，使决策理论得到了极大的丰富，有些角度的决策理论已经形成了较为完善的体系。因此，有人说决策科学出现了。

决策从经验决策发展为科学决策，始于20世纪50年代。由于世界政治、军事、经济和科学技术发生了很大的变化，现代化社会化大生产和现代化科学技术的飞速发展，对“决策”提出了更高的要求，迫切要求经验决策向科学化决策的方向发展，迫切要求发展一种以决策活动为研究内容，以科学为基础的决策理论。

一、管理学中的决策理论学派

如何对组织活动进行统一管理的研究主要有两个学派：一个是决策理论学派，它继承了巴纳德的社会组织理论，着重研究为了达到既定目标所应采取的组织活动过程和方法；另一个是管理科学学派，主要运用数学的、统计的和计算机的方法研究在投资决策、生产、库存、运输等问题上各种制约因素的最佳组合问题。

决策理论学派是在第二次世界大战之后发展起来的一个新兴的管理学派。随着现代生产和科学技术的高度分化与高度综合，企业的规模越来越大，特别是跨国公司不断地发展，企业的外部环境发生了很大的变化，面临着更加动荡不安和难以预料的政治、经济、文化和社会环境。在这种情况下，对企业整体的活动进行统一管理就显得格外重要了。

决策理论学派的主要代表人物是曾获 1978 年度诺贝尔经济学奖的赫伯特·A·西蒙。西蒙虽然是决策理论学派的代表人物，但他的许多思想是从巴纳德的学说中汲取来的，他发展了巴纳德的社会系统学派，并提出了决策理论，建立了决策理论学派，形成了一门有关决策过程、准则、类型及方法的较为完整的理论体系，主要著作有《管理行为》《组织》《管理决策的新科学》等。其理论要点归纳如下。

（1）决策贯穿管理的全过程，决策是管理的核心。西蒙指出，组织中经理人员的重要职能就是做决策。他认为，任何作业开始之前都要先做决策，制定计划就是决策，组织、领导和控制也都离不开决策。

（2）系统阐述了决策原理。西蒙对决策的程序、准则、程序化决策和非程序化决策的异同及其决策技术等做了分析。西蒙提出决策过程包括4个阶段：情报活动阶段、方案设计阶段、方案抉择阶段、审查阶段。这4个阶段中的每一个阶段本身就是一个复杂的决策过程。

（3）在决策标准上，用“令人满意”的准则代替“最优化”准则。以往的管理学家往往把人看成是以“绝对的理性”为指导的、按最优化准则行动的理性人。西蒙认为事实上这是做不到的，应该用“管理人”假设代替“理性人”假设，“管理人”不考虑一切可能的复杂情况，只考虑与问题有关的情况，采用“令人满意”的决策准则，从而可以做出令人满意的决策。

（4）一个组织的决策根据其活动是否反复出现可分为程序化决策和非程序化决策。经常性活动的决策应程序化以降低决策过程的成本，只有非经常性的活动，才需要进行非程序化的决策。

（5）一个组织中集权和分权的问题是和决策过程联系在一起的，有关整个组织的决策必须是集权的，而由于组织内决策过程本身的性质及个人认识能力的有限，分权也是必需的。

决策理论学派给了我们如下两点启示：

（1）从管理职能的角度来说，决策理论学派提出了一条新的管理职能。针对管理过程理论的管理职能，西蒙提出决策是管理的职能，决策贯穿于组织活动的全部过程，进而提出了“管理的核心是决策”的命题，而传统的管理学派是把决策职能纳入到计划职能当中的。由于决策理论不仅适用于企业组织，而且适用于其他各种组织的管理，具有普遍的适用意义。因此，“决策是管理的职能”现在已得到管理学家的普遍承认。

（2）决策理论学派首次强调了管理行为执行前分析的必要性和重要性。在决策理论学派之前的管理理论，管理学家的研究重点集中在管理行为本身的研究中，而忽略了管理行为的分析，西蒙把管理行为分为“决策制定过程”和“决策执行过程”，并把对管理的研究的重点集中在“决策制定过程”的分析中。正如西蒙所指出的那样：“所有这类讨论，却都没有充分注意任何行动开始之前的抉择——关于要干什么事情的决定，而不是决定的执行……任何实践活动，无不包含着‘决策制定过程’和‘决策执行过程’。然而，管理理论既要研究后者也要研究前者这一点，却还没有得到普遍承认。”

决策理论学派尽管具有许多其他理论所不具备的优点，但仍存在以下缺陷：

（1）管理是一种复杂的社会现象，仅靠决策无法给管理者有效的指导，实用性不大。

孔茨曾经说：“尽管决策制定对管理是重要的，但在建立管理学全面理论上是一个太狭隘的重点，而如果将它的含义加以扩展的话，则它又是一个太宽广的重点。因为决策理论既可以应用于鲁宾逊所碰到的问题方面，也可以应用于美国钢铁公司的问题上。”

（2）决策理论学派没有把管理决策和人们的其他决策行为区别开来。

决策并非只存在于管理行为中，人们的日常活动中也普遍存在决策，如人们日常生活做事都需要决策，组织中非管理人员的活动也需要决策，但这些决策行为都不是管理行为。决策理论学派没有把管理决策和人们的其他决策行为区别开来，其根本原因是没有认识到管理的本质。

二、管理决策理论的发展历程

从管理决策发展的现状来看，存在着两个不同的研究方向。第一个研究方向是从理论上探讨人们在决策过程中的行为机理，这一方向又分为两个问题，即描述性决策分析与规范性决策分析。所谓描述性决策分析是研究人们实际上是按照什么准则、什么方式进行决策，这主要是决策心理学探讨的问题；规范性决策分析是研究人们应当按照什么准则、什么方式做决策才是合理的或理性的，期望效用理论就是这一方面研究的主要成果。决策分析第二个研究方向是对实际决策问题的研究，如将一些典型的具体问题模型化，以指导实际决策过程。这些实际问题涉及如新产品开发、新技术推广、企业战略、冲突决策、广告等许多方面。

20 世纪 60 年代以后，决策分析的领域逐步扩大。例如，多目标决策、群体决策、主从递阶决策、模糊决策、序贯决策（含马尔科夫决策）和决策支持系统等都被引入决策的研究范围。

进入 20 世纪 80 年代以来，随着计算机和信息、通信技术的发展，决策分析的研究也得到了极大的促进，并产生了计算机辅助决策这一新的研究方向。许多大型的决策优化问题在计算机的帮助下也能够解决了，复杂的群决策问题在计算机和通信技术的辅助下，在应用方面也取得了很大的进展；决策支持系统在信息系统的基础上增加了模型库和知识库，使得整个系统具有一定的人工智能功能，因此能够从一定程度上代替人们对一些常见的问题进行决策分析。

1982 年美国国家科学基金（The National Science Foundation, NSF）设立了决策与管理科学计划（The Decision and Management Science Program, DMS），为了继续将该项目深入进行下去，并更好地掌握项目研究的潜在科学价值，NSF 于 1984 年 4 月在德州大学达拉斯分校组织了一个专题讨论会，目的是发掘 DMS 的潜在研究课题，并向 NSF 提出建议。在会议的摘要报告（Little，1986 年）中，对 DMS 研究强调的一条重要原则是：对管理和运筹过程的理论和经验的再创造。这里的管理和运筹，应当是建立在实践经验的数学描述模型或者是以实践经验为基础的理论模型之上的。在报告中对 DMS 的研究任务强调：决策和管理的研究应当以与实际观察结果或经验结论保持一致为基础，并结合社会学、行为科学方面的成果，而决策和管理模型应当经过实际运作检验。NSF 的这一 DMS 计划标志着决策分析的研究进入了一个以实践性为特性的新时期。

20 世纪 80 年代以后的决策分析研究与 20 世纪 60～70 年代的研究的最大差别是，前者有了一定的实践经验基础,这些决策分析实践经验不仅对已有的决策理论进行了一定的检验，而且为研究者提供了新的思维空间和研究课题，丰富了决策分析研究的内容，促进了理论研究向深度发展，同时决策分析研究的应用性也得到了加强。这时的决策分析在研究方法上的一个变化是包含了行为科学和心理学的内容，试图从人类行为的根本上探讨决策行为的一般性规律。

从目前情况来看，近十几年来决策分析研究取得的比较重要的理论成果主要集中在选择理论（Choice Theory）方面。选择理论研究内容包括个人和群体的选择行为以及选择行为背后的价值偏好、判断、风险行为等。期望效用理论是规范决策分析中作为选择的主要理论基础和研究方法，但是人们在不断的决策实践中发现它的一些假设与实际情况不一致，因此，在许多决策分析问题中是无效的。典型的例子有两个：一是 Ellsberg 悖论；二是事前支付对决策行为的影响。所谓 Ellsberg 悖论讲的是这样一个事实：两个各装有 100 个小球的盒子，其中一个盒子装 50 个白球 50 个黑球，称为风险盒子 R；另一个盒子也装有白球和黑球，但不知道黑白球的具体数目，称为不确定盒子 A。现在设一个赌局：从盒子里抓一个球，如果是白球，赢；否则输。你是选择从 R 中抓球还是从 A 中抓球呢？大部分人是不确定厌恶型的，即从 R 中摸球，这意味着 A 中白球的概率 P（白球|A）<0.5；但是如果将赢球换成黑的，则意味着 P（黑球|A）<0.5，这时 P（白球|A）+P（黑球|A）<1。

Ellsberg 悖论说明了一个期望效用理论无法满足的事实，即决策者在决策过程中，主观概率的和不能保证为 1。目前，研究人员解决这个问题的主要思路是围绕如何从理论上和方法上对状态概率进行修正。Bordley（1990 年）从行为科学和决策分析两个方面对这一问题进行了系统的研究和总结，并建立了分析模型 SSB（Skew-Symmetric Bilinear Utility）。这个模型能够解释大部分效用理论与实际情况冲突的问题，如偏好的非传递性、行动选择相关性、支付的非支配性、非独立性、不确定态度的非中立性、参考点的影响等。在 SSB 模型中，期望效用理论的偏好结构只是一种特殊情况。

事前支付对决策的影响是任何一个决策者在实际情况中都会遇到的问题，如前一年亏损 100 万元的部门经理，来年的项目选择包括甲方案和乙方案，甲方案肯定得到 50 万元的利润，乙方案以 0.5 的概率得到 200 万元的利润、0.5 的概率亏损 50 万元，现在的问题是前一年的亏损是否影响以及如何影响来年的决策或者在股票市场上赚得了 100 万元的投资者，在后来的投资中其风险厌恶度是否发生变化。Thaler（1990 年）指出由于这种问题不满足主观概率期望效用理论（Subjective Expected Utility Theory）的所有支付都在当前决策中包含的假设，故不能用期望效用理论来研究和分析。Thaler 对这一问题的研究方法是：首先总结拓展通过观察建立起来的、不同的事前支付对于决策行为影响的假设，然后通过实验，模拟实际决策环境下的群体行为来检验和修正假设。Thaler 得出的结论是事前收益和损失对于决策者有着不同的影响：收益往往使决策者更能够接受具有风险的选择，而损失使决策者更钟情于能够挽回损失的选择；事前支付大小的不同对决策行为也有影响。Thaler 还研究了有事前支付的决策行为的过程，即决策者对于事前支付和随后的决策是分开考虑还是将两者视为整体考虑的问题，并用事态体理论（Prospect Theory）表达有事前支付的决策选择行为。事态体理论与期望效用理论的差别在于价值函数代替了效用函数、决策权重（Decision Weights，Hogarthand Einhorn，1990 年）代替了主观概率（Kahnemanand Tversky，1979 年），后面的内容中将对其进行介绍。

目前在风险研究领域中一个重要发展方向是关于风险-收益模型（Risk-Return Models）的研究。我们知道在一个同时包含风险和收益的决策问题中，如马尔可夫证券组合决策问题，将收益和风险同时考虑进行决策的难度，现在还没有一个一般的通用准则帮助决策者在非被支配方案间进行选择，而风险—收益模型是将风险和收益表示在一个函数中。因此如果用这一模型进行决策，马尔可夫证券模型将变为一个单目标决策问题。

目前，关于决策分析主要困扰人们的问题是决策复杂性的处理和研究。这里的复杂性（Complexity）是指实际决策背景往往比决策分析模型要复杂。复杂性的研究主要是分析其从哪些方面影响决策过程和决策模型，以及决策过程和模型在哪些方面不能满足实际决策问题的复杂性要求。从概念上来说，决策复杂性可以分为规范复杂性、描述复杂性和沟通复杂性。规范和描述复杂性与决策分析中的规范性研究和描述性研究相对应，而沟通复杂性是指在决策分析研究中存在的学科交叉问题。近年来，对经典报童模型的深入探讨，如对两产品报童模型问题的研究，价格、成本均可变的情况下报童的决策行为，就是复杂性的报童模型。

未来的发展，首先是建立决策公理化体系，如决策及其定义、知识和理论方法的公理化建设等。其次，多目标规划理论（向量极值）已深入到一般偏序和无限维目标的抽象空间中，新的更实用的决策模式与方法将兴起；把计算机专家系统和多目标决策结合起来，即研究具有自动决策支持功能的专家系统、计算机支持合作工作（Computer Supported Cooperative Work，CSCW）的研究与应用也将逐渐开展起来；多目标动态决策、时序决策、信息不对称决策、风险（不确定性）决策和非线性决策等问题的研究也将迅速发展起来。

另外，随着熵与混沌理论、合理预期学说、心理行为科学、认知科学、经济学等在决策理论中的渗透和支持决策者对半结构化和非结构化问题做有效决策的决策支持系统的发展，决策科学将被更广泛地应用到国民经济各个领域，如金融市场的风险分析、社会福利（保险）和社会选择问题的决策分析、高科技和统计决策风险分析等。所以，21世纪将是管理决策与相关学科间的积极交流、配合的新时期，管理决策也将因此发展成为一个具有庞大分支、广泛实用的崭新学科。

三、管理决策研究新进展

管理决策作为一门交叉学科，与经济学、管理学的发展密切相关。20世纪中后期以来，随着西方（现代）经济理论的演变，出现了一个十分引人注目的现象，即经济研究的领域与范畴逐渐超出了传统经济学的视阈，作为主流经济学的新古典经济学假设与分析方法日益受到质疑和挑战，经济分析的对象几乎延伸到所有的人类行为。经济学与其他学科的交流和相互渗透得以拓展和加深，经济学的大家族中又派生出许多交叉学科和边缘学派，如心理经济学、地理经济学、新经济史学、混沌经济学、不确定性经济学、信息经济学、行为经济学、实验经济学等。这些研究成果促使管理决策研究取得了新的进展。

实验经济学在个体决策与偏好研究领域内的诸多发现，如同结果效应、同比率效应、偏好颠倒、非贝叶斯规则等，无疑对以预期效用模型为核心的现代决策理论和理性偏好思想形成了巨大冲击，更进一步说，其对经济学中的诸多理论命题、研究领域，乃至整个现代经济学的挑战都是极为严峻的。在这样的挑战面前，来自经济学界的本能是，放松个体决策与偏好的有关公理化假定，试图在技术上对预期效用模型进行修正或改进。但从总体上说，这些修正模型并不十分令人满意：首先，对某些公理化假定的放松或进行技术上的修补，只是让现象适应理论，而不能使理论解释现象；其次，这些理论模型在诸多实验面前往往顾此失彼或相互矛盾，至少到目前为止，尚未诞生一个能够完全符合偏好颠倒现象的预期效用模型（事实上很难做到，因为该现象几乎违背了预期效用模型的所有公理化假定）；第三，这些模型本身在进一步的实验面前也经受不住验证，譬如马琴那模型中的“扇形假定”就在卡麦罗（Camerer，1989）和康利斯克（Conlisk，1989）等人的实验中得不到证实。

实际上，放弃预期效用模型也就意味着放弃经济学的传统思维，实验经济学本身就是意味着放弃经济学的传统思维，其学科价值不仅体现在实验方法的运用及对传统理论的验证上，而且体现在对人类经济行为规律的探究上——不是假定，而是探究。卡涅曼、特维斯基等人提出的前景理论及其构架效应，在一定程度上为个体决策与偏好方面“扑朔迷离”的实验结果提供了合适解释，故至少在目前看是对预期效用理论的某种替代。该理论及相关观点给我们的启发是：一方面，从信息加工角度可以揭示个体偏好中的基本特征，该特征既不是公理化假定中的绝对理性，也不是非理性，可能将其视为西蒙所称的“有限理性”（Bounded Rationality）或萨勒所称的“准理性”（Quasi Rationality）较为恰当；另一方面，实验技术及心理学原理的运用，可能对经济学在行为研究层面上的发展与深化大有裨益，乃至引发一场“革命”，当然这还需要很长一段历程（其实，颇富心理学色彩的效用、预期等概念早就踏入经济学阵营，并成为基础性和操作性范畴，但从未被赋予实证内涵）。

2002年10月9日下午，瑞典皇家科学院宣布，将2002年诺贝尔经济学奖授予两位美国学者丹尼尔·卡纳曼和弗农·史密斯，以表彰他们在与人类行为相关的心理分析应用和实验经济学研究方面所做的开创性工作。

这两位获奖者就是利用心理学和经验科学的方法对传统的经济学研究提出了大胆创新，修改了传统的经济学基本假设，开创了行为经济学、实验经济学等经济研究新领域。如今，两位获奖者的研究成果也在互相渗透和融合。波士顿大学经济学教授威布尔评论说："现在，经济学家们往往在实验室里应用史密斯的实验方法来测试卡纳曼的有关决策理论"。经过半个多世纪的发展，实验经济学对经济学和管理决策的研究产生了日益广泛的影响，虽然实验方法并不可能取代实地观察和研究，但正如普劳特所指出的那样："应用于实地研究的理论和模型必须包括许多对假设、参数和行为的判断。在实验室研究的简单情况可以为我们提供评估这些判断之重要性的数据，经济学是少数几个幸运的学科之一，可以同时在实地现场和实验室加以分析研究。"

值得强调的是，实验经济学的影响力并不局限于经济学本身，其基本方法已经被管理学家、政治学家、法学家和其他社会科学家所借鉴，如政治学家广泛使用实验手段研究国际关系、竞选与选举、委员会与投票、公共政策、法律决策等。实验经济学的三大研究基地亚利桑那大学、加州理工学院和德国波恩大学吸引了许多有志于实验经济学研究的学者，目前这一研究潮流正在日益扩展。

可以预测的是，心理分析在管理决策中的应用和实验经济学必将成为中国一部分经济学者和其他社会科学工作者的研究对象和分析工具，也将对中国的经济学教育和基础理论研究产生不可忽略的促进作用和影响，这将在很大程度上丰富我们对人类经济行为的认识与分析，同时也更加接近于真实的经济人理念。

四、管理决策的概念

管理决策是管理主体针对管理中的问题，制定解决问题的各种可行方案，选择最佳方案并实施的全部活动过程。

1. 管理决策的内涵

（1）管理决策是管理主体的全部活动的重要组成部分。管理决策为未来实践活动选择最佳行动方案，因而它是管理主体最重要的活动内容。

（2）管理决策的主体包括企业管理各个层次的管理者。各层次的管理者在各自的职权范围内做出相应的决策，形成了决策的层次性。可见，管理决策并不是最高层管理者的独有职责。

（3）管理决策针对的问题不仅包括管理问题，而且包括生产经营问题。为解决管理问题和生产经营问题确定最好方案是管理者义不容辞的职责。管理活动与生产经营活动是密不可分的，不能设想企业管理主体实施计划、组织、指挥、协调和控制的对象只包括管理活动而不包括经营活动。不能为管理而管理，管理决策不能只为管理而决策。

2. 管理决策在管理中的作用

管理决策的重要作用已受到管理学家们的重视，并逐渐被企业经理们所认识。美国的西蒙教授认为决策贯彻管理的全过程，管理就是决策；组织是由作为决策者的个人所组成的系统。管理决策在管理中的作用主要体现在以下几个方面：

（1）管理决策是管理者实施管理职能的核心工作。管理的计划、组织、指挥、协调和控制等职能活动的中心工作就是进行各种各样的决策。美国学者孔茨认为“拟定决策，即从行为过程的各个抉择方案中作出选择，是计划工作的核心。只有拟定了决策，即对资源、方针和信誉承担了义务，才能说有了计划。”其实，管理决策不仅仅是计划的核心，而且也是其他管理职能工作的中心任务。在实施组织职能时，机构设置、人员配备、权责划分等都是需要决策的重大问题；在指挥职能中，怎样使人力、财力和物力按照预期的目标有效地运转起来，需要大量的决策。如建立什么模式的行政指挥体系、资源的调配、领导方式以及人员激励等决策；在履行监督和调节职能时，建立信息反馈系统、建立调节监督制度、对监督结果的处理等等，都需要管理者作出科学合理的决策。在一定程度上可以说，管理职能活动是由一系列的决策构成的。

（2）管理决策是组织合理配置资源并使之产生最大的运转效益、协调组织中各部门活动、调动组织中人员积极性、增强组织凝聚力的重要纽带和保证。管理决策明确了一个组织的目标、发展方针、配合行动要求等，因而使各部门的思想和行动能够有效地协调起来，减少资源的浪费。行为科学的研究成果表明，树立适当的具有挑战性的目标，是激励被管理者积极性的一种创造性方法。

（3）管理决策是组织生产经营活动，并取得最大经济效益的总指导。企业的生产经营活动范围广、竞争性强，无论是生产经营目标、生产经营计划、生产和购销方式与策略、生产经营库存等，还是具体的市场实战，都离不开管理决策，都必须以管理决策为统一指导。否则，在争取市场，应付和主动竞争方面，容易各自为政，分散力量，甚至内部互相冲突，造成严重的内耗。

（4）管理决策是管理者必须具备的基本功能，是检验组织领导水平的根本标志。管理者的能力大小，不仅要看他日常事务管理的表现，更要看他的管理决策能力。可以说，组织内各个部门所有的行为活动都从决策中产生。因此，对管理者决策能力的评价，不仅看他个人的表现，而且要看他所管辖的企业和部门的表现和成绩。

（5）管理决策是决定企业成败的关键因素。在当代社会经济生活中，企业面临的外部环境变化剧烈，企业的生存和发展并不完全取决于经营活动本身，而在更大程度上取决于决策的正确性。决策失败的损失是惨重的，而且在短期内是无法挽回的。

五、管理决策的类型和特征

1．管理决策的类型

（1）按决策的层次分为战略决策和战术决策。

（2）按决策的目标分为单目标决策和多目标决策。

（3）按决策的动态性分为静态决策和动态决策。

（4）按决策的程序分为程序化决策和非程序化决策。

（5）按决策的自然状态分为以下四个决策类型：

① 确定型决策：未来环境完全可预测，人们知道将来会发生什么情况，可以获得精确、可靠的数据作为决策依据。

② 风险型决策：未来环境有几种可能的状态和相应后果，人们得不到充分可靠的有关未来环境的信息，但可以预测每种状态和后果出现的概率。

③ 不确定型决策：未来环境出现某种状态的概率难以估计，甚至连可能出现的状态和相应的后果都不知道，如开发尚未经过用户考验的全新产品往往属于这种环境。

（6）按参与决策主体多少分为单主体决策和多主体决策（群决策）。

（7）按决策的层级分为高层决策、中层决策、基层决策和主从递阶复合决策。

2．决策类型之间的关系

图 4-1 所示为图中所示各类决策之间的关联，越是符合"理性"原则的决策也越有可能应用程序化决策技术，完全依靠直觉判断的决策必然是非程式化决策。关于纯"程式化"、"理性化"或纯"非程式化"、"非理性化"决策的观点、学派都曾有过。20 世纪四五十年代"决策分析"发展初期，许多文献热衷于通过数学模型寻求最优化决策，完全摒弃个人的主观因素。在现实世界中，极端的两种情况都是很少的，绝大多数都处在中间。程式化程度和理性化程度都用同一横坐标表示，纵坐标则表示不确定性程度。这样，各类人员的决策都可在此平面中找到合适的位置。专业人员的决策，相对来说问题的不确定程度并不太强，但在很大程度上依靠直觉思维、经验判断，可归于图 4-3 中的Ⅲ、Ⅳ区域之内；车间管理人员、计划人员或管理工程师则可运用管理科学技术解决一些存储、生产计划调度中的一些决策问题，厂级领导面临内外环境的不确定程度较强，管理决策问题涉及面广、错综复杂，应归于 I 区域内；至于公共决策，不确定程度更强，它涉及更多的社会政治因素，需要靠直觉判断，也有些不确定程度强的问题可用一些程式化的技术和理性准则去决策，如有关城市交通控制问题就可利用仿真技术帮助作出抉择，处于区域Ⅱ内。

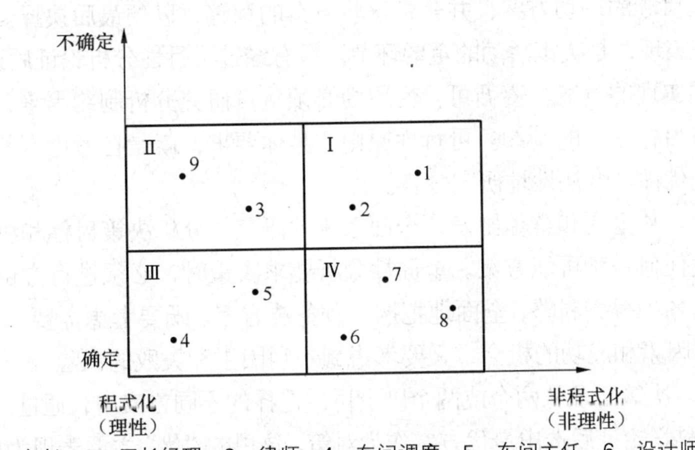

1．市长　2．厂长经理　3．律师　4．车间调度　5．车间主任　6．设计师

7．审计师　8．教授　9．导弹发射指挥长

图 4-1　各类决策关联图

六、管理决策的一般原则

决策原则是指决策必须遵循的指导原理和行为准则。它是科学决策指导思想的反映，也是决策实践经验的概括。领导决策过程中所需要遵循的具体原则是多种多样的，如决策过程中的悲观原则、乐观原则、遗憾原则等等。但是，就管理决策的基本原则而言，一般主要有经济性、系统性、预测性、可行性、灵活性、民主性、科学性等原则。

1．经济性原则

经济性原则，就是研究经济决策所付出的成本和取得收益的关系，研究投入与产出的关系。领导决策必须以经济效益为中心，并且要把经济效益同社会效益结合起来，以较小的劳动消耗和物资消耗取得最大的成果。如果一项决策所付出的代价大于所得，那么这项决策是不经济的、不科学的。

2．系统性原则

系统性原则，也称为整体性原则，它要求把决策对象视为一个系统，以系统整体目标的优化为准绳，协调系统中各分系统的相互关系，使系统完整、平衡。因此，在决策时，应该将各个小系统的特性放到大系统的整体中去权衡，以整体系统的总目标来协调各个小系统的目标。

3．预测性原则

预测是决策的前提和依据。预测是由过去和现在的已知，运用各种知识和科学手段来推知未来的未知。科学决策，必须用科学的预见来克服没有科学根据的主观臆测，防止盲目决策。决策的正确与否，取决于对未来结果的判断是否正确及正确程度。不知道行动后果如何，常常造成决策失误，所以领导决策必须遵循预测性原则。

4．可行性原则

可行性原则的基本要求是以辩证唯物主义为指导思想，运用自然科学和社会科学的手段，寻找能达到决策目标的一切方案，并分析这些方案的利弊，以便最后抉择。可行性分析是可行性原则的外在表现，是决策活动的重要环节。只有经过可行性分析论证后选定的决策方案，才是有较大把握实现的方案。遵循可行性原则必须认真研究分析制约因素，包括自然条件的制约和决策本身目标系统的制约。可行性原则的具体要求，就是在考虑制约因素的基础上，进行全面性、选优性、合法性地研究分析。

（1）全面性。从全局和整体出发，全面系统地研究、分析决策目标和决策方案，力求完整无缺，不放过任何一种可能方案。全面性分析要求决策时，必须进行方位思考和比较，全面地考虑和权衡各种得失利弊，全面地把握各种备选方案。既要考虑需要，又要考虑可行性；既要考虑到有利因素和成功的机会，又要考虑到不利因素和失败的风险。

（2）选优性。决策必须从两个或两个以上可供选择的不同方案中，通过广泛调查，反复对比和全面分析，科学论证后选出最优方案作为对策。这里的“优”主要表现为效益大和效率高。

（3）合法性。任何决策总是在一定复杂的社会关系中进行的，必须具有法律上的可行性。决策的内容要符合现行的法律法规，并且决策要经过一定的组织程序，有合法的审批手续。

5．方向性原则

决策必须具有清晰的、实际的和具体的方向目标，并且这个方向目标应该具有相对的稳定性，一经确定下来，不宜轻易改动。

6．信息性原则

决策是靠信息来制定的，信息是决策的基础，信息的质量决定着决策的质量。科学决策所要求的信息必须是准确、及时、适用的。进行决策必须广泛收集与之有关的、全面的、系统的信息资料，然后进行归纳、整理、分析、加工，从而为正确的决策提供基本的条件。当今社会正向信息社会发展，信息在决策中的地位越来越重要，这就要求决策者在决策时，一定要重视信息性原则。

7. 民主性原则

决策的民主性原则，是指决策者要充分发扬民主作风，调动决策参与者甚至决策执行者的积极性和创造性，共同参与决策活动，并善于集中和依靠集体的智慧与力量进行决策。

8. 科学性原则

科学性原则是一系列决策原则的综合体现。现代化大生产和现代化科学技术，特别是信息论、系统论、控制论的兴起，为决策从依靠经验发展到依靠科学创造了条件，领导者的决策活动发生了质的飞跃。当今领导者必须加强学习现代管理知识，遵循科学性原则，才能进行科学的决策。决策科学性的基本要求有以下四个方面。

（1）决策思想科学化。领导者是否按照科学思想进行决策，决定着决策是否具有科学化，科学的决策思想要求决策有合理的决策标准、系统的决策观念、差异性的思维逻辑、民主的决策风格。一个令人满意的决策标准所要求的是：

① 决策目标的实现有助于改善系统内某些方面的状况，而不损害整体利益；

② 领导者对实现决策目标的主客观条件已做了充分的分析与利用；

③ 领导者最后决定选用的决策方案是最优的。

差异性思维逻辑要求领导者对于不同类型的决策选用不同的逻辑去思考。确定型决策要求决策者在决策前先做探索性实验，将主观概率同客观概率相结合，以减少决策的不确定性因素；风险型决策要求决策者敢于承担风险，同时又要尽可能地将风险降到最低限度，要求准备好备用方案，以便不测事件发生时随机应变。

（2）决策程序科学化。如前面所述，决策要解决问题，科学的决策应该遵循一套科学的程序。执行程序的态度和方法是否科学，很大程度上影响着决策方案质量的高低。决策程序化的直接目的是使决策行为规范化、条理化，在此基础上，才能提高决策效能，收到预期效果。

（3）决策方法科学化。现代决策已经形成了两类相互区别、相互补充的科学决策方法，即“软”技术和“硬”技术。前者是指依靠大量专家的知识、经验、智慧，运用社会学、心理学的理论，作出科学判断的定性分析方法；后者是指借助于运筹学、系统分析和电子计算机的知识，通过数理分析来进行判断的定量分析方法。领导者在决策时，应该将两种方法结合起来，即把发挥专家的经验与智慧同运用数学模型进行系统分析结合起来，结合实际，探索出一套科学而适用的决策方法。

（4）决策体制科学化。现代决策体制在宏观上的完整结构，一般由五大系统所组成，即决策系统、智囊系统、信息系统、执行系统和监督系统。决策系统是决策体制的核心，由负有决策责任的决策者所组成，只有它才有权就一定范围内的有关问题作出决策。智囊系统是专门为领导决策服务的研究咨询系统，是广泛开发智力、协助决策系统决策的组织形式，一般由各种不同专业的自然科学专家和社会科学专家组成。其主要任务是对接受的某项决策进行咨询，采用现代运筹与预测方法，利用信息系统提供的数据资料，对决策问题从不同角度、不同侧面进行系统研究。信息系统是设立在各级决策系统周围，专门搜集、统计、储存、检索、传布、显示有关情报资料信息的组织机构。它一般有四个基本环节，即信息的获取、处理、储存和传输。决策的每个步骤和环节都离不开信息系统。整个决策过程可以说是信息输入、转换和输出的过程。执行系统是指执行决策系统的各项决策指令并付诸实施。它是一个从低级到高级保证决策正确逐步实施的系统。监督系统是对执行系统贯彻执行决策系统的指令情况进行各方面的检查监督，并帮助决策系统实现自我调节，以保证指令顺利贯彻执行和决策目标的顺利实现。由这五大系统建立起来的决策体制能够保证领导决策信息广泛、咨询充分、执行分散、决策集中、监督独立、反馈及时，从而有利于实现决策的民主化和科学化。

科学性原则的四个方面是互相联系、不可分割、缺一不可的。只有树立科学的决策思想，遵循科学的决策程序，运用科学的决策方法，建立科学的决策体制，整个决策才可能是科学的；否则，就不能称为科学决策。

所有这些原则都是指导决策活动的基本的原则，而不是决策过程中某个环节或个别决策类型的具体原则。领导者只有认真掌握这些原则的基本精神，并紧密联系工作实际，才能不断提高决策水平。

第二节　管理决策过程论

一、管理决策的基本过程

管理问题层出不穷，浩如烟海，管理者只能结合自己的能力选择相适应的问题进行决策。按照西蒙的理论，管理决策概括为四项活动六个步骤，每个步骤都可能是向前一个或前几个步骤反馈的循环过程。管理决策的基本过程分为四项活动：情报活动、设计活动、选择活动、评审活动。将这些活动再分为问题识别（发现问题）、问题定义（确定目标和搜集资料）、制定方案、评估和优选方案、贯彻实施、反馈及控制等六个阶段（见图 4-2）。这种划分是相对的，既可简化步骤，也可具体细分，有的分三大步骤，有的分八个阶段，但其逻辑顺序和科学要求基本是一致的。

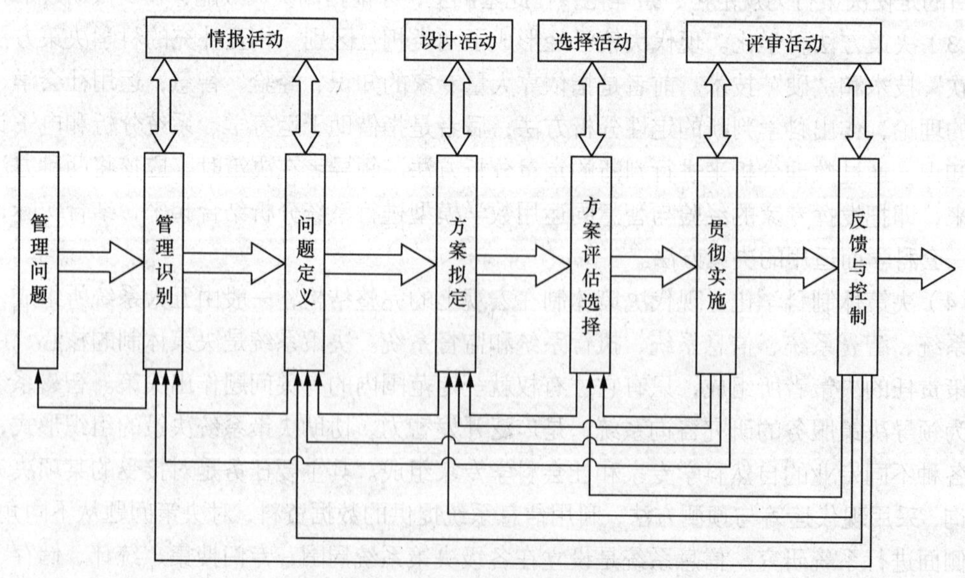

图 4-2　管理决策的基本过程

1. 情报活动

情报活动主要解决“做什么”的问题，是审时度势、选择决策主题和时机的阶段。决策者在决策过程中首先要分辨在什么情况下需作出什么决策。这要求决策者发现问题，抓住机遇，避免和克服危机。危机、问题和机遇这三个概念既有联系又有区别，按照明茨伯格（H. Mintzberg）的说法，危机指由某种突然事件触发的需紧急处理的情况；问题则是在受到一连串的事件激发以后，许多原来模糊的信息构成某种明朗的矛盾状况；而机遇则常由某种思想或某一事件（非危机）所激发。

环境在不断变化，对新的情况作出反应是不容易的。有人能敏锐地发现机遇，觉察险阻，识别狂风于“青苹之末”，及时作出判断和决策，有人则熟视无睹，坐失良机，或待别人利用此机会获得成功后而“亡羊补牢”。

一个人只能在某一时刻集中注意某个问题，很难同时注意所有的情况。例如，军事组织设立情报部门，帮助指挥机关把握作出决策的时机；企业的研发部门最重要的工作往往不在于研制新产品，而是了解国内外同类产品的最新发展动态，提供发展新产品的情报；政府的战略及规划部门（政策研究部门）则主要是了解和分析系统内部和环境的态势并作出判断，提供战略政策的建议。

选择什么决策主题取决于决策者的偏好、信念、价值观和道德观念。有些企业领导者着重于长期发展实力，而有些则强调短期的效益。决策科学研究不可能改变决策者的信念或价值观，但可以促使所选择的决策主题，确切地反映决策者的信念和价值观。

（1）管理决策问题识别。一般地，管理决策问题没有明确的规定，具有含糊性，需要去识别。而管理决策问题的识别需要有敏锐的洞察力，无常规方法，是一种灵活的研究艺术。管理问题的识别就是要透过管理问题的表面现象，分析其主要特性和本质。管理问题的识别需将研究的目的、性质、根据和条件结合考虑，即将社会的需要性、问题的科学价值性、研究方法的创新性和研究的可行性结合考虑，概括地说，就是从管理决策的可能性、可行性和可接受性三个方面去辨识选择。值得注意的是，要从管理问题中识别出管理决策问题，需要反复辨识。有人也把管理决策问题识别称为管理决策问题发现。

任何决策都是从发现和提出问题开始的。所谓问题，是指应该或可能达到的状况同现实状况之间存在的差距，也表现为需求、机会、挑战、竞争、愿望等等。问题是一个矛盾群，是客观存在的矛盾在主观世界中的反映。矛盾的复杂性决定着决策中问题的复杂程度。矛盾群是决策的问题源。但并非任何问题都要决策，面对纷繁复杂的问题，要经过一系列思维活动，对问题进行归纳、筛选和提炼，善于抓住有价值的问题，把握其关键和实质。如果真正的问题没有抓住，或者抓得不准，决策就决不到点子上。

管理决策的基本过程明确问题包括两个方面。一是要弄清问题的性质、范围、程度以及它的价值和影响。不能停留在表面现象和笼统的感觉上，要分析问题的各种表现、同未来需要的不适应状况。区分问题的不同类型，诸如全局性的或局部性的、战略性的还是战术性的、长远性的或暂时性的、已经显现的或潜在的、能够解决的或暂时无条件解决的等。要搞清问题之间的相关性、层次性、历时性，认识其状态趋势和特点。没有对问题本质的、整体的认识，没有把握客观事物的运动规律，就没有决策的正确方向和前提。为能抓准问题，必须深入进行调查研究，搞清事实，明确问题。二是要找出问题产生的原因，分析其主观原因和客观原因、主要因素与次要因素、直接原因与间接原因等。对问题产生的原因作纵向和横向分析。纵向解剖是指从问题的表面开始进行分析，层层深入，究其根底；横向分析是指将同一层次的原因及其相互关系搞清楚，从而找出主要原因。

（2）管理决策问题定义。识别出管理决策问题后，需从问题求解的角度去给予明确的定义，也就是对问题初始状态空间、目标状态空间按求解要求给予必要的限制和解释说明，还要对问题涉及的各方面情况给予详细的陈述，并对求解方向提出一定的设想等。谢安田提出了问题定义（或说明）的七个理由及问题定义的常规方法，还列出了问题定义的基本步骤及实例。Gerald F.Smith 讨论了问题定义的有关研究概况。通过大量的研究讨论，我们认为，应把管理决策问题定义置于问题求解的全过程来考虑，管理决策问题定义的规定结构是由问题的确认阶段、扩展阶段和探求阶段及其反馈构成的循环结构。具体结构及内容如图 4-3 所示。

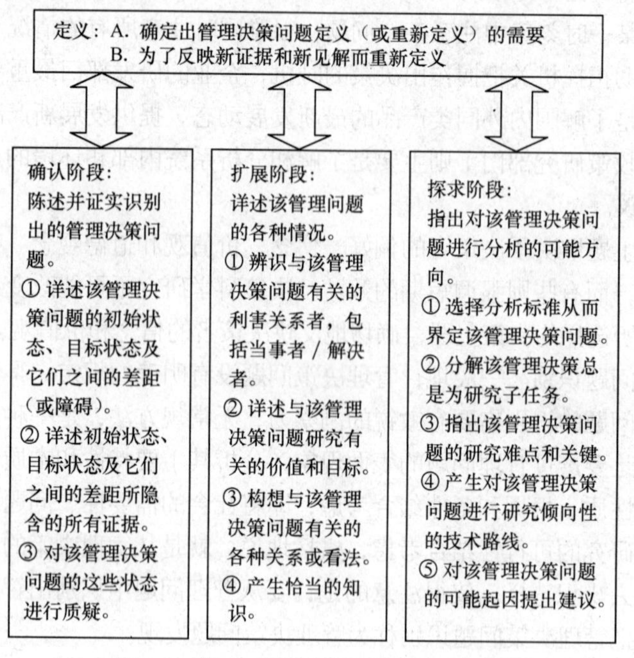

图 4-3　管理决策问题定义的规定结构

① 确定决策目标。管理决策问题定义中，需要确定决策目标。所谓目标，是指在一定条件下，根据需要和可能，在预测的基础上所希望达到的终极要求，或决策所要获得的结果。

确定目标是决策中的重要一环。“目标一旦定好，决策问题已经解决一半”。确立目标要注意以下几个问题。

a. 要有层次结构，建立目标体系。目标是由总目标、子目标、二级子目标组成的，从总到分、从上到下的一个有层次的目标体系，是一个动态的复杂系统。大文豪托尔斯泰说：“要有生活目标，一辈子的目标，一段时期的目标，一个阶段的目标，一年的目标，一个月的目标，一个星期的目标，一个小时的目标，一分钟的目标，还得为大目标牺牲小目标。”决策目标固然不必分得这样细，但必须有总有分，目标之间相互衔接，使整体功能得到有效发挥。

b. 目标是可能计量其成果、规定其时间、确定其责任的。

c. 要规定目标的约束条件。如把产值、利润增长一倍作为目标，同时要规定在产品的品种、结构、质量、规格符合一定条件的前提下来完成。执行的结果如不符合这些条件，那么即使产值、利润的计划已经完成，也不算达到了目标。约束条件主要有资源条件、质量规格、时间要求及法律制度、政策法规等限制性规定。

d. 建立衡量决策的近期、中期、远期效果的三级价值标准，建立科学价值、经济价值及社会价值指标，并进行综合权衡，以构成价值系统，以此作为评价标准。

e. 目标的确定，要经过专家与领导的集体论证。

② 搜集资料，掌握情报信息。搜集与决策有关的经济、技术、社会等各方面的情报资料，是进行科学决策的重要依据。情报信息量的大小、正确与否，直接影响到决策的质量高低。要想在决策上不失误，必须有丰富可靠的情报来源、迅速的情报传递、准确的情报研究，这是决策科学化的重要物质技术基础。没有一批定量的数据，就不可能为决策作出定性分析。因而，要尽可能大量占有数据和资料。资料来源，一方面是统计调查资料；一方面是预测资料。搜集情报信息资料要达到以下要求：

a. 资料必须具有完整性，凡与目标要求有关的直接或间接资料，都要尽可能搜集齐全；

b. 资料情报必须具有可靠性，要有依据，要满足时间、地点、对象的连续性要求，数字要准确无误；

c. 对资料要做系统分析，着重从事实的全部总和、从事实的联系去掌握事实，从事物的发展中全面估计各种对比关系，以保证掌握情报信息的科学性；

d. 对一些不确切的问题或疑难问题，要召集专家及有关人员进行集体会诊，以做出定性分析和概率估计。

③ 科学的预测。做好预测工作，是确定目标和搜集资料两个阶段都十分必要的事情。

科学的决策要有科学的预测。科学决策需要的科学依据，包括经济依据、现状依据、预测依据。对事物的过去和现状进行定量定性分析是重要的，但还是不够的。决策是在今后执行的，分析历史和现状是为了预测未来。没有科学的预测，就没有科学的决策。只有通过科学的预测获得决策所必要的发展信息，才有可靠的科学依据。

2. 设计活动

设计活动是寻求多种途径解决问题的过程。在此过程中，决策者和咨询人员发掘、构想和分析多种可行的相互替代的活动方案。替代方案探求的过程意味着放弃现行方案而改用新的可行方案。设计活动强调多方案，如果面临的仅仅是一种方案，非采用不可，那就无所谓决策了。

决策者和咨询人员受感知能力和时间的限制，不可能发现所有可行的替代方案，即使主观上认为已探求了所有的方案，但客观上仍然会有若干方案被遗漏。因此，往往是首先发掘一组（一般 3～5 个）替代方案，然后加以评价。如其中尚未找到满意的解决方案，则再探求下一组方案，依此逐次探求。

拟定供选择用的各种可能方案，是决策的基础。这项工作主要是由智囊机构承担的。如果只有一个方案，就没有比较和选择的余地，也就无所谓决策。国外常有这样的说法："没有选择就没有决策"。一些经理人也常用这样的格言来提醒自己："如果你感到似乎只有一条路可走，那很可能这条路就是不该走的"。我们过去经常是一个方案，一上一下，这种做法应该改进。拟订方案阶段的主要任务是，对信息系统提供的数据、情报，进行充分的系统分析，并在这个基础上制定出备选方案。要求做到如下几点。

a. 必须制定多种可供选择的方案，方案之间具有原则区别，便于权衡比较。

b. 每一种方案以确切的定量数据反映其成果。

c. 要说明本方案的特点、弱点及实践条件。

d. 各种方案的表达方式必须做到条理化和直观化。

在制定方案的步骤上一般分两大步。第一步是设想阶段。要求有创新精神和丰富的想像力。这些都取决于参与人员的知识、能力、智慧和胆识。既要实事求是，又不能因循守旧。思想要敏锐、有洞察力并富有远见。第二步是精心设计。如果第一步需要大胆设想，这一步却要冷静思索、反复计算、严密论证和细致推敲，要经得起怀疑者和反对者的挑剔。这一步，主要搞好两项工作：一是确定方案的细节；二是估计方案的结果。既要有好的主意，又要有好的结果。

3. 抉择活动

抉择活动是预估、评价和选择的过程，在预估多种解决方案的结果并作出结论性的评价判断后，选择一种行动方案。

选择什么样的方案为好？什么为差？这是个复杂的问题，并不是弄清各种替代方案的结果以后就能马上回答的。一是因为结果评价准则的多样性和方案结果的多样性，很难找到一个对所有准则来说都是满意的方案。二是因为评价准则因人而异，未来结果往往是风险事件。一般人可能认为一项风险大的投资方案是难以接受的，而有人却乐于作出这种决策。三是因为抉择最终取决于决策者的习惯、传统、经验和信念等。这就造成按理性评价方案的困难，符合理性准则的方案不一定能使决策者满意。然而恰恰是上述这些难点提供了广阔的引人入胜的决策研究领域。

在方案选择之前，先要对各种备选方案进行评估。要尽可能采用现代科学的评估方法和决策技术，如“可行性分析”、“决策树”、“矩阵决策”、“模糊决策”等技术，对预选方案进行综合评价。这项工作主要由智囊机构的高级研究人员、政策研究人员及外聘的专家小组来承担。其主要内容是通过定性、定量、定时的分析，评估各预选方案的近期、中期、远期效能价值，分析方案的结果及其影响。在评估的基础上，权衡各个方案的利弊得失，并将各方案按优先顺序排列，提出取舍意见，交决策机构定夺。

选择满意方案是决策的关键一环，也是至关重要的领导职能。在此用得上“一着不慎，满盘皆输”这个警句。做好方案优选，需要满足两个条件：一是要有合理的选择标准；二是要有科学的选择方法。

（1）关于选择方案的标准。什么样的方案是最佳方案？其标准是什么？这就需要建立价值标准；达到什么程度才符合要求，是最优呢，还是满意就行？这又提出一个“满意标准”问题；如果一个方案执行起来会出现几种不同的可能结果，这时应按什么标准去选择？这就产生了不确定情况下的选择标准问题。

① 价值标准是选择方案的基本判据。其内容有确定各项价值指标，分清主次，综合评价。一般从系统性、先进性、效益性、现实性四个方面进行综合评价，其中效益性是核心。

② “最优标准”在实际工作中往往是很难达到的。因为人们的认识受许多因素的限制，如主客观条件、科技水平、情报信息以及环境、时间等限制。有的最优方案对某一企业是适用的，在另一企业就不一定适用；有的在短期看是最优的，而长期效果不一定很好。因此，绝对的最优标准是不存在的，最优也是相对而言的。决策理论学派的代表西蒙，提出一个现

实的标准，即“满意标准”，或“有限合理性标准”。方案只要“足够满意”即可，不必追究“最优”。多数决策是按“满意标准”行事的。当然，这样做并不排除在一定条件下达到最优的可能性。

（2）选择方案的方法。选择方案的方法甚多，归纳起来，有经验判断（淘汰法、排队法、归纳法）、数学方法、试验法等。

① 经验判断。这是最古老的一种传统的方法。20 世纪 40 年代前的管理决策基本上都是依靠经验判断。今天把数学方法、物理模型、网络模型方法引进决策中后，经验判断的方法仍然是不可缺少和不容忽视的。尤其是一些涉及到社会、心理因素等复杂问题和非计量性多的决策，更需要有领导者的经验判断。

所谓归纳法，是在方案众多的情况下，先把方案归为几大类，先看哪类最好，就选中哪类，然后再从中选出最好的方案，如选择厂址的决策，往往采取这种方法。这个方法的优点是可以较快缩小选择范围。缺点是可能漏掉最优方案。因为最优方案也可能处在不是最好的那个类别中。不过在不允许进行全面对比的情况下，这个办法仍常被采用，因为按此法选出的方案一般还是比较满意的。

② 数学方法。运用数学方法选择方案，在 20 世纪 50 年代以后发展很快。因为在控制变量属于连续型的情况下，经验判断方法很难直接找到最优或满意方案，要借助于数学方法。所谓连续型变量是指这个变量的两个变异值之间，可以存在无穷多个中间数值。如产值、成本、利润等就是连续变量。连续型的控制变量就是意味着备选方案无穷多。

运用数学方法，可以使决策达到精确化。但到目前为止，尚有许多复杂的决策，用数学方法还解决不了，要综合运用选择方案的多种方法才能加以解决。

③ 试验法。社会问题的决策，虽然不可能创造出像实验室那样人为的典型条件，像科学工作者那样去实验，但对重大问题的决策，尤其是对新情况、新问题及无形因素，起重大作用而不便用数学方法分析时，先选择少数几个典型单位进行试点，然后总结经验以作为最后决策的依据，也不失为一种有效的方法。有些复杂的决策，虽然反复计算、讨论、比较，仍然没有多大把握，这时，试验就被提上日程。但也不是事事都经过试验。在方案选择过程中，往往是在选择范围已经缩小到只剩下两个关键方案而定不下来时，或方案已初步选出但仍感到还不放心时，就不妨去做试验。

以上各种选择方案的方法都各有利弊，采用何种办法还要从实际出发，灵活运用，还可创造更加科学的方法，以便能更简明地准确地找到最优方案或满意方案。

方案优选，就是领导者的决断，是决策行动，也是决策全过程中最核心、最关键的一环。在这个决定性环节上可体现出领导者水平的高低。通常说的领导“善断”，也就是方案“优选”，无“优选”，即无“善断”。在现代化建设中，真正做到“善断”，不是一件易事，要求领导者要有很高的决策素养，要有战略的系统的观点，科学的思维方法，丰富的经验判断和很强的鉴别能力。

④ 评审活动

一旦选择出满意方案，并不是下达一些命令、指示就完事，还须制定出执行计划和资源预算以满足实施方案的各种可能的需要。潜在风险和不确定因素虽然在评价和抉择阶段中受到注意，但一旦作出决策后人们往往有一种趋势，把纸面上的决定看成是现实，这在认知科学上叫做控制错觉（Illusion of Control）。此外，管理者还往往以为一旦作出决定就会自动执行，事实上即使是一项好的决策，如果其下属不愿意执行或不明确怎样做也是无效的。

决策的实施过程需要跟踪、监督，原计划是否已执行？有哪些偏离？执行决策结果导致了内外部环境发生了哪些变化？各个下属部门是否按要求完成任务？在实施的过程中不断得到反馈信息，回顾和比较所作出的决策和行动结果，实际上是个学习和改善今后决策的过程。

（1）贯彻实施。实施是执行、跟踪和学习的过程。方案择定后，要付诸实施，在普遍实施前进行"试点"。试点要注意选择在整个系统中具有典型性的地方，不能人为地创造某些特殊条件，这样纵然试点成功，也很难实践。在试验实证中，应特别注重"可靠性"分析。可靠性的概念，即在规定条件下和预定时间内，完成任务或达到目标的成败概率。其中"失败率"是一个重要标志。"失效"与"可靠"作为一对矛盾范畴，看其在试行过程中的变化规律。一项决策，有时在早期"失效率"高，转入正常阶段"失效率"下降，到后期因条件变化，需要调整决策时，"失效率"又上升，呈现出一种"浴盆曲线"状态。有的呈现"S"型曲线，是波动式的。采用必要的控制性措施，可以正常实施，达到预定目标。有的"故障频率高"，需要采取排除措施或应变措施加以解决。如果方案在实施试点中根本行不通，那就要推倒重来了。

对于可靠性的概率表示，视不同方案可以有不同的系数，如一项科研决策方案，可靠性系数用 Kv 表示，则 $Kv=K_1 \cdot K_2 \cdot K_3 \cdot K_4 \cdot K_5$。如表 4-1 所示。

表 4-1　　可靠性系数

系 数 名 称	符　号	数　值
故障频率系数	K_1	0.9～1.2
故障持续时间系数	K_2	0.9～1.2
平均寿命系数	K_3	0.9～1.1
耐用度系数	K_4	0.9～1.1
有效度系数	K_5	0.9～1.1

经过可靠性验证后，可以进入普遍实施阶段。在这一步骤上，要抓好以下四个方面的工作。

① 把决策的目标、价值标准以及整个方案向下属陈述清楚，动员群众、干部和科技人员为实现目标而共同努力。

② 围绕目标和实施目标的优化方案，制定具体的实施方案，明确各部门的职责、分工和任务，作出时间和进度安排。在落实方案的同时要采取正确的办法，层层要有落实方案的具体措施，使总目标有层层保证的基础。

③ 制定各级各部门及执行人员的责任制，确立规范，严明制度，赏罚分明。切忌吃"大锅饭"及粗放管理。要把统一指挥同调动群众的积极性结合起来，加强思想政治工作。

④ 随时纠正偏差，减少偏离目标的震荡。

（2）反馈及控制。即使是一个优化方案，在执行过程中，由于主客观情况的变化，发生这样那样与目标偏离的情况也是常有的。因此，必须做好反馈和追踪检查工作。

这个阶段的任务，就是要准确、及时地把方案实施过程中出现的问题、执行情况的信息输送到决策机构，以进行追踪检查。

在贯彻实施方案中遇到的一般问题，大致可归纳为三种情况：一是执行人员没有按规定完成任务；二是执行中遇到实际困难，发现方案中有不妥当的问题；三是已经按方案执行了，但未达到预定目标。对发生的问题要做具体分析，第一种是一个教育和落实的问题；第二种是需要修正方案，使其更加切合实际、日臻完善的问题；第三种是如果属于已危及到决策目标的实现，那么需要对决策进行根本性的修正，甚至要改变决策目标，这就需要进行追踪决策；如果证明原决策是完全错误的，那就不是追踪决策的问题，而是推倒重来的问题了。

追踪决策是正常的，但不是注定要发生的或经常大量出现的，否则就失去了决策的科学性了。对追踪决策要有正确的看法，采取冷静审慎的态度。决策过程是一个动态的依赖于时空变量的复杂随机函数，把决策看成一个凝固僵化的东西，是不切实际的。因此，对方案进行必要的修正是不鲜见的。就是对决策进行根本性修正的追踪决策，也是不奇怪的。经过追踪决策使方案达到双重优化，不但会减少损失，而且可以获得更佳效益。

5. 管理决策是个连续的反馈循环过程

决策是个连续过程，一般可按情报、设计、抉择和实施四个阶段划分并按顺序进行，但前面的阶段不断从后继阶段得到反馈信息。设计阶段分析研究的结果可能修正情报阶段提出的决策主题；抉择阶段也可能对各种替代方案提出补充和修改；实施阶段中的信息就更为重要，实施结果可以对整个决策作出评价和修正。

二、潜在问题的分析与防范

决策者除了要制定出决策方案的最终实施计划外，还应该考虑在决策执行过程中，会不会产生某些不良后果。因此，应该事先对可能发生的潜在问题进行分析和研究。一旦问题发生可以采取某些应变措施，使发生的问题对决策目标的影响降到最低限度，并适当加以补救。而且，关键是能够通过对潜在问题的分析和研究，寻找经济而可行的防患于未然的措施。有人把这种系统地分析潜在问题的方法，称为防范分析。

1. 分析潜在问题的内容

由于潜在问题是隐藏在事物背后或深层的矛盾萌芽，往往不容易看出，而且它又不在决策的直接目标范围之内。因此，极容易被人忽视。防范分析所要求的是系统的观点，要求对决策全过程心中有数，全盘考虑。这样，才能保证决策的连续性和成功的可能性。在进行防范分析时，应充分考虑下面几个问题：

（1）未来可能发生哪些问题？

（2）发生的问题对决策目标有何影响？

（3）发生这些问题的可能原因是什么？

（4）可以采取哪些预防措施？

（5）有哪些应变措施，以减少对决策目标的影响？

（6）怎样保证应变措施的实施？

2. 防范分析的步骤

防范分析可以按下列步骤进行：

（1）预计决策方案执行中和执行后可能会出现哪些不希望发生的问题，运用科学的方法预测未来可能发生的困难。对最有可能出现的问题要特别引起注意并列为“关键问题”对待，分析它会在什么地点、什么时间出现以及出现的频率。这种预计要尽量全面，仅仅凭领导者个人的经验和判断是不够的。因为有些潜在的问题并不是决策执行的直接后果，而是后果的后果，即第二、三级后果，难免有疏漏之处，所以最好能发动专家和群众，比如开一个“挑刺会”，让大家尽量列举出可能出现的不良后果，这样既可以考虑更周全，往往又能打开领导者的思路。

（2）评价潜在问题的危险性。一般采用评分法对潜在问题的危险进行估计，每个潜在问题的危险分数与其发生概率相乘，即得出该潜在问题的危险性计量值——危险度，然后按照危险度大小对这些问题进行分类，并制定相应对策。一般可分为三类：

① 对决策目标有极其严重影响的，应全力加以预防，否则会使决策完全失败，损失惨重；

② 对决策目标有严重影响，但还不到致命的程度，应尽量加以防范，使其影响降到最低限度；

③ 只给决策执行增加一些困难，危险性较小的，可以采取简便办法加以处置，或者冒一点风险，不予理会。

（3）制定预防措施。对那些对整个决策威胁性较大的潜在问题进行分析，寻找其产生原因，并研究制定相应的预防措施，将其纳入决策方案的实施计划中去，并逐项落实。

（4）准备应急措施。在方案实施前，对可能出现严重不良后果的一些问题，除了采取预防措施外，还应准备一定的应急措施，以防万一问题发生时能将危害减至最小。

应急措施不同于预防措施，前者是备用的，要在不良问题发生后才采用，后者是在不良问题发生以前，在决策执行时就要实行的措施。防范中，应把重点放在预防措施上，因为“一分预防胜过十分补救”。

近代科学决策十分重视防范分析，因为如果这项工作做好了，就可以防患于未然。但有些领导同志却容易抱着“不会出岔子”的侥幸心理不愿意做这种分析，或者对自己的决策十分有把握，不屑于做这种艰苦细致的工作。结果一旦出现意外情况，往往措手不及，即使方案勉强成功，也会留下副作用。

三、管理研究问题确定的准则及过程

对于从事管理问题研究的研究者而言，管理的问题和难题随处皆有，必须择其适者进行研究。所谓适者，就是具有一定的理论研究价值或实际应用价值、研究方法具有创新并有一定把握解决的问题。

管理研究问题确定的重要性，首先在于它是研究的起点，在整个研究过程中具有战略意义。正如J.D.贝尔纳所说：“课题的形成和选择，无论作为外部的经济技术要求，抑或作为科学本身的要求，又都是科研工作者最复杂的一个阶段。一般说来，提出问题比解决问题更困难。再加上人力和设备都具有一定的局限性，产生的课题之多，是无法一下子全部解决的。所以，评价和选择课题，便成了研究的战略起点。”其次，管理研究问题确定的恰当与否，是研究成败、成果大小的决定性环节。第三，管理研究问题确定的恰当与否，是关系到管理研究人才能否成长的关键之举。

如何结合研究者的能力、知识水平，较快地确定出适当的管理研究问题，是管理研究方法论所讨论的重要问题。

我们讨论的是管理研究问题的确定而不是课题的确定。我们的考虑是，一方面课题似乎比问题更专用一些，而问题更为广泛一些。另一方面，问题相对于研究者而言，选择自由度大些、灵活些，从问题到列为研究课题需要一定的过程。

第一部分，讨论管理问题空间、管理问题求解难度及管理研究问题的形式化定义；第二部分，讨论问题分类研究概况及依据求解难度的管理问题分类；第三部分，讨论依据对标准问题的求解能力给研究者分类，给出管理研究问题选择的矩阵表示。管理研究问题的确定过程，给出了四阶段六步骤的划分，并讨论了每步骤的内容、要求及方法。

1. 管理问题空间及研究问题

在现实生活中，问题是多种多样的，内容和形式都千差万别，心理学家们对“问题”的表述也不尽相同，但多数心理学家都认为，所有的问题都含有三个基本成分：问题的初始状态、目标状态和障碍（从初始状态转变到目标状态无显而易见的途径或方法）。管理问题也含有这样的三个基本成分，但由于受人的行为的影响，每个成分更含糊一些。一般地，管理问题的初始（或事实）状态、目标（或期望）状态较为含糊。人们往往只能感知到它可能在某个领域（或范围或空间）内变动。故对管理问题而言，组成的基本成分为以下三个方面：

（1）初始状态空间（Initial State Space, ISS）：用表示某个可能的初始状态。这些可能的初始状态的全体构成了一个初始状态空间 X={x}。

（2）目标状态空间（Goal State Space, GSS）：用表示某个可能的目标状态，这些可能的目标状态的全体构成了一个目标状态空间 Y={y}。

（3）未知知识空间（Unknown Operator Space, UOS）：从 ISS 中的任一初始状态 x 到 GSS 中的任一目标状态 y 都不具有明显的途径或方法，需要经过一定的人类思维运动才能找到这样的途径或方法。用西蒙的观点来讲，就是寻找一个未知算子 f。这样的未知算子的全体构成了该问题的未知知识空间 F。

类似于西蒙的定义。我们也将全体状态（所有的初始状态、所有的目标状态、任一初始状态转移到任一目标状态的所有中间状态）及相应的转移算子称为管理问题空间（Management Problem Space, MPS）。

对于任一初始状态和任一目标状态，有许多未知算子 f。

所谓一个明确的问题（初始状态 x，目标状态 y 是确定的）的求解（或研究）难度，就是与已知知识空间在认知上的差距，可用 d 的形式来表示。

同样，可用 d 的形式表示管理问题的求解难度，就是与在认知上的差距。

一般情况下，随着 d 的增大，即在认知上的差距增大，问题的求解难度也就增大，其研究价值也会增大。在某个阶段或时期，由于知识和技术水平所限，不允许我们去从事 d 很大的问题的研究。选择难度适中的管理问题进行研究，就是存在两个阈值，只有使 d1≤d≤d2 成立的问题才能成为研究问题。

需要指出，管理问题一般与管理研究问题不完全相同，一般情况下，为研究方便，往往从问题的不同侧面去研究该问题。因此，一个管理问题往往会诱引出许多管理研究问题。但研究问题本身也是一个问题，从这个意义上来讲，我们仅需讨论研究问题与问题是完全相同的情理。至于管理问题可诱发出多个研究问题及怎样诱发，本书不再讨论此问题。

2. 问题分类的研究概况及管理问题的一种分类

（1）问题分类的研究概况。Reitman（1965 年）按问题是怎样被规定的将问题分为两大类：一类是清楚规定的问题，即问题的初始状态和目标状态均有清楚的说明；另一类是含糊规定的问题，此类问题对其初始状态或目标状态没有清楚的说明，或对两者都没有清楚的说明。具有更大的不确定性，亦称为不确定性问题。管理问题大都是不确定性问题。

Greeno（1978 年）按问题的结构区分出三种重要的问题类型：归纳结构问题、转换问题和排列问题。并指出，并非所有的问题都能较简单地归入这三类之中的某一类，还有许多问题不包括在其中，有些问题是这三类问题的混合。

Holtzman（1989 年）按对问题的无知程度将问题分为以下七个层次：

① 结合性无知（有合适的模型和求解方法，但计算不出答案，如非常大的线性规划问题）；

② 华生无知（有合适的模型但求解方法不完全，如福尔摩斯与华生）；

③ 圣地亚无知（模型不完全，如哥地亚结、哥伦布鸡蛋）；

④ 托勒密无知（模型可能是完全的，但无用的，如托勒密与哥白尼）；

⑤ 魔力无知（模型包含一些未被解释的元素，如阿斯匹灵广告词）；

⑥ 黑色无知（意识到问题的存在，但没有模型，如生活）；

⑦ 基本无知（根本未意识到问题）。

Simon（1973 年）提出了好结构化问题和完全非结构化问题的分类方法，指出好结构化问题到完全非结构化问题之间是一个连续系统。

谢安田（1970 年）按一般解决问题的方法，将问题分为以下三类：

① 概念问题，这类问题通常可用创造性的思考、选择及综合来解决；

② 逻辑的问题，这类问题可以用演绎法由前提推出；

③ 经验的问题，这时演绎的推论是以观察得到的现象作为判断的基础。

这些讨论基本上都是从问题求解的角度来考虑问题的分类的。下面我们从问题求解难度来讨论对问题的分类。

（2）管理问题的一种分类。前面，我们定义了管理问题的求解难度为已知知识空间与该问题的未知知识空间 F 在认知上的差距 d，那么，我们可按 d 的大小来为管理问题分类。

① d=0 类问题。此类问题包括两种情况，一种是将已知形式的算子 f 应用到新领域问题的初始状态和目标状态上；另一种是将已知形式的算子 f 进行延拓，应用到新领域的问题的初始状态和目标状态上。此类问题类似于 Simon 的好结构化问题（well-Structured Problems, WSP），求解难度不大。

② d 较小类问题。此类问题属于需要用一定的创新算子才可能解决的问题，求解有一定的难度。

③ d 较大类问题。此类问题是需要全面创新的算子才能解决的问题，求解有难度。

④ d 很大类问题。此类问题属于基本无知类型，就现有的知识水平很难找到解决方法。

四、管理研究问题选择的矩阵表示

1. 研究者能力水平的一种分类

通常，对于同一个标准问题，不同的研究者在进行求解时，所用的方法及熟练程度会有所不同，反映了研究者解决（或研究）该类问题的能力和水平。

（1）用习惯性方法或已知算子（Known Operator）解决它的研究者，其研究该类问题的能力强水平高。

（2）需经过一定的训练或扩展知识或算子（Expand Operator）解决该标准问题的研究者，

其研究该类问题的能力水平一般。

（3）需经过大量的训练或新增知识或创新算子（Innovation Operator）才能解决该标准问题的研究者，其研究该类问题的能力水平较低。

（4）经过训练也解决不了该标准问题叫无算子（No Operator）的研究者，无能力研究该类问题。我们用KO，EO，IO，NO分别表示上述四种能力的研究者。

2．管理研究问题选择的矩阵表示

（1）对于具有KO类型研究能力的研究者而言，他能很容易地解决d=0类型的管理问题；他也能容易地解决d较小类型的管理问题，他选这两类问题进行研究，虽易出成果，但不能充分发挥他的创新天赋。他对求解d较大类型的管理问题虽有一定的难度，但通过努力可以解决，这样可发挥他的创新才能，该类问题是他从事研究的最佳选择。他很难解决d很大类型的管理问题，除非形势所迫，一般不易选择该类问题进行研究。

（2）具有EO类型研究能力的研究者，他能容易地解决d=0类型的管理问题；经过努力他可以解决d较小类型的管理问题；对于d较大、d很大类型的管理问题，他很难或根本不能解决。可见d较小类型问题是他从事研究的最佳选择。

（3）具有IO类型研究能力的研究者，经过一定的努力，可解决d=0类型的管理问题，这是他从事研究的最佳选择。对于d较小、d较大、d很大类型的问题，他很难或基本不能解决。

（4）NO类型的研究者，无研究该类管理问题的能力，应从别的领域选择研究问题。

将上述分析列成矩阵形式，得到了管理研究问题选择的矩阵形式，如表4-2所示。

表4-2　　管理研究问题选择的矩阵形式

研究者类型 问题类型	KO	EO	IO	NO
d=0型管理问题	很易	易	难*	很难
*d*较小型管理问题	易	难*	很难	绝对难
*d*较大型管理问题	难*	很难	绝对难	×
*d*很大型管理问题	很难	绝对难	×	×

注：“*”对应的管理研究问题类型是各类研究者所适于从事的最佳选择

第三节　管理决策分析方法

一、管理决策系统

管理决策系统（System of Management decision making）由制定管理决策子系统和执行管理决策子系统所构成。按西蒙的观点：前者由情报活动（问题识别、问题定义）、设计活动、选择活动（选择准则、程序、方法及技术）所构成，后者由审查活动（实施计划、反馈控制）构成。

管理决策系统由决策主体、初始状态空间、预期状态空间、收益（或成本）函数空间、决策情境五个要素所构成。

1．管理决策的基本要素

（1）决策主体。决策主体或决策者（Decision Body）是指作出决策的个体或个体的集合体。实际上，很少有决策是单个主体在完全不考虑其他人观点的情况下做出的，即使一个组织的正式规程表明个人具有制定决策的权力，那他也通常要搜集利益相关群体的观点，而且也要得到其他个人和团体的同意或默许。当需要考虑其他管理者的观点时，他们就成为决策主体的一部分。很明显，这隐含着决策主体的所有成员对某项决策的影响力是不一样的。

决策主体按能否独立作出决策分为独立决策结构（单个决策主体可称理性决策主体、行为决策主体）、委员会决策（有主席或无主席）和主从递阶决策结构三个类型。

组织的目标通过决策主体的决策而转化为行动和行为准则。这说明决策主体内的个人不仅做出选择，而且在决定决策应达到什么目标方面也发挥着重要作用。

（2）初始状态空间。决策者进行决策时必然处在一种客观的现实世界中，我们把他称为初始状态空间。这种由不以决策者的意志为转移的客观因素所构成的集合，称为初始状态空间 ISS：用 $x=(x_1,x_2,\cdots,x_x)$ 表示某个可能的初始状态。这些可能的初始状态的全体构成了一个初始状态空间 X={x}（Initial State Space，ISS）。

（3）预期状态空间。决策者进行决策时必然要面对未来众多预期，这样就会形成预期状态空间，目标状态空间 ESS：用 $y=y_1, y_2,\cdots, y_m$ 表示某个可能的目标状态，这些可能的目标状态的全体构成了一个目标状态空间 Y={y}（Expected State Space，ESS）。

（4）损失函数空间。一般地，从初始状态空间的某初始状态到预期状态空间的某一预期状态会有许多路径，也称为决策备择方案（Decision option），各种路径距离如何度量？从收益的角度还是从损失的角度？如果从损失的角度考虑，我们把所有的度量的函数组成的集合称为损失函数空间或机会成本函数空间，否则称为收益函数空间。

（5）决策情境。与决策有关的背景、环境和情景等能影响决策的因素。

2．Wald 统计决策系统

一般情况下，为了研究方便，人们总是假设决策主体是独立进行决策的，而且假设环境变化不大或太复杂，尤其是在程序化程度较强的理性决策中，决策主体和决策意境等因素可暂不考虑。这样就成为 Wald 提出的统计决策系统，其组成要素是如下三个。

（1）状态空间。记为：$Q=\{\theta_1, \theta_2, \cdots, \theta_m\}=\{\theta_i\}$，$Q$ 的元素 $\theta_i(i=1, 2, \cdots, m)$，叫做状态变量。

（2）行动空间。决策方案是有待人们进行选择的主观因素，其集合叫做决策（或策略、或行为、或行动、或方案、或活动）空间。记为：$A=\{\alpha_1,\alpha_2,\cdots,\alpha_n\}=\{\alpha_j\}$, j=1,2,..n.A 的元素 a_j 叫做决策变量。

（3）决策函数。在外界环境某种状态发生时，决策方案实施后的损益值，即利润问题所获取的收益值，或成本问题所消耗的费用值，记为:

$v_{ij}=v(\theta_i,\theta_j)$，当状态变量离散时，可以写成：

$$V=(v_{ij})_{mxn}=\begin{bmatrix} v(\theta_1,\alpha_1) & v(\theta_1,\alpha_2) & \cdots & v(\theta_1,\alpha_x) \\ v(\theta_2,\alpha_1) & v(\theta_2,\alpha_2) & \cdots & v(\theta_2,\alpha_x) \\ \cdots & \cdots & \cdots & \cdots \\ v(\theta_m,\alpha_1) & v(\theta_m,\alpha_2) & \cdots & v(\theta_m,\alpha_n) \end{bmatrix}$$

表现形式可以为收益函数、损失函数或效用函数。统称为决策函数。可记作 $V = v(\theta_i, \alpha_j)$，常用决策矩阵的形式来表示。

（4）Wald 统计决策系统。基于以上三个要素，由状态空间 Q，决策空间 A，以及定义在 Q、A 上的决策函数 V 共同构成一个系统，称为决策系统。记作：$D=D（Q，A，V）$，决策问题可以通过决策系统来抽象。管理决策的目的，就是通过收集信息和情报，建立决策信息准确的决策系统，在决策系统中寻求满意方案 a，使得决策函数 V 达到最优值。

二、管理决策模型

1．管理决策模型的概念

在面临复杂的决策问题时，在决策过程的设计阶段中为了做好设计可行方案的准备，决策者必须首先经过思考找到所面临的决策问题中的、与特定决策相关的、本质性因素，并将对于特定决策而言各种非本质性的、次要的因素加以排除，这就是所谓的抽象化过程。通过这一抽象化的思考过程，决策者对于所面临的决策问题建立起一种反映其本质的、简化的表示，这就是所谓的决策模型（Models）。由此可见，建立决策模型在复杂的决策问题中是不可缺少的一项活动。

2．管理决策模型的种类

（1）物理模型或象形模型。物理模型是现实问题中被研究的系统的物理复制品，其外形与实际系统相似但在尺度上可能会被放大或缩小，例如飞机模型、桥梁模型、分子结构模型等。

（2）模拟模型。模拟模型不追求与实际系统外形上的相似而着重于在行为上模拟实际系统，例如描绘工业产品零部件装配关系的结构蓝图、描述组织机构中上下级关系的组织结构图等。

（3）数学模型。数学模型或称定量模型（quantitative models）则是在将现实系统中各种本质属性量化后，描述变量之间的依赖关系的一个或一组的数学关系式，而这些数学关系式可以有效地刻画现实系统的发展变化规律。

（4）超理性模型。所谓超理性是指直觉、灵感、智慧、宗教、信仰、各种感情、感知能力、领袖的号召力、忠诚、意志、预见性等等。超理性模型又称直觉模型，或称非理性模型，是根据超理性（直觉等）去制定决策，而不管合理与否。

虽然并非所有的决策主体都能明确表达自己在决策时所采用的决策模型，但是在每次实际决策时有意无意地采用着这些模型中的某一种。基于各类决策模型的决策分析方法并非对所有的决策主体有效，而可能只对一部分决策主体有效。例如，采用物理模型和数学模型对有些决策主体是有效的，但是对其他决策主体可能是毫无用处的。

3．管理决策模型的应用

管理决策模型该扮演何种角色呢？ 决策模型何时对管理者有用？何时建一个数学模型是值得的？我们也许会争辩说，决策模型总是对决策制定者有用的，但是，不同类型的模型其有用性表现在不同的方面。例如，一个大型的线性规划模型可以用简单的和精巧的方式将一项决策的主体框架列出来，虽然可能要把产生的结果调整一下，将模型中忽略的有关因素考虑进来。不同的模型、不同的使用方法，都对制定管理决策有潜在的帮助。

在考虑决策过程中是否值得运用决策模型之前，首先要考虑以下四个问题：

（1）花费多少成本。建构或调整模型的人，其劳务费用是很高的，因为几乎没有哪个专家要价便宜。现在，只有一样是例外，即发展完善的个人电脑现货供应软件包领域，特别是财务模型化领域。

（2）花费多少时间。建模的时间跨度是很长的，常常超过管理人员（常指建模者）的预计期限，而决策的时间通常是比较短的，不管一个模型多么具有潜能，如果模型的完成迟于决策的最后期限，那么无论什么样的模型都会毫无用处的。

（3）模型可在多大程度上对一独立的判断作出改进。如果建模的成本很大，大于所增加的利润时，这一模型就谈不上起什么改进作用。

（4）决策是否经得起模型化的考验。在回答这个问题时，最重要的问题可能是必须要考虑到决策本身所处的环境。迈克里兰（McClel-land）将影响模型对决策制定者效能的决策环境根据三个特征进行了划分。

① 关键资源的规模。关键资源越多，制定一个可接受的决策就越重要，因此也就需要更多的辅助工具（例如决策模型化）。相反，如果关键资源越少，所支付的努力和费用就越可能是不值得的。

② 问题的复杂程度。以数学方法为基础的模型处理大量的、复杂的相关事项的能力是众所周知的。但是，许多管理问题是如此之庞杂，存在如此多的可行方案，即使是最复杂精密的模型也无能为力。

③ 资料的充分性。如果希望从模型中得到答案，那结果的好坏与模型所使用的资料直接相关，因此，如果资料是确定的和全面的，模型便会运作得更好。

这三个特征可用一个立方体的三维来表述，如图 4-4 所示。

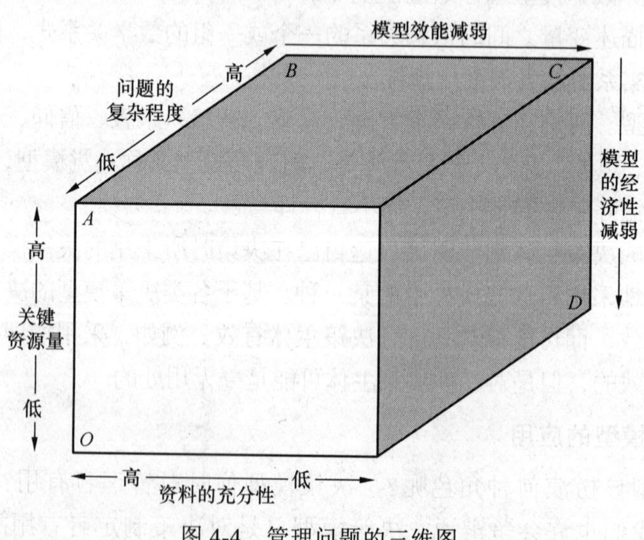

图 4-4　管理问题的三维图

在图中 A 角，模型是有用的，因为这是一个很重要的决策。另外，在 A 处可以相对直接地运用这些模型，因为决策的复杂程度低，且资料很充足。当沿着立方体的边缘，从

A 到 B 时，问题的复杂程度逐渐增加，这使得模型化更有必要。在 B 角，模型将受到管理人员的热烈欢迎，因为决策是重要的，且模型中所使用的资料是可靠的。倘若决策的复杂程度很高，决策制定者就要对所建模型中的某些因素进行简化。从 B 角到 C 角，模型仍像前面一样重要和必要，但由于所需的资料不足，使得模型的效能降低了。在 C 角，模型的有用性最大，但成功利用它们所遇到的困难也最大，两者是相冲突的。从 C 到 D，模型决策变得不经济了，这是因为决策的重要程度在减弱。在 C 和 D 之间的某一点，管理者决定放弃使用任何决策模型，因为在这一点上利用模型得到的好处正好等于建立模型所需的费用。

决策模型化和运筹学的传统领域一直是在 O-A 这条边所代表的范围之内（有向 A 靠近的倾向，但常常距 B 更近）。例如许多库存管理软件包就属于这一区域。B 角区域更多地是采用线性规则，例如在石油化工业中，最先是用在混合物的搅拌或大型油轮的排序，很显然这种方法是很重要的，同时也具备相对明确的资料，只是有时候会很复杂。由 O、A、B 三点所在平面代表着可以取得最优解决方案的那类问题。在靠近 C 角时，优化决策的整个概念的作用也越来越小，整体财务模型是这部分区域的最好代表，该区域的决策对组织至关重要，它们的复杂程度也极高，而且很多资料从理性上是能猜测到的。

4. 企业管理决策模型

对于企业经营管理中的各种决策问题来讲，为解决这些问题所建立的决策模型通常都是一些数学模型（在这些数学模型的基础上进一步绘制的那些直观地表示系统性能的图形可以认为是一些模拟模型）。这些数学模型实际上是对于系统行为的一种假设，它们用一种合乎逻辑的方式表示出代表企业经营状态的各种变量之间的某种本质性的联系。在这些变量中，有一些是与决策准则或决策目标直接相联系的，我们称之为目标变量或结果变量，这些变量通常是决策者不能直接进行操作的；另外一些变量是决策者可以直接进行控制和操作的，它们与目标变量存在着密切的因果关系，我们称之为决策变量；还有一些变量，它们虽然也对目标变量有影响，但他们的取值是由决策环境中的外在因素决定的，超出了决策者的控制范围，我们将这种变量称为外生变量（exogenous variables）或决策问题中的参数（parameters）。有时，由于问题的复杂性，为了将模型的结构表示得更加清晰和便于理解，还可能人为地添加一些表示决策变量与目标变量之间联系的中间变量。我们所说的决策模型就是在对于实际决策问题进行抽象的基础上确定出来的，存在于目标变量、决策变量、中间变量和外生变量之间的一组数学关系式。

5. 管理决策分析的一般步骤

进行管理决策分析的一般步骤如下：

（1）定义问题和收集数据；

（2）构建模型（一般为数学模型）；

（3）从模型中形成一个对问题进行求解的基于计算机的程序；

（4）测试模型并在必要时进行修正；

（5）应用模型分析问题及提出管理建议；

（6）帮助实施被管理者采纳的建议。

三、管理决策方法

在决策的每一阶段，都有若干决策技术及方法。确定目标时，要做价值分析；搜集资料阶段，要搞好科学预测；制定方案，又有“头脑风暴法”、“对演法”等；优选方案，要进行“可行性分析”，运用“期望值”分析，以及数学方法、经验判断等；实施方案，要做可靠性分析；反馈及追踪检查，要建立反馈系统，必要时还得“追踪决策”，而这种决策又有其特点和方法。现代科学决策正处在发展时期，许多国家都在探索。当前，在决策方法上，广泛运用了系统分析、运筹学、数理统计、技术经济分析等方法。以下介绍几类常用的具体决策方法。

1. 确定型决策方法

（1）线性规划

［例］某企业生产两种产品：桌子和椅子，它们都要经过制造和装配两道工序，有关资料如表 4-3 所示。假设市场状况良好，企业生产出来的产品都能卖出去，试问何种组合的产品使企业利润最大？

表 4-3　某企业的有关资料

	桌子（T）	椅子（C）	工序可利用时间（小时）
制造工序所需时间（小时）	2	4	48
装配工序所需时间（小时）	4	2	60
单位产品利润（元）	8	6	

这是一个典型的线性规划问题。

列出目标（利润）函数方程：　$\Pi = 8T+6C$

找出约束条件：

制造工序：　　　$2T+4C \leqslant 48$

装配工序：　　　$4T+2C \leqslant 60$

另外，还有两个约束条件：

$$T \geqslant 0$$

$$C \geqslant 0$$

求出最优解——最优产品组合：T = 12 和 C=6，即生产 12 张桌子和 6 把椅子使企业的利润最大，如图 4-7 所示。

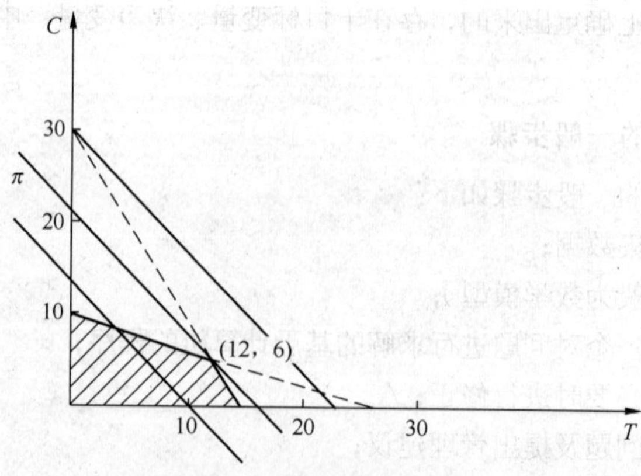

图 4-7　线性规划的图解法

（2）量本利分析法。

量本利分析法又称保本分析法或盈亏平衡分析法。

① 图解法。图解法是用图形来考察产量、成本和利润关系的方法。

[例] 某企业生产某产品的总固定成本为 60000 元，单位变动成本为每件 1.8 元，产品价格为每件 3 元。假设某方案带来的产量为 100000 件，问该方案是否可取？

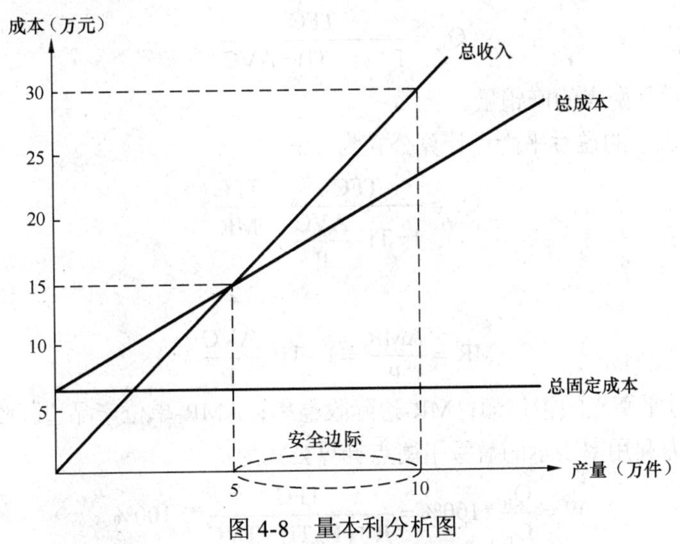

图 4-8　量本利分析图

② 代数法。代数法是用代数式来表示产量、成本和利润的关系的方法。

在线性假设条件下，投资项目的销售收入与产品销售量呈现线性关系，即

$$R=P \cdot Q \tag{4-1}$$

式中：R-销售收入；

P-单位产品价格；

Q-销售量。

在不考虑销售税金及附加的情况下，投资项目在正常年份的收益就等于销售收入，在考虑销售税金及附加的情况下，投资项目在正常年份的收益就等于销售收入减销售税金及附加，而销售税金及附加又可根据销售收入和销售税率求得，即

$$T=R \cdot Ti \tag{4-2}$$

式中：T-销售税金；Ti-销售税率。

将式（4-1）代入式（4-2）又可得：

$$T = P \cdot Q \cdot Ti \tag{4-3}$$

即销售税金=单位产品价格 × 销售量 × 销售税率

投资项目成本费用总额为年固定成本总额与变动成本总额之和，它与产品产量的关系也可以认为是线性关系，即

$$TC=TFC+TVC \tag{4-4}$$

式中：TC-成本费用总额；TFC-年固定成本总额；TVC-变动成本总额。

$$TVC=AVC \cdot Q \tag{4-5}$$

式中，AVC-单位产品变动成本。

由于在盈亏平衡点上投资项目收益正好抵偿其成本费用支出，因而可得如下关系式：

$$R\text{-}T=TC \tag{4-6}$$

将式（4-2），式（4-3），式（4-4），式（4-5）代入式（4-6）便可得：

$$P \times Q \times (1\text{-}Ti)=TFC+AVC \times Q \tag{4-7}$$

式（4-7）中，销售量就等于产量，因而可以推导出下列几个盈亏平衡点的计算公式。

a. 以产（销）量表示的盈亏平衡点计算公式为

$$Q_B = \frac{TFC}{P*(1-Ti)-AVC} \tag{4-8}$$

式中，Q_B 盈亏平衡点的产销量。

b. 以销售额表示的盈亏平衡点计算公式为

$$Q_S = \frac{TFC}{1-Ti-\frac{AVC}{P}} = \frac{TFC}{MR} \tag{4-9}$$

其中

$$MR = \frac{AMR}{P} = 1-Ti-\frac{AVC}{P} \tag{4-10}$$

式中：Q_S 盈亏平衡点的销售额；MR-边际收益率；AMR-单位产品边际收益。

c. 以生产能力利用率表示的盈亏平衡点计算公式为

$$W = \frac{Q_B}{Q_D}*100\% = \frac{TFC}{R*(1-Ti)-TVC}*\times 100\% \tag{4-11}$$

式中：W-生产能力利用率；Q_D 达到设计能力时的年产量。

d. 若按投资项目的设计能力进行生产和销售，则以产品销售价格表示盈亏平衡点，计算公式为

$$P_B = \frac{TFC+TVC}{Q_D*(1-Ti)} \tag{4-12}$$

式中，P_B 盈亏平衡点的单位产品价格。

一般来说，盈亏平衡点，即盈亏平衡点产（销）量、盈亏平衡点销售额、盈亏平衡点生产能力利用率或按项目设计能力进行生产和销售时的盈亏平衡点的单位产品价格越低，表明项目适应市场变化的能力越强，盈利的安全性越高。

（3）固定成本对项目盈利性的影响。从前面的分析和计算中，我们可以发现，固定成本是影响盈亏平衡点高低的重要因素之一。因此，在对同一项目的不同投资方案进行盈亏平衡分析时，必须注意并正确把握固定成本的变化对其盈利性的影响。

设某一项目具有 A 和 B 两种投资方案，预期这两种方案的年产（销）量或销售收入相同；方案 A 的固定成本高于方案 B，但方案 A 的单位产品变动成本低于方案 B。方案 B 的盈亏平衡点低于方案 A，表明方案 B 比方案 A 具有更高的盈利的安全性，但方案 A 比方案 B 具有获取更大盈利的可能性。因而若以盈亏平衡点的高低来判断投资方案的优劣，并不一定能够得到最优方案。所以，我们还需要在更高的盈利安全性与获取更大的盈利可能性这两者之间做出抉择，这一点只有通过风险分析来实现。这也说明盈亏平衡分析仍具有一定的局限性。

2. 风险型决策方法

常用的风险型决策方法是决策树法。

［例题］某企业为了扩大某产品的生产，拟建设新厂。据市场预测，产品销路好的概率为0.7，销路差的概率为0.3。有三种方案可供企业选择。

方案1：新建大厂，需投资300万元。据初步估计，销路好时，每年可获利100万元；销路差时，每年亏损20万元。服务期为10年。

方案2：新建小厂，需投资140万元。销路好时，每年可获利40万元；销路差时，每年仍可获利30万元。服务期为10年。

方案3：先建小厂，三年后销路好时再扩建，需追加投资200万元，服务期为7年，估计每年获利95万元。

问哪种方案最好？

画出该问题的决策树，如图4-10所示。

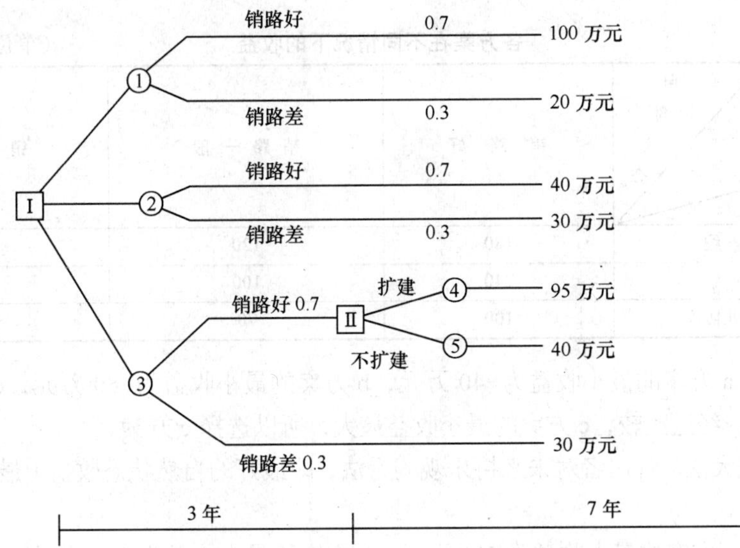

注：矩形结点称为决策点，从决策点引出树枝表示方案，称为方案枝；圆形结点称为状态点，从状态点引出树枝表示自然状态，称为状态枝。

图4-10　一个多阶段决策的决策树

图中有两种自然状态：销路好和销路差，自然状态后面的数字表示该种自然状态出现的概率。位于状态枝末端的是各种方案在不同自然状态下的收益或损失。据此可以算出各种方案的期望收益。

［方案1］ 结点①的期望收益为

$[0.7 \times 100 + 0.3 \times (-20)] \times 10 - 300 = 340$（万元）

［方案2］ 结点②的期望收益为

$(0.7 \times 40 + 0.3 \times 30) \times 10 - 140 = 230$（万元）

［方案3］结点④的期望收益 $465 = (95 \times 7 - 200)$ 万元大于结点⑤的期望收益 $280 = (40 \times 7)$ 万元，所以销路好时，扩建比不扩建好。

所以结点③的期望收益为

$$(0.7 \times 40 \times 3 + 0.7 \times 465 + 0.3 \times 30 \times 10) - 140 = 359.5 \text{（万元）}$$

计算结果表明，在三种方案中，方案3最好。

需要说明的是，在上面的计算过程中，我们没有考虑货币的时间价值。但在实际中，多阶段决策通常要考虑货币的时间价值。

3. 不确定型决策方法

常用的不确定型决策方法有小中取大法、大中取大法和最小最大后悔值法等。

［例］ 某企业打算生产某产品。据市场预测，产品销路有三种情况：销路好、销路一般和销路差。生产该产品有三种方案：

a. 改进生产线；b. 新建生产线；c. 与其他企业协作。

据估计，各方案在不同情况下的收益如表 4-3 所示。问企业选择哪个方案？

（1）小中取大法。管理者对未来持悲观的看法，即最差的自然状态中的收益（最小），取收益最大或损失最小的方案。

表 4-3　各方案在不同情况下的收益　（单位：万元）

收益 自然状态 方案	销路好	销路一般	销路差
a. 改进生产线	180	120	−40
b. 新建生产线	240	100	−80
c. 与其他企业协作	100	70	16

在上例中，a 方案的最小收益为−40 万元，b 方案的最小收益为−80 万元，c 方案的最小收益为 16 万元，经过比较，c 方案的最小收益最大，所以选择 c 方案。

（2）大中取大法。管理者对未来持乐观的看法，即最好的自然状态收益（最大），选择收益最大的方案。

在上例中，a 方案的最大收益为 180 万元，b 方案的最大收益为 240 万元，c 方案的最大收益为 100 万元，所以选择 b 方案。

（3）最小最大后悔值法。管理者在选择了某方案后，如果将来发生的自然状态表明其他方案的收益更大，那么他（或她）会为自己的选择而后悔。最小最大后悔值法就是使后悔值最小的方法。

用这种方法进行决策时，首先计算各方案在各自然状态下的后悔值（后悔值=该自然状态下的最大收益−该方案在该自然状态下的收益），如图表 4-4 所示。找出各方案的最大后悔值，然后进行比较，选择最大后悔值最小的方案。

表 4-4　各方案在各自然状态下的后悔值　（单位：万元）

后悔值 自然状态 方案	销路好	销路一般	销路差
a. 改进生产线	60	0	56
b. 新建生产线	0	20	96
c. 与其他企业协作	140	50	0

由表中看出，a 方案的最大后悔值为 60 万元，b 方案的最大后悔值为 96 万元，c 方案的最大后悔值为 140 万元。经过比较，a 方案的最大后悔值最小，所以选择 a 方案。

4．多目标决策方法

多目标决策（Multiple Objectlves Decision Making, MODM）问题最早是由法国经济学家帕累托（Pareto）于 1896 年从政治经济学角度提出的，他把很多本质上不可比较的目标转化成一个单一的最优目标进行求解。1944 年美籍匈牙利数学家冯·诺依曼（Von Neumann）和摩根斯特恩（Morgenstern）又从对策论的角度提出了几个有多个决策者、彼此之间有相互矛盾的 MODM 问题。1951 年美国经济学家库普曼斯（Koopmans）又从生产和分配的活动分析中提出了 MODM 问题，并首次使用了"有效向量"这个概念，即现代 MODM 中的"非控解"的概念。同年，库恩（Kuhn）和塔克（Tucker）又从数学规划角度提出了向量函数极大化问题（the Vector-Function Maximation Problem），并推导出"有效解"存在的最优条件，他们的"鞍点定理"非常著名。1958 年西蒙（Simon）关于有限理性（Bounded Rationality）的研究可看作 MODM 的一部分。1961 年由 Charnes 和 Cooper 引入的目标规划（Goal Progrramming）是早期的 MODM 方法，其准则是使目标值和实际达到值两者之间差的绝对值之和达到最少。1963 年扎德（LA.Zadeh）从控制论的角度提出了 MODM 问题。1968 年 Geoffrion 从数学规划角度提出了向量优化问题的真有效解的概念，并给出了该解的必要和充分条件。

1968 年 Johnson 系统地提出了关于 MODM 模型的研究报告，这是 MODM 这门学科开始大发展的一个转折点。

MODM 问题从帕累托于 1896 年提出到 Johnson 的系统总结，先后经过了 70 多年的时间。但是，MODM 比较集中的研究和应用是从 20 世纪 70 年代才开始的。1975 年 Cohon 和 Marks 对前面最近几年中发展起来的 MODM 方法进行了回顾和评价，所用的准则是：（1）方法在计算上必须是可行的和有效的；（2）它必须有助于在诸目标中进行协调的明确定量表示；（3）它必须提供充分的信息以便能采取一个有根据的决策。1976 年 David 和 Duckstein 把舒适-不舒适指数的概念应用到评价供选择的水规划问题中，因为这些规划同时影响到几个欧洲国家。同年，Haith 和 Loucks 回顾了在定义和评价多目标中适用于计划工作者的一些方法。

到 20 世纪 70 年代末期，MODM 已成为运筹学/管理科学（OR/MS）中的一个最有动力的并且广泛应用的领域之一。目前，MODM 的研究和应用还在继续，交互式规划、描述性决策模型、与 DSS 和判断心理学的接口、多维风险分析以及在战略管理和经济方针制定等方面的应用代表着主要的趋势。

20 世纪 70 年代末 80 年代初，萨蒂（Saaty）提出的 AHP（the Analytical Hierarchy Process）法可以把定性目标定量化，同时对多准则问题的准则优先序，或对 MODM 方案或策略（一般有限、离散）的优劣进行排序。

中国关于 MODM 的研究主要开始于 20 世纪 70 年代后期，且基本上研究的都是 MODM。20 多年来，不论在理论研究、应用推广或从人才培养诸方面都取得了可喜的成绩。自 1981 年以来，已经举行了数届全国 MODM 会议；从 20 世纪 70 年代后期起发表了一批关于 MODM 的研究论文；对 MODM 方法进行了综述；后来一批学者又陆续出版了关于 MODM 方面的专著。

第四节　群体决策理论

一、群体决策研究的发展历程

群体决策的研究始于 200 多年前，法国数学家 Borda 在 1781 年提出了群体对方案排序的 Borda 规则。1785 年法国另一位数学家 Condorcet，同时又是经济学家和社会学家，提出了 Condorcet 规则和发现了投票悖论。从这以后，许多学者从各个方面对群体决策进行了研究。1944 年 Von Neumann 和 Morgenstern 对多人对策问题效用函数进行了研究。1951 年诺贝尔经济奖得主美国经济学家肯尼斯・约瑟夫・阿罗（Kaneth J. Arrow）在他的名著《社会选择与个人价值》中提出了著名的不可能定理：在乍一看起来非常可信的公理和条件下，并不存在集结社会中各成员偏爱的社会福利函数。这一结果为群体决策奠定了重要的理论基础，并对社会的政治和经济产生了深远的影响。

阿罗从数学上证明了给定合理性假设，没有任何决策是公正的。阿罗的不可能性定理是群体决策研究的一个里程碑，成为群体决策研究的经典性结论。其后，Fishburn 对阿罗定理进行了研究，证明了当群体中的个体成员为无限集时，阿罗不可能性定理变为可能定理。

早期群决策理论的基本原则是：决策群体的最优选择应该是使社会福利达到极大，或群体效用极大。20 世纪 70 年代以后，群体决策研究主要分别由两类学者沿两条不同的途径进行：一条途径是社会心理学家通过实验的方法，观察分析群体相互作用对选择转移的影响；另一条研究途径是经济学家对个体偏好数量集结模型的研究。

妥协（Compromise）、谈判（Negotiation）和群体决策理论（Group Decision Theory）在 20 世纪 70 年代和 80 年代期间获得了很大的发展。群体决策在信息收集、信息处理、方案结果的评价、产生新的方案等方面比个体决策有许多重大的优势。同时群体决策也有缺点，其主要的缺点是在决策时群体成员的意见必须取得一致。

20 世纪 80 年代，群体决策理论研究和方法应用发展到了一个新的阶段，群体决策理论拓展为几个不同而又有相互联系的研究领域：偏好分析、群效用理论、社会选择理论、委员会决策理论、投票理论、一般对策论、专家评估分析、量化因子集结、模糊群体决策理论、经济均衡理论、群体决策支持系统等等。

20 世纪 90 年代，由于计算机、网络通信技术的发展，为消除或减少决策个体之间信息交流的障碍提供了可能，群体决策的绩效也得到了较大的改善。群体决策支持系统成为了当前研究的热点。

群体决策问题的研究虽然起步比较早，但是由于群体决策问题内在的复杂性，群体决策理论既是决策理论的前沿，也是决策理论最为薄弱的部分。目前群体决策理论和方法的研究还很散落，尚未形成一定的框架体系。因此群决策理论的研究还存在着很多问题，而且群体决策在实践中的应用也还需要进一步研究。此外，鉴于群体决策理论研究主要是静态的偏好集结模型，而实际上群体决策是一个信息反复交流最终达成一致的动态过程，所以应该加强对群体决策过程的研究。

中国对群体决策理论的研究应该说是从20世纪80年代开始的，从那以后许多学者从不同的角度对群体决策理论进行了研究。1995年群体决策理论研究引起了学术界的重视。从国内对群体决策进行的研究来看，主要是对群体决策数学模型方法的研究、群体决策支持系统（Group Decision Swport Systerm, GDSS）的研究、社会选择理论的研究等等。这些研究的一个共同特点是模型方法、理论研究的文章较多，而群体决策的实证研究文章较少，这也从一个方面说明中国群体决策的研究还很不成熟，还处于概念和实验室的学术研究阶段，仍没有达到案例实证的研究阶段。从GDSS研究和应用的现状来看，目前GDSS强调的是对构成群体成员间的沟通过程以及对各成员决策结果的集结方法和过程的支持，基本上是对群体决策中委员会决策这样一种决策类型进行支持，针对群体决策其他类型决策进行的GDSS尚不多见。

二、群体决策的定义

群体决策已成为数学、政治学、经济学、社会心理学、行为科学、管理学、决策科学等等多门学科研究的共同交叉点。不同学科对群体决策研究的侧重点不同，导致形成了群体决策复杂多变的名词术语。由于群体决策问题具有内在复杂性、众多学科交叉性以及研究者研究的角度不同，形成了群体决策各种各样的研究模型，也正因如此，至今群体决策也没有一种被广泛接受的统一定义。

国外学者Hwang在1987年对群体决策研究进行了分析和总结后，也给出一个群体决策的定义，即群体决策是把不同成员的关于方案集合中方案的偏好按照某种规则集结为决策群体的一致或妥协的群体偏好序。这个定义强调了群体决策过程是寻找每一个决策个体都能够认可的群体效用函数。这个过程看起来是一个静态过程，而实际上，个体决策者在形成最终的一致或妥协的群体决策过程中是一个非常复杂的过程，有可能这个决策个体意见的一致或妥协过程不得不反复进行直至决策者群体的一致性偏好最终得以形成。Luce和Raiffa认为群体决策问题是定义一个“公平”的方法集结个体的选择来达成一项社会决策。正如Arrow所解释的那样，这个问题变成了集结个体偏好类型以至于产生由这些个体组成的社会唯一的偏好类型。因为能够产生这种唯一的偏好方法有很多，但并不是都是“公平”的。群体决策研究者的目的是找出这种“公平”的集结方法。由此看出，这个定义的重点是集结方法的“公平”性。不同的研究者处于不同的研究角度，给出不同的群体决策定义。

陈珽先生定义群体决策为：群体是由群众选出的代表组成的各种各样的委员会，群体决策是集中群中各成员的意见以形成群休的意见。

本书认为，群体决策是研究多人如何做出统一的有效抉择。群体决策是群体成员共同参与做出决定。多个个体组成群体，个体间可能是合作的，也可能是竞争的，还可能是复杂联合的以及合作基础上的有限竞争等。但必须合作抉择出统一的决策行为。

群体决策与群体问题解决有不可分割的联系，二者的区别仅在于前者强调从一些供选方案中选择一个方案的过程，重视选择，后者强调从已知条件求未知答案的过程。在企业管理中面临许多决策抉择的要求，要解决做什么，谁去做，何时何地去做和如何去做等问题。企业处理重大的管理问题，要做出大范围的群体决策，而具体工作中的问题常需要小范围的决策。

群体决策过程大致可分为三个阶段：第一，确认群体在这个阶段所面临的问题的性质和问题产生的原因，给出满意地解决这些问题的标准；第二，找出可供选择的解决方法；第三，分析可选择的方法，通过群体讨论，比较并权衡各种办法的利弊，做出有可能获得最佳结果的决策。

三、群体决策的基本假设

群体决策的理论建立在个体决策理论的基础上，因此，个体决策理论假设也是群体决策假设，如对决策者理性的假设、偏好的传递性要求等等。除此之外，群体决策由于是多个决策者共同对问题做出决策，它又有自己的一些特点。不同的研究者由于研究的目的不同，对群体决策研究的假设也稍有不同。群体决策一般存在着以下几个基本假设。

假设 1：任何个体决策者难以做出完美决策，都可能会犯错误。

此假设说明个体决策者在做出决策时，存在着犯错误的可能性。因此，决策充满着风险和不确定性。

假设 2：至少有两名决策者需要共同负责决策。

此假设是群体决策区别于个体决策的根本所在，由于决策者需要共同负责进行决策，决策者的个数和决策者之间的本质关系直接影响到群体决策的决策过程、决策机理以及决策结果的质量。委员会决策、组织决策以及团队决策都是由于决策者之间的关系不同而导出的群体决策形式。

假设 3：群体决策一般来说是非结构化的复杂决策问题。

此假设则指出群体决策需要解决的问题往往庞大而且复杂，单个决策者的知识和精力都极为有限，难以做出令人满意的决策，需要集中群体决策者集体的智慧才能创造性地解决问题。

假设 4：群体决策的结果应该是个体决策者的偏好形成一致或妥协之后得出的，即 Pareto 原则。

由假设 1 可知，决策是有风险和不确定性的。正是通过对个体偏好的一致集结，得到来自不同来源的信息，才大大减少了决策带来的风险和不确定性。

假设 5：群体决策质量受到所采用的决策规则影响。

设给定群体决策其他因素不变，所采用的决策规则不同会得出不同的决策结果。当采用不同的决策规则时，每个被择方案都有机会成为最终的方案。

假设 6：群体决策质量受个体和群体的关系影响。

此假设说明决策个体对群体的忠诚度对群体决策具有影响。

四、群体决策的分类

群体决策所涉及的领域很广，有投票表决（选举）体制、社会选择理论、委员会理论、队论（team theory）与分散决策、递阶优化、专家评估、一般均衡理论、对策论、谈判与仲裁等等。

Hersanyi 根据群体中成员的行为把群体决策问题分成两大类。一大类是从伦理道德观念出发，追求群体作为整体的利益的集体（collective）决策，它研究各成员间不存在根本利害冲突的群体决策问题；另一大类是群体中成员追求自身的利益和与其他人对立的价值，即成员间存在利益冲突的对策（或称博弈）问题。本书基本上按照这一分类来介绍群体决策的主要内容。

在集体决策这一大类问题中，群体的组织结构大致可以分为两种形式，一是委员会，一是递阶的权力结构。委员会决策的基本特点是群体中各成员之间地位平等，原则上各成员的权力基本相同。根据委员会基本职能的不同，又可分成两种，一种是作为权力机构的委员会，一类是作为参谋班子或咨询机构的委员会。前一种委员会本身就是做决策的实体，其中不再存在有最后决策权的领导人，这种委员会的基本功能是要集结各成员的偏好以形成群（社会）的偏好，得到最终决策。研究这种问题的是社会选择理论，包括投票表决体制、社会选择函数与社会福利函数等方法；后一种委员会我们称之为专家咨询及群体（公众）参与，其中各成员的权力虽然平等，但其作用是提供各成员的经验，知识和信息，帮助决策人做价值判断，真正的最终决策往往要由组建委员会的高级行政人员来做。

以上两种委员会决策问题的另一个重要区别在于前者往往有现成的备选方案集，而后者则通常要在研究问题的过程中形成方案，再给出各方案的评价意见。

社会中存在的另一大类多人决策的问题是由各种各样的冲突或矛盾引起的。无论夫妻之间、骨肉同胞之间、朋友之间、个人与企业之间，还是生产单位与环境保护部门之间、国内各地区之间、城乡之间、地方与国家之间、国家与国家之间乃至国家集团与国家集团之间，都会有争执即矛盾存在。这些矛盾有对抗性的，也有非对抗性的。非对抗性矛盾如不妥善解决，也能发展成对抗性矛盾，甚至导致激烈的冲突。存在争执与矛盾并不可怕，因为在某种意义上只有靠矛盾的解决才能取得社会的进步，问题是如何防止矛盾的激化，避免不必要的损失。因此研究争执与利益冲突的解决不仅有理论价值，而且有重要的现实意义。

研究成员中存在利益冲突的数学方法是对策论。一般的对策问题按照表达方式的不同可分成正规型、扩展型和特征函数型三种基本类型。也可以根据参加对策的人数、对策问题的重复次数以及问题中各方是否合作来分类。在基于对策论的方法中，协商与谈判、仲裁与调解在现实生活中有着极其重要的作用。

五、群体决策的有效性

决策可以由个人做出，也可以由群体做出。在许多研究中提出这样的问题：群体决策与个人决策相比较，是优，是劣，还是一样？对此，几乎每一种类型的提法都有许多研究给予支持。

群体决策的成功和失败取决于很多因素，如群体进行决策的情境、群体成员的水平和能力，特别是全体决策者的水平和能力。而群体决策客观上也存在有利与不利因素。

1. 群体决策的有利因素

在群体中有大量综合性的知识和信息，因而决策所需运用的知识和信息，可从群体中取得，这比由个人收集更为有利。首先，这可以使群体在决策中集思广益，有助于做出最佳决策；其次，参加群体决策的决策者往往也是决策的执行人，因而决策就成为大家的决议，从而能为更多成员所接受。个别人做出的决策，往往需要说服小组中的其他人，有些人可能会抵制某些提出的最好决策。让每个人参与研究，会使更多人感觉到对问题负有更大的责任，且会产生与别人分担责任的感觉，加强集体意识并使某些人感到满足。

2. 群体决策的不利因素

在群体里制定决策时，每个成员在表态时往往有一定的压力。期望成为一个受欢迎的合群的群体成员，往往趋向于不提出不同的意见，或保持沉默，或者附和多数人的意见。在面对一个强有力的绝对多数情况下，不管理由是否充分、决策是否恰当，其决策也往往为大家所接受。在某些群体中，如群体被一个有才干的人所掌握，这个人由于他的坚强个性和能言善辩，以及在组织中的地位、声望和身份，就可以左右组织的决策。虽然这些品质和特征，没有一个是做出决策所必需的，然而他们在人们中起到抑制群体讨论，降低其他成员的创造力，妨碍其他成员做出积极贡献的作用。

“固执己见”也是群体决策中的一个障碍。通常绝大多数的问题都具有一个以上的可行方案，而群体各个成员又有其个人的偏爱。有些时候，一个成员会坚持他自己的意见，而且认为否定它就意味着失去了面子。因而这种个人的意见之争会演变成意气之争、个人成败之争。

3. 群体决策与个人决策的对比

现有的研究表明，当事人各自单独地为解决某一问题想办法，想出来的好主意要比在群体中面对面时想出来的多。这些发现在部分科学研究人员、管理人员与学生中得到了验证。群体决策的优点，在上面已经做了论述，他们必须与群体决策的短处进行权衡。两者的主要差别有如下几个方面。

（1）决策的正确性。群体决策由于多人参加，有更多智慧和更多知识，能产生比较多的可供选择的方案，具有错误校正机制。并且个人对问题环境的了解是多方面的、具体的，通过讨论得出的决策可以将各人的判断结合在一起，更少片面性。因而，群体决策比较切合实际。

（2）决策的速度。群体决策的过程，是群体成员一起对问题进行分析、讨论和争议，需要比个人决策花费更多的时间。

（3）决策的创造性。个人决策具有较大的创造性。当将四个人单独工作时的成绩予以综合、平均，再与具有四个成员的群体的成绩进行比较。结果表明，前者较为成功。个人能产生较多的主意、较独特的和更好的主意。群体决策由于受多数相互不同意见与论点的约束以及心理因素影响，不易使决策具有大的创造性。

因而个人决策适于工作结构不明确、需要创新的工作，而群体决策则适于任务结构明确，有固定的执行程序的工作。

（4）决策的风险性。在决策理论中，大多以损益期望值（或期望效用值）作为评选决策方案的标准，这个期望可通过计算得出。然而，决策是由决策人担当的，决策人自身的主观因素对决策必定发生影响，这与决策人的个人性格、当前处境及对未来的展望有关。即使是同一决策人，由于时期、条件等不同，对相同的利益和损失的期望也不完全相同。决策人对于利益和损失的独特兴趣、感受或反应，叫做效用。效用实际上代表决策人对风险的态度。

对于个人决策还是群体决策具有较大风险性的问题，曾经进行了大量的研究。许多人，特别是企业管理人员都认为，群体决策可以抑制大胆冒进和风险，在选择较多或较少风险型的两种行动时将倾向采用较保守的决策。然而，许多组织行为学家的研究和实验，却得出了惊人的、完全相反的、引起争议的发现：群体决策与个体决策相比，群体决策具有一种敢冒更大风险的倾向。群体决策会具有更大风险性的原因在于：在群体决策中，个体在群体压力下存在从众性，当群体中大多数人愿意承担风险时，将隐瞒自己的意见而附和众议。同时在群体决策中，责任往往由群体承担，一般成员容易滋生不负责任的倾向，敢冒更大的风险。不过也有些研究实验认为，当群体中多数成员（特别是领导人）比较保守时，群体决策也将趋于保守。这一现象称为群体决策的极化。

4．群体极化

（1）群体极化的含义。在现实生活中，每个人都会面临两种选择：赞同或反对。在这种情况下群体会做出什么样的反应呢？有研究表明群体成员一起进行决策时，会使群体决策更具有倾向性，也就是说做出的决策会比个人自己做出的决定更加极端。这种群体的思维方式叫做群体极化。如果个体在群体讨论之前，对某个决定已经具有了赞同的倾向，那么在讨论后，这种赞同的倾向会更加明显；相反，如果在讨论前，个体对某个决定已经具有了反对的倾向，那么在讨论后这种反对的倾向也会得到加强。

（2）群体极化产生的原因。为什么群体做出的决定会更加趋于极端呢？不同的人会有不同的解释。

① 责任分散。个人在群体中的行为有时会比他们单独时有更小的个人责任感。因为决定是整个群体做出的，所以责任也相应地由大家来分担，每个人的责任都被削弱或感到没有责任，那么即使由于极端造成了失败性消极后果，人们对失败的恐惧也降低了。因此，在这种情况下，人们做出了更冒险的选择。

在这种解释中，群体意识是群体极化的必要条件。每个人都会感到自己是在群体之中，这种群体感以及相伴的责任感的扩散是产生群体极化的关键要素。

② 信息的影响。群体成员在自己做出决定时，并不能想到自己做出的决定的所有理由，但在群体讨论中，每个成员的意见综合在了一起，占优势的观点就会获得更多的观点的支持，这样有些群体成员就容易被说服，从而使他们改变观点，转向这种有说服力的观点。所以在群体讨论中，群体就更倾向于支持在群体讨论之前略占优势的那些观点。

③ 文化价值观。1965 年罗杰·布朗提供了解释群体极化的另外一种假设。这种解释认为，采取冒险行动和保守决定都有文化价值。换句话说，在某些文化中，人们称赞冒险，而在其他文化中，谨慎保守则受到肯定。

在群体讨论的情况下，通过讨论评价某种特定的文化价值会进一步得到强化。比如，在鼓励冒险、赞扬冒险的文化中，当人们在一起讨论时，有人提出大胆的冒险的想法会更多地受到肯定，得到赞赏。这样一来，那些持保守落后想法的人发现自己并不受欢迎，因此也会朝着更冒险的方向改变自己的态度。结果导致最后的决定更具有冒险性。

许多研究发现，在许多产生了冒险迁移的情境中，人们说他们欣赏高度的冒险选择（利文格尔等，1969 年；皮尔克尼斯等，1969 年）；对冒险者的估价比谨慎者要高些（马丹拉斯等，1968 年）；觉得自己比其同伴更具有冒险精神（巴德等，1970 年）。因而，正像假设的期望那样，当人们高度评价冒险时，冒险迁移就会发生；相反，当人们高度评价谨慎时，保守迁移就会发生。

比如，普鲁衣特（D. Pruitt，1971 年）以并不崇尚冒险精神的乌干达人为被试对象，以两难问题选择为实验材料，结果表明，乌干达人在经群体讨论后做出的决策，就如同个人单独做出的决策一样，都很小心谨慎。

再比如，中国的滕桂荣（1989 年）以男大学生为被试对象所做的研究表明：对中国大学生来说，群体决策并不比个体决策更冒险或更保守。而是群体成员意见的平均。这种结果与中国文化倡导中庸之道不无关系。

总之，群体极化的产生与鼓励冒险精神的文化价值有密切关系。群体也并非总是增强个人的冒险倾向，有时，也会出现相反的情况，在高度评价谨慎的文化中，会出现所谓“保守迁移”，这些都是群体极化的表现。

5．群体决策的改进

个人控制和小团体意识对团体决策过程的损害是显而易见的，但并不是不可避免。研究证明受过教育学习的群体，能够获得较好的决策。在群体决策过程中，达到完全一致的意见是很难做到的，这也并不是目的。但要求参与决策的每一个人在合乎逻辑与切实可行的基础上接受这个决策，取得同意。成为群体决策，应该采取以下的方针。

（1）避免为自己的观点而争辩。尽可能清楚地和逻辑地倾听其他人员的意见并认真地加以考虑，然后再表明你的观点。

（2）当讨论处于僵持状态时，不要去设想谁胜谁输，相反的，应当去寻找另外一个较能接受的方案。

（3）不要简单地为避免冲突或得到赞同或妥协而改变你的想法。当轻易得到赞同时，要持有疑虑之心，应探求其原因。

（4）避免采用诸如多数表决、平均、掷币和讨价还价形式的方法来减少冲突。当持异议的成员最后表示赞同时，不要认为他一定是得到了什么报酬。

（5）意见有所差异是很自然的，也是希望得到的。把它们挑出来，并尝试使每一个人参加到决策讨论中来。“不赞同”是有助于群体决策的，因为可以比较群体决策的各种方案，收集更多的信息意见，从而使群体有更多的机会来做出更为合适的决策。

避免小群体意识、改善群体决策有一些具体做法。如群体的领导人要防止迫使群体采纳自己喜爱的方案，他们应该经常使群体成员成为一个评议者，使之对任何意见要以评论的眼光去看。

领导人自己应该真心地而不是假心假意地欢迎别人对自己的意见提出不同的看法，要支持持有异议者表达他的见解和意见。

在将问题交付群体进行决策讨论的时候，领导人不要在开始时就表示自己的倾向性意见。除了需决策的问题本身需要保守秘密的情况外，应该广泛征求各方面的意见。也可以要求组外的专家来参加。甚至，群体领导人可以有意识地指定一位成员专门在群体很快要统一意见（即将决策）时，提出与众不同的相反的意见。

群体可以事先推定一个人担任一个与众不同的“唱反调”的角色，这个角色可以轮流担任，不固定于一个人。

在对一个重大的非常关键的问题进行决策讨论时，在快要达成统一意见时，不要匆忙做出决议，要创造一个让大家再一次深思熟虑的第二次机会。

六、群体决策方法

1．头脑风暴法

头脑风暴法或称奥斯本的震脑法（Bainstorming），是由亚历克斯·奥斯本为了帮助一家广告公司产生观点而制定的。这种方法问世后，被广泛应用到许多需要大量的新方案来回答某一具体问题的场合。这是用小型会议的形式，启发大家畅所欲言，充分发挥创造性，经过相互启发，产生连锁反应，然后集思广益，提出多种可供选择方案的办法。这种方法需要创造一种有助于观点自由交流的气氛，开始只注重提出尽可能多的设想，并且不过多地考虑其现实性，某些人提出一些想法后，鼓励其他人以此为基础或利用这些想法提出自由的设想。通过这种方法找到新的或异想天开的解决问题的方法。

头脑风暴法成功的关键，一是选择好会议参加者；二是要有高明、机敏的主持人；三是创造一个良好的环境，任何人提出的任何意见都要受到尊重，不得指责或批评，更不能阻挠发言。

2．哥顿法

哥顿法（Gordon Technique）是由威廉.J.J.戈登（William J.J.Gordon）为了解决技术问题而拟定的一种方法。它也是以会议形式请专家提出完成工作任务和实践目标的方案，但要完成什么工作，目标是什么，只有会议主持人知道，不直接告诉与会者，以免他们受到完成特定工作和目标、思维方式束缚。因此，可以把它看成是一种特殊形式的头脑风暴法。例如，企业要开发一种新型粉碎机，会议主持人不把此目标直接提出来，也不说明要说什么东西，而是请专家提出如何把东西破碎的方案。经过充分议论，主持人在适当的时候再把开发粉碎机的具体内容提出来，以形成更有吸引力的开发方案。

3．德尔菲法

德尔菲法（Delphi Technique）是由美国兰德公司提出的，采用定量和定性相结合的方法进行决策，它已成为一种非常普及的技术预测方法。它既可以由群体成员来完成，也可以由分散的成员来完成。这种方法是就某一个问题或事项运用函询的方法，征求专家的意见，其过程如下。

（1）邀请一群专家，以某一问题为主，请他们就将来可能发生的重大结果提出各自的想法或意见，分别用不记名的方式进行预测。

（2）由调查人员整理上述专家意见。

（3）把整理的结果反馈给各成员，再次征求他们的意见，并以这种方式反复几个回合。通常是用逐次逼近法来集中问题的解决方法和取得一致的意见。然后决策者利用这些预测资料来进行决策。

这种方法的最大的优点是提案与评议分离，即提评分离，能充分发挥专家作用，不论其地位如何，避免了从众行为。

4．主从递阶决策法

决策者各自处于不同的层次上。一般地，高一级决策机构自上而下地对下一级若干决策机构行使某种控制、引导权，而下一级决策机构在这一前提下，亦可以在其管理范围内行使一定的决策权，虽然这种决策权比较起来处于从属的地位。在这种多层次决策系统中，最终的决策结果往往是寻求使各层决策机构之间达到某种协调的方案，具有以上特征的决策问题称为主从递阶决策问题。

主从递阶结构的决策问题最初是由 Von Stackelberg 于 1952 年在研究市场经济问题时提出的。因此，主从递阶决策问题亦称 Stackelberg 问题。这方面的早期工作主要是从对策论的角度出发，对静态和动态 Stackelberg 对策问题加以研究。

1973 年，Bracken 和 McGill 提出了以数学规划理论和方法为基础，通过建立多级数学规划模型来研究 Stackelberg 问题。在此基础上，Falk、Aiyoshi 等人分别从不同角度对此类问题的求解方法进行研究。

七、社会选择问题

从群体决策问题的分类中可以看出，其中涉及面最广、最为重要的部分是社会选择问题。

人类社会一经形成，就存在着社会选择问题。所谓社会选择是指公众就有关的重要问题，如重要职位的人选、政策的制定乃至国家政治体制的确定等等，进行决策。人类社会的发展过程中采用过的社会选择方法主要有传统、独裁、投票表决和市场机制。

传统可以有多种不同形式，它可以是社会的风俗习惯乃至宗教法规等包罗甚广的惯例。

而独裁则是由个人或小集团对社会进行统治，按照个人或小集团的意志进行行政管理并代替公众进行选择。中国长达两千多年的封建社会的本质就是以独裁方式进行社会选择，朝代的更迭只不过是独裁者的交替。在传统与独裁这两种社会选择方式之间并无不可逾越的鸿沟。根据传统进行社会选择，往往会不自觉地导致独裁。

到了现代社会，经常采用的社会选择方法是投票和市场机制。投票通常用于政治决策，市场机制通常用作经济决策。在混合经济体制的英、法和斯堪的纳维亚诸国，虽然这两种社会选择方式同时存在，但是投票的使用范围更广，常常直接或间接地通过投票做决策而较少采用市场机制。但是就本质而言，市场机制也只是投票的一种特殊形式：以货币进行投票。

Luce 和 Raffia（1957）指出："用最通俗的语言来说，所谓社会选择就是要根据社会中各成员的价值观和对不同方案的选择产生社会的决策。即要把社会中各成员对各种状况的偏好模式集结成为单一的社会偏好模式。从个人对社会状态的备选方案的偏好产生社会偏好的最常用的方法或步骤，即惯例、常规、职权、独裁者的命令、投票、市场机制等等。这些方法并不全都公平合理……因此，我们的任务之一是要判断有哪些方法能充分考虑社会中各成员的福利。"

八、团体对决策者行为的影响

对决策主体来说，组织环境为他们提供了大部分决策背景。这一背景既是一个过滤并修正信息的筛子，同时也是很多决策信息的真正来源。例如，可能是组织中的其他成员负责为决策者收集并提供信息，至少在决策者看来，他们的行为是决策的关键部分，是影响决策的主要源泉。在某团体内工作，每个成员都面临着向他们提供信息的刺激或暗示，可以使其预测什么样的行为是可接受的，或者对他们已做之事进行反馈。这些刺激可分为两类：普遍性刺激和选择性刺激。

1. 普遍性刺激

普遍性刺激（ambient stimuli）指所有团体内成员都能接受到的刺激。这仅仅因为他们是组织的成员，而且处于某种特定的自然和社会环境中。在某种意义上，它们是固有的且每个人都能得到的。普遍性刺激可以从组织及其所处环境的很多特征中演化而来。这些特征可能有自然位置、部门在工作团体内的地位、组织中工作人员的类型，以及团体从事的任务和工作的种类。这些刺激为潜在的进入者描绘了一幅组织的蓝图并为个人应采取的态度提供了一个参照点。

对那些试图进入某一组织的人们来说，不同的普遍性刺激的重要性是不一样的。例如，从组织外部招聘的管理人员可能会受到普遍性刺激的影响而决定加入（或不加入）组织，这些普遍性刺激主要与工作性质、地位（可由级别表示）和在组织等级结构中的位置等有关。另一方面，组织内原工作人员会受到全然不同的一系列刺激的吸引。比如，组织成员对可感知品质的要求（或至少是组织成员具有的品质）。如果地位是重要的，那么这些刺激可能只限于局部，而对从外部加入的新成员意义不大。

普遍性刺激对组织内个体决策者的作用和重要性不应低估。在建立必要行为和意外行为之间的联系时，普遍性概念为我们提供了一条重要的线索，特别是在组织内行事准则的提出方面。普遍性刺激向新成员描述了什么是可以得到的。例如，组织是否能为个人提供社会和感情上的满足感，是否存在确实发挥个人才能和取得成就的真正机会。其他的普遍性刺激，特别是团体内其他成员的行为，为某个人应如何行事才能获得满足感提供了线索。通过观察，我们知道团体有哪些个人奖励，以及我们应如何获得这些奖励。通过这种方式，我们的行为在未受到任何有意识的压力的情况下得到了影响和调整。这是一个由个人来检测标准并由组织成员消极地展示这些标准的过程。普遍性刺激到底在多大程度上影响了个人的行为，这是由他（或她）对所提供刺激的评价决定的。

2．选择性刺激

组织环境中的普遍性刺激为成员提供了最初的价值观和吸引力，但是，意外行为长期受另一种具有决定自由和选择性特点的刺激的影响。选择性刺激（discretionary stimuli）指的是那些在某种程度上由团体成员控制的，以及个人所经历的、对他们在团体内实际行为的直接反应。例如，当某个管理者制定一项决策时，同事表现出的理解和支持就是一个选择性刺激。它是具有针对性的具体行为，是个人对特定事件或行为的反应。尽管任何成员都有可能获得这种选择性刺激，但它们是能被授予或收回的，并且随特定行为的变化而变化。因此，选择性刺激有助于多个目标的实现。

（1）它们促进了组织成员的社会化。尽管这会在所有组织内发生，但是，它在以下情况下尤为明显，即组织的首要目的是影响成员的信念、态度和价值观。如政治教育、身体健康、宗教教育等。在这些情况下，选择性刺激可以有选择地用来加强组织成员的可接受行为和惩罚不可接受的行为。很明显，加强和惩罚的程度会因每个成员向某理想状态的进程的不同而不同。

（2）它们导致了一致性和可靠性的产生。在组织的发展中出现的最强有力的一个概念就是做事的正确方式。组织根据人或环境的态度以及实然和应然的概念，非常迅速地采取某种行为模式，组织成员间在这些方面的高度一致性经常是特别重要的，而选择性刺激则是实现一致性的主要手段之一。

组织成员可能被强烈号召以影响其他成员或整个组织的行事方式。这时，组织成员会高度重视个人行为的可靠性与可信度。这种对可预见性的需求由于高度一致性的发展而得到满足。为了加强和增进组织作为一个社会单位的凝聚力，组织将会采取一致性行为，而忽视已规定的工作要求。对高度个人化的风格和行为模式的容忍好像与组织凝聚力负相关，成员对组织的评价越高，他们就越可能对那些行为不一致的个人施加压力。同理，达成一致的决策模式（比如总是与全体成员协商）有助于增进大家对“组织是一个真正的组织”的感受。不幸的是，从决策效率的观点看，一致性的强大压力虽然会增强凝聚力，但它妨碍了那些能够提高组织决策能力的行为。例如，新的想法会被压制。

（3）可用它们来增进出现的差异。与一致性概念直接相对的是差别性行为的出现，特别是从组织成员承担的角色来看。在任务明确的组织中（按外部系统的要求），这一角色的差异集中于维持组织作为一个社会单位的行为。诸如组织内的小丑、朋友、律师、活跃分子等角色将在很短的时间内发展壮大，很快就难以打破和改变他们。所扮演的角色一旦确定下来，组织成员就会发现改变其在组织内的角色是根本不可能的，不管他们多么希望这样做，同样地，新成员也会发现他们很难进入已由组织成员长期占据的角色。

角色结构的发展超越了外部系统的需求，这是组织真正建立的一个表现。角色结构提供了团体成员关注的焦点，对外部人员而言，这一特征提供了一个辨别的信息来源和参照点；它还因为成员间关系的确定而减少了模糊性，提供了成员间相互联系的舞台。于是，一致性和差异性以一种奇特的方式结合起来，以维持和保护行为、不同角色和关系的固定模式。

3. 普遍性刺激和选择性刺激的重要性

加入组织的个人通过内在环境的普遍性刺激而对组织环境有了整体的认识。当其他成员进行选择性奖励和惩罚时，他（或她）的反应分别直接得到了加强。迄今为止，重点就集中到选择性刺激的使用上，特别是对那些潜在的或现实的违规者的刺激。然而，普遍性刺激在组织内个人行为的管制方面也是同样重要的。管理者在获得提升后，能够很好地适应并轻松融入新的组织，这种管理者在加入组织的初期阶段对普遍性刺激比较敏感且反应很积极。事实上，如果预计到要加入新的组织，比如更高的管理层，这时，可能的成员就会开始形成或调整他们的行为，这种行为叫做预期社会化（anticipatory socialization）。很明显，事先进行某些适应性调整，将有助于组织模式的稳定化过程；它也许是为了应聘，因为如果某人表现出的行为得到了赞许比起那些行为明显“不具有组织特征”的人，前者更有可能成为组织成员的候选人。

九、组织与决策

对工作组织职能的看法，特别是意外行为的概念，对我们考察组织内进行的很多决策过程是非常重要的，它们使我们更清楚地了解了这些决策制定的方式以及组织的问题是如何解决的。

1. 组织决策的结果

一个有用的出发点就是考虑组织决策行为的可能结果。这些结果可以从生产率、满意度和个人发展三个方面考虑。

（1）生产率。生产率是组织创建者最感兴趣的。毕竟，管理小组的成立首先是为了或达到什么目标或生产什么产品，而不是如何做的问题。比如，我们招聘工程师和会计师是着眼于他们的生产能力而非他们在组织中协同工作的技能。工作组织中团队工作的基本目标就是用生产率衡量的。我们成立决策组织是为了能在特定的领域和情况下做出决策，而其评判标准则是他们是否实现了这一目标。

生产率在几个方面受到意外行为的影响。例如，我们经常观察到，工作团体通过发展与

“合理性”、“努力”、“一天的正常工作量”等概念有关的规范来决定它们的产出水平。尽管一般是在对关心常规产量的组织的研究中报道这种结果，但在实际上，所有的工作组织都可能建立这种生产率规范，在那些最初关心的是制定决策和解决问题的团体中，我们也可能会发现同样的对产出的控制。这类控制可能在制定决策花费的时间、消耗的能量以及每次执行决策的数量等方面有所反映。

有些决策组织经常试图重新协商或界定它们运行的背景，其中，必要生产率的概念也会受到影响。组织解决问题的性质是不断扩大的过程，强调各种解决方案的相互影响和所采纳决策的连锁效应（knock–on）。在这些情况下，团体成员经常会努力拓宽与他们的努力相关的领域，在某些时候则使这些领域更具体化。比如，为了确定推出一种新产品的可行性，一个专门的项目小组成立了。在此过程中，小组成员会发现有必要考虑并建议对当前的产品系列进行调整以便充分利用新产品。但是在设立项目小组时，高层管理者可能并未想到调整的问题。如果外部系统强调的是结果而非手段，是目标而非过程。那么，只有在决策完成以后才会发现变化，到那时候，变化就不会受到怀疑和反对了。组织成员可能不将变化明确表现出来，而对正在处理的问题，有些方面他们是英雄所见略同，正是在这一共识基础上，他们开展了工作。变化可能在很长时间以后才发生，逐渐透过外部系统对最终结果的认识并对其产生影响。在以上情况下，那些确立并依赖于团体产出的其他组织成员会发现出乎意料的结果，决策涉及到了先前未被考虑的领域，或者由于对问题的看法太受局限而使决策失效。

（2）满意度。工作组织的成员身份以及与其他人共同参与决策是个人巨大满足感的源泉。但是，这种满足感与生产率不是自动联系在一起的——当然也没有与外部公司或组织体系确定的生产率标准自动联系在一起。意外的行为模式，诸如共同价值观或相互影响的方式，为组织成员提供了很多奖励。而在那些满足公司利益的行为和可以为组织成员提供其他奖励和满足感的行为之间则可能发生冲突。在此情况下，组织的行为很可能会达成一种妥协状态。在保持产出和生产率达到外部系统可以接受的水平的同时，加强和增进组织成员的满足感。决策组织可能发展最有利于组织成员的工作方式和流程，而非以可能最好的解决方案为目标。某些团体，其任务与制定决策密切相关（比如，计划小组或管理委员会）。它们在组织内的地位很高，且来自外部系统的规定相对较少。因此，在决策过程中其行为的选择有很大自由，正是这一自由导致了受奖励的意外行为的增加。

有一点值得强调：虽然满足感并不必定导致生产率的提高，但生产率的提高却经常带来满足感。作为有效团体的一个成员，如果他（或她）很在乎其所在团体及所从事的工作，其骄傲和成就感会带来满足感。对个人来讲，这称之为“胜任感”和“胜任激励”。

（3）个人发展。不同的决策在容许成员有多大程度的成长和发展自由方面有很大的差别。组织在很大程度上为发展起来的规范设定了界限。在此界限内，每个成员都能满足他们对心理成长和自我实现的个人需求。通过巩固与团体内他人的关系获得高度满足感，在这种情况下，就没有必要再为这些人提供可以发现个人发展和学习机会的环境了。但是，决策组织既可以提供高度满足感又能提供实现个人高度发展的机会（例如，在那些要求个人对决策过程应有较大贡献的情况下）。高度重视个人成长和发展机会的团体很可能会制定这样的决策策略，即注重对这类机会的提供，而非直接注重外部系统对工作的要求。

2．组织可接受的决策

在小型组织中进行决策的个人所承受的压力是很大的。对很多决策者而言，他们与组织内其他成员的接触是常规的、直接的，它只限于工作组织中的少数人，与其他人之间的接触则要少得多，而且是私人接触。对他们来说，组织生活的现实就是工作组织。这有以下几个含义：

（1）组织内其他成员会非常迅速地对个人行为进行评判。因而，同事会仔细考虑个人行为以便做出有利的判断，对大多数人来说，从其他人那儿获得尊重的需求是很强的动机。

（2）对决策行为的支持和认可，最可能来自那些最直接相关的人——他们还是工作组织内的其他成员。这一支持可能特别有效，因为可以迅速获得。假如组织成员的行为限于该组织规范允许的范围内，那么支持将是一致的。

（3）个人也要为组织其他成员提供这种支持。支持行为在团体内是相互的，所以，人与人之间要相互尊重，这提高了组织的价值和组织在成员心目中的地位。

在上述情况下，面对这么多的压力，可能会出现沿决策过程的运动（以及朝决策本身的运动），其首要目的是被组织接受而非组织利益的最大化。

西蒙提出的满意化行为的概念用于这种组织背景中是很合适的。组织决策或成员行为的驱动力基于这样的愿望，即要让决策维持固定的程序并且提高组织体在其成员眼中的价值。此时，做出任何决策都要比制定满足以上条件的决策更重要。有时候，如果组织体在制定决策时颇费踌躇，最好的解决方案就是推迟制定任何决策。在产生足够好的解决方案过程中，组织可接受的标准起着主导作用。

3．组织制定的决策

组织内某些类型的决策习惯上就是由集体做出的（比如，高级员工的选择或购买超过一定价值的物品）。组织结构，指组织的设计可能就是为了将负有一定责任的管理者集中起来制定决策（比如通过管理董事会的形式在诸如战略计划等领域授予共同责任的部门首脑），而有关人士集中起来参与决策则有助于交流（比如联合协商会议）。

组织方式如何组建与决策是否成功有着密切的联系。当然建立一个制定决策的组织本身并不意味着这些决策会取得成功。组织一旦建立起来，真正的决策过程可能是多种方式的。例如，组织可能仅仅提供了一个由强权人物主持的论坛，其他成员只能对此表示默认或赞同。与此相反，组织的设立也可能是为使其余成员真正参与决策过程。对不同方式组织决策的有效性研究集中于以下几个方面。

（1）组织决策的质量。在有些情况下，当内部过程正确时，组织能够制定出质量非常高的问题解决方案。有时，比起这个组织内的成员以个人决策者身份制定的解决方案，前者要优于后者。有关正确决策过程的建议包括以下几个要素。

① 全部组织成员的高度参与。

② 不管是谁提出的想法都应平等对待。

③ 决策的执行要以一致同意的方式，要切实努力以确保全体成员都同意最终制定决策。

（2）决策的速度。很明显，在决策的"抉择"阶段，很少出现组织决策比个人决策速度更快的情况。但是，如果决策方案囊括了全部决策阶段，或者甚至包括了整个解决问题的周期，那么问题就会变得非常不易决断。

在选择决策方式时，决策过程的速度当然是要考虑的一个问题，但是与对质量和可信度的要求相比，它或许被过分强调了。在考虑了速度作为一项决策属性的重要性后，弗洛姆VrooM和耶顿Yetton指出，只有在考虑了诸如决策质量和执行的承诺等更重要的因素以后，决策速度才能成为一项决策标准。

（3）可信度。

对参与决策的研究表明，主要一项收益就是增加决策和决策成功执行的可信度。可以这样总结："如果你制定决策，你就要使它发挥作用。"对决策过程的参与培养了主人翁的感觉和随后将其付诸实施的决定权。将决定强加到外来人员身上不会产生主人翁意识，并且缺乏使决策成功的动力和可信度。

4. 组织决策的优势

在考虑到组织决策对组织的潜在好处时，重要的是要区分两组特征。首先，在某种意义上说，组织决策的某些特征仅仅因为它们是组织的决策而存在；第二，如果组织工作非常出色，有些特征是可以得以体现的。正如某个决策者的决策效率会因专长、实践和技术的不同而有高有低一样，组织决策的绩效也会有所变化。同理，个人的决策技能经过培训而获得提高，组织也能通过经验和实践的积累而越来越有效率。

（1）内在优势。团体决策表现出如下的内在优势。

① 它减少了对沟通的需求。实际受到影响和牵连的人参与决策的机会越多，决策制定后的沟通就越容易。

② 它提高了协调能力。团体决策本身就是一种协调机制，在执行决策时所采用的行为方式就可达成一致。

③ 它增强了承诺力度。参与决策的成员想亲眼目睹决策发挥作用。很显然，这种承诺的水平取决于决策的制定方式，但只有参与决策这一事实才是增强执行决策承诺力度的重要因素。

（2）潜在的优势。组织决策的支持者指出了在正确的条件下组织决策可获得的更有可能的收益，为了实现效率最大化，条件如下。

① 组织成员要有能力；

② 就组织决策方式进行培训；

③ 提供实践的机会；

④ 管理者适当的领导；

⑤ 鼓励和积极反馈；

⑥ 来自外部系统的支持。

给定这些条件，组织还要通过以下方式制定高质量的决策。

① 范围更广的可选方案。组织要比个人决策者更容易产生并考虑到更多的可选方案。

② 更多的信息。在问题是非结构化的情况下——，在需要什么信息和信息采取什么形式方面存在不确定性时，组织可带来关于问题的更多信息。

③ 创造力和风险承受能力的增强。组织决策为有创新观点的形式提供了良好的载体，个人的观点可以形成并被修正，成员如果得到了组织的支持，那他们就可以采取更具风险性和有"出路"的决策方案。

十、管理与决策

管理岗位与其他岗位的不同之处在于管理岗位上的管理者通常是由上级从与组织环境直接相关的外部任命，并作为工作团体内的一个具体角色而被授予权力和责任。管理者通常负责某一阶段的任务或组织的某一部分，他们所扮演的是领导角色。管理者实施被授予的权力，有权决定如何实施权力，即管理者无权选择权力，有权选择实施方式。

1. 管理方式与决策效率

当我们对团体环境下管理者的位置进行考察时，明显发现管理者和他人的关系和相互作用有些特别。用决策的观点来看，很多决策的一个明显而突出的特征就是它由一个管理者而非整个团体来承担决策的责任。因此，在出现问题时，管理者马上面对的就是决定如何采取决策的问题。

与领导方式的选择根本相关的是管理者在多大程度和什么基础上让工作团队内的非管理成员参与进来。有三个因素会限制管理者在这方面的自由选择。

（1）管理权力的基础。管理者通过被任命到某个岗位而获得了相应的特定权力资源，即授予该角色以权威。大多数工作组织中的价值观增强了管理者领导和被服从的权力欲。当然，这一权力在工作目标与外部系统目标相一致时才是最强大的。即使管理者的管理权面临着挑战和威胁，那通常也是针对它的范围而非绝对基础。

权威，虽然处于管理的中心位置，但它很少单独作为管理者权力和影响力的基础，它一般会得到下列因素的支持：

① 奖励（如提升或加薪）和惩罚（如收回预期的奖励和优惠，以及解职等更极端的制裁）的能力；

② 表明自己的技术和专长，包括技术能力和组织能力；

③ 把管理者当作一个人来尊敬和爱戴。

正如权威和基于奖励与制裁的权力联系在一起的方式一样，权力和源于技术与专长的影响力也与从尊敬和爱戴中得到的影响力联系在一起。前者基于管理者所扮演的角色，后者则基于管理者本人的能力和品质。能够充分利用管理权力全部资源的管理者更有可能影响他人，从而在领导方式的选择方面也有较大的余地。

（2）管理者和下属之间的关系。我们在此关心的主要是管理者和他们下属之间的信任度和沟通开放度。这一关系可能受到很多因素的影响，包括管理者与团体内其他人的价值观念和目标、相互之间的信任程度，最重要的是管理者对团体内成员的技术和专长的认识程度。

（3）有待制定的决策和有待解决问题的性质。不同类型的决策会要求作为领导的管理者有不同的作为，正如我们所表明的，决策可以是：①战略性的或经营性的；②结构化的或非结构化的；③独立的或非独立的。

2. 管理决策方式的选择

根据权力、关系和任务类型对决策环境加以诊断，我们有可能选择有助于产生较高效率的管理方式。

弗洛姆（Vroom）和耶顿（Yetton）在推进选择管理方式的情境分析法（situational approaches）方面颇有建树。他们用决策树的形式设计了一套规则，指导管理方式的选择。

他们提出了从管理者自己决策的高度集权式到高度民主和参与式的一系列管理决策方式，这些方式都具有如下五个基本策略：

策略一：管理者用可立即获得的信息独自制定决策。

策略二：管理者从下属那儿获得需要的信息，然后做决策，其他人的参与严格限制在提供信息方面。

策略三：管理者与下属单独讨论问题，但仍保留决策权。

策略四：管理者与下属集体讨论问题，鼓励集体想办法，但仍保留决策权。

策略五：问题的讨论和解决以集体方式进行。管理者与下属试图就某个解决方案达成一致意见然后再采用该方案。

弗洛姆和耶顿区分了很多决策尺度，将它们放在一起考虑，可以使管理者决定采取以上五种方式中的哪一种。他们设计的问题诊断要考虑到如下几个方面。

（1）“质量”尺度。事实上，在可供替代的解决方案中选择哪一个会在多大程度上产生影响呢？在有些决策中，众多解决方案中的任何一个都是可以接受的，而且在其他条件相同的情况下，五种管理方式中的任何一种都适用。在另外一些决策中，肯定会有一个解决方案要比另一个方案更好，出现这种情况时管理者必须确保能够提出高质量的解决方案。

（2）“信息”尺度。谁拥有制定高质量决策所必需的信息呢？管理者对问题的了解足以使他独立地解决这一问题吗？如果不是，他知道需要什么信息以及从何处获取这些信息吗？如果存在不确定性，无论这一不确定性是关于需要什么信息还是从何处获取信息，下属都可以通过提出对问题的共同看法和集体研究来提供信息并增进对问题的了解，促使高质量解决方案的产生；如果问题是结构化的（于是管理者知道需要什么信息以及从何处得到信息），那么集体参与就可能是不必要的，此时就需要同下属单独协商来获取信息。

（3）“可信度”尺度。很多决策的成功执行有赖于他人的行动和解释。他人的接受和认可在多大程度上影响着决策的成功。这里隐含着的假定是，参与决策过程的人越多，他们就越相信决策方案会取得成功。

（4）“能力”尺度。只有当团体实际上具有制定高质量决策的能力时，使用团体一致同意的方法才是合理的。在寻找解决方案时，团体成员会做到目标共享吗？即使目标相同，是否会出现对各自偏好方案的不同意见？允许团体参与和讨论的决策方式是暴露和解决这类冲突的有效途径，但是如果对决策质量有较高的要求，管理者有时必须保留最终决策权。

通过依次考虑这些尺度，管理者得出了选择管理方式的一个基本原则。例如，其他人会参与决策以提供信息，帮助阐明问题或是产生可信度。

因此，参与程度首先是通过考察能力尺度来决定的。实践中，这一过程基本上是一个排除过程而非积极的选择过程，它将不合适的方式摒除掉而非选择特别合适的方式。举例来说，在要求高质量决策时，管理者信息的缺乏会阻止高度专制方式的采用。这一“摒除”过程经常意味着某个特定决策存在着几种可接受的管理方式。

3. 灵活性要求

决策的情境分析法指出了僵化地采用某种特定决策方式的内在缺陷，不存在适合所有决策情境的单一决策方式。采用如下方法会更有效：

（1）通过考虑质量、信息、可信度和能力四种尺度，确定面临的决策类型。

（2）通过排除在当前情况下不可接受的管理方式，将可接受的方式分离开来。

（3）如果存在一种以上的可接受方案，选择与长期目标相符的或者能使决策最快制定的那种。

情境分析法为我们考察和了解决策问题提供了系统的基础，为管理决策提供了支持。管理方式的选择不再只是与风尚和组织文化相关的事情。该模型为那些决策方式与流行的组织气候不相称的管理者提供了支持。然而，真正的检验依赖于最终选择的质量。不幸的是，管理者诊断决策情境和决定最适当管理方式的能力本身并不能确保高质量决策的最终实现。可能的情况是，管理者经过深思熟虑后放弃了原本适当的某种方式，因为他（或她）认识到成功实现这一方式的技能还不具备。从长期固定的行为方式转向更灵活的方式，这种转变的确可能会使相关的管理者承担某些个人风险。

如果管理者不具备在所有管理方式下运作所必需的技能，那就不要指望他们在决策方式方面采取灵活的态度。通过培训使管理者具备使用不同决策方式的技能是准备和组织高质量决策的关键。这不仅使得使用不同的管理方式获得成功成为可能，而且为采取灵活方式的管理者提供了激励。当人们拥有相关技能时，他们就想寻找机会以利用这些技能。

复习小结

1. 现代决策研究包含了行为科学和心理学的内容，试图从人类行为的根本上探讨决策行为的一般性规律。

2. 决策的复杂性（Complexity）是指实际决策背景往往比决策分析模型要复杂。

3. 赫伯特·西蒙（Harbert A. Simon）提出了基于“满意”而不是“最优”方案的“有限理性”决策模型。

4. 管理决策的类型：按决策的层次分为战略决策、战术决策；按决策的目标分为单目标决策、多目标决策；按决策的动态性分为静态决策、动态决策；按决策的程序分为程序化决策、非程序化决策；按决策的自然状态分为确定型决策、风险型决策、纯不确定型决策、竞争型决策；按决策的阶段分为单阶段决策、序贯决策、按参与决策主体多少分为单主体决策，群体决策；按决策的层级分为高层决策、中层决策、基层决策、主从递阶复合决策。

5. 管理决策的原则有经济性、系统性、预测性、可行性、灵活性、民主性、科学性等。

6. 管理决策的基本过程分为四项活动：情报活动、设计活动、选择活动、评审活动。将这些活动再分为问题识别（发现问题）、问题定义（确定目标、搜集资料）、制定方案、评估和优选方案、贯彻实施、反馈及控制等六个阶段。

7. 管理决策方法：确定型决策方法（线性规划、量本利分析法）；风险型决策方法（决策树法）；不确定型决策方法（小中取大法、大中取大法和最小最大后悔值法等）；多目标决策法。

8. 群体决策：群体决策更具有倾向性，比个人做出的决定更加极端，一般表现为更加冒险的倾向。

9. 群体决策的方法：头脑风暴法（Bainstorming）、哥顿法（Gordon Technique）、德尔菲法（Delphi Technique）、主从递阶决策法。

10. 组织决策的结果从生产率、满意度和个人发展三个方面考虑。

11. 管理决策方式：从管理者自己决策的高度集权式到高度民主和参与式的五种管理决策方式。

案例分析

北内集团的管理决策案例

北内集团总公司的前身是北京内燃机总厂，该厂成立于1949年4月11日，是一个以生产发动机为主的专业厂。20世纪50年代，该厂曾生产出著名的“北京红犁”牌发动机；60年代，生产出4115柴油机和492汽油机；80年代，随着492发动机产量的不断扩大和质量的不断提高，北内集团享誉全国。其中49QA2汽油机和4115T柴油机双双获得国家银质奖。与此同时，该厂又先后引进和开发了原联邦德国道依茨公司的FL912风冷柴油机、日本五十铃公司的4JB1柴油机、日本日产公司的475汽油机和美国GM2.0L汽油机，形成了以492汽油机和4115柴油机为主要产品的六大系列发动机，成为当时国内最大的发动机生产厂。此外，该厂还是全国首家引进全面质量管理（TQC）的国有大型企业。1987年获得国家质量管理奖和全国“五一”劳动奖状，是北京市的利税大户之一。

一、组建北内集团

20世纪80年代中期，北内在生产经营过程中遇到了令人惊喜令人忧的情况。惊喜的是北内生产的492发动机以其质量好、性能稳定而深受客户的欢迎，尽管企业一再增加产量，仍然满足不了市场的需求；担忧的是492发动机是前苏联20世纪50年代的产品，设计落后，性能上没有新的突破，产品发展后劲不足。针对市场需求的良好前景和产品发展后劲的明显不足，北内提出了“生产一代、研制一代、开发一代”的发展战略，即在生产492和4115发动机的同时，研制FL912、4JB1柴油机和475汽油机。与此同时企业着手开发新产品，以保证北内能够在市场竞争中长盛不衰。

为了保持北内在轻型汽车发动机生产上的优势，北内决定引进美国GM2.0L发动机技术和机械加工、装配及试车自动生产线，作为492发动机的替代产品，并决定以引进GM2.0L发动机为重点，加速拳头产品的开发。

GM2.0L发动机是80年代初美国通用汽车公司开发的节能型产品。该发动机具有体积小、重量轻、耗油量低、废气排放污染低的特点，其技术水平在国内处于领先地位。

1. GM2.0L发动机国产化遇到的障碍

GM2.0L发动机的引进方式是购买该发动机的全部技术资料和生产该发动机所需的机械加工生产线、装配生产线、试车生产线以及剩余的零部件，总成交金额为3 800万美元。

该引进项目于1987年12月开始实施，历时5年，于1992年9月引进全部完成，投资总额为6亿元人民币。

GM2.0L发动机机械加工生产线，主要用于加工缸体、缸盖、曲轴、连杆和凸轮轴这五种零部件，发动机装配的其余零部件均需外协加工。GM2.0L发动机在设计和性能上都是比较先进的。当时，国内的加工水平达不到产品图纸设计的要求。即使能够加工出来，成本也较高，形不成批量生产的规模，而且外协厂家也不愿投入大量资金进行技术改造，只是停留在试制阶段。为了进行发动机的试生产，一些关键零部件不得不从美国进口。1992 年 12 月，北内在付出了高昂的代价后，生产出了 20 台 GM2.0L 发动机，但多数发动机达不到图纸所规定的性能要求。在此期间，美国通用汽车公司看到北内已经把生产线建成且经营形势较好，提出与北内合资生产 GM2.0L 发动机和 2.2L“北美 94”型发动机，并提出了合资的条件。北内出于各方面考虑，提出只与美方合资建造铸造中心。由于双方合资内容相差较大，结果，合资谈判没有取得进展。

2. 市场准备的不足

当时，国内生产的轻型汽车所采用的动力多数是 492 发动机。492 发动机与这些车型是原设计匹配。如果改变发动机，那么这些车型的一些零部件也要做相应的改动。

GM2.0L 发动机整体性能比较先进，但发动机的扭矩并不比 492 发动机优越，而且整机价格高，每台为 2 万元左右，而 492 发动机每台价格只有 6 000 元。因此，汽车生产厂家出于经济利益的考虑，尽管同意试配，却不愿意在汽车上做较大的改动。并且提出最好通过改动发动机本身以适应汽车的要求。北内只好按照汽车生产厂家的意见，对发动机的部分零部件分别做出了相应地改动。这样又额外增加了外协厂的负担，制约了外协厂生产能力的提高和外协件成本的降低。

3. 让“发动机长轮子”

新型发动机生产出来以后，必须经过台架试验、汽车匹配试验和路况试验，这样才能真正反映并检验发动机的性能和使用寿命。要进行这些试验，就必须让“发动机长轮子”。为了让“发动机长轮子”，北内决定脱离北京汽车工业联合总公司，单独组建企业集团。经过多次协商，浙江宁波汽车铸造厂、山东淄博重型汽车铸造厂建制划入北内，与北内发动机配套的 200 多家生产厂和相关单位也进入北内集团。这样，一个跨省市、跨地区、跨行业的大型企业集团建立了。原北京内燃机总厂更名为北内集团总公司，于 1993 年 7 月 1 日正式挂牌。北内集团被国家列入特大型企业。

二、北内集团的转折

北内集团成立后，为了将引进的 GM2.0L 发动机尽快形成生产能力，采取了一系列措施。

1. 投入了巨资扩建宁波汽车铸造厂

宁波汽车铸造厂生产汽车 4 000 辆，主要车型与北京产 1041 型汽车相同。由于年生产能力低，北内决定对宁波汽车铸造厂进行技术改造，扩大生产规模，增加车辆品种。计划投资 1 亿元人民币，一期投资 2 900 万元，用于购买地皮和厂房建造。由于厂房地址有误，仅厂房地下基础施工，就耗资 1 500 万元。

由于北内集团把大量资金投入到汽车厂的改造，致使企业正常生产经营所需的流动资金严重不足。为了筹集正常生产经营所需的资金，北内采取了一方面向银行贷款，另一方面拖欠配套厂货款的办法。这样，虽然暂时缓解了北内生产经营资金的困难，但由于配套厂不能及时得到货款，生产经营活动无法正常进行，致使配套产品生产不出来；有些配套产品即使生产出来，产品质量也无法得到保证，由此又反过来影响了北内发动机装配和整机质量的提高。

2. 引进西班牙二手铸造设备

GM2.0L 发动机的缸体、缸盖均为铸造难度大，北内现有的铸造能力和水平，无法满足生产的要求，废品率相当高，造成了人力、物力和财力的大量浪费。如果建一条铸造线，其耗资大、周期长；如果外协铸造，国内又没有厂家能够生产。在这种情况下，北内把目光放在了国外。经过考察，决定购买西班牙二手铸造设备并最终以 900 万美元的价格，买下了整条铸造线。

铸造设备拆运回北内集团后，又遇到了场地和安装改造的资金问题。为了给西班牙设备腾出厂房，集团决定将原有的铸造用砂的烘干设备全部拆除卖掉。计划将腾出的厂房用于西班牙铸造设备的安装，将所卖设备的货款用于安装改造西班牙铸造设备的费用。但是，此时北内的正常生产经营已经比较困难了，急需流动资金，于是集团决定暂将卖设备所得的货款用于填补生产经营所需的流动资金，以解燃眉之急。从此以后，北内集团再也没用能力和资金用于西班牙铸造设备的安装和改造，引进的这些设备只好长期闲置。

铸造用砂的烘干设备拆除卖掉后，为了维持生产，只得采用烘干好袋装砂，这样不仅增加了铸造成本，也影响了毛坯的铸造质量。若再想建起烘干设备，至少需要投资 1 000 万元，这时集团已无资金可投了。

3. 回头寻找合资

GM2.0L 发动机是一外比较先进的机型，但是，在国内适应性较低，尤其在动力性能方面，满足不了多数汽车生产厂家的要求。为此，北内决定将 GM2.0L 改为 2.2L 发动机。由于在当时引进发动机时，北内只关注 GM2.0L 发动机而没用考虑其他机型的有关技术资料。北内试图将 GM2.0L 改为 2.2L，但经过多次试制，耗费了大量资金，发动机关键技术问题，如拉缸等，始终没有得到解决。面对 GM2.0L 发动机配套需求量小、2.2L 发动机的技术问题又难以解决的两难境地，北内集团又回过头来主动提出希望能与美国通用汽车公司合作生产 2.2L“北美 94 型”发动机。以前，美方曾提出过与北内合资生产该型发动机，但北内出于各方面的考虑而拒绝了。现在北内又主动提出合资的意愿，但此时的北内已经不是几年前的北内了，生产经营已十分困难。尽管在美方提出了比以前更加苛刻的条件，北内都作出了让步，但最终合资谈判还是以失败告终。

三、被迫实施“两分战略”

北内从引进 GM2.0L 发动机开始，向银行借了大量贷款，本息加在一起，达 18 亿元人民币，欠贷款达 6 亿元人民币，已是债台高筑。1996 年亏损 5 000 万元，1997 年亏损 9 500 万元，成为北京市第一亏损大户。

近年来，北内的流动资金主要是靠银行贷款，如果没有银行贷款的支持，北内的生产经营早就难以为继了。面对企业的严峻形势，北内集团不得已采取了如下措施：

1. 停止宁波汽车铸造厂的改扩建工程，积极研究宁波汽车厂与北汽福田合作的具体方案，加快合作进程。

2. 停止西班牙铸造线的安装与改造，与河北邯郸一家企业联营，北内以铸造设备为投资股份，双方合作生产 GM2.0L 发动机铸造毛坯。

3. 终止对山东淄博汽车厂的管理。

4. 总公司内部实施“分兵突围，分灶吃饭”的“两分战略”。

“分兵突围，分灶吃饭“是将主要产品生产分厂实行委托法人权限，单独核算，独立纳税，自负盈亏，自行负担工资的封闭式管理，使分厂成为相对独立的经济实体，把有限的资金直接运用到生产最需要的地方。同时，让生产单位直接面向市场，使生产更加紧密地围绕用户转，不断提高产品质量，为用户提供更快捷、更优质的服务，争取使北内早日摆脱困境。

思考题：

1. 你对北内集团从实施“集团战略”到实施“两分战略”过程中作出的一系列决策有何评价？

2. 你怎样看待北内集团目前采取的“两分战略”？

3. 我们从北内集团管理决策的经验教训中能得到什么启示？

4. 如果你是北内集团的总经理，为改变现状你会采取什么对策？

练习题

一、名词解释

决策

二、单项选择

1. 被称为决策“硬技术”的决策方法是指（　　）。

A. 边际分析法　　B. 主观决策法

C. 科学决策法　　D. 计量决策法

2. 现在社会上销售彩票的很多。一家三口在抽奖时，常常喜欢让孩子来抽，请问这是遵循了什么决策原则？（　　）。

A. 乐观原则　　B. 悲观原则

C. 折衷原则　　D. 最小最大后悔值原则

3. 对德尔菲法表述正确的是（　　）。

A. 全部过程公开

B. 开展讨论，面对面地征询专家意见

C. 经过一轮征询，就可取得比较集中的意见

D. 主要靠专家的经验和综合分析能力来预测

4. 决策是指从各个方案中选择一个合理方案的（　　）。

A. 方法　　B. 前提

C. 结果　　D. 分析判断过程

5. 决策是管理的（　　）。

A. 基础　　B. 方法

C. 目的　　D. 手段

6. 对某复杂问题进行系统分析，从而得到最满意的行动方案，可能需要做这样一些工作：（1）对方案进行分析、比较、评价；（2）选择满意方案；（3）阐明问题现状；（4）提出可行备选方案；（5）明确决策目标。你认为正确的分析思路与程序应该是（　　）。

A.（5）→（3）→（4）→（1）→（2）

B.（3）→（4）→（1）→（2）→（5）

C.（5）→（4）→（3）→（1）→（2）

D.（3）→（5）→（4）→（1）→（2）

7. 采用期望值方法是为了减少决策结果的（　　）。

A. 偶然性　　B. 风险性

C. 随意性　　D. 不可靠性

8. 决策的精髓是指（　　）原理。

A. 限定因素　　B. 许诺

C. 灵活性　　D. 改变航道

9. 管理学家西蒙说"管理就是（　　）"。

A. 决策　　B. 组织活动

C. 实践　　D. 控制

10. 决策按（　　）分类，可分为常规性决策和非常规性决策。

A. 范围　　B. 对象的内容

C. 依据　　D. 变量之间的关系

11. 根据美国管理学家哈罗德·孔茨的观点，有效决策的判断标准是（　　）。

A. 最优标准　　B. 次优标准

C. 满意标准　　D. 合理性标准

三、多项选择

1. 采用德尔菲法预测时，要注意（　　）。

A. 问题的含义只能有一种解释　　B. 问题的数量不宜太多

C. 避免专家串联讨论　　D. 要忠实于专家们的回答

E. 事先讲清意义与方法

2. 按决策中变量之间的关系分类有（　　）。

A. 肯定型决策　　B. 战略决策

C. 战术决策　　D. 非肯定型决策

E. 风险型决策

3. 主观决策法的特点是（　　）。

A. 方法灵便，通用性大　　B. 易产生主观性

C. 适合于常规决策　　D. 缺乏严格论证

E. 易被一般管理干部接受

4. 一般来说，越是组织的下层主管人员所做出的决策越倾向于（　　）。

A. 战略型　　B. 经验型

C. 常规型　　D. 肯定型

E. 风险型

5. 群体决策的优点是（　　）。

A. 信息更完整　　B. 方案更多

C. 对方案的接受程度更大　　D. 更具有合法性

6. 在决策的方案抉择阶段，有直接的判断标准，这主要有三种代表性的观点（　　）。

A. 泰罗提出的"最优"标准

B. 西蒙提出的"有限度的合理性"标准

C. 西蒙提出的"满意"标准

D. 孔茨提出的“合理性”标准

四、填空

1. 管理者进行决策时，首先是正确判定问题的性质。那些重复出现的日常的管理问题属于______，相反，那些偶然发生的、新颖的、结构不甚分明的，具有重大影响的问题则属于______。

2. 定性决策的方法主要有经验判断决策法、______、______和______。

五、简答

1. 简述决策的基本过程。

2. 简述正确决策的基本要求。

六、是非判断

1. 战略是决策时评价方案的指南。(　　)

2. 头脑风暴法是通过个人大脑的一系列联想，从而获得的创新性设想。(　　)

3. 不确定性状态就是既不属于确定性情况也无法估计概率的情况。(　　)

4. 越是组织的最高主管人员，所做出的决策越倾向于战略型、非常规型、科学型。(　　)

5. 群体决策比个人决策效果好。(　　)

6. 决策就是根据各种可行方案进行选择的过程。(　　)

七、计算

1. 据市场预测，今后几年市场对某公司产品的需求会扩大（概率 0.7），但也存在着销售量减少的可能（概率 0.3），公司面临几种可能的选择。

第一，扩建厂房更新设备，需投资 700 万元，若需求量扩大，公司每年可获利 300 万元；若需求量减少公司每年亏损 50 万元，服务期限 5 年。

第二，使用老厂房，更新设备，需投资 400 万元，若需求扩大，每年可获利 100 万元，若需求减少，每年也可获利 60 万元，服务期限 5 年。

第三，先更新设备，一年后，若销路好，再扩建厂房，每年可获利 300 万元，共需投资 800 万元，服务期限总共是 5 年。

试根据决策树理论，进行方案抉择。

2. 某厂要决定下个五年计划期间批量生产某种电子产品。根据以往的销售统计资料及市场预测得知，未来市场出现销路好、销路一般和销路差三种情况的概率分别为 0.3、0.5 和 0.2；若该产品按大、中、小三种不同批量投产，则下个五年计划期内在不同的销售状态下的收益值可以估算出来，如表 4-5 所示。现要求通过分析确定合理批量，使该企业获得收益最大。

表 4-5

自然状态 / 概率 / 损益值 / 方案	销路好	销路一般	销路差
	0.3	0.5	0.2
大批生产	20	14	-2
中批生产	12	17	12
小批生产	8	10	10

参考文献

1. Campbell J.P., Dunnette M.D., Lawler E.E., Weick K.E., Managerial Behavior Performance and Effectiveness.New York McGraw-Hill Companiao, 1970.

2. Dunnette M.D. (ed.), Handbook of Industrial and Organisational Psychology. Rand McNally 1976

3. Feldman D .C., Arnold, H. J. Managing Individual and Group Behaviour in Organisations. New York, McGraw-Hill, 1983

4. Gerald F.Smith.Defining Managerial Problems: A Framework For Prescriptive Theorizing. Management Science, 1989. 35

5. Holzman S. Intelligent. Decision systems, Addision-Wesley Publishing Company, INC.1989.

6. Mullins, L.J., Management and Organisational Behaviour. Pitman, 1989, 489.

7. Newell A, Simon H A.Human Problem Solving.Englewood Cliffs, New Jersey, Printice Hall, INC.1972.

8. Reitman, W.R. Cognition and Thougt: An Information Processing Approach, New York: Wiley.1965.

9. Shafer G.A Mathematical Theory of Evidence. Princeton University Press, Princeton, 1976.

10. Simon, H. A., Administrative Behavior.Free Press, 1976.

11. Simon, H.A.The structare of ILL Structured problems, Artificial Intelligence. 1973 (4).

12. Stuart-Kotze, R., Introduction to Organisation Behaviour. Reston Publishing, 1980.

13. Vroom, V. and Yetton, P. W., Leadership and Decision Making. University of Graw-Hill, 1973.

14. 贝尔纳. 科学研究的战略. 科学学译文集. 北京：科学出版社, 1980

15. 赫伯特·西蒙著，李柱流等译。管理决策新科学. 北京：中国社会科学出版社，1985

16. 赫伯特·西蒙. 管理行为——管理组织决策过程的研究. 北京：北京经济学院出版社，1988

17. 孔茨，奥唐奈里奇. 管理学. 上海：上海人民出版社, 1990

18. 李怀祖. 管理研究方法论. 西安：西安交通大学出版社, 2000

19. 邱菀华. 管理决策与应用熵学. 北京：机械工业出版社，2002

20. 盛昭瀚. 主从递阶决策论——STACKELBERG 问题. 北京：科学出版社，1998

21. 吴诚编. 企业创新的原理和技法. 上海：上海科学普及出版社，1997

22. 谢安田. 企业研究方法. 台北：水牛出版社，1970

23. 谢识予. 经济博弈论，上海：复旦大学出版社，1997

24. 张所地，李怀祖. 管理研究问题确定的准则及过程. 北京：科学学研究，1997

25. 张文修. 不确定性推理原理. 西安：西安交通大学出版社，1996

网络资源

中华企管网：http://www.wiseman.com.cn

中国 ERP 专家：http://www.erper.com

经理人：http://www.sino-manager.com

中知网：http://www.kmchina.org

麦肯锡中国：http://mckinseyquarterly.com.cn

经济学家：http://www.economist.com

中国企业家：http://www.cnemag.com

麦肯锡高层管理论丛：http://www.mckinseyquarterly.com.cn

创业管理研究中心：http://www.ebg.org.cn

Journal of Applied Psychology: http://jap.physiology.org

Organizational Behavior and Human Decision Process:
http://www.elsevier.com/locate/issn/0749-5978

Strategic Management Journal: http://www.interscience.wiley.com/jpages/0143-2095/

Personal Psychology: http://www.apa.org/journals/psp.html

Decision Science: http://www.decisionsciences.org/dsj/index.htm

Journal of Applied Behavioral Science: http://www.sagepub.co.uk/frame.html
http://www.sagepub.co.uk/journals/details/j0059.html

Journal of Management Studies: http://www.getcited.org/pub/100020800

Management Science: http://mansci.pubs.informs.org

Journal of Organizational Behavior: http://luddite.heinz.cmu.edu/JOB

Research in Organizational Behavior: http://luddite.heinz.cmu.edu/JOB

Long Range Planning: http://www.lrp.ac

Organization Science: http://web.gsm.uci.edu/orgsci

习题答案

一、名词解释

决策：决策就是人们为了达到一定目标，在掌握充分信息和对有关情况进行深刻分析的基础上，用科学的方法拟定并评估各种方案，从中选出合理方案的过程。

二、单项选择

1. D 2. A 3. D 4. D 5. A 6. D 7. D 8. A 9. A 10. B 11. C

三、多项选择

1. ABCDE 2. ADE 3. ABDE 4. BCD 5. ABCD 6. ACD

四、填空

1. 例行问题（或定型化决策）　例外问题（或非定型决策）

2. 领导集体决策法　专家献策　领导决策法　特尔菲法

五、简答

1. 决策的基本过程是：

（1）找出制定决策的理由；

（2）拟定备选方案；

（3）对备选方案进行评估、选择；

（4）对于付诸实施的方案进行评估；

2. 正确决策的基本要求是：

（1）把握问题的要害；

（2）明确决策的目标；

（3）至少有两个以上的可行方案；

（4）对决策方案进行综合评价；

（5）敢冒风险；

（6）把决定过程看成是一个学习过程。

六、是非判断

1. × 2. × 3. × 4. ✓ 5. × 6. ×

七、计算

1. 根据条件绘制决策树

（1）结点④300 × 1.0 × 4−400 = 800（万元）

结点⑤100 × 1.0 × 4=400（万元）

由于 800>400，故决策Ⅱ选择扩建厂房。

（2）结点①[300 × 0.7 × 5+（−50）× 0.3 × 5]−700 = 275（万元）

结点②[100 × 0.7 × 5+60 × 0.3 × 5]−400 = 40（万元）

结点③ [100 × 0.7 × 1+800 × 0.7+60 × 0.3 × 5]−400 = 320（万元）

结论：由于 320>275>40，所以应选择第三方案，即先更新设备，若销路好一年后再扩建厂房。

2.（1）根据条件绘制决策树

（2）计算各结点的期望值

结点②：20 × 0.3 + 14 × 0.5 + (−2) × 0.2=12.6（万元）

结点③：12 × 0.3+17 × 0.5+12 × 0.2 = 14.5（万元）

结点④：8 × 0.3+10 × 0.5+10 × 0.2=9.4（万元）

（3）进行选择：由于结点③的期望值最大，所以选择中批生产这一方案。

第五章 计　　划

【教学目标】

1. 掌握计划的概念和内容；
2. 掌握计划的分类方式；
3. 了解计划编制的过程；
4. 了解计划工作的编制方法。

【教学重点】

1. 掌握计划的作用及特征；
2. 影响计划有效性的权变因素。

【教学难点】

1. 掌握计划工作的编制过程；
2. 了解并掌握计划工作的编制方法。

【关键术语】

计划（plan）

【管理名言】

今天是昨天的计划的实现，或缺乏计划而造成的后果。明天的现实将成为今天的计划的现实。

——（美）迪克·卡尔森

计划就是“走向未来的意志”。

——（日）土光敏夫

天灾是无法预测的，但能够预先计划，将损失减至最低程度，才是优秀的经营者。

——（日）松下幸之助

必须将计划中的设想和指标与实际执行情况经常对照比较，否则，计划本身将失去任何意义。

——（英）A.C.海佐尔

所谓计划，概括地讲，它的含义是为了未来的目的而把组织体的各种活动统一起来，为了相互调节而具体地规定经营目的、制定政策、决定经营计划、选择标准程序。

——（日）占部都美

与其让别人来掌握你的命运，不如自己来主宰。

——（美）杰克·韦尔奇

引导案例

10分钟提高效率

美国某钢铁公司总裁舒瓦普向一位效率专家艾维·利请教："如何更好地执行计划的方法？"艾维·利声称可以给舒瓦普一样东西，在10分钟内能把他公司业绩提高50%。接着，艾维·利递给舒瓦普一张白纸，说："请在这张纸上写下你明天要做的6件最重要的事。"舒瓦普用了约5分钟时间写完。艾维·利接着说："现在用数字标明每件事情对于你和公司的重要性次序。舒瓦普又花了约5分钟做完。艾维·利说："好了，现在这张纸就是我要给你的。明天早上第一件事是把纸条拿出来，做第一项最重要的。不看其它的，只做第一项，直到完成为止。然后用同样办法对待第2项、第3项直到下班为止。即使只做完一件事，那也不要紧，因为你总在做最重要的事。你可以试着每天这样做，直到你相信这个方法有价值时，请将你认为的价值给我寄支票。"

一个月后，舒瓦普给艾维·利寄去一张2.5万美元的支票，并在他的员工中普及这种方法。五年后，当年这个不为人知的小钢铁公司成为世界最大钢铁公司之一。

正如哈罗德·孔茨所言，"计划工作是一座桥梁，它把我们所处的这岸和我们要去的对岸连接起来，以克服这一天堑。"计划工作给组织者提供了通向未来目标的明确道路，给组织、领导和控制等一系列管理工作提供了基础。计划工作如此重要，那该如何制订计划呢？学习本章的内容，就能帮助我们解决这一问题，制订好计划。

第一节　计划的概述

一、计划的概念

计划是所有管理职能中最基本的方面，所谓的"运筹帷幄"就是对计划职能的形象概括。

计划的概念有广义和狭义之分。广义的计划是指为实现组织既定的目标，对未来的行动进行规划和安排的活动，狭义的计划是指为实现既定目标所制定的具体行动方案。

计划内容可用"5WIH"来表示。

1. **What**：明确所要进行的活动内容及要求。
2. **Why**：明确计划工作的原因和目的。
3. **When**：规定计划中各项工作的开始和完成时间，以便进行有效控制以及对人力和资源进行平衡。
4. **Where**：规定计划实施地点和场所，知晓计划实施的环境条件和限制，从而合理的安排计划实施的空间。

5. **Who**：规定计划工作任务由哪些部门和人员负责，哪些部门协助，哪些部门和人员参加鉴定和审核等，以使各行其是，各负其责。

6. **How**：制定实施计划的措施以及相应的政策和规则，对资源进行有效的利用，以达到计划的目标。

二、计划的作用

1. 指明方向，协调活动

未来的不确定性和环境的变化使行动犹如大海航行，应明确现在的位置和处境，时刻把注意力集中在正确的航向上。良好的计划可以明确组织目标，通过科学的计划体系使组织各部门的工作能统一协调地、井井有条地展开，使主管人员从日常的事务中解放出来，而将主要精力放在随时检查、修改和对未来不肯定的研究上来。这既能保证计划的连续性，又能保证全面地实现奋斗目标。

2. 预测变化，减少冲击

计划是面向未来的，而未来无论是组织生存的环境还是组织自身都具有一定的不确定性和变化性。计划工作的重要性就在于可以让组织通过周密细致的预测，尽可能地变“意料之外的变化”为“意料之内的变化”，制定相应的补救措施，并在需要的时候对计划做必要的修正，变被动为主动，变不利为有利，减少变化带来的冲击，弥补自定性和变化带来的问题。

3. 减少重复和浪费

由于计划工作强调了经营的效率和一贯性，能细致地组织经营活动，使得组织经营活动的功用降至最低限度。预先对未来的组织活动进行认真的研究，能够消除不必要的重复的活动所带来的浪费，避免在今后的活动中由于缺乏依据而进行轻率判断所造成的损失。计划工作还有助于用最短的时间完成工作，减少迟滞和等待时间，减少误工损失，促使各项工作能够均衡稳定地发展。因此是有效地、经济地组织经营管理活动的工具。

4. 便于有效地进行控制

组织在实现目标的过程中离不开控制，而未经计划的活动是无法控制的，计划是控制的基础。控制活动就是通过纠正脱离计划的偏差来使活动保持既定的方向，控制所有的标准都来自于计划。如果没有既定的目标和规划作为衡量的尺度，管理人员就无法检查组织目标的实现情况，也就无法实施控制。

5. 鼓励干劲，激发士气

计划通常包含有目标、任务、时间安排、行动方案等等。由于计划中的目标具有激励人员士气的作用，所以包含目标在内的计划同样具有激励人员士气的作用。不管是长期、中期还是短期计划，也不管是年度、季度还是月度计划，甚至每日、每时的计划都有这种激励作用。例如，有的研究发现，当人们在接近完成任务的时候会出现一种“终末激发”效应，即在人们已经出现疲劳的情况下，当人们看到计划将要完成时会受到一种激励，使人们的工作效率又重新上升，并一直会坚持到完成计划，达到目标。

三、计划的特征

计划作为管理的基本职能之一，具有首要性、目的性、普遍性、效率性等特性。

1. 首要性

计划的首要性表明计划位于其他管理职能的首位。首先，组织中所有管理活动的开展要明确管理目标，而目标的确定恰恰是计划工作的首要任务。其次，管理的其他职能的执行都离不开计划。组织结构设计和组织权责的划分以实现组织目标为目的，以计划为主要依据，领导也是依据计划对员工进行引导。因此，计划具有首要性。

2. 目的性

任何组织或个人制定的各种计划都是为了促进组织的总目标和一定时期目标的实现。因此，计划充分体现管理的目的性。通过长期、中期、短期计划的实施，可以实现组织不同阶段、不同层次的目标。

3. 普遍性

实际的计划工作涉及组织或企业中的每一位管理者及员工，上至高层管理者，下至基层管理者及员工。一个组织的总目标确定后，各级管理人员为了实现组织目标，使本层次的组织工作得以顺利进行，都需要制定相应的分目标和分计划。这些具有不同广度和深度的计划有机地结合在一起，便形成了一个多层次的计划系统。

4. 效率性

任何计划都有计划期的限制，也有实施计划时机的选择。计划的效率性主要是指时效性和经济性两个方面。计划的时效性表现在计划的制定必须在计划期开始之前完成，以及慎重选择计划期的开始时间和截止时间；计划的经济性是指组织计划应该以最小的资源投入而获得尽可能多的产出。

第二节　计划的分类及影响计划有效性的权变因素

一、计划的种类

1. 根据时间的跨度，计划可以分为长期计划、中期计划和短期计划

习惯上把时间跨度在 5 年以上的计划称为长期计划；时间跨度在 1 年以上 5 年之内的计划称为中期计划；时间跨度在 1 年及 1 年以内的计划称为短期计划。

长期计划主要围绕发展方向和如何达到组织的长远目标两方面来制定，明确提出企业的经营目标、经营方针和经营策略等。长期计划以问题和目标为中心，中、短期计划则以时间为中心，具体说明各计划应达到的目标和应开展的工作；短期计划比中期计划更为具

体和详尽，它主要说明计划期内必须达到的目标以及具体的工作要求，能够直接指导各项活动的开展。

2．根据内容的广度，计划可以分为战略计划、策略计划

战略计划是指重大的、带全局性的谋划。制定战略计划的目的在于认识客观事物发展的趋势和方向，因此，它必须具有全局性、长远性、综合性和稳定性等特征。其主要内容包括战略目标、战略重点和战略措施等。制定战略计划勾画出建设蓝图，就能把握全局，展望未来，掌握事物发展的趋势和方向，避免和减少工作失误，以实现全局的长远目标。

策略计划指为实现战略计划而制定的计策和谋略。它是依据不同时期的具体条件来制定的，因而具有局部性、短期性、针对性和灵活性等特征。其主要内容包括确定近期内的任务，以及实现该项任务所采取的策略、手段和方法。依据策略计划，才能随机应变地进行组织和指挥。

战略计划和策略计划反映长远利益与当前利益之间的辩证关系。策略计划是战略计划的一部分，必须服从战略计划，战略计划的实现有赖于策略计划的实施。

3．根据对执行者的约束力，计划可以分为指令性计划和指导性计划

指令性计划是由上级下达的具有行政约束力的计划，它规定了计划执行单位必须执行的各项任务，其规定的各项指标没有讨价还价的余地；指导性计划是由上级给出一般性的指导原则，具体如何执行具有较大灵活性。

4．根据灵活性，计划可以分为应变计划和弹性计划

应变计划是指发生偶然事件或未预期事件出现时的计划，一般可以预先制定几种计划，以应付可能出现的各种结果；弹性计划是考虑到计划在执行中可能发生变化的因素而制定的，能适应变化的组织内外环境并有一定弹性的计划。

二、影响计划有效性的权变因素

在有些情况下，长期计划可能更重要，而在其他情况下可能正相反。类似地，在有些情况下指导性计划比具体性计划更有效，而换一种情况却未必如此。那么决定不同类型计划有效性的因素有哪些呢？

1．组织的层次

图 5-1 表明了组织的管理层次与计划类型之间的一般关系。在大多数情况下，基层管理者的计划活动主要是制定作业计划，当管理者在组织中的等级上升时，他的计划角色就更具战略导向。而对于大型组织的最高管理者，他的计划任务基本都是战略性的。

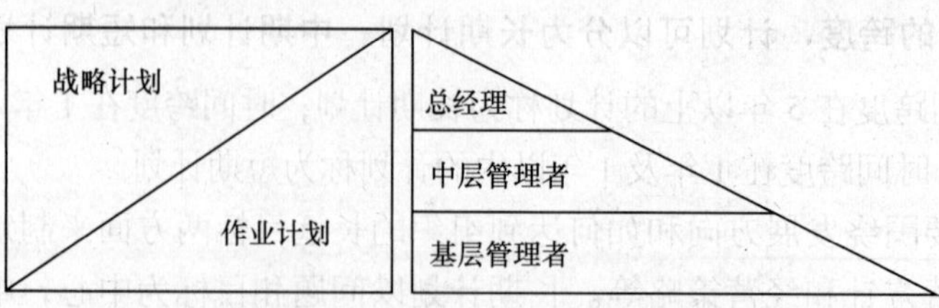

图 5-1　组织的管理层次与计划类型之间的关系图

2．组织的生命周期

组织要经历一个生命周期（life cycle），即开始于形成阶段，然后是成长、成熟，最后是衰退，如下图 5-2 所示。

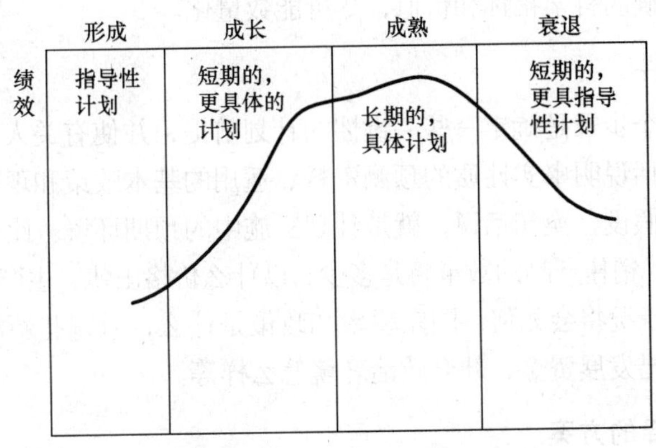

图 5-2　组织的生命周期图

计划的期限应当与组织的生命周期中所处的阶段相适应。短期计划具有最大的灵活性，故应更多地用于组织的形成期和衰退期；成熟期是一个相对稳定的时期，因此更适合制定长期计划。

3．环境的不确定性程度

如果组织所处的环境正在发生着迅速的变化，精确规定实施路线的计划，反而会成为组织取得绩效的障碍。而且，变化越大，计划就越不需要精确，管理就越应当具有灵活性。一般来说，环境的不确定性越大，计划更应当是指导性的，计划期限也应更短；反之，在相对稳定的环境中，往往采用指令性计划，计划的期限可以相对加长。

4．管理者对计划的态度和经验

管理者对计划的片面认识会影响计划的实施效果。过于依赖计划的管理者或疏于计划、专注事务的管理者以及把计划作为争取资源手段的管理者，都是不称职的。在缺少足够的控制技术和信息资料的情况下，计划制定者的经验对计划编制的质量能起到一定作用。但计划作为一个理性的过程，也不能过分地依赖制定者的经验。

第三节　计划工作编制的程序及方法

一、计划工作编制的程序

1．估量机会

对机会进行估量是在实际的计划工作开始之前就着手进行的，其目的是发现将来可能出现的机会，包括对计划的内外部环境进行评估以及分析企业把握机会的能力，这是计划工作的真正起点。

2．确定目标

计划工作的第一个步骤，就是为整个企业，然后为其所属的每个下属单位确定计划工作的目标。确定目标阶段要注意解决以下三个问题：

（1）确定目标的内容和顺序。

（2）选择适当的目标时间，即对于我们选定的目标，需要多长的时间来达成。

（3）目标要有明确的科学指标和价值，尽可能数量化。

3．拟定前提条件

计划工作的第二个步骤是确定一些关键性的计划前提，并使有关人员同意使用和加以宣传。这些前提条件包括说明事实性质的预测资料、适用的基本政策和现行的公司计划。计划工作的前提条件就是假设，换句话说，就是计划实施中的预期环境。比如将会产生什么样的市场，生产何种产品，销售产品的数量将是多少，以什么价格出售，生产成本将是多少、工资率要有多高技术发展状况将会如何，国家税率和政策是什么，有哪些新的工厂，采取什么样的分红政策，如何筹措发展资金，社会政治环境怎么样等。

4．确定可供选择的方案

计划工作的第三个步骤是要寻找并考察大量可供选择的行动计划方案，并从中选择出成功率最高的几个方案。

5．评价可供选择的方案

在找出可供选择的方案和考察它们各自的优缺点之后，计划工作的第四个步骤就是根据计划前提和目标来考察各种因素，以此对方案进行评价和择优选用。

6．选定过程

计划工作的第五个步骤是选择行动方案，这是确定哪一个计划方案被采用的关键一步，也是做出决策的实质性的一步。

7．拟定派生计划及相应预算

派生计划和预算是基本计划的具体化与分支，基本计划的实施是通过派生计划而得以实现的。

8．计划的执行

在执行计划的过程中，管理者要不断地检查进度和效果，并针对发生的各种变化和问题调整计划方案。

二、计划工作编制的方法

1．滚动计划法

滚动计划法是一种定期修订未来计划的方法。这种方法根据计划的执行情况和环境变化情况来定期修订未来的计划，并逐期向前推移，将短期计划、中期计划和长期计划有机地结合起来。由于在计划工作中很难准确地预测到影响未来发展的各种环境的变化，而且计划期限越长，这种不确定性就越大。因此，若硬性地按几年前制定的计划实施，可能会导致重大的损失。滚动计划法则可以减少甚至避免这种不确定性所带来的不良后果。

滚动计划法的具体做法是在计划制定时，同时制定未来若干期的计划。计划内容采用近期细、远期粗的办法，即近期计划尽可能地详尽，远期计划的内容则较简略。在计划的第一阶段结束时，根据该阶段计划执行情况和内外部环境变化情况，对原计划进行修订，并将这个计划向前滚动一个阶段，以后根据同样的原则逐期滚动。如图 5-3 所示。

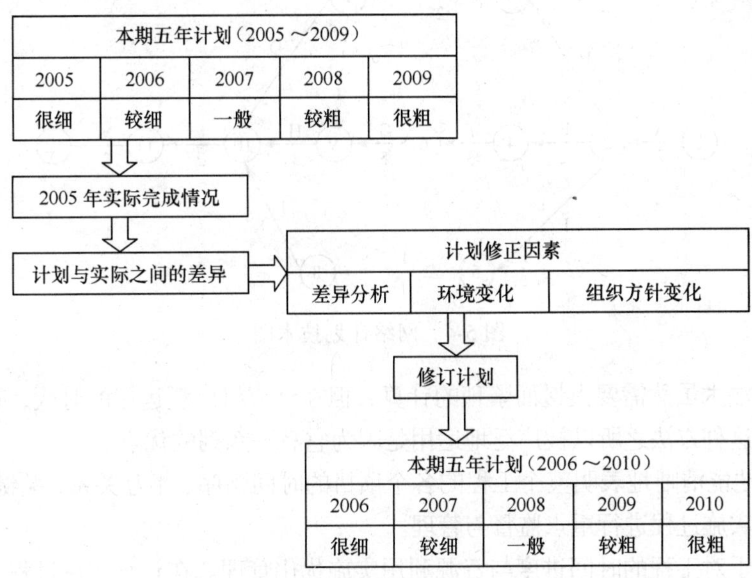

图 5-3　为期五年的滚动计划制定方法

滚动计划法适用于任何类型的计划，其缺点是计划编制的工作量较大，其优点主要有以下三个方面。

（1）计划切合实际。由于滚动计划相对缩短了计划时期，加大了对未来估计的准确性，能更好地保证计划的指导作用，从而提高了计划的质量。

（2）长期、中期和短期计划相互衔接。滚动计划可以使长期计划、中期计划和短期计划相互衔接，使短期计划内部各阶段相互衔接，这就保证了滚动计划能根据环境的变化及时地进行调节，并使各期计划保持基本一致。

（3）增强了计划的弹性。滚动计划法最突出的优点是计划更加切合实际，并且使战略性计划的实施更加切合实际。战略性计划具有应用于整体组织、为组织未来较长时期（通常为 5 年以上）设立总体目标和寻求组织在环境中的地位的特征。因为人们无法对未来的环境变化作出准确地估计和判断，所以计划期限越长，不准确性就越大，其实施难度就越大。滚动计划相对缩短了计划期限，增强了计划的弹性，加大了计划的准确性和可操作性，是战略性计划编制和实施的有效方法。

2．网络计划法

网络计划法包括各种以网络为基础而制定计划的方法，如关键路径法、组合网络法等。网络计划法的原理是把一项工作或项目分成各种作业，然后根据作业顺序进行排列，通过网络图对整个工作或项目进行统筹规划和控制，以便用最少的人力、物力、财力资源。以最快的速度完成工作。

网络计划法主要适用于包含上万个作业以上的大型工程项目，其主要工具是网络图，如图 5-4 所示。它将整个工程分解成许多步骤的工作，并根据这些工作在时间上的衔接关系，用箭头连线表示它们的先后顺序，以此画出一个反映各项工作相互关系的网络图，并标出完成任务的关键环节和路线。这样，管理者在制定计划时既可以统筹安排，全面考虑，又不失重点。

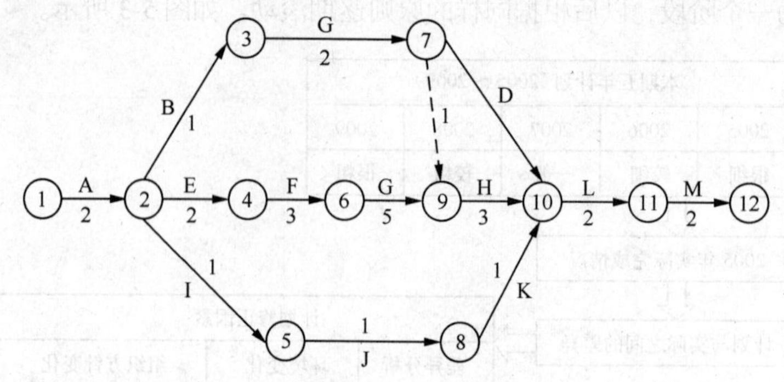

图 5-4　网络计划技术图

网络计划法术虽然需要大量而繁琐的计算，但在计算机广泛运用的时代，这些计算大都已程序化了。这种方法之所以被广泛地运用是因为它有一系列的优点。

（1）该方法能清晰地表明整个工程的各个项目的时间顺序、相互关系、关键环节和路线，以便管理者对实施过程进行重点监督与管理。

（2）有利于对工程的时间进度与资源利用实施优化管理。在计划实施过程中，管理者可以调动相关短线路上的人力、物力和财力，对关键作业进行综合平衡。这样既可以节省资源，又可以加快工程进度。

（3）有利于提高达到目标的可能性。该方法指出了计划实施过程中可能发生的困难点，以及这些困难点对整个任务所产生的影响，这样可以准备好应急措施，从而减少完不成任务的风险。

（4）便于实施与控制。管理者可以将工程特别是复杂的大项目分成许多分支系统来分别组织实施与控制。这种化整为零、聚零为整的管理方法，可以达到局部和整体的协调一致。

3．投入产出法

投入产出分析法是用数学方法从数量方面对国民经济各部门或组织内各组成部分及各环节之间的相互依存、相互制约关系进行研究的一种方法。它认为任何系统的经济活动都包括投入和产出两部分。所谓投入就是将人力、物力和财力投入生产的过程，并在其中被消耗，这是生产性的消费；所谓产出是指生产活动的结果，主要包括物质产品和服务产品。

投入产出分析法是一种综合计划方法。首先，要根据某一年份的实际统计资料求出各部门之间的投入与产出的一定比例，编制投入产出表。其次，计算出直接消耗系数和间接消耗系数（合计便是完全消耗系数）。最后，进一步根据某些部门最终产品的要求（供居民消费或政府使用和出口的最终消耗）。算出各部门应达到的指标，并以此为依据进行综合计划。这种方法有 2 个主要特点：

（1）反映了各部门（或各类产品）的技术经济结构，可以合理安排各种比例关系，特别是在综合平衡方面，它是一种有效的手段。

（2）在计划编制过程中，不仅能充分利用现有的统计资料，而且能建立各种统计指标之间的内在关系，使统计资料系统化。投入产出表是一个能够比较全面地反映经济过程的数据库，可用来进行多种经济分析和经济预测。

第四节　战略性计划

一、远景与使命陈述

远景和使命陈述（vision & mission statement）回答的是“我们想成为什么和我们的使命是什么”的问题。远景和使命陈述应该生动活泼、言简意赅、易于记诵，且富有意义和鼓舞性。雇员和管理者共同为公司制定和修改远景目标反映了他们对未来的憧憬。共同的远景和使命可以使雇员的精神从单调的日常操作中得到升华，使雇员不停地受到激励。

远景和使命陈述包括两个主要部分：核心意识形态（Core Ideology）和远大的愿景（Envisioned Future）。

核心意识形态由核心价值观（Core Values）和核心目标（Core Purpose）两部分构成，它给组织提供了长久存在的基础，是组织的精神。远大的愿景由10-30年的宏伟大胆冒险的目标（10-to-30-year big hairy audacious goal，BHAG）和生动逼真的描述（Vivid Description）两部分构成。

1．核心价值观

核心价值观是组织持久的和本质的原则。它是一般性的指导原则，不能把它与具体的生产或经营混为一谈，不能为了经济利益或短期的效益而放弃它。

2．核心目标

核心目标是企业存在的理由和目的，不是具体的目标或公司战略。有效的核心目标反映了为公司工作的内在动力，它不仅描述了公司的产出或目标顾客，而且表达了公司的灵魂。

3．BHAG 目标

BHAG目标即宏伟大胆冒险的目标。目光远大的公司（Visionary Company）经常利用大胆的目标作为促进进步的一种特别有效的手段。一个有效的BHAG具有强大的吸引力，人们会不由自主地被它吸引，并全力以赴地为之奋斗；它非常明确，能够使人受到鼓舞；它让人一目了然，几乎无需任何解释。

4．生动逼真的描述

当我们确立了核心价值观、核心目标以及宏伟大胆冒险的远大目标后，要想让这些产生激励、鼓舞作用，必须要用生动逼真的语言表达出来。语言描绘了未来的图画，如表5-1 song公司在1950年代的价值观使命和远景陈述所示。

表 5-1

核心意识形态	远大的愿景
核心价值观 ● 弘扬日本文化，提高国家地位 ● 作为开拓者，不模仿别人，努力做看似不可能的事情 ● 尊重和鼓励每个人的才能和创造力	宏伟、大胆、冒险的目标（10-to-30-year BHAG） ● 成为改变日本产品质量低劣的世界形象的最著名的公司 ● 制造一种袖珍晶体管收音机

续表

核心目标	生动逼真的描述
• 享受有益于公众的技术革新和技术应用所带来的真正乐趣	• 我们将生产遍及全球的产品……我们要成为进入美国市场并在那里直接销售的第一个日本公司……我们要由创新获取成功，比如晶体管收音机……从现在起的 50 年，我们的品牌要在世界范围内家喻户晓……并且创新与质量能与最富创新精神的公司相媲美……“日本制造”将意味着品质优良，而非质量低劣

二、战略环境分析

战略环境分析是为完成企业使命服务的，并为企业的战略选择服务。企业的产品或服务必须能为顾客带来使用价值和价值，与顾客的需求相匹配。为了顺利地吸引和获取顾客，还要扬长避短，趋利避害。因此，战略制定的原则是扬长避短、趋利避害和满足顾客需求。

1．外部一般环境

外部一般环境，或称总体环境，是在一定时空内存在于社会中的各类组织均面对的环境，所以又称之为“天”。其大致可以归纳为政治、社会、经济、技术、自然等五个方面。

（1）政治环境包括一个国家的社会制度，执政党的性质，政府的方针、政策、法令等。

（2）社会环境包括一个国家或地区的居民受教育程度和文化水平、宗教信仰、风俗习惯、审美观念、价值观念等。

（3）经济环境主要包括宏观和微观两个方面的内容。宏观经济环境主要指一个国家的人口数量及其增长趋势，国民收入、国民生产总值及其变化情况以及通过这些指标能够反映的国民经济发展水平和发展速度等；微观经济环境主要指企业所在地区或所服务地区的消费者收入水平、消费偏好、储蓄情况、就业程度等。

（4）技术环境除了要考察与企业所处领域直接相关的技术手段的发展变化外，还应及时了解国家对科技开发的投资和支持重点等。

（5）自然环境主要指企业经营所处的地理位置及其气候条件和资源状况等。

2．行业环境

公司环境的最关键部分就是公司所投入竞争的一个或几个行业。因此，我们称行业环境为“地”。根据美国学者波特（Michael E.Porter）的研究，行业环境主要指行业竞争结构。

一个行业内部的竞争状态取决于五种基本竞争作用力。这些作用力共同决定着该行业的最终利润潜力，并且最终利润潜力也会随着这种合力的变化而发生根本性的变化。一个公司的竞争战略目标在于使公司能在行业内进行恰当定位，以便最有效地抗击五种竞争作用力并影响它们朝向自己有利的方向变化发展。

（1）行业内现有竞争对手研究。

（2）入侵者研究。影响行业进入障碍的因素主要有规模经济、产品差别化、转移成本（switching costs）、资本需求、在位优势和政府政策。影响行业对入侵者的报复能力的因素主要有行业所处的发展阶段、行业的集中程度以及行业的退出障碍。

（3）替代品生产商研究。对替代品生产商的分析主要包括两方面内容，即判断哪些产品是替代品和判断哪些替代品可能对本企业经营构成威胁。

（4）买方的讨价还价能力研究。

（5）供应商的讨价还价能力研究。

3．竞争对手

（1）对竞争对手研究的第一步是识别竞争对手。识别行业内现有的竞争对手并非难事，但要识别潜在的竞争对手并非易事。

（2）对竞争对手分析的目的是，认识在行业竞争中可能成功的战略的性质、竞争对手对不同战略可能做出的反应以及竞争对手对行业变迁及其更广泛的环境变化可能做出的反应。

4．企业自身

企业自身应与竞争对手相对应地进行研究，其目的是"识长短"，即通过与竞争对手相比，认清企业自身的实力与不足。

三、目标市场

企业的产品和服务是为顾客服务的，但是企业不能在产品和服务创造出来后才考虑顾客的需求，而应在战略制定阶段就分析企业所服务的顾客及其需求。

1．总体市场分析

市场的主要特征可用市场容量和市场交易便利程度两个指标来描述。市场容量决定企业发展的可能边界，市场交易便利程度或市场交易成本，则反映市场交易的可实现程度。

2．市场细分

市场细分就是将一个总体市场划分为若干个具有不同特点的顾客群，每个顾客群需要相应的产品或市场组合。

（1）市场细分一般包括以下三个阶段：

① 调查阶段；②分析阶段；③细分结果描述阶段。

（2）典型的消费品市场细分变量有四类：

① 地理因素（geographic）；②人口统计因素（demographic）；③心理特征因素（psychographic）；④行为因素（behavioral）。

（3）典型的工业品市场细分变量有四类：

① 地理因素（geographic）；②生产运作变量（operating variables）；③采购方式因素（purchasing approaches）；④状态因素（situational factors）。

3．目标市场确定

市场细分揭示了各细分市场的可能机会，接下来企业必须评价各细分市场并选择企业所服务的目标市场。

（1）评价细分市场的主要指标

① 细分市场规模及其成长状况。

② 细分市场结构的吸引力。这可以用上文所提到的波特行业竞争结构分析框架。

③ 企业的目标和资源状况。即使细分市场在规模、增长及其结构吸引力方面都较好，如果该细分市场不符合企业的目标，则该细分市场也不宜选择为目标市场。

（2）细分市场特征

① 可测量性（measurability）；②丰富性（substantiality）；③可接近性（accessibility）；④可实现性（actionability）。

4．产品定位

产品定位是企业为了满足目标市场，确定产品（或服务）的功能、质量、价格、包装、销售渠道、服务方式等。其中有抢先定位策略、领导定位策略、依附定位策略、空隙定位策略和重新定位策略。

四、战略选择

战略环境分析是认识企业所面临的机遇与威胁，了解企业的实力与不足及企业能为何种顾客进行服务。战略选择（Strategy Selecting）的实质是企业选择恰当的战略，从而扬长避短，趋利避害和满足顾客需求。

1．基本战略形态

企业基本战略揭示企业如何为顾客创造价值。从实现顾客价值形式角度而言，企业可以采取三种基本战略形态：总成本领先战略、特色优势战略、目标集聚战略。

2．核心能力在企业内外成长和扩张的战略

美国学者哈梅尔（Hamel G.）和普拉哈拉德（Prahalad C.K.）研究认为，"核心能力是组织内的集体知识和集体学习，尤其是协调不同生产技术和整合多种多样技术流的能力"，"如果公司有意在未来的市场上获取巨大的利润份额，就必须建立起能对未来顾客所重视的价值起巨大作用的专长"，"企业的竞争是核心专长的竞争"。一项能力能成为企业的核心能力必须符合以下三项检验。

（1）用户价值（customer value）。核心能力必须能够使企业创造顾客可以识别的和看重的，而且在顾客价值创造中处于关键地位的价值。

（2）独特性（differentiation）。与竞争对手相比，核心能力必须是企业所独具的。如果不是独具的，其必须是比任何竞争对手胜出一筹的能力。

（3）延展性（Gate way to new markets）。核心能力必须是企业向新市场延展的基础，企业可以通过对能力创造出丰富多彩的产品。企业成长的基础是核心能力，其一种方式是核心能力通过一体化、多角化和加强型战略等战略形式在企业内扩张；另一种方式是核心能通过出售核心产品、非核心能力的虚拟运作和战略联盟等战略形式在企业间扩张。

3．防御性战略

在企业成长的道路上，经常采取一些防御性战略。以退为进，以迂为直，以使企业更加健康地成长。常采用的防御性战略有收缩、剥离和清算等方式。

复习小结

1. 计划的概念有广义和狭义之分。广义的计划是指组织为实现组织既定的目标，对未来的行动进行规划和安排的活动；狭义的计划是指为实现既定目标所制定的具体行动方案。

2. 计划是企业管理和社会组织中不可缺少的一个重要的组成部分，计划的作用有五个方面：指明方向，协调活动；预测变化，减少冲击；减少重复和浪费；便于有效地进行控制；鼓励干劲，激发士气。

3. 计划作为管理的基本职能之一，具有首要性、目的性、普遍性、效率性等特性。

4. 影响计划有效性的权变因素有组织的层次、组织的生命周期、环境的不确定性程度、管理者对计划的态度和经验等。

5. 计划工作编制的方法：滚动计划法、网络计划法、投入产出法。

6. 战略性计划（远景和使命陈述）；战略环境分析；目标市场；战略选择。

案例分析

张总的难题

十五年前，远大公司的总经理张城志靠贩水泥起家，凭苦干、借机遇，发展到今天远大公司已是一个拥有几千万资产的民营大企业。总公司现拥有 1 家贸易分公司、1 家建筑装饰分公司和 1 家房地产公司，员工 300 多人。

自公司成立以来，公司的管理全靠张总的个人经验，从来没有通盘的目标与计划。

近年来，公司的日子愈发不好过了。由于成本上升，市场竞争加剧，建筑分公司的创利逐年减少，处于略有盈余的维持状态。贸易分公司也只是靠以前的家底维持公司的日常活动，大笔生意几乎没有了。房地产分公司更是一年不如一年，房地产市场疲软，公司手里积压的几十套房产成为公司巨大的负担。

但是公司也有一些发展的机会，如做小型柴油机的代理商；开拓市中心商业街工程，虽投入较大，但利润可观。

总之，摆在张总面前的困难很多，但机会也不少。新的一年到底应该干什么？以后的 5 年、10 年又该怎样发展？该怎样制定公司的目标与计划？张诚志总经理现在正苦苦思考着这些问题。

思考题：

1. 远大公司是否应制定公司中长期发展计划？为什么？
2. 如果你是张总，你该如何制定公司的发展计划？

练习题

一、不定向选择（有单选和多选）

1. 做什么、为什么做，何时、何地、何人、如何做是（　　）应解决的问题。

A. 组织职能　　B. 计划职能　　C. 控制职能　　D. 领导职能

2. 最能明白地显示出管理的基本特征的主要职能活动是（　　）。

A. 计划　　B. 组织　　C. 协调　　D. 控制

3. 计划按内容的广度，可以分为（　　）。

A. 战略计划　　B. 长期计划　　C. 指令性计划　　D. 策略计划

4. 计划的编制方法有（　　）。

A. 滚动计划法　　B. 网络计划法　　C. 投入产出法　　D. 预算法

二、判断

1. 计划赶不上变化。（　　）

2. 计划是管理的最基本的职能活动。（　　）

三、名词解释

计划

计划的效率性

滚动计划法

四、简答

1. 计划内容包括“5W1H”，简述其具体内容。

2. 计划的特征有哪些？

3. 影响计划有效性的权变因素有哪些？

4. 计划的制定步骤有哪些？

五、论述

俗话说“计划跟不上变化，因此制定计划意义不大”。你怎样看待这种说法？

参考文献

1. 方晓平主编. 管理学理论与方法. 北京：中国铁道出版社，2007
2. 王兆峰. 管理学原理. 长沙：中南大学出版社，2007
3. 周三多. 管理学. 北京：高等教育出版社，2005
4. 李享章. 管理学原理. 北京：立信会计出版社，2006
5. 赵光辉. 管理学教程. 济南：山东友谊出版社，2006
6. 金明华. 世界名人经营管理名言集萃. 延吉：东北朝鲜民族教育出版社，1993

网络资源

飞天企业咨询网：http://www.feisky.com

习题答案

案例分析思考题

1.（1）应该制定中长期发展计划。

（2）制定企业中长期发展计划的意义。

第一，计划可以指明方向，协调活动。

第二，计划可以预测变化，减少冲击。

第三，计划可以减少重复和浪费。

第四，计划可以有效地进行控制。

第五，计划可以鼓励干劲，激发士气。

注：结合远大公司稍作展开论述。

2. 按照计划工作的程序编制企业计划：

（1）程序：估量机会；确定目标；拟定前提条件；确定可供选择的方案；评价可供选择的方案；选定过程；拟定派生计划及相应预算；计划的执行。

（2）结合远大公司，稍作展开论述。

一、选择

1. B

2. A

3. AD

4. ABC

二、判断

1. ×

2. √

三、名词解释

1. 计划：计划的概念有广义和狭义之分。广义的计划是指组织为实现既定的目标，对未来的行动进行规划和安排的活动；狭义的计划是指为实现既定目标所制定的具体行动方案。

2. 计划的效率性：任何计划都有计划期的限制，也有实施计划时机的选择。计划的效率性主要是指时效性和经济性两个方面。计划的时效性表现在计划的制定必须在计划期开始之前完成以及慎重选择计划期的开始时间和截止时间；计划的经济性是指组织计划应该以最小的资源投入而获得尽可能多的产出。

滚动计划法：滚动计划法是一种定期修订未来计划的方法。这种方法根据计划的执行情况和环境变化情况来定期修订未来的计划，并逐期向前推移，将短期计划、中期计划和长期计划有机地结合起来。由于在计划工作中很难准确地预测到影响未来发展的各种因素的变化，而且计划期限越长，这种不确定性越大，因此，若硬性地按几年前制定的计划实施，可能会导致重大的损失。滚动计划法则可以减少甚至避免这种不确定性所带来的不良后果。

四、简答

1. What：做什么？明确所要进行的活动内容及要求。Why：为什么做？明确计划工作的原因和目的。When：何时做？规定计划中各项工作的开始和完成时间，以便进行有效控制以及对人力和资源进行平衡。Where：何地做？规定计划实施地点和场所，知晓计划实施的环境条件和限制，从而合理地安排计划实施的空间。Who：何人做？规定计划工作任务有哪些部门和人员负责，哪些部门协助，哪些部门和人员参加鉴定和审核等，以使各行其是，各负其责。How：怎样做？制定实施计划的措施以及相应的政策和规则，对资源进行有效的利用，以达到计划的目标。

2. 计划作为管理的基本职能之一，具有首要性、目的性、普遍性、效率性等特性。

3. 组织的层次；组织的生命周期；环境的不确定性程度；管理者对计划的态度和经验

4. 估量机会；确定目标；拟定前提条件；确定可供选择的方案；评价可供选择的方案；选定过程；拟定派生计划及相应预算；计划的执行。

五、论述

俗话说“计划跟不上变化，因此制定计划意义不大”，你怎样看待这种说法？

答：这句话是不正确的。结合计划的性质和作用来说明问题。

首先，计划可以指明方向，协调活动。良好的计划可以明确组织目标，通过科学的计划体系使组织各部门的工作统一协调地、井井有条地展开，使主管人员从日常的事务中解放出来，而将主要精力放在随时检查、修改和对未来不肯定的研究上来。这既能保证计划的连续性，又能保证全面地实现奋斗目标。

其次，计划可以预测变化，减少冲击。计划工作的重要性就在于可以让组织通过周密细致的预测，尽可能地变“意料之外的变化”为“意料之内的变化”，制定相应的补救措施，并在需要的时候对计划做必要的修正，变被动为主动，变不利为有利，减少变化带来的冲击，弥补不确定性和变化带来的问题。

再次，计划可以减少重复和浪费。预先对未来的组织活动进行认真的研究，能够消除不必要的重复活动所带来的浪费，避免在今后的活动中由于缺乏依据而进行轻率判断所造成的损失。计划工作还有助于用最短的时间完成工作，减少迟滞和等待时间，减少误工损失，促使各项工作能够均衡稳定地发展。因此，计划是有效地、经济地组织经营管理活动的工具。

计划还可以有效地进行控制。组织在实现目标的过程中离不开控制，而没有计划的活动是无法控制的，计划是控制的基础。控制活动就是通过纠正脱离计划的偏差来使活动保持既定的方向，几乎所有的控制标准都来自于计划。如果没有既定的目标和规划作为衡量的尺度，管理人员就无法检查组织目标的实现情况，也就无法实施控制。

最后，计划可以鼓足干劲，激发士气。计划中的目标具有激励人员士气的作用，所以包含目标在内的计划同样具有激励人员士气的作用。不管是长期、中期还是短期计划，也不管是年度、季度还是月度计划，甚至每日、每时的计划都有这种激励作用。例如，有的研究发现，当人们在接近完成任务的时候会出现一种“终末激发”效应，即在人们已经出现疲劳的情况下，当人们看到计划将要完成时会受到一种激励，使人们的工作效率又重新上升，并一直坚持到完成计划，达到目标。

所以说，计划是非常重要的。

第六章　组　　织

【教学目标】

1. 了解组织的基本概念及组织理论；
2. 掌握组织结构设计的依据和原则；
3. 理解几种常见的组织结构形式；
4. 掌握人员配备的原则、程序及内容；
5. 把握组织运行的基本规律；
6. 掌握非正式组织管理的方法；
7. 了解现代管理变革的新潮流。

【教学重点】

1. 组织结构设计的依据和原则；
2. 管理幅度与管埋层次的关系；
3. 各种组织结构类型的优缺点；
4. 人员配备的原则及内容；
5. 组织运行的基本要求。

【教学难点】

1. 组织结构的设计；
2. 管理人员的招聘、考评和培训；
3. 组织变革。

【关键术语】

组织（Organization）　　组织结构（Organizational structure）

组织设计（Organizational Design）　　组织变革（Organizational change）

非正式组织（Informal organizations）　　组织文化（Organizational culture）

学习型组织（Learning Organization）

【管理名言】

没有组织就没有管理，而没有管理也就没有组织。

——P·德鲁克

管理的重点在于建构一个好系统，让人的长处得以发挥，短处得以包容。

——彼得·杜拉克

引导案例

下面是发生在中国某企业的现实场景，请思考该企业存在哪些问题？

场景一：下午1：00，总经理还没顾上吃饭，正在接今天的第36个电话，销售员在请示某款PC降100元可不可以出货；

场景二：总经理接完电话后马上跟一个在公司工作2年的员工谈话，这员工抱怨薪酬不公平而要辞职；

场景三：谈完话后，总经理在考虑员工辞职后他手上的十几个客户如果被带走怎么办？

场景四：考虑得头昏脑胀，总经理忽然想起今天晚上要请某个政府官员吃饭，还没定具体在哪儿，赶紧打电话让秘书定一个地方；

场景五：秘书敲门进来说税务局今天来人了，关于税金的事要查账本；

场景六：秘书敲门进来说库存太多了，占用资金太多，而且有十几台机器物账不符，问怎么办？

场景七：销售部经理站在一边，拿着一叠票据，说几个业务员要出差，等总经理签字领钱；

场景八：晚上12：00，总经理拖着疲惫的身躯回到家中，家人睡梦正香……

上述案例给我们展示了中国某企业总经理废寝忘食、筋疲力尽的一天，同时也引发了我们的思考：在这个企业里总经理为何事事亲力亲为？这个企业组织究竟出现了哪些问题？

第一节　组织的概述

一、组织的含义和特征

组织是随着人类社会的出现而出现的。然而，对于组织一词，人们从不同角度理解，做出了不同的解释，至今难以统一。古今中外的管理学家给“组织”一词下定义也各不相同。

古典组织理论学家韦伯认为：组织是为达成一定目标经由分工与合作，而形成不同层次的权力和责任制度，从而构成的人的集合。

美国管理学家路易斯A·艾伦（Louis A·Allen）将组织定义为：为了使人们能够最有效地通过工作去实现目标而明确责任、授予权力和建立关系的过程。

著名的组织学家巴纳德认为：由于生理的、心理的、物质的、社会的限制，人们为了达到个人的和共同的目标，就必须合作，于是形成群体，群体发展为组织。

社会系统学派的代表人物切斯特·巴纳德（Chester Barnard）认为：组织是一个有意识地对人的活动或力量进行协调的关系，是两个以上的人自觉协作的活动或力量所组成的一个体系，并认为当具备三个基本要素——共同的目的、协作意愿和信息沟通时组织就成立了。

系统管理学派把组织视为由相互联系、相互作用的子系统构成的有机整体，因而定义组织是开放的社会系统，具有许多相互影响共同工作的子系统，当一个子系统发生变化时，必然影响其他子系统和整个系统的工作。

当代著名的管理大师哈罗德·孔茨和海因茨·韦里克强调的则是组织角色的性质、内容及对职务结构的刻意设计，把组织定义为："组织意味着一个正式的有意形成的职务结构或职位结构。"

那么，从管理学的意义上来说，什么是组织呢？根据国内外有关学者的最新研究，可以给组织做出如下的定义：所谓**组织，就是人们为实现某一特定目标而形成的系统集合**。它有一个特定的目的，由一群人所组成，有一个系统化的结构。组织从本质上说是人们为了实现共同目标而采用的一种手段或工具。

我们认为要完整地理解"组织"这一概念，应把握它两方面的含义。一是作为名词的"组织"，是指按某一特定目标建立起来的人的集合体，是确保组织活动正常协调进行、顺利达到预期目标的体系。它包括组织机构和组织结构两个层次，前者强调以共同目标为前提而结合起来的实体机构，是静态的组织；后者强调对工作和人的安排，先是分工，然后是解决职责、权利和职务的问题，也就是按照一定的目的、任务和形式编制的内部框架体系和结构特征，这种结构是相对稳定的、连续的和逐渐变化的，是动态的组织。二是作为动词的"组织"，是指组织工作，即为了实现人的集合体的共同目标而确定各个成员的角色安排、任务分派及其相互关系的活动过程，也就是设计一个组织结构，并使之运转以实现组织目标的过程。

由此，我们可以看出组织具有以下的特点：

第一，组织是人的集合体，人们特定的共同目标是组织存在的前提；

第二，组织是一个过程，包括创造组织结构，为适应环境变化或维持或变革组织结构，使其发挥作用的过程；

第三，组织工作是一种管理职能，既包括组织内常规的成员分工协作、目标计划的确立和落实、信息的沟通，又包括当组织内外环境变化后，对组织的活动系统和结构进行调整、创新和变革。组织工作是个动态的过程，不可能一劳永逸的。

二、组织的分类

在现实生活中，组织可以按照不同的分类标准进行分类，如按组织的目标性质以及由其所决定的基本任务，可以分为政治组织、经济组织、军事组织、学术组织、教育组织、宗教组织等；按组织人数的多少，可以分为大型组织和中小型组织；按照组织的运行机理，可以分为机械式组织和有机式组织；按照人员的顺从度，可以分为强制型组织、功利型组织和正规组织；按照组织合成"要素"的性质不同，可以分为作业组织、管理组织和财产组织；按照组织是否具有明确的内部结构和制度规范的分工协作系统，可以分为正式组织和非正式组织等。

三、组织的功能

组织通过不断地调整和变革以适应内外部环境的变化，同时组织也以各种方式改变着我们生活的环境。组织活动的功用，绝不是仅仅为了简单地把个体力量集合在一起。个体力量的集合可以形成一堆散沙，也可以形成一个“抱团”的群体。群体的力量可以完成单独个体力量的简单总和所不能完成的任务。

一个优良的组织通过组织设计，善于有效地发挥和利用其人、财、物资源，寻求对个体力量进行汇聚和放大的效应，使得组织发挥力量汇聚功能和放大功能，前者如同数学公式 $1+1=2$ 的“相和”效果，后者则是 $1+1>2$ 的“相乘”放大效果，正如亚里士多德曾提出一个命题“整体大于各个部分的总和”。

而且组织还实现了个人和机构之间的共赢。基于理性经济人假设，从个人的角度来看，个人之所以加入某一机构并对其投入一定的时间、精力和技能，其目的不外乎是想从机构中得到某种利益或报酬，以满足个人的需求。而机构之所以愿意对个人投入上述成本，则希望个人能因此对机构有所贡献，以达到组织的目标。所以只有个人集合成的整体在总体力量上大于所有组成人员的个体力量的简单相加，只有服务机构所获得的利益或报酬大于机构所做出的投入（即成本花费）时，才有必要建立组织。可以说组织是建立在一种相辅相成、平等交换的基础之上，形成了个人和机构都感到满意的关系。正是在这种意义上，人们将“组织”誉为与人、财、物三大生产要素并重的“第四大要素”。这一要素的功能发挥有赖于组织内部结构，而组织的结构又有赖于组织的设计。

四、组织理论

组织理论的基础是一些有关组织中心的设想。以工作为中心的设想构成了古典组织理论的基础，以人为中心的设想则构成了新古典组织理论的基础，而以系统和环境为中心的设想又构成了权变组织理论的基础。

1. 古典组织理论

古典组织理论强调以工作为中心，又称 X 理论，其代表人物主要有 H.Fayol，M.Weber 等。1910 年 M.Weber 提出了所谓的“行政性组织”理论，后人称之为“古典组织理论”。该理论假设：1. 人生来好逸恶劳，厌恶工作，只要有可能就会设法逃避工作；2. 多数人缺乏进取心，不愿承担责任，宁愿被人领导；3. 人把安全看得高于一切，以自我为中心，对组织的要求和目标漠不关心，激励只能在生理和安全的水平上发生作用；4. 人必须在强制、控制甚至惩罚的手段相威胁下，才会努力去完成组织的目标；5. 人的才能、学识、潜力都是很有限的。基于以上假设导出一个以工作为中心的组织。这一组织有五大突出特点：绝对的权力；高度集中的决策权；以工作为中心的金字塔式的组织结构；强调监督；限制个人的发展。这一理论主要内容有以下几个方面。

第一，权威与层次。一个组织要依靠任命给予权威，权威是组织的基石。在金字塔式的组织结构之下，形成了自上而下的指挥链，每一个成员都各自处于一个上级的控制监督之下。

第二，专业化和分工。高度的专业化可以提高劳动生产率，所以，组织应该推进专业化和分工，以提高工作质量。

第三，规章和程序。组织的活动应该有章可循，按程序办事，这是组织活动有序的重要基础。

第四，非个人化的关系。组织的活动不能掺杂个人的感情和个性，如果工作受到个人情感因素的影响，就会失去客观性和公正性。

第五，终生事业。职工应称职，应忠诚于组织，要按职工的技术和绩效给予提升。如果能让一流的职工把组织的发展当作自己的终身事业，那么，组织一定能兴旺发达。

第六，封闭系统。组织的活动不应考虑外界环境的变化和影响，要自我完善并构成一个封闭系统。

2．新古典组织理论

新古典组织理论强调以人为中心，又称 Y 理论，其代表人物有 E·Mayo，C·Barnard 等人。该理论假设：（1）人并非天生懒惰，如果环境条件有利，会主动贡献出智力和体力，工作就像游戏和休息一样很自然；（2）正常情况下，人不仅会接受任务而且会主动担负起责任；（3）控制和惩罚并不是实现组织目标的唯一手段，人在执行任务中能够自我指挥和自我控制；（4）人具有高度的想象力、智谋和解决问题的创造能力，在目前条件下，人的智慧和潜力只利用了一部分；（5）激励发生在生理、安全、社交、自尊和自我实现等各级层次上。基于以上假设，管理者看到的以人为中心的组织应具备五大特点：权力来自于接受；员工应参与决策；建立双向沟通的组织结构；协调式监督；鼓励个人发展。

新古典组织理论吸取了古典组织理论的精华，分析了其中不足之处。这一理论的主要内容包括以下几个方面。

第一，界定组织。组织是一个由协作意愿、共同目标、能够信息交流和相互协调的多个个人组成的协作系统。

第二，评价公平论。在组织中，成员对组织作出“贡献”的同时也要得到“报酬”，这两者应该取得平衡、体现公平。

第三，激励层次论。绝大多数的人在达到温饱要求之后，物质刺激的效果开始下降。而与此同时，权力和名誉、优越的工作条件、技能得到承认、组织管理事物的参与机会、与优秀伙伴合作共事的兴趣等方面的刺激开始显得越来越重要。

第四，注重交流。组织的内部与外部之间、组织的内部中都要进行信息沟通，信息沟通的速度、广度、深度对组织管理的效率和有效性有极大的影响。这方面还需注意非正式群体的情感交流。

第五，权威接受论。强调权威是自下而上形成的，即使是“命令”，也只有被部下接受了才有权威。

以上两种理论各有优劣。古典组织理论强调的是权威性，而新古典组织理论则强调参与性，两者分别突出了两个极端。古典组织理论强调以工作为中心，常常不顾组织成员的心理需求，推崇外部控制，但随之而来的劳资公开抵制是非常明显的，进而影响组织目标的实现。新古典组织理论强调以人为中心，给予组织成员表现其潜在能力的自由和机会，这种自我实现的机会将有利于组织目标的实现，同时也可以满足组织成员个人的心理需求。但是，如果过分追求个人意愿的发展和多元化倾向，过分突出对组织成员个人的心理需求和自我表现机会的满足，将会导致组织整体的松散，甚至还会危及组织目标的实现。那么，如何在这两种理论中寻找一种调和呢？于是，权变组织理论便应运而生了。

3. 权变组织理论

权变组织理论的核心在于把组织看作是一个有机的“系统”。一个系统通常是由子系统组成，而其本身可能又是另一个系统的子系统。整个系统的能力有赖于每一个子系统的能力，并且，随着这些子系统的能力变化而变化。影响系统的因素主要有：组织规模、组织的经营战略、组织成员的个性、组织目标与成员目标的一致性、组织系统状态、决策层次、组织环境的稳定性等，这些因素的不同组合，使得协调和沟通工作更为复杂，也变得更加重要。为了保证组织效率和有效性，组织模式的稳定性和适变性都是不可缺少的。因此，为了提高组织效率，在组织管理中必须遵循下述十项基本原则。

第一，目标一致。要保证组织上下目标一致，让组织目标为每个成员所了解，从而使组织的所有成员有一个共同的努力方向。

第二，集权与分权。重要的权力集中在最上层，一般的权力要适当下放，以便发挥各层人员的自主性、灵活性和积极性。

第三，命令统一。命令要统一，不能令出多门，造成下层无所适从。

第四，权职对等。有职无权，无从尽职；有权无职，滥用权力；职高于权，难以尽职；权高于职，干涉他人。权职对等，才能以权尽职。

第五，绝对责任。委权使得下级负有对上级的责任，但任何时候上级都负有绝对的责任。

第六，专业化。工作要精益求精，提高效率。所以，要提倡专业化与分工协作。

第七，机构精简。减少层次和人员，保证信息沟通良好。

第八，管理幅度合理。直接的下级不宜过多，以免降低指挥和协调的效率。

第九，具有弹性。组织机构“管理系统”应具有弹性，以便适应环境的各种变化。

第十，经济性。以一定的投入获得最大的产出，或保证一定的产出使投入最小。

第二节 组 织 设 计

组织的绩效在很大程度上取决于组织结构的选择和设计。我们在明确了组织目标之后，必须根据组织所处环境条件及自身特点，在充分考虑到组织复杂性、规范性和集权性程度的基础上来规划和构造组织机构，从而保证有限资源的充分利用，在高效率的前提下顺利实现组织目标。

一、组织设计的依据与原则

1. 组织结构与组织设计的概念

（1）组织结构的概念

美国当代管理学家约瑟夫·M·普蒂（Joseph M. Putti）和海茵茨·韦里奇（Heinz Weihrich）在《管理学精要》一书中把组织结构解释为：“组织结构是指职权与职责的关系、工作以及工人分组，一般而言，组织结构是为了协调组织中不同成员活动而形成的一个框架机制。”可见，组织结构描述了组织的框架体系，是表明组织各部分排列顺序、空间位置、运行规则、联系方式以及各要素之间相互关系的一种模式。如同人体由骨骼确定体型，组织也是由结构来确定其形状。组织结构的框架图常用组织系统图表示。它包括三个核心内容：组织结构的复杂性、正规性和集权与分权性。

① 复杂性。指组织内各要素之间的差异程度，包括组织内部专业化分工程度、横向与纵向的管理幅度与管理层次数、组织内人员及部门地区分布情况等。组织单位的地理位置越广泛，则协调人员及其活动就越困难；从事的活动类别越多，差异性越大，协调越复杂，那么，组织分化就越大。

② 规范性。指组织内部行为规范化的程度，包括组织内部的员工行为准则、规章制度、工作程序及标准化程度等。组织可以根据自身的特点和工作要求选择或松或紧的行为规范准则。一般来说，一个组织使用的规章条例越多，其组织机构的正规化程度就越高，但并不是条例越多越好。

③ 集权与分权性。集权与分权是组织结构中最主要的问题，指的是组织内的决策权分布状态。集权意味着决策权主要集中在组织的高层管理者手里，分权则意味着决策权分散在组织内各管理层次中。

以上三个内容决定着组织结构的外在表现形式，决定着组织结构的设计、调整和变革。

（2）组织设计的概念

组织结构设计就是根据组织目标和组织活动的特点，遵循一定的规律对组织结构的组成要素及其相互间的连接方式的选择与设计，以此划分管理层次，确定组织系统，选择合理的组织结构形式的过程。

组织设计是一个动态的工作过程，其基本功能就是要协调组织中人员与目标任务的关系，是对组织内部资源实际配置与运用的过程。组织设计的最终结果就是组织系统图、职位说明书和组织手册。组织系统图是用图形的方式表示组织内的职权关系和职能，其垂直形态显示管理层级性，即权力和责任的关联体系，水平形态显示管理宽度，即分工与部门化的结果。职位说明书是用来说明职位的名称、主要的职能、职责、履行职责的相应职权以及与组织其他职位的关系。组织手册通常是职位说明书与组织系统图的综合。

2．组织设计的依据

（1）专业分工理论

专业分工理论是组织结构的基本理论，也是传统分工理论的基本点。18 世纪英国的古典经济学家亚当·斯密在其主要著作《国富论》中，首先把分工理论运用到生产过程。亚当·斯密认为专业分工有利于提高劳动生产率，增加国家的财富。科学管理之父泰勒进一步把分工理论引入到管理工作之中，提出管理工作内部的分工有利于提高效率。泰勒在强调专业分工的同时，也注意了协作配合。但是，泰罗所提出的专业分工还较为简单。

分工是必要的，但分工要适当。分工是一把双刃剑，一方面通过分工提高员工劳作的熟练程度，有利于提高劳动生产率，另一方面过细的分工会带来低效率。其表现在：①过细的分工导致管理的程序和手续复杂；②过细的分工增加了协调的工作量和管理成本；③过细的分工助长了管理工作中的分散主义，不利于培养管理部门的宏观管理意识。分工程度和管理效率的关系可以用图 6-1 来表示。

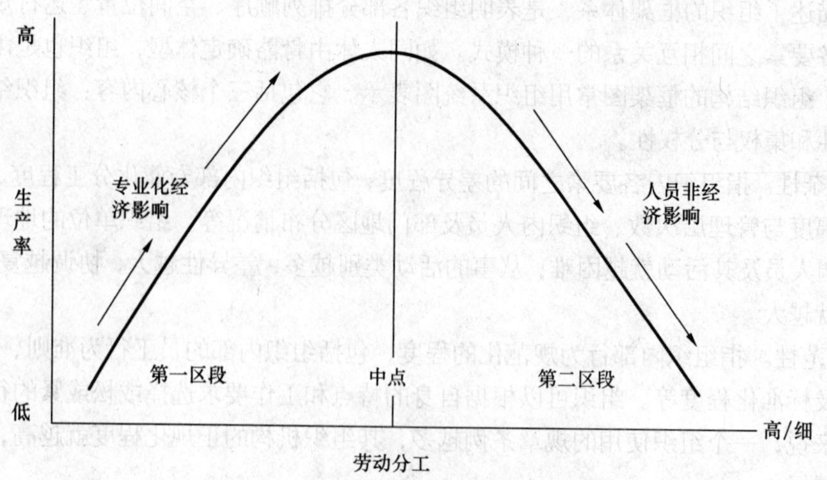

图 6-1　分工程度和管理效率的关系

如图 6-1 所示，在第一区段，分工开始并逐渐增加时，管理效率相应得到了迅速提高；在第二区段，随着分工程度的继续增加，管理效率却逐渐降低。只有在中点位置，分工和管理效率才达到了最适当的结合。

传统理论强调分工的重要性，但对协作的重要性认识不足。分工和协作是一对矛盾统一体，现代组织理论强调分工，但更重视分工基础上的协作。这是一种管理优化，有利于提高整体的效率。

（2）基本形式：机械式组织与有机式组织

并不是所有的组织都可以按照完全相同的结构来建构。只有 30 个员工的企业的组织结构不可能与拥有 3 万员工的企业相同，即使是相同规模的组织也不一定采取相同的组织结构。管理者采取哪种结构来架构组织取决于一些权变因素，但是总的来说，都归属于两种基本的组织结构模型：机械式组织和有机式组织，其组织结构特点如表 6-1 所示。

表 6-1　机械式组织与有机式组织的特点比较

机械式组织	有机式组织
高度的专门化	跨职能团队
僵化的部门划分	跨层级团队
指挥链明确、有限的信息沟通（主要是下行沟通）	信息自由流动
窄管理跨度	宽管理跨度
集权化	分权化
高度正规化	低度正规化
基层员工很少参与决策	员工自主决策的能力高、机会多

机械式组织是一种刻板的严密控制的组织。它稳定、僵硬，犹如高效率的机器，以规则条例、工作的标准化和相同模式的控制来运行，忽略员工的个性差异、人的判断能力和管理中的不确定性与模糊性。人的差异与特征被认为是非效率的根源。与之相反的是有机式组织，这是一种具有高度适应性的灵活的结构，它也有劳动分工，但人们所做的并不是标准化的工作，这些员工受过良好的教育和训练，自我管理能力很强，并得到授权，能够高效地处理和应对各种各样的问题，团队沟通合作良好，使正规化和严密化的管理控制成为不必要。但是

至于何时采用机械式组织何时采用有机式组织，还要考虑主要的权变因素。

（3）组织结构的权变因素

现代组织理论认为，组织是开放的系统。一方面环境给组织提供资源，吸收组织的产出，另一方面环境又给予组织诸多约束。组织总是处在不断变化的环境之中，一个组织要生存和发展，就必须适应环境，根据所处环境来设计和调整组织结构。影响组织设计的权变因素主要有以下四个方面。

① 组织战略

组织战略与组织结构之间的关系是理论界争论较多的问题之一。争议的问题是组织战略决定组织结构，还是组织结构决定组织战略。对企业的战略与结构之间关系研究有重大贡献的有美国企业史学家艾尔弗雷德·钱德勒。他对美国100家大公司进行考察，追踪这些组织长达50年的发展历程，并广泛收集资料，最后得出结论：公司战略的变化先行于并且导致组织结构的变化。简单的战略只要求一种简单、松散的结构形式，当组织成长以后，它们的战略变得更有雄心，更复杂，如果是以创新来求生存的组织，那么有机式的组织更好地适应这一战略，如果是寻求稳定和效率的防御型组织，则需要机械式的组织来适应它的战略。组织结构只是实现组织目标的手段，而组织目标又源于组织的总体战略，组织结构与组织战略是紧密联系在一起的。因此，组织结构的设计和调整必须服从于组织战略。

② 组织规模

这里的规模指的是组织的人数。组织的规模越大，组织结构就会越趋于复杂和规范化。它表现在：第一，随着规模的扩大，在管理者的管理幅度的约束下不可避免地需要分层，因此会形成多层次的组织结构；第二，随着组织规模的扩大，组织的关系更加复杂，协作也更加困难，因此需要对员工进行部门划分，形成多部门结构。企业发展的实践证明，规模大的组织比规模小的组织要求更高程度的专业化和横向及纵向的分化。但这种影响并不是线性的，而且随着组织的扩大，规模对结构影响力会逐渐减弱。

③ 技术

随着科技的日益进步，科学技术成为任何组织都不可缺少的要素。20世纪60年代初期，不列颠大学的琼·伍德沃德提出组织结构因技术而变化的重要观点。查尔斯·佩罗则提供了一种研究方案，将注意力放在知识技术而不是生产技术上。

佩罗提出从以下两个因素对技术进行考察：工作中遇到的例外的数目；为寻找解决例外问题的有效方法的探索过程。把任务多变性和问题可分析性作为两维变量，构建2×2的技术——结构双因素矩阵，如图6-2所示。

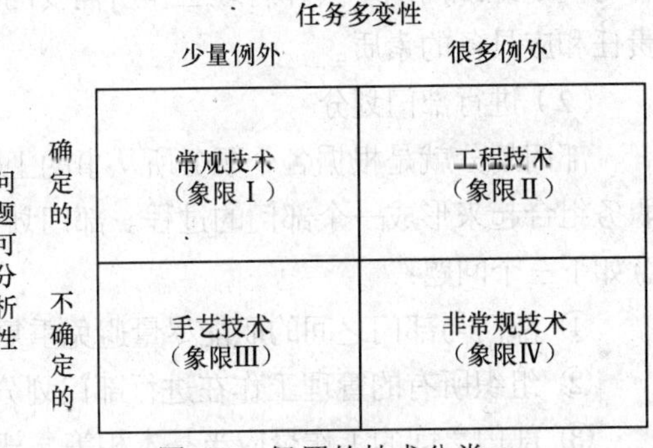

图6-2 佩罗的技术分类

如图所示：

常规技术（象限Ⅰ）：只有少量的例外，问题易于分析；

工程技术（象限Ⅱ）：有大量的例外，但可以从一种理性的系统的分析进行；

手艺技术（象限Ⅲ）：处理的相对复杂、但少量例外的问题；

非常规技术（象限Ⅳ）：以诸多例外和问题难以分析为特征。

他还把技术与结构的关系结合起来分析，得到四种情况：如果问题可以进行系统分析，适宜采用象限Ⅰ和象限Ⅱ的技术；如果问题只能以直觉、猜测和不能以分析的经验来处理，则需要采用象限Ⅲ和象限Ⅳ的技术；如果经常出现新的、不平常的、不熟悉的问题，它们可能在象限Ⅱ或象限Ⅳ；如果问题是熟悉的，则象限Ⅰ或Ⅲ更为适合。

但是还有两个极端：一个是最常规的技术（象限Ⅰ）可以通过标准化的协调和控制来实现，这些技术应该配之以同时高度正规化和集权化的结构；另一极端是非常规的技术（象限Ⅳ）要求具有灵活性，这样组织应该是分权化的，所有成员间有频繁的相互作用，并以保持很多低程度的正规化为特征。

介于两者之间的象限Ⅲ问题要求以最丰富的知识和经验加以解决，这意味着组织需要分权化。象限Ⅱ虽有许多例外情况，但具有可分析的探索过程，因此，应分散决策权限，并以低正规化来保持组织的灵活性。

也就是说，佩罗的技术——结构双因素矩阵指出组织控制和协调方法必须因技术类型而异。越是常规的技术，越需要结构化的组织。反之，非常规的技术，要求更大的结构灵活性。

（4）组织环境

环境也是影响结构的一个主要因素。这里的环境主要指社会环境。一个组织结构必须与它的环境相适应，特别是应当与其所在地的文化价值观相适应。如在一个权力距离较大的社会，建立分权、协商式的组织结构的运行效率就不会太高。一般而言，机械式组织在稳定的环境中运作最为有效；有机式组织则与动态的、不确定的环境最匹配。

除了上述一般因素之外，组织设计还要考虑一些特殊因素的影响，如党和国家的有关政策与法规等。

3. 组织设计的程序

做好组织设计工作，从程序上看有三个步骤。

（1）职务设计与分析

职务设计与分析是组织设计的最基础的工作。职务设计是在目标逐步分解的基础上，设计与确定组织内从事具体管理工作所需要的职务类别和数量，分析每个任职人员应当负起的责任和应具备的素质。

（2）进行部门划分

部门划分就是根据各个职务所从事的工作内容性质以及职务之间的相互关系，将同类的职务组合起来形成一个部门的过程。部门划分应建立在职务设计的基础上。部门划分中要注意如下三个问题：

① 部门与部门之间的职能尽量避免重复；

② 组织所有的管理工作在进行部门划分之后不能有遗漏，即所有的工作都应当有人做；

③ 部门之间的工作量应当基本相等，部门的人员安排与部门的工作量要匹配。

（3）形成平衡结构

在职务设计与部门划分的基础上，还要根据现有的资源，对初步设计的部门和职务进行调整，以满足上述三个方面的要求，最后形成合理的组织结构。

上述三个步骤完成之后形成的文件就是职务说明书和组织结构系统图。

4. 组织设计的原则

设计组织结构时除了考虑以上四种影响因素外，组织设计者应该重视并遵循一定的原则，这些原则是前人在组织设计方面经验和教训的结晶。

（1）因事设职与因职选人相结合的原则

组织结构设计只是实现组织战略和目标的一种手段。为了保证组织目标的实现，必须将组织活动落实到每个具体的部门和岗位上，确保“事事有人做”。同时还要考虑人才的特点，把合适的人才配置到合适的职位上，做到“人人都管事”，且“人尽其能，人尽其用”。而且当因组织外部环境变化而需要调整和再设计组织结构时，必须贯彻因事设职与因职设人相结合的原则，及时调整与组织环境不相适应的部门和人员，使组织内的人力资源得到有效的整合与优化。

（2）统分相结合的原则

有效的组织必须有统一指挥。但在当今科技飞速发展的背景下，管理日益复杂，分级管理也日显重要。统一指挥和分级管理必须相结合。根据统一指挥、分级管理的原则，每个岗位都应有人负责，做到各司其职、各尽其责。上下级的指挥链层次清楚，不要混乱，执行机构各司其职，自负其责。这样既可以克服“多头领导”和“政出多门”的弊端，又可以避免和消除责任不明、办事推委的现象。

（3）权责对等原则

“权责对等”是指职权与职责对等。所谓职权指的是管理职位所固有的发布命令和希望命令得到执行的权力。它被认为是把组织紧密结合起来的粘合剂。职权可以委任给下属管理人员，授予他们一定的权力，同时规定他们在限定的范围内行使这种权力。职权与组织内的一定职位相关，而与担任该职位的管理者的个性无关。职权与职责对等，强调的是在授权的时候应该授予相称的职责，如果授权不授责则会导致滥用职权，如果有责无权，责任方就有可能因缺乏主动性、积极性而导致无法履行责任，甚至无法完成任务。

（4）有效性原则

有效性原则是要求建立的组织结构必须有良好的工作效率。管理组织的有效性具体表现为：组织机构内的各部门、单位和个人，均有明确的职责范围，能够节约人力、物力、财力，有利于发挥职工的智慧和工作积极性，使整个组织以最少的费用支出实现其总目标。

（5）控制幅度原则

控制幅度原则是指一位管理者指挥和监督直接下属的人数应该控制在合理的范围内，否则会无法驾驭。古典管理学者对此倾注了极大的注意力，尽管对具体的数目没有形成一致的意见，但古典学者们都主张窄小的跨度（通常不超过 6 人），以便对下属保持紧密控制。也有些学者认为组织层次是管理幅度的一个权变因素，他们论证说，随着管理者在组织中职位的提高，需要处理的非结构性的问题也随之增多，这样高层管理者的管理幅度就要比中层管理者的要小，而中层管理者的管理幅度比基层管理者监督人数少。因此，设计组织结构，要注意管理幅度和管理层次两者的反比例关系。另外，合理的管理幅度还必须与管理者的能力相匹配，要根据组织的内外部条件来权衡确定。

（6）弹性原则

为保证组织的各项工作正常进行及秩序的连贯性，组织结构应保持相对的稳定性。但组织本身是发展着的，组织战略、目标、任务等都随环境条件变化而调整。所以，保持管理组织的稳定性，并不意味着组织结构一成不变，结构是为战略及目标服务的。组织结构应有一定的弹性，随组织环境及战略目标的变化而做相应的调整。

二、管理幅度与管理层次

在组织的战略目标、任务已定的前提下，为了使组织成员在分工基础上加强协作，共同完成组织目标，必须建立相应的管理系统，明确划分组织内的管理层次，确定管理幅度。

1．管理幅度与管理层次的关系

管理幅度，亦称管理宽度、管理跨度，是指一名领导人直接领导的下级人员的人数多少。上级直接领导的下级人员多，称为管理幅度大，反之，则称为管理幅度小。它是描述组织横向结构特征的一个概念。

管理层次，亦称组织层次，是指从组织最高一级管理组织到最低一级管理组织的各个组织层次。它是描述组织纵向结构特征的一个概念。在管理组织中，每一个组织层级即为一个管理层次。管理层次从表面上看，只是组织结构的层次数量，但其实质是组织内部纵向分工的表现形式，每一个管理层次都担负不同的职责，拥有相应的职权。

管理幅度与管理层次具有非常密切的关系。首先，它们具有数量上的反比例关系。在组织规模一定的情况下，增大管理幅度，就会减少管理层次；反之，减小管理幅度，就会增加管理层次。其次，两者之间存在着互相制约的关系，而管理幅度则起主导作用，也就是说，管理幅度决定着管理层次。

2．组织的纵向结构设计

组织的纵向结构设计，就是确定管理幅度，划分管理层次。由于管理幅度是起主导作用的因素，在进行设计时，就需要先根据组织具体情况确定管理幅度，在此数量界限内，来确定管理层次。

管理幅度是组织设计中一个古老的问题。早在1868年，范布伦邓斯洛在《社会、政府和工业的经济哲学原则》一文中就提出了控制幅度的思想。自20世纪以来，众多的管理专家、学者都对这一问题进行过深入地研究。虽然在管理幅度的具体人数上至今没有形成统一看法，但形成了这样的共识：管理幅度不是一个定数，它因不同组织、不同时期以及不同职务等因素的变化而变化。确定合理的管理幅度就要找出其影响因素，并根据影响程度大小来具体确定。

（1）影响管理幅度的因素

① 工作能力强弱。工作能力包括管理者的工作能力和下属的工作能力。如果管理者个人的知识、经验丰富，沟通能力、表达能力和组织能力强，自然可以多领导些下属，管理幅度也可适当增大。如果下级人员是成熟员工，受过良好的训练，能够准确地领会上级的意图，独立工作能力较强，无须上级过多地指导和监督，可增大管理幅度。由此可见，提高领导者的修养和下级人员的素质，是增大管理幅度、减少管理层次、提高工作效率的基础。

② 职权的性质。在组织的不同层次所遇到的问题是不尽相同的。通常情况下，在组织的高层，所遇到的多是非常规的问题，比较复杂、困难大且关系重大，解决这类问题往往要花

费较多的时间和精力，直接管辖的人数不宜过多；而组织的中下层所遇到的大多是重复、例行的问题，通常已有既定程序、标准和解决方法，所费时间精力有限，直接管辖的人数可以较多一些。如一个厂长领导几个车间主任或部长，而一个车间主任往往领导几十个甚至几百个工人。

③ 计划的明确性。制定的计划越详细具体且切实可行，那么可控制的管理幅度越大。如下属的工作性质主要是执行，如果计划制定得准确具体可行，下级人员就很清楚自己的工作任务及应达成的目标，不必事事都要请示汇报，这就可以减少上级的指导工作量，从而增大管理幅度。但是，对于处在特殊环境条件下的组织或部门，要制定一个比较明确的计划往往比较困难。通常只是明确大致的发展方向，制定出指导决策的明确政策，具体的计划及执行视情况而定或调整，这无疑会增加领导的协调、监督和控制的工作量，从而减小管理幅度。

④ 授权的程度。适度的授权可以使下属充分发挥工作的积极性和主观能动性，具有良好素质的下属就可以在职权范围内独立地开展工作，这就自然减少了与上级接触的次数，减轻上级的指导工作量，从而增大管理幅度；反之亦然。

⑤ 信息沟通的有效性。如果组织内上下级之间沟通渠道畅通，信息传递迅速、准确，显然可以减少许多不必要的误解和矛盾，降低领导者为此而承受的负担，减轻上级的指导工作量，从而可以增大管理幅度；反之亦然。

⑥ 组织变革的速度。一般来说，变革速度慢的组织，所处环境相对稳定，组织内的政策变动性较小，规章制度健全，工作程序和方法也比较固定，组织成员可按既定的程序、方法和要求处理问题，可以减轻上级领导的负担，从而管理幅度大。反之，如果组织由于所处环境动荡，组织政策经常变动，上级需要更多的时间和精力来加强对下级的指导和训练，管理幅度自然应该小一些。

除了上述所列因素外，还有其他因素也影响着管理幅度。比如，下级人员地理位置的集散程度会影响到管理幅度；下级人员对所承担责任及任务的态度如何也会影响管理幅度等。总之，影响管理幅度的因素有很多种，其影响程度也不相同。组织在确定管理幅度时，必须从实际出发，具体情况具体分析，随机灵活确定。

（2）管理幅度确定的方法

由于影响管理幅度的因素很多，而这些因素本身就很难用定量的标准来度量。所以，虽然国内外众多专家学者和实际管理者进行了大量研究探讨，但至今仍没有一个公认的客观标准。不过，以下两种方法可供借鉴。

① 格兰丘纳斯的上下级关系理论。法国管理学家格兰丘纳斯在 1933 年发表的一篇论文中，分析了上下级之间可能存在的关系后提出了一个数学模型，用来计算任何管理幅度下可能存在的人际关系数。他认为，管理幅度以算术级数增加时，管理者和下属之间可能存在的人际关系数，则以几何级数增加。所以，管理较多的下属会使管理工作复杂化，会导致失控。因此，管理幅度是有限的，不能随意扩大。有效控制的管理幅度可以用公式表示：

$$N = n[2^n + (n-1)]$$

式中：N 表示所存在的人际关系总数，n 表示管理幅度。格兰丘纳斯还区分了三种类型上下级关系：一是直接的单个关系，指上级直接地、单独地与其直接下属发生联系；二是直接的组合关系，存在于上级与其下属人员的各种可能组合之间的联系；三是交叉关系，指下属人员之间相互打交道时发生的关系。

② 变量依据法。这一方法是美国洛克希德导弹与航天公司在 20 世纪 70 年代研究出的一种方法。它是把影响管理幅度的各种因素作为变量，采用定性分析和定量分析相结合的做法来确定管理幅度的一种方法。

该方法认为影响管理幅度的六个关键变量是：职能的相似性、地区的相近性、职能的复杂性、指导与控制的工作量、协调工作量、计划工作量。这些变量按难易程度又分成 5 级，并加权使其反映影响的重要程度，最后按照组织的情况加以修正，决定每一个管理岗位的管理跨度。影响管理幅度的六个因素及其加权数，如表 6-2 所示。

表 6-2　　管理幅度影响因素及其加权数量

	1	2	3	4	5
职能相似 加权数	完全相同 （1）	基本相同 （2）	相似 （3）	基本不同 （4）	完全不同 （5）
位置相似 加权数	完全在一起 （1）	同在一座楼 （2）	在一个院落，不在一座楼（3）	在同一地区、不同地点（4）	在不同地区 （5）
职能复杂 加权数	简单重复 （2）	日常公务 （4）	稍微复杂 （6）	复杂多变 （8）	非常复杂 （10）
指导与控制 加权数	工作量少控制容易（3）	管理工作有限 （6）	适当定期管理 （9）	经常持续管理 （12）	始终严密管理 （15）
协调 加权数	与他人联系少 （2）	明确规定的有限关系（4）	便于控制的适当关系（6）	相当密切的关系 （8）	接触面广不重复关系（10）
计划工作 加权数	规模小不复杂 （2）	规模与复杂有限 （4）	中等规模和复杂性 （6）	比较复杂变化大 （8）	十分复杂政策难于明确（10）

根据得分的多少，就可以确定管理岗位的管理幅度。该方法还根据得分的多少，提出了管理幅度的建议值，如表 6-3 所示。但是，无论哪一种方法都有一定的局限性，在使用中必须结合组织的情况进行必要的调整。

表 6-3　　管理幅度建议值表

得　分	管理幅度（人）
40—42	4—5
37—39	4—6
34—36	4—7
31—33	5—8
28—30	6—9
25—27	7—10
22—24	8—11

（3）管理层次的划分

有效管理幅度是决定管理层次的基本因素，但并非惟一的因素。因为管理层次的实质是组织内部纵向分工的结果，每个层次都应该担负相应的职能，而且组织结构的设计本着精干、高效的原则来进行。所以，在划分管理层次时，还必须考虑组织的纵向职能结构、组织效率、组织规模及组织活动特点等因素。

一般情况下，根据组织纵向职能来划分管理层次往往可以分为三层，即上层、中层、基层。上层，又称战略决策层，主要职能是从组织整体利益出发，制定组织的总体战略及目标方针；中层，亦称经营管理层，主要职能是为各部门制定目标、拟定计划方案，配置资源、评价活动成果及制定纠偏措施等；基层，又称执行管理层或操作层，主要职能是按既定的计划和程序来执行，保证完成计划任务。这只是一般划分方法，在实际工作中，由于组织规模、管理体制组织活动特点有很大差异，其基本管理层次的划分也有区别。划分了基本管理层次之后，再根据有效管理幅度和精干、高效的原则推算、和确定具体的管理层次，这样整个组织的管理层次基本划定，而对于组织内某些特殊的单位或部门，还可以视情况做局部调整。

（4）扁平式结构与直式结构

按照管理幅度的大小和管理层次的多少，组织可形成两种基本结构：扁平式结构与直式结构。这两种结构各有优缺点，如表 6-4 所示。

表 6-4　扁平式结构与直式结构的优缺点比较

类　型	定　义	优　点	缺　点	适用范围
扁平式结构	又称横向结构，是指管理层次少而管理幅度大的结构	有利于缩短基层与上层组织之间的距离，密切上下级之间的关系；信息沟通渠道短捷，信息纵向流通快，可降低管理费用；由于管理幅度大，下级人员往往有着更多的自主权，利于调动其积极性，使其有较强的责任感、成就感；上级领导可以更好地选择和培训有潜能的下级人员	由于管理幅度大，上级领导很难严密地监督下级人员，如领导者能力有限而又缺少管理经验，势必造成管理上的混乱；因管理幅度大，也会加重同级间相互沟通联络的困难	适用于一般性管理
直式结构	又称高耸式结构，是指管理幅度小而管理层次多的结构	分工明确、管理严密，上级可以对下级进行更具体的指导和监督，还可以给下级提供较多晋升机会	由于管理层次多，需要的管理人员数量大，会增加管理费用；层次多，各层次部门间的协调工作也急剧增加，相互推委的事会层出不穷；管理层次增多以后，会使组织内信息沟通速度减缓，造成效率下降；同时，过多的层次，容易使上层管理者对下层的控制变得困难，影响系统整体优势的发挥，还会影响到下级人员主动性和创造性的发挥	适用于紧密或严格的管理

3. 组织的横向结构设计

当组织的任务分解成了具体的可执行的工作以后，接着就要将这些工作按某种要求归并成一系列组织单元，如任务组、部门、科室等，这就是部门划分。划分部门的目的，是为了以此来明确职权和责任归属，以求分工合理，权责分明，并有利于各部门根据其工作性质的不同而采取不同的政策，加强本部门的内部协调。

（1）划分部门的原则

部门划分的过程就是按照不同的分工方法，把整个管理系统进行横向分解，形成组织内的若干可供管理的单元。所以，划分部门应遵循分工原则。

① 目标原则。部门划分的目的，是要确定组织中各项任务的分配与责任的归属，以求分工合理、权责分明，有效地达成组织的目标。所以，目标不明或职能不清的部门显然是不必要的。

② 精简原则。组织结构是由管理层次、部门结合而成的。在有效地实现组织目标的前提下，组织设计要求高效率，设置的部门就必须力求最少。

③ 均衡原则。在划分部门时要注意保持部门之间的均衡性，尤其是同一管理层次上的部门，在职责和职权等方面应大致均衡，避免部门间忙闲不均等负面影响发生。

④ 弹性原则。部门的划分应有一定的灵活性。组织内部门的设置应根据需要而调整，任何组织内的部门都不是永久性的，其增加和撤并都应随业务工作需要而定。

⑤ 执行与监督分离原则。在划分部门时，执行与监督职能应分离开来，不应设在同一部门。

（2）划分部门方法

不同的组织有着不同的特征，但采用的部门划分方法却基本一致。常用的部门划分方法有以下几种。

① 按职能划分部门。这是一种适用于各类性质组织的部门划分方法。按职能组建部门，能适应现代社会分工较细的特点，可以充分发挥专业化管理的长处。其缺点是各职能部门的工作人员容易因片面强调本部门工作的重要性而导致各自为政的现象，也不利于高级管理人才的培养。

② 按产品划分部门。就是把同一产品或产品系列的有关活动归并到一个部门进行独立经营。在部门内部可设相应的职能机构，对本部门的生产、销售、技术和财务等活动拥有广泛的权力。这种划分部门的方法，适用于产品种类较多的大型企业。按产品划分部门有两个突出优点。一是具有较强的适应能力。各产品部门可根据市场需求变化，在保证完成公司、总部利润计划的前提下，随时调整产品的品种与生产规模。二是有利于调动各部门的积极性。每个产品部门都是一个自负盈亏的独立核算单位，有自己独立的经济利益，因而可以调动其积极性。按产品划分部门的缺点是容易造成管理机构重叠，增加管理费用，同时，各部门间的横向协调也较为困难。

③ 按区域划分部门。对于地理位置比较分散的组织来说按区域划分部门是一个比较适宜的方法。这种方法是把本组织在同一地区内发生的各种业务活动并入同一部门，然后再根据实际需要，设置自己的职能机构。它的主要优点是有利于一个区域内各项工作的协调，各部门负责人可以根据当地具体环境条件，灵活调整政策和策略，因地制宜地进行管理，既符合管理的适应性和有效性，又有利于培养独当一面的管理人才。其不足之处就是因为每个区域性组织都是相对独立的单位，各地区部门之间协调比较困难，而且还存在管理机构重叠和管理费用大的弊病。这种划分部门的方法在政府机关、银行系统、邮局、军队、跨地区大公司等组织都可采用。

④ 按工艺流程划分部门。按工艺流程划分部门是以工作程序为基础组合各项活动，把完成任务的过程分成若干阶段。以此来划分部门是很多的制造业厂商及连续生产型企业常用的方法。在机械制造企业，可按工艺流程把生产过程分解，以便进行专业化作业，并由此形成不同的生产部门。这种划分方式的优点在于符合专业化原则，取得经济优势，充分发挥专业技术的作用，保证产品质量。其缺点在于各部门之间依赖性强，一旦协作不力，将会影响总体目标的实现，同时也不利于高级管理人员的培养。

另外，也有些按人数、服务的顾客、时间来划分部门的方法，但不管哪种方法都各有优缺点，管理者在实际工作中，必须具体情况具体分析。根据组织目标和计划任务要求，充分考虑组织规模、工作性质、组织环境、人员素质等各方面条件，灵活地选择适宜的部门划分方法。一般情况下，职能或参谋机构一般都按职能划分；生产部门可按工艺或产品划分；销售部门则可根据实际需要按区域或客户划分。

第三节　组织结构的类型

由于行业不同、规模不同、组织内外环境不同，组织结构类型也不尽相同。目前，常见的组织结构主要有以下几种。

一、直线型组织结构

直线型组织结构又称单线型组织结构。它是工业发展初期的一种最简单的组织结构类型。其特点是：第一，组织中各级主管人员对其直接下属有直接指挥权；第二，组织中每一个人只接受一位直接上级的指挥；第三，主管人员在其管辖的范围内，有绝对的职权或完全的职权。它的优点是：结构简单，易统一指挥，责任与职权明确；每个人有且只有一个直接上级，有利于迅速作决定；指挥和管理工作集中在主管负责人手中，下属不会得到互相抵触的命令，管理结构简单，管理费用低。其缺点是如果组织规模较大，业务复杂，所有管理职能仍集中由一个人承担，要找到全能的管理者是比较困难的，而且一旦这位全能管理者离职时，要找到一个具有全面知识和技能的人去替代他就更困难。此外，因为对管理工作没有进行专业化分工，管理工作比较简单和粗放，成员之间和组织之间横向联系差。

因此，这种类型的组织结构一般只适用于生产规模较小、生产过程不太复杂、生产技术比较简单、没有必要实行职能分工的企业，或适用于现场作业管理。直线型组织结构如图 6-3 所示。

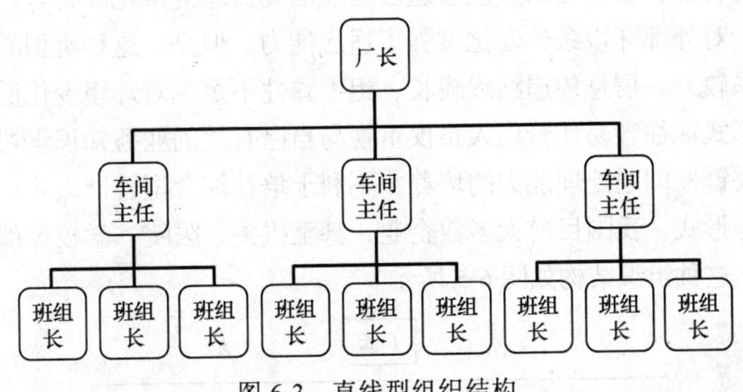

图 6-3　直线型组织结构

二、职能型组织结构

职能型组织结构（U 型结构）是以工作方法和技能作为部门划分的依据，是由科学管理理论的奠基人泰勒首先提出，并在米德维尔钢铁公司以职能工长制的形式加以试行。它的主要特征是用专业分工的职能管理者，代替直线制的全能管理者。这样在各行政领导者下，按专业分工设置管理职能部门，各职能部门在其业务范围内有权向下级发布命令和下达指示，下级要听从上级领导者和上级职能部门的指挥。其优点是能够充分发挥职能机构的专业管理作用，对下级工作指导比较具体；如果职能结构作用发挥得当，可以弥补各级行政领导人员管理能力的不足，并使直线经理人员摆脱琐碎的经济技术分析工作。其缺陷是多头领导，极大地违背了统一指挥原则。这种组织形式适用于任务较复杂的社会管理组织和生产单一或少数几类产品的，面对相对稳定的市场环境的企业管理组织。以企业为例，职能制组织的结构如图 6-4 所示。

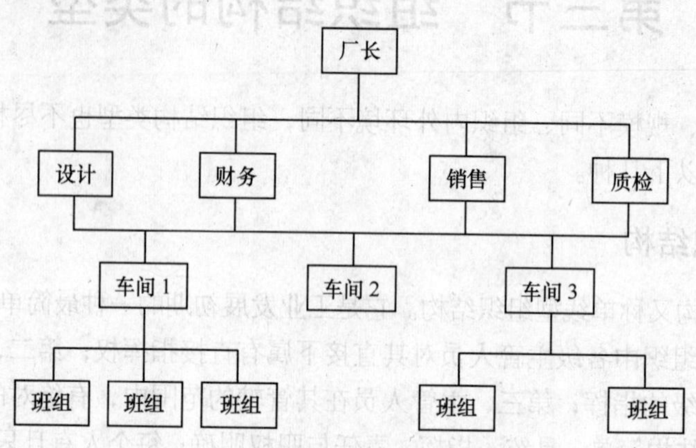

图 6-4　职能制组织的结构

三、直线职能型组织结构

直线职能型组织结构是一种综合直线型和职能型两种组织的特点而形成的组织结构形式。这种组织形式既保持了直线型集中统一指挥的优点，又具有职能型分工专业化的长处。其特点是只有各级行政负责人才有对下级进行指挥和下达命令的权力，职能结构只作为参谋发挥作用，对下级只起到业务指导作用。这种结构分工细致，任务明确，部门职责界限清晰，既有利于保证集中统一的指挥，又可发挥各类专家的专业管理作用，因而可以克服领导者个人知识范围有限的弱点，使管理组织能够适应组织活动日趋复杂化的特点，而且能充分发挥组织的集团效率，对外部环境条件变化增强了适应能力。但是，这种类型的组织存在着职能部门之间横向联系较差、信息传递路线较长、组织弹性不足、对环境变化反应迟钝的缺陷。此外，这种组织形式往往容易使管理人员仅重视与自己有关的业务知识学习和能力培养，而忽视对全局性、关键性问题处理能力的培养，不利于培养综合型管理人才。直线职能型是一种普遍适用的组织形式，我国目前大多数企业，甚至机关、医院、学校等都采用这种组织形式。以企业为例，这种组织结构如图 6-5 所示。

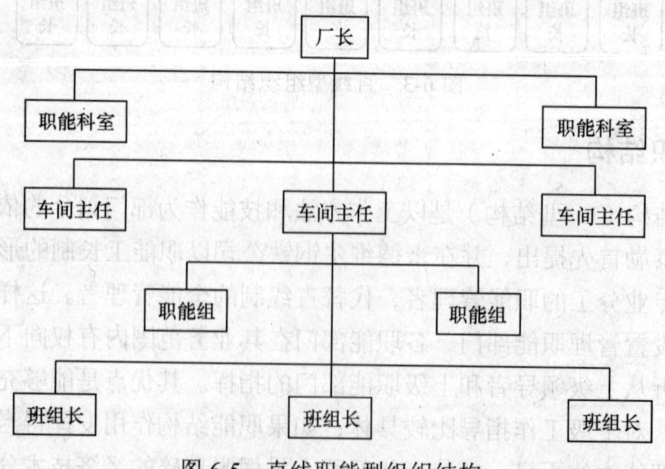

图 6-5　直线职能型组织结构

四、事业部制组织结构

事业部制组织结构又称“M 型”组织结构，是美国通用汽车公司总裁斯隆于 1924 年提出来的，是目前欧美、日本各大企业普遍采用的一种组织形式。这种组织结构以产生目标和结果为基准来进行部门的划分和组合，其特点是“集中决策、分散经营”，即在集权领导下实行分权管理。组织按产品或地区不同，建立不同的经营事业部，同时，每个经营事业部是一个利润中心，在总公司领导下，实行统一政策，分散经营，独立核算，自负盈亏，有利于组织的最高管理者摆脱日常事务而专心致力于组织的战略决策和长期规划，有利于调动各事业部的积极性和主动性，有利于公司对各事业部的绩效进行考评。这种组织结构形式的主要缺陷是容易使各事业部只考虑自己的利益，影响各事业部之间的协作；公司与各事业部的职能机构重叠，用人较多，费用较大。

这种组织形式一般可以分为按产品划分的事业部和按地区划分的事业部两种形式，主要适用于产品多样化和从事多元化经营的组织，也适用于面临市场环境复杂多变或所处地理位置分散的大型企业和巨型企业。事业部制组织结构如图 6-6 所示。

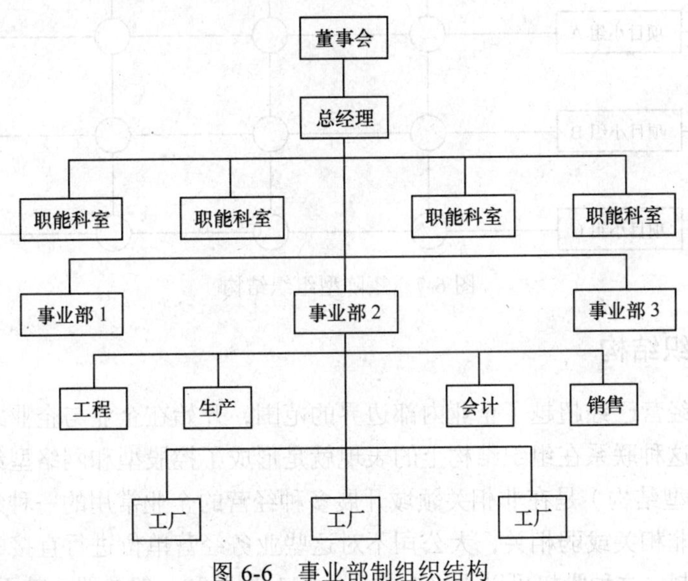

图 6-6 事业部制组织结构

五、矩阵型组织结构

矩阵型组织结构因其形态如横纵排列的矩形而得名，是美国 20 世纪 50 年代创立的一种新的组织形式。它最先应用于国防工业，以后扩展到其他工业部门和一些公共事业单位，目前已推广到西欧、日本等国家和地区。这是一种非长期的组织结构，是把按职能划分部门同按产品、服务或工程项目划分部门结合起来的组织形式。在这种组织中，每个成员在理论上一般要受两位主管的领导，即垂直部门的领导和项目负责人的指挥。可以说，矩阵型结构是对统一指挥原则的一种有意识的违背。这种结构的主要优点是灵活性和适应性较强，有利于加强各职能部门之间的协作和配合，并且有利于开发新技术、新产品和激发组织成员的创造性。其主要缺陷是：组织结构稳定性较差；双重职权关系容易引起冲突；同时还可能导致项目经理过多、机构臃肿的弊端。这种组织结构主要适用于科研、设计、规划项目等创新性较强的工作单位。

矩阵型组织结构又可以分为按照项目设置的矩阵结构和按照产品及地区设置的矩阵结构两种。按照项目建立矩阵结构的具体方法，是为了完成某一项特别任务，在项目的实施阶段，如研究、设计、试制、开发等过程中，由有关的部门派人参加，组成项目攻关小组，任务完成之后，成员仍然回到原来的部门工作。显然，按照项目建立起来的项目组的寿命期与项目开发所需要的时间长短有关。这种矩阵结构一般适用于重大项目的攻关，如图 6-7 所示。

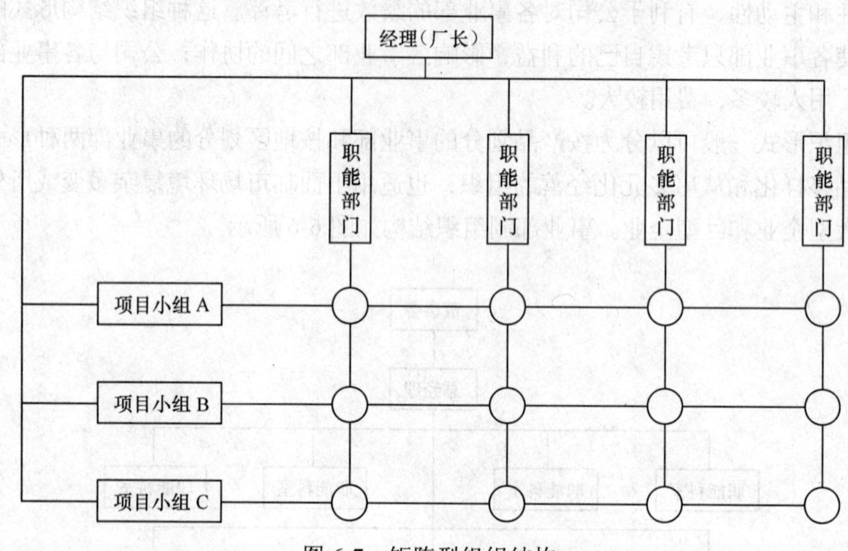

图 6-7　矩阵型组织结构

六、控股型组织结构

现代企业的经营已经超越了企业内部边界的范围，开始在企业与企业之间结成比较密切的长期联系。这种联系在组织结构上的表现就是形成了控股型和网络型组织形式。控股型结构（也称 H 型结构）是在非相关领域开展多种经营的企业常用的一种组织结构形式。由于经营业务的非相关或弱相关，大公司不对这些业务经营单位进行直接的管理和控制，而代之以持股控制。这种股权可以是绝对控股、相对控股和一般参股。基于这种持股关系，对某些企业单位持有多数股权的大公司便成为母公司，被母公司控制和影响的各企业单位则成为子公司（被绝对或相对控股的企业）或关联公司（仅被一般参股的企业）。子公司、关联公司和母公司一道构成了以母公司为核心的企业集团，母公司亦称为集团公司，处于企业集团的核心层，故称之为集团的核心企业。相应地，各子公司、关联公司就是围绕该核心企业的集团紧密层和半紧密层组成单位。此外，企业集团通常还有一些松散层的组成单位，即协作企业。它们通过基于长期契约的业务协作关系而被联结到企业集团中。集团公司或母公司与它所持股的企业单位之间不是上下级之间的行政管理关系，而是出资人对被持股企业的产权管理关系。母公司作为大股东，对持股单位进行产权管理的主要手段是母公司凭借所掌握的股权向子公司派遣产权代表和董事、监事，通过这些人员在子公司股东会、董事会、监事会中发挥作用来影响子公司的经营决策。控股公司有两种形式：纯粹控股公司和混合控股公司。

纯粹控股公司的优势表现为：以较少资本运作较多资本，节约形成规模经济与范围经济所需的资金；子公司作为独立的法人实体，具有较高的自主性和经营积极性；比较容易退出某产业或进入某产业；因子公司彼此独立，分散经营风险。这种组织结构形式的弊端表现为：纯粹控股公司的经营理念与战略规划等难以彻底地向子公司渗透、贯彻；母子公司之间主要是资本关联，以投资收益率、盈利状况等为评价标准，在经营与管理上不能形成有效渗透；各子公司之间缺乏有效协调；对子公司经营行为难以监控；难以形成产业方面的核心能力等。纯粹控股公司结构如图 6-8 所示。

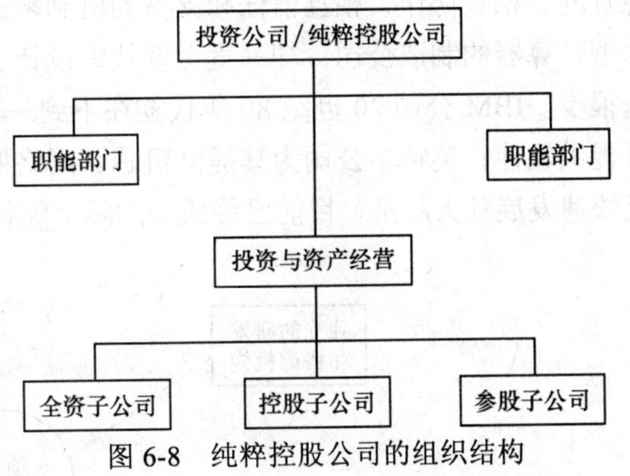

图 6-8　纯粹控股公司的组织结构

混合控股公司亦称产业集团公司，其关键特征是既通过拥有其他公司的股权像投资公司一样进行资产经营，又直接从事具体的生产经营活动。这种组织结构形式的优点是公司拥有自己的主业，资产经营服务于主业；易于培育公司的核心能力；可以达到有效监控；易于贯彻公司的经营理念与战略规划等。其缺点是：达到与投资公司同样的经营规模所需的资金较多；对经营者的要求较高，公司发展需要既懂生产经营又懂资本运作的复合型人才；产业退出较为困难等等。混合控股公司结构如图 6-9 所示。

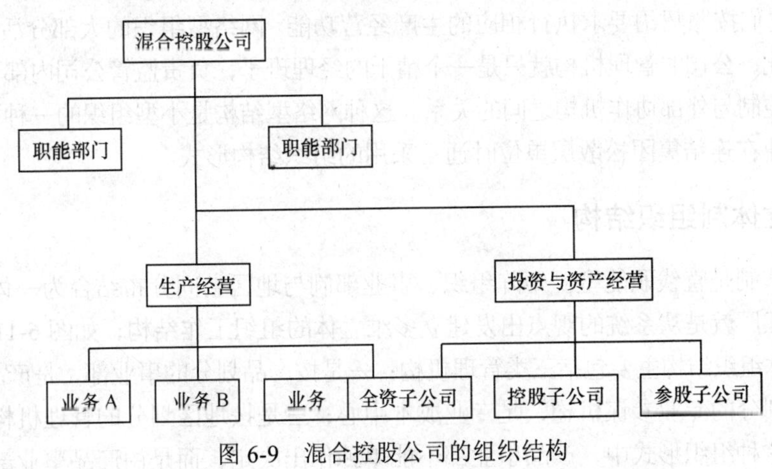

图 6-9　混合控股公司的组织结构

七、网络型组织结构

网络型组织是利用现代信息技术手段而建立和发展起来的一种新型组织结构。现代信息技术使企业与外界的联系加强了，企业可以打破自身机构的边界，不断缩小内部生产经营活动的范围，相应地扩大与外部单位之间的分工协作，于是产生了一种基于契约关系的新型组织结构形式，即网络型组织。

网络型结构是一种既非市场又非层级制度的独特的组织结构形式。它只有很精干的中心机构，是以契约关系的建立和维持为基础，并依靠外部机构进行制造、销售或其他重要业务经营活动的组织结构形式，如图 6-10 所示。被连结在这一结构中的两个或两个以上的单位之间并没有正式的资本所有关系和行政隶属关系，而是通过相对松散的契约纽带，建立一种互惠互利、相互协作、相互信任和支持的机制来进行密切合作。卡西欧是世界有名的手表和袖珍型计算器的制造公司，却一直主要从事设计、营销和装配，在生产设施和销售渠道方面投资很少。IBM 公司 20 世纪 80 年代初在不到一年时间内开发 PC 成功，依靠的是微软公司为其提供软件，英特尔公司为其提供机芯。网络型结构可以使企业利用社会上现有的资源使自己快速发展壮大起来，目前已经成为国际上流行的组织形式。

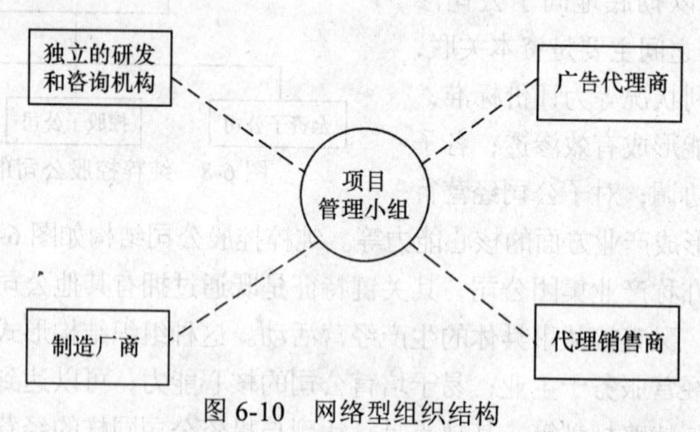

图 6-10　网络型组织结构

网络型结构有时也被称为虚拟组织，即组织中的许多部门是虚拟存在的，企业依靠信息技术手段，创设一个“关系”的网络，与独立的制造商、销售代理商及其他机构达成长期协作协议，使它们按照契约要求执行相应的生产经营功能。网络型组织的大部分活动都是外包、外协的。因此，公司的管理机构就只是一个精干的经理班子，负责监管公司内部开展的活动，同时协调和控制与外部协作机构之间的关系。这种网络型结构是小型组织的一种可行的选择，也是大型企业在连结集团松散层单位时通常采用的组织结构形式。

八、多维立体制组织结构

多维立体制是直线职能型、矩阵组织、事业部制与地区空间分布结合为一体的复合组织形式。实验工厂就是从系统的观点出发建立多维立体的组织工作结构，如图 6-11 所示。

多维立体组织结构主要包括三类管理机构：一是按产品划分的事业部，是产品利润中心；二是按职能划分的专业参谋机构，是专业成本中心；三是按地区划分的管理机构，是地区利润中心。在这种组织形式中，产品事业部不能单独作出决定，而是由产品事业部、专业参谋部门和地区部门的三方代表共同组成产品事业委员会，对各类产品的产销活动进行领导。这样，就把产品事业部经理和地区部门以利润为中心的管理与专业参谋部门以成本为中心的管理较好地结合起来，便于及时互通信息、集思广益、共同决策。这种组织形式适用于多种产品开发、跨地区经营的公司或规模巨大的跨国公司。

上述组织形式各有特点，没有一种是完美无缺的。因此究竟选择何种组织结构形式，除了依据一定的组织原则之外，最根本的是从组织的实际情况出发，综合考虑各方面的因素，诸如企业的生产经营规模、生产技术特点、产品种类及特征、市场区域分布、管理水平等，在权衡各种组织形式利弊的基础上进行灵活应用。

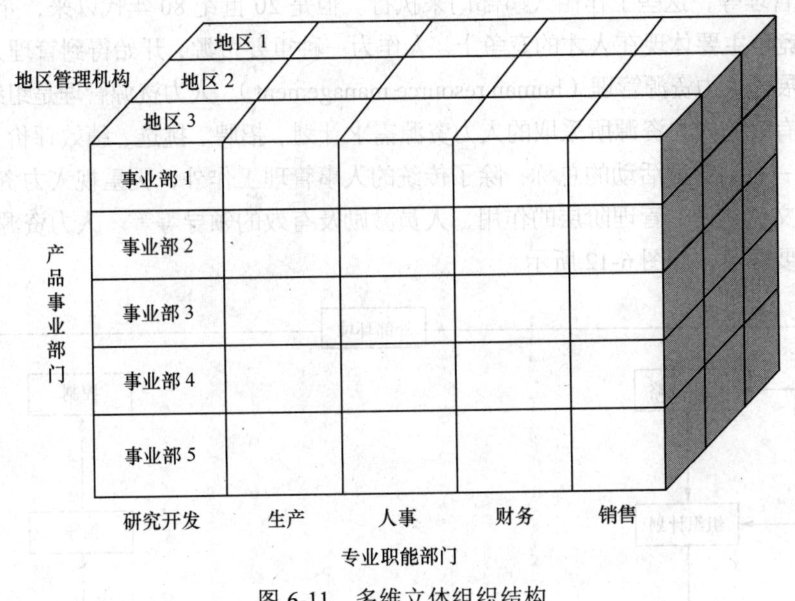

图 6-11　多维立体组织结构

九、委员会制

为达到某种特定的管理目的，还常常设立各种委员会组织。委员会有时被看成是一种特殊形式的会议，有时被看成是一种特殊的组织结构，有时被看作是一种集体决策。无论如何理解委员会的概念，委员会都在组织运作中发挥着不可轻视的作用。

委员会组织作为经营管理的一种手段而设立，其目的是集思广益、利用更多人的智慧、防止个人或部门权限过大、听取不同意见、加强信息沟通、协调计划与执行的矛盾等，具有协调、激励、信息沟通和避免过分集权的功能。其优点是：委员会的决定是集体共同做出的，更具可靠性；委员会审查问题比个人审查问题牵涉人的因素少，委员会在分析许多重要问题依靠的是众多人的专长，问题分析得更深入。但委员会的这种运用方式也会引起以下问题：导致双重权力结构；延缓决策速度；责任不明确，委员的责任感差；有些决定可能是妥协的结果，有时委员会内甚至产生感情对立，发展为派系抗争。

第四节　人 员 配 置

组织结构选择和确定之后，接下来的重要工作就是选拔和配备人员。**人员配置**（staffing），是指通过招聘、选拔、安置、考评、培训和发展组织成员，以充实组织结构中的各个职位的过程，简而言之，是把适当的人员安排到适当的位置上的过程。

人员配置是管理的职能之一，是管理人员的一项重要工作，也是人事管理的内容之一。故有许多译著及教材把"staffing"一词译成人事工作或人事管理。人事管理是企业的经营活动之一，它与生产管理、技术管理、财务管理，营销管理等管理活动一样属于企业的经营活动。传统的人事管理工作主要是新员工的招聘、职前教育、员工的录用和安排、工资管理以及人事档案管理等，这些工作由人事部门来执行。但是 20 世纪 80 年代以来，企业的竞争加剧，企业的竞争主要体现在人才的竞争上。人作为一种重要资源，开始得到管理人员的重视，人事管理发展为人力资源管理（human resource management）。人力资源管理是组织旨在获取、开发、维护有效的人力资源所采取的人力资源需求计划、招聘、挑选、绩效评价、薪酬管理、在职培训等一系列管理活动的总称，除了传统的人事管理工作外，更重视人力资源的开发和利用、组织文化建设、管理阶层的作用、人员激励及有效的领导等等。人力资源管理是管理过程中的重要环节，如图 6-12 所示。

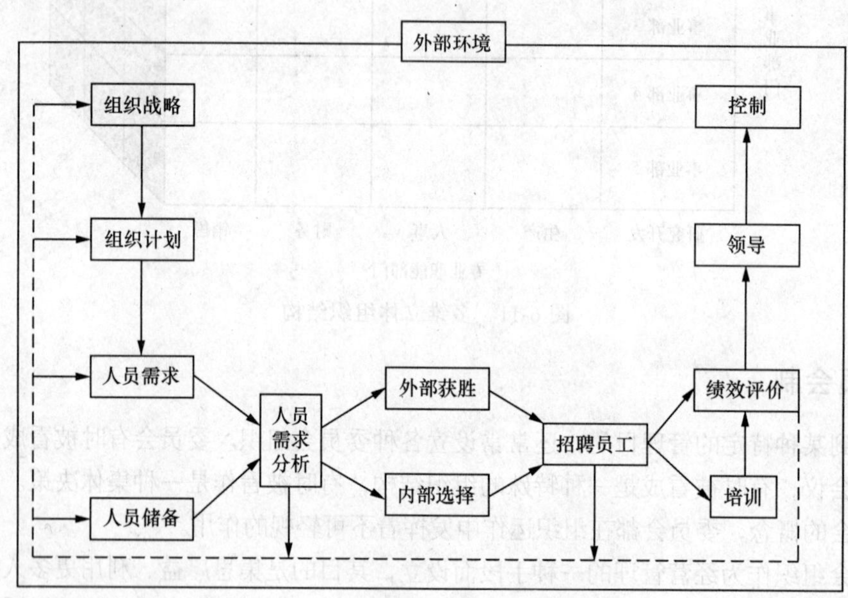

图 6-12　人力资源管理在管理过程中的地位

一、人员配置的任务

人员配置是人力资源管理的重要职能，也是企业获得“优质资源”的第一步。

人员配置既要考虑满足组织需要，又要考虑满足组织成员个人的需要。它是通过分析人与事的特点，谋求人与事的最佳组合，实现人与事的不断发展。它主要包括工作分析编制各种职位所需要的职务说明书、选拔及培训管理人员和建立相关的责任制度。从组织需要的角度看，必须保证组织机构的每个岗位都有合适的人选，注意组织后备干部队伍的建设，建立起员工对组织的忠诚度；从成员个人角度看，应力求使每个人的知识和能力得到公正的评价、承认和运用，在工作中得到不断提高。

二、人员配置的原则

1. 因事配人、因人施配的原则

一方面，要根据企业组织中各个职务岗位的性质配备有关人员，即人员的数量和结构与职位的多寡和类型相适应，人员的素质和能力要与其所担负的职责需要相吻合；另一方面，要按照人员的能力水平及特长分配适当的工作，使每个人既能胜任现有职务，又能充分发挥内在潜力。只有坚持这一原则，才能促进企业人-机系统的协调匹配，避免出现能力不足或能力过剩、人才浪费的现象。

2. 选贤任能、扬长避短的原则

在根据组织结构所确立的职务岗位安排相应人员时，还应坚持选贤任能、任人唯贤的原则，特别是各级主管人员的选拔，应当务求唯贤不唯亲，用客观的科学的标准和方法准确地考察与选择。俗话说，金无足赤，人无完人。人员的配置要求善于识别各人的长处，用其所长，坚持扬长避短的原则。

3. 群体相容的原则

现代企业内部分工细密，协作关系复杂，要求各工作群体内部保持较高的相容度。在人员配置中，不仅强调人员与工作的相互匹配，而且要注重群体成员之间的结构合理和心理相容。群体的相容度对群体的士气、人际关系、群体行为的一致性和工作效率都有直接影响，彼此间高度相容，会使成员行为协调有序，有助于充分发挥全体成员的积极性，收到群体绩效大于个体绩效之和的效应。

4. 公开竞争的原则

组织越是想提高管理水平，就越要在人员配置过程中坚持公开竞争原则。空缺的职务是对任何人都开放的，无论对组织内部或外部的人都应一视同仁，机会均等。这样才能使人才脱颖而出，才能吸引真正的人才。公开竞争的前提是人才必须能够合理流动，否则也就无所谓公开竞争了。

5. 人事动态平衡原则

以发展的眼光看待人与事的配合关系，根据变化的情况，进行适时调整，让能力得到发展的人去从事更高层次或更合适岗位的工作，使各部门各个岗位得到更合适的人员。因此，主管人员必须不断地对下级进行培养，其本人也要寻求培养的机会和进行自我培养，不断吸收新的知识，以适应社会的发展，这是人员配置过程中始终要遵循的原则。

三、人员配置的程序和内容

1. 确立管理人员的选聘标准

选择合适的管理人员担任合适的工作，对组织发展十分重要。在具体讨论管理人员标准之前，应注意两点。第一组织中不同层次不同职能机构的管理职务需要完成不同的工作，要求职务担任者具备不同的知识和技能，因此要列出适合所有职务担任者的具体条件的清单非常困难，甚至不可能。第二，选聘管理干部的主要依据是贡献还是能力并不总是一致，个人对组织的贡献不仅仅取决于能力，还要受自身以外许多因素的影响。因此，一般而言，应根据四大标准来选拔管理工作人员。

（1）具有强烈的管理欲望。强烈的管理欲望是有效进行管理工作的基本前提。管理意味着对权力的运用。对权力不感兴趣的人，不可能负责任地、有效地使用权力，从而难以借此获得积极的效果。

（2）正直的品质。担任管理职务具有较大的职权，而组织对权力的运用难以进行严密、细致、及时、有效地监督，所以，权力能否正确运用很大程度上取决于管理人的良知。

（3）冒险的精神。管理不仅要使组织系统运转，而且要使各项工作不断创新。只有创新，才能发展，要创新，就要冒风险。富有冒险精神，应该作为对所有管理人员的共同要求。

（4）管理的能力。管理能力的内容众多，主要包括决策能力、组织指挥能力、沟通协调能力等。当然，这些能力对于不同层次管理者的要求有所差别。

2．确定管理人员需要量

要考虑组织现有的规模、机构和岗位设置情况，以设置出的职务数量和类型为依据（从质和量两方面），来确定人员需求量，还要考虑企业管理人员的相对稳定性和流动率等因素。

3．选聘人员的方式

要根据所需管理人员的工作性质、职位要求、现有的人员情况等因素综合考虑，然后恰当地选择是从组织内部选拔还是从外部招聘。内外选聘各有优缺点，如表 6-5 所示。

表 6-5　　内、外选聘的优缺点

管理人员的来源	定　义	优　点	缺　点
外部选聘	根据工作岗位的要求和一定的程序，从组织外部选拔符合空缺职位要求的管理人员	① 有助于利用外来优势； ② 有利于平息和缓和内部竞争者的紧张关系； ③ 能为组织带来新的管理方法和经验，也可很少顾及人情网络	① 外聘干部不熟悉组织内部情况，缺乏人事基础； ② 组织对应聘者无法深入了解，可能会有错误选聘； ③ 内部员工积极性受打击
内部选聘	指组织成员的能力增强并得到充分证实后，被委以需要承担更大责任的更高职务	① 鼓舞士气，提高工作热情、调动积极性； ② 对选聘对象有全面了解，保证选聘的正确性； ③ 有利于被聘者迅速开展工作； ④ 提高组织吸引力，有利于吸引内部人才	① 激化同事间矛盾； ② 造成“近亲繁殖”； ③ 在企业急需短缺人才时难以及时满足需要

4．管理人员的选聘程序

不论是外聘还是内聘，为了保证新任管理人员符合工作的要求，都应该引入竞争机制。通过竞争来选聘管理人员程序如下：首先公开招聘，然后公布信息，进行粗选，即据背景初步筛选，再对初选合格者进行知识与能力的考核（主要考核方式有智力和知识测验、竞聘演讲与答辩、案例分析与候选人实际能力考核和民意测验），以此判断组织对其接受程度，最后选定合格者。

5．制定和实施人员培养计划

管理人员的培训，不仅可以为组织发展储备干部，而且可以提高管理人员的素质和技能，增强管理人员的职业安全感，从而减少管理人员的离职流动率。同时，管理人员的稳定，又能促进组织放心地进行人力投资，不必担心“为他人作嫁衣裳”。

（1）管理人员培训的具体目标

第一，发展能力。根据管理工作的要求，努力提高管理人员在决策、用人、激励、沟通、创新等方面的管理能力。

第二，更新知识。由于科技进步速度加快，管理人员的知识结构容易老化，因此，必须通过培训及时补充和更新他们的科学、文化、技术等方面的知识。

第三，增加认同感。通过培训，特别是对新聘人员的培训，使管理人员了解组织文化，接受价值观念，与组织同化，按组织的行动准则来从事管理工作，按组织认同的行动准则工作。

第四，加强沟通。通过培训，使管理人员有机会更了解组织的生产特点、产品性质、工艺流程、营销政策、市场状况等方面的情况，熟悉公司生产经营业务。

（2）对管理人员培训的方法

知识更新与补充可以通过集中脱产或业余学习等方式来进行，而态度的改变与技能的培养则需在参与管理工作的实践中长期不懈地努力。这里着重介绍旨在培养能力、改变态度的培训方法。如表 6-6 所示。

表 6-6　　培训的方法及其特点

培训的方法	特　点
工作轮换	1）丰富技术知识和管理能力，掌握业务全貌；2）培养协作精神和全局观念
设置助理职务	1）减轻主要负责人的负担；2）有利于培训待提拔人员
临时职务代理	1）帮助受培训者体验高层工作，展示管理才能，弥补能力不足 2）有助于组织进行正确的提升，防止"彼得"现象的产生

"彼得"现象是英国的幽默大师劳伦斯·J·彼得首先发现的，指"在实行等级制度的组织里，每个人都崇尚爬到能力所不及的层次"的现象。他把这个发现写成彼得原理（The Peter Principle）。它所描述的实际上是这样一种事实：某个人被提拔担任管理职务之后，起初缺乏经验，表现平平，但随着工作时间的延长，管理经验不断丰富，能力不断提高，业绩不断改善，其能力超越了现任职务的要求。这时组织可能考虑将其提升。提升后又经历一个"表现平平"到"超越职务要求"的过程，再度晋升。这样一直延续下去，直到晋升到某个较高职位后，能力不再提高，甚至不符合该职务要求。这就是彼得的所谓"爬到了能力所不及的阶层"。对个人来说，已不再有晋升的机会，对组织来说，会带来一定的损失。

6．管理人员考评

（1）考评的目的

列出人力资源清单，了解管理队伍的基本状况；为确定管理人员工作报酬提供基础；为组织人事调整提供依据；为开展管理人员培训提供指导。

（2）管理人员考评的内容

主要对管理人员的贡献和能力进行考评。对管理人员的贡献考评，一要注意区别个人努力与部门成就；二要把对下级的考评与对上级的考评结合起来。贡献虽可在一定程度上反映管理人员的能力大小，但前者又不仅仅取决于后者。为了有效地指导人事调整或培训与发展计划，还必须对管理人员的能力进行考评。能力考评是指通过考察管理人员在一定时间内的管理工作，评估他们的现实能力和发展潜力，即分析他们是否符合现任职务所具备的要求，任现职后素质和能力是否有所提高。

（3）考评的程序：①确定考评内容；②选择考评者；③分析考评结果，辨识误差；④根据考评结果，建立企业人才档案。

第五节 组织的运行

保证组织高效运行的关键是要处理组织内不同成员之间的权力关系、直线主管和参谋人员之间的关系以及如何正确发挥各种委员会的作用。

一、职权

1. 职权和权力的来源

职权和权力是密切相关的两个概念。职权是来源于组织中职位的权力，职权是沿着组织的指挥命令系统从上至下层层授予下来的。随着组织层次的降低，职权的范围逐渐变窄。权力则是指影响他人或组织行为的能力。某一个人或团体有能力影响和改变另一个人或团体的行为，这种能力就是权力。职权并不等于权力。职权是来源于一个人在组织中的地位，但同时还要看下属是否接受它。巴纳德认为，管理者的命令只有被下属接受，他的职权才会存在。也就是说，并非上司做出的每一项决策都会被下级接受，上级利用职权发布的命令，有些被接受，有些则被拒绝。因此，他认为要使命令得到执行，则命令应该为下级所接受。如果管理者不顾下属是否接受职权指挥这项因素，一味地依赖职权进行指挥，则是很不明智的。因此管理者要有效地运用职权，不仅要依赖较高的组织地位所产生的职权，而且要设法取得下属的支持。

而权力是指影响和改变一个人或团体的行为的能力，管理学家归纳了权力的五种来源。

（1）惩罚权力。指一种依赖于惧怕的力量来获取权力。如果你能使他人失去某种有益的东西或者强加给他一种不想要的东西，你对他就拥有威慑力即惩罚权力。

（2）奖赏权力。指如果你能施以某人一种对他有益的东西或者转移他不想要的东西，那么你对他就拥有了奖赏的权力。奖赏权力和惩罚权力实际上是相辅相成的一对权力。

（3）法定权力。指一个人在组织正式层级链中占据某一职位所相应得到的一种权力，即职权。可见，职权仅是权力的一种类型。

（4）专长权力。指通过特殊专长、特殊技能或知识的影响力来获取的权力。

（5）感召权力。由于个人所拥有的独特智谋、魅力或个人特质而能对倾慕者产生的影响和号召的能力。感召权力说明了为什么名人为商品做广告可以得到上百万的报酬，就是因为名人拥有了感召权力，尽管这位名人不是和你在同一个组织内。

2. 职权的类型

（1）直线职权

直线职权是一种完整的职权，也就是拥有直线职权的人就拥有了决策权、指挥权和领导权。这种指挥命令关系从组织的最高层一直延伸到最基层，形成一条“指挥链”。作为指挥链中的一个环节的管理者有指挥下级工作的权力，同时又接受他的上级的指挥。凡是主管人员对其部属都拥有直线职权。

（2）参谋职权

参谋职权是一种有限度的、不完整的职权。从性质上说，参谋职权是一种顾问性的或服务性的职权，拥有参谋职权的管理者可以向直线管理者提出建议或提供服务，但其本身并不包括指挥权和决策权。参谋职权实际上是一种辅助性的职权。一个组织机构在其规模扩大到一定程度，直线职权已不足以应付所面临的许多复杂问题时就需要设置参谋职权。参谋的形式有个人参谋和专业参谋两种。

直线权力与参谋权力的关系从定义可以看出，直线权力是命令和指挥的权力，参谋权力是协助和建议的权力，参谋的职责是建议而不是指挥。他们的建议只有当直线管理者采纳后并通过等级链向下发布指示时才发生作用。由此可见，直线权力与参谋权力之间的关系可以用一句话来概括：参谋建议，直线指挥。

（3）职能职权

职能职权是其职位或某部门所拥有的原属于直线主管的那部分权力。这部分职权大多由业务或参谋部门的负责人来行使。职能职权是职权关系的一个特例，可以认为它介于直线职权与参谋职权之间，而且职能权力是由直线权力派生的限于特定范围内的直线权力，因此直线权力和职能权力之间的关系应是"直线有大权，职能有特权"。也就是说在一个组织中，直线人员拥有除了直线人员赋予职能部门职能权力以外的大部分直线权力。职能部门的管理人员除了拥有对本部门下属的直线权力之外，还拥有上层管理者所赋予的特定权力，可在其职能范围之内对其他部门及其下属发号施令。

3．三种职权的关系

直线与参谋本质上是一种职权关系，它们的区别不能依据业务来划分，而是按职权关系来划分的，即直线是"自上而下的指挥系统"，而参谋则是一种"顾问的关系"。在管理工作中要正确处理好三种职权的关系。

（1）确保直线职权的有效运用

直线职权是保证组织有效运行的首要职权。参谋职权和职能职权的运用要以不削弱直线职权的权威性和有效性为前提。确保直线职权的有效运用，应注意两点：直线主管必须保持独立的思考和决策能力，不能为参谋所左右；直线主管必须对计划的实施负主要责任，参谋部门只提出计划或建议，直线部门必须做出是否采纳这项计划的决定，不论采纳与否、直线部门都对实施的结果负主要责任。

（2）注意发挥参谋职权的作用

从直线与参谋的关系看，参谋是为直线主管提供信息、出谋划策、配合主管工作的。在发挥参谋的作用时，参谋应独立提出建议。参谋人员多是某一方面的专家，应当让他们根据客观情况提建议，而不应该左右他们的判断。

（3）适当限制职能职权

职能职权的出现是为了更有效地实施管理，但往往会带来多头领导的弊端。所以，使用职能职权要注意以下两点：一要限制职能职权的使用范围，二不能越级。职能职权的使用常限于职能部门的问题，如解决"如何做"、"何时做"而不是"在哪做"、"谁来做"、"做什么"等问题，不能越权。

二、授权

1. 授权的含义

所谓授权，是上级委授给下属一定的权力，使下级在一定的监督之下，有相当的自主权、行动权。授权者对被授权者有指挥、监督权，被授权者对授权者负有报告与完成任务的责任。

授权是一个过程。这个过程包括确定预期的成果、委派任务、授予完成这些任务所需的职权以及行使职权需下属完成的任务。授权应注意区别以下问题。

（1）授权不同于代理职务

代理职务是在某一时期，依法或受命代替某人执行任务，代理期间相当于该职，是平级关系，而不是上下级关系。

（2）授权不同于助理或秘书职务

助理或秘书只帮助主管工作，而不负担责任，主管依然负担全责。在授权中，被授权者应当承担相应责任。

（3）授权不同于分工

分工是在一个集体内，由各个成员按其分工各负其责，彼此之间无隶属关系，而授权则是授权者与被授权者有上下级之间的监督与报告关系。

（4）授权不同于分权

授权主要是权力的授予与责任的建立，仅指上下级之间的短期的权责授予关系；而分权则是授权的延伸，是在组织中有系统地授权，这种权力根据组织的规定可以较长时期地留在中下级主管人员手中。

2. 授权应遵循的原则

授权的范围很广，有用人之权、用事之权等。它们虽然各具有一些不同的特点，但不管哪种授权都有一些共同的准则可以遵循。

（1）因事设人，视能授权

一切依据被授权者的才能大小和知识水平的高低来定。“权以功受，爵以功受”，这是古今中外的历史经验，两者绝不能混为一谈。“因人设事”，“以功授权”，必然贻误大事。授权前，必须仔细分析本单位工作任务的难易程度，以使职权授予最适当的人选。一旦出现授予下属职权而下属不能承担职责情况时，应明智地收回职权。

（2）明确所授事项

授权时，授权者必须向被授权者明确所授事项的任务目标及权责范围。这样，不但有利于下级完成任务，而且可以避免下级推卸责任。

（3）不可越级授权

只能对直接下属授权，不能越级授权。例如局长只能把所属的权力授予他所管辖的处长，而不能越级授予科长。越级授权必然导致中层管理人员的被动以及部门之间的矛盾。

（4）授权适度

授予的职权是上级职权的一部分，而不是全部。对下级来讲，这是完成任务所必须的权力。授权过度等于放弃权力。对于涉及有关组织全局的问题，例如决定组织的目标、发展方向、人员的任命与升迁，财政预算以及重大政策问题等不可轻易授权，更不可将不属于自己权力范围内的事授予下属。

（5）适当控制

在授权过程中要适当控制。如果主管人员授权后，仍不断地检查工作，是授权不足的表现。有效的主管人员在实施授权以前，应先建立一套健全的控制制度，制定可行的工作标准和报告制度，以便能够在不同的情况下迅速采取补救的措施。

三、集权与分权

职权在组织中是集中还是分散，不是职权的种类问题，而是职权的大小问题。集权意味着权力集中到较高的管理层次；分权则表示职权分散到整个组织中。

集权与分权是相对的概念，不存在绝对的集权和分权。职权绝对的集中则意味着没有下层主管人员，而绝对分散意味着没有上层主管人员。实际上，这两种组织结构都不存在。有层次的组织结构的建立，就已经存在着某种程度的分权，为使组织结构有效地运转，还必须明确分权的程度。

影响集权与分权的因素主要有决策的代价、政策的一致性、组织的规模、组织形成的历史阶段、管理哲学、控制手段与技术、环境影响、职能领域等。衡量集权与分权程度则主要依据决策的数量、决策的重要性及其影响面、决策的审核手续的繁简程度等。

按集权与分权的程度不同，可形成两种领导方式：集权制与分权制。集权制指组织的管理权限较多地集中在组织的最高管理层。它的特点是：第一，经营决策权大多集中在高层领导，中下层有日常的决策权限；第二，对下级的控制较多，例如下级的决策前后都要经过上级的审核；第三，统一经营；第四，统一核算。分权制就是把管理权限适当分散在组织的中下层。其特点是：第一，中下层有较多的决策权限；第二，上级的控制较少，往往以完成规定的目标为限；第三，在统一规划下可独立经营；第四，实行独立核算，有一定的财务支配权。

四、配合

由于管理幅度的限制和劳动分工的发展，为了方便管理，组织内部必然需要划分层次和部门。划分层次与部门的结果，必然带来各个层次与各个部门之间的配合问题。配合实际上就是协调，是协调在组织工作中的反应。明确职权关系和调整分权程度，是组织配合的重要途径。

为了实现组织的目标，管理者必须确保组织的各个部门之间的活动相互配合，形成一种朝向目标的合力，并在部门之间发生冲突时寻求协调的方法。程序、规章和指挥链是三种最简单、最基本的配合方法。在日常工作中，利用这三种方法就可以保证组织的活动正常运行，不需要调整组织结构，也不需要设置联络员、协调员或委员会。但是这些方法进行缓慢、耗费时间，为常态管理所不取。在三种方法无效的情况下，管理者可以尝试其他方法如改变组织结构、设置联络员、协调员和委员会等来协调。

五、组织变革

组织变革就是根据内外环境变化的要求，组织不断调整与完善的过程。组织变革是一个量变到质变的、渐进的，甚至飞跃的过程。组织变革的主要内容有组织规模、组织结构、技术和人事、组织战略五大方面。组织变革的目的或核心体现了组织发展的要求。图 6-13 为组织变革的一般图示（模型）。

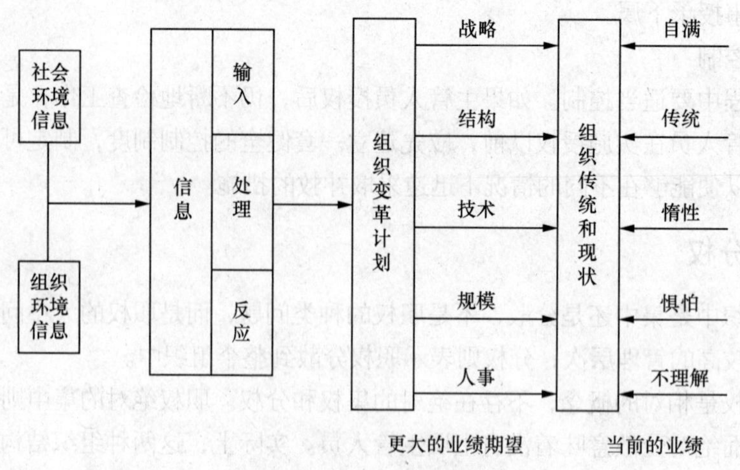

图 6-13　组织变革图

1. 组织的生命周期理论

组织像任何有机体一样有其生命周期。格林纳（Greiner）认为一个组织的生命周期大致可以分为创业、聚合、规范化、成熟、再发展或衰退五个阶段。在每个阶段上，组织的结构、领导方式、管理体制和员工心态都不相同，每个阶段的发展都会遇到管理难题，出现组织发展危机，都需要进行组织变革来解决这些危机，以达到组织不断发展的目的。

（1）创业阶段

这是组织的创业初期。这一时期，组织的规模较小，组织关系较为单纯，多采用家长式的集中领导方式。组织的一切活动均由创业者去决策、指挥，组织效率非常高。但是，随着组织的发展，管理问题日益复杂，创业者受个人知识、能力局限性的制约，越来越难以有效地进行决策指挥，进而导致组织内部管理问题层出不穷，从而产生"领导危机"。

（2）聚合阶段

这是组织的快速发展时期。这一时期，组织的生命力非常旺盛，组织人员迅速增长、规模不断扩大，员工士气高涨，对组织有较强的归属感，创业者经过磨炼成为具有管理技能的决策指挥者或者聘请了有经验的专门管理人才。这时，为了明确在创业阶段尚不清晰的组织目标，往往以集权的管理方式统一意志，集中管理。在这种管理方式下，组织中下层管理人员往往由于缺乏自主性而感到不满，而高层主管已经习惯于集权管理，一时难以改变，这就会产生"自主性危机"。

（3）规范化阶段

这是组织发展相对稳定的时期。这时组织已具有一定规模，增加了许多部门和下属单位，甚至形成了跨区域经营和多元化发展。这时，组织要谋求进一步的发展，就必须适当的分权，采用分权式组织结构，使组织中各级管理者拥有较多的决策权。但是又使高层主管感到由于采取过分分权及自主管理，各部门、各单位各自为政，本位主义盛行，高层主管难以相互协调及监控，使整个组织产生了"失控危机"。

（4）成熟阶段

为了应付"失控危机"，组织又适度回收权力，将许多原属中下层管理者的决策权重新收回至组织高层。但是，由于分权的好处已为大多数中下层管理者所感受和认同，重新回到高度集权的管理方式已不再可能。于是，往往采用加强规划、建立信息系统、注重横向协调和配合等措施来解决管理中出现的各种问题，以保证组织的正常运行。在组织形式上，成立委员会或采用矩阵式组织，既发挥部门的积极性，又有利于组织运行的监控。这样一来，组织就必须拟订更多的规章制度。这些规章制度随着组织的进一步发展往往又成为妨碍效率的官样文章，从而产生“官僚主义危机”。

（5）再发展衰退阶段

这一阶段的组织，既可能通过组织变革获得再发展，又可能趋向更稳定和成熟，也可能由于不适应内外环境的变化而走向衰亡。这时，组织必须注重文化的培养，强调合作精神，增加组织的弹性，不断采取新的变革措施以适应组织发展的需要。当然，组织的发展并不一定都按上述的阶段顺序发展，但却说明了组织在不同发展时期应采用不同的管理方式，任何组织要生存和发展都需要变革，只有变革才有新的发展。

2．组织变革的动因

促使组织变革的动因可以分为外部和内部两个主要方面。

外部的动因是指社会经济的变化、科学技术的进步、政府的政策、法律法规、市场、资源、技术及环境的变化，这些因素对于管理者来说是不可控的。组织结构是实现战略的手段，而组织战略又因环境因素的变化而调整。因此，面对外部环境的变化，组织只能主动去适应，以变应变，或调整或变革组织结构，组织才能获得新的发展机遇。

内部的动因主要是组织中成员的价值观、管理人员管理风格和管理理念的变化、组织战略目标的调整、组织成长和运行中的矛盾所引起的。

一般认为，当组织运行中出现下面的一些现象时，应当可以看作是对变革的提示。一是决策效率低下。决策过于缓慢，以致不能充分地利用机遇，或者决策失误频频，或者是决策效率低下。二是信息沟通严重受阻，人际关系紧张，部门之间协调不力，难于形成有机的整体。三是职能部门失误频繁，组织目标难于实现。如果职能部门经常出现决策的、传递指令的、传递反馈信息的失误或者是低效率，或者是无效率的，那么，原有的组织结构肯定存在着严重缺陷。四是对外部环境缺乏适应性。如果组织面对多变的外部环境应变能力差，灵活性不够，僵化，严重缺乏创新，就应该考虑组织变革。五是组织文化缺乏激励效应。组织文化是在组织发展过程中形成的一种以人为核心的传统，包括人及组织的思维方式、价值观念、行为习惯等一系列无形的因素。优秀的组织文化具有很强的激励和约束功能，如果组织文化不具有或很少有这种功能，也必须考虑进行组织变革。

3．组织变革的实施

组织变革是一项牵涉面广、工作量大、十分敏感而复杂的系统工作。要使变革成功必须进行全面规划，制定科学的程序，有步骤地实施变革。对于组织变革所采取的程序，目前没有统一的看法。著名的组织理论学家库特·卢因（Kurt Lewin）提出了一个有效的组织变革模型，由解冻阶段、变革实施阶段和重新冻结阶段第三个阶段构成的连续过程。结合组织变革的实践，我们认为有效变革应包括四个步骤。

（1）确定问题

确定问题就是要识别导致组织变革的原因或力量到底有哪些，并将其一一列举出来。导致组织变革的原因很多，因而要求管理者要善于从外部环境变动的信息中发现有利和不利因素，更重要的是要从组织内部信息中发现异常情况，如利润、市场占有率、质量、成本、员工士气等。通过分析，找出问题，提出组织结构需要改革的目标及任务。

（2）组织诊断

确定问题是容易的，但要找出问题的根源却是困难的，而这又是改革的关键。管理者要围绕问题广泛收集资料，与变革所涉及到的有关人员进行沟通，对组织结构进行透彻地分析，找出问题产生的真正根源，并按问题的重要性加以顺序排列，在此基础上制定出明确的变革目标。

（3）制定改革方案并加以实施

在组织诊断明确问题之后，就要根据问题产生的根源有针对性地制定相应的组织变革与创新方案。可备选的组织变革的方案主要有以下七种：激进式变革、渐进式变革、命令式变革、参与式变革、分权式变革、改良式变革和突破式变革。

究竟选择哪种变革方案，还要根据所涉及问题的性质、参与者等各种不同的因素来决定。在确定了变革方案以后，就要制定的具体改革计划。任何变革，尤其是重大变革，要尽可能取得组织成员的支持和合作，把阻力降到最小。同时要抓紧变革的有利时机，因势利导，以保证改革计划的顺利进行。

（4）评价效果和稳定成果

组织变革无论结果如何，都需要进行准确、客观地衡量与评估，找出影响改革效果的因素并加以改进，并建立保障机制，切实保证改革能达到预期的效果。使组织能在新的组织环境中发展。与此同时，还要有信息反馈系统，对计划执行情况及时反馈，保证改革方案的顺利实施，也为今后的组织变革提供参考借鉴。

六、当代组织结构变化的基本趋势

在当今全球化、市场化和信息化三大时代大潮的背景下组织环境呈现出更加复杂多变的趋势。为适应环境的要求，组织变革的速度越来越快，组织结构形式也呈现多样化趋势。前面所讲的组织结构基本上是传统的工业经济时代占主导地位的企业组织结构。进入 20 世纪末，在市场经济发达的国家，企业的组织结构正在发生明显的变化。

1. 扁平化

随着计算机和互联网在企业生产经营中的应用，企业的信息收集、整理、传递和经营控制手段，日益现代化。20 世纪 90 年代初期，在美国和西方发达国家兴起了一场声势浩大的“企业再造”运动，其核心思想就是把原来的金字塔型组织结构扁平化，把刚性组织柔性化，变分工和等级制度为合作与协调，改变原有的职能部门各司其职、互不相干的状况，从而使企业形成能够对环境变化作出灵敏反应的组织结构，实现组织运作的高效率。这种组织结构的扁平化是为了适应组织环境日益复杂多变所提出的挑战，其目的是精简机构，提高效率，增强组织的适应能力。但是，它的顺畅运作必须具备两个重要条件：一是现代信息处理和传输技术的巨大进步；二是组织成员具有较高的素质，有很强的独立工作能力。这种减少中间层次，加快信息传递速度和直接控制的扁平化组织成为了当今的企业组织结构变革的基本趋势。现在一些跨国公司过去从基层到最高层有十几个层次，在使用先进管理手段后，层次精简为几个层次，大大提高了管理的效率，降低了管理费用。根据这个趋势，有人甚至乐观地预言，未来的时代是不需要中层管理人员的时代。

2．柔性化

柔性的概念最初起源于柔性制造系统，指的是制造过程的可变性与可调整性，描述的是生产系统对环境变化的适应能力。后来，柔性就应用到企业的组织结构，指企业组织结构的可调整性，对环境变化、战略调整的适应能力。在知识经济时代，外部环境变化日益加速，企业的战略调整和组织结构的调整必须及时。因此柔性组织结构就应运而生，使得组织结构的运作带有柔性化的特征。组织结构柔性化能够增强组织对环境变化的适应能力，充分利用组织资源。它表现为集权与分权的统一和稳定与变革的统一。柔性组织更充分地体现在组织结构的权力下放和不断变革上，其典型组织形式是临时团队和重新设计等形式。

3．团队组织

在知识型企业中，一种称之为团队的小集体是备受赞誉的结构。这里的团队指的是在企业内部形成的具有自觉团结协作精神、能够独立作战的集体。团队组织与传统的部门不一样，它是自觉形成，是为完成共同的任务，建立在自觉的信息共享、横向协调基础上的。在团队中，没有拥有制度化权力的管理者，只有组织者。在团队中，人员不是专业人士，而是多面手，具有多重技能，分工的界线不像传统的分工那么明确，相互协作是最重要的特征。有了团队组织，团队精神也是现代企业管理的一个重点。有了一定的团队精神，团队组织才可能有效地运作。

4．网络化

随着市场竞争的日趋激烈，越来越多的企业认识到，臃肿的机构不利于企业竞争力的提高。因此，许多企业在精简机构的同时，对组织结构也进行重新设计，组建由小型、自主和创新为特征的经营单元（策略经营单位），构成以横向一体化为主要特征的网络化组织形式。网络化的组织结构具有两个主要特征：一是以资金投放的特殊市场手段代替行政手段来连结各经营单元之间及其与公司总部之间的关系，包括产权变更、人员流动和较为稳定的商品买卖关系在内的全方位的市场关系；二是在组织结构网络化的基础上形成了强大的虚拟功能。网络化组织形式中的每个经营单元，都可以独立地以各种方式借用外部资源，如购并、联合、向外发包等，对外部的资源进行重新组合，创造出巨大的竞争优势。这种虚拟企业是在经济全球化、信息化、知识化的形式下演变而来的一种动态网络联盟企业，它最大的优势是具有灵活性，是在市场变化快、技术进步快、产品研制开发难度加大的形式下的企业生存发展模式。与虚拟企业相关的一个新概念是战略联盟。有人认为，战略联盟与虚拟企业是同一种企业创新现象的两种不同描述。我们认为，战略联盟主要指的是跨国公司之间结合而成的虚拟企业，而虚拟企业可以运用到所有的企业。

第六节　非正式组织的管理

一、非正式组织的特征和作用

1．非正式组织的概念和特征

非正式组织理论是巴纳德最先创立的。他认为“正式组织产生于非正式组织，而为非正式组织所需要。但是，正式组织开始发生作用时，它就创造非正式组织，并需要它”，非正式组织产生是非常自然的。而且，非正式组织就是一切可产生共同结果，但缺乏共同目标的群体活动。管理学家梅奥也提出了一个非正式组织概念，即非正式组织是指存在于正式组织之中，是人们在共同工作中所形成的靠感情和非正式规则连结的群体。也就是说非正式组织不同于正式组织，它游离于管理部门所设定的职责范围与组织层级关系之外，没有明确的组织机构或章程，是一种以个人感情为联系纽带、以非制度化行为规范为特征、以个人影响力来发挥领导作用的人际关系网络。具有三大基本特征：自发性、内聚性和不稳定性。

（1）自发性

非正式组织产生于成员间的共同点，如共同的工作场所、共同的上班和用餐时间、共同的利益、共同的学历或经历、共同的兴趣爱好、共同的宗教信仰和共同的民族语言等。由于志趣相投，自然而然地走到一起，比较容易形成群体。如星期五晚上玩棋牌的伙伴、书法爱好者、上午喝咖啡的“常客”等。

（2）内聚性

非正式组织是自发产生的，以个人感情为纽带联系着，其内部有一定的行为规范，成员们自觉自愿地遵守，因而比正式组织具有更强的凝聚力。非正式组织的领袖虽然没有制度化的权力，但他们的影响力不亚于甚至还超过正式组织的领导。他们发挥作用的唯一基础是个人影响力，例如学历最高，知识渊博，体格健壮等。他们凭借着个人的魅力和威望，获得群体内成员的信任和爱戴。

（3）不稳定性

非正式组织没有规章制度，没有强有力的制度保障，领袖手中缺少支配权和决策权，因而非正式组织多是松散且不稳定的。当出现企业内部员工流失率高或内部调动率较高或社会环境变化较大或者领袖辞职或对原先的爱好者不再注入热情等情况时，非正式组织往往会出现解体甚至消失的情况。

2．非正式组织的作用

非正式组织是由美国行为科学家梅奥等人在进行了著名的霍桑实验之后提出来的。非正式组织也属于组织的一种类型，是组织学、社会心理学和行为科学研究的内容之一。行为科学家认为，非正式组织的存在，对于人的行为有特殊的影响力。它对正式组织的作用既有积极的一面，也有消极的一面。

（1）非正式组织的积极作用

① 稳定作用。非正式组织是靠情感为纽带联系起来的，它能够起到稳定内部成员的情绪，建立良好的组织气氛的作用。

② 沟通作用。正式组织内部的沟通渠道常常是有限的，且容易受其权力结构的影响，经非正式组织实现的沟通可以成为正式组织沟通的补充。

③ 舆论作用。正式组织目标的实现，不仅有赖于其内部严格的规章制度，而且有赖于通过舆论来加强约束力。非正式组织可以通过舆论的作用来影响其内部成员，协助正式组织实现目标。

④ 情绪调节作用。非正式组织强调人们的情感沟通，当组织成员在组织中得不到满足时，可以在非正式组织内找到释放情绪的场所，得到满足，使他们重新安心愉快地工作。

（2）非正式组织的消极作用

① 影响工作的效率。当非正式组织的目标同正式组织的目标发生冲突，就会成为影响正式组织目标实现的障碍，它能够降低其内部成员对正式组织目标的认同感，影响他们工作的积极性和责任感。

② 传播流言。非正式组织内部的成员聚集在一起，很容易传播小道消息与流言，影响组织的不稳定性。

③ 控制内部成员行为。非正式组织的存在常常会使内部成员为了顺应非正式组织的标准，不得不采取一种从众行为，这很容易挫伤个人的积极性。

二、非正式组织的管理

非正式组织与正式组织相互交错地同时并存于组织之中，这是一种不可避免的现象。非正式组织对企业即有积极作用，又有消极作用，因此，非正式组织的存在通常被认为是一把双刃剑。因此，作为管理人员要想管理和利用好非正式组织，首先应识别非正式组织，然后再正确引导和合理利用。

1. 识别非正式组织

由于非正式组织成员之间的紧密与松散程度不同，对企业或部门产生的影响也不同，因此，管理人员需要对内部的非正式组织进行评估和判断。根据非正式组织的内部成员数量、紧密性程度、核心人物、各个非正式组织与正式组织之间管理行为的一致性以及正式组织管理层是否融入非正式组织等情况来正确判断非正式组织的影响力和作用。如果非正式组织在内部已形成且具有一定的影响力，管理人员要注意正确的引导、管理和控制。

2. 管理非正式组织

非正式组织是一个不以人们意志为转移的客观存在，其消极作用是难以禁止和取消的，但其积极作用也非常明显。因此，正式组织的领导人应该充分利用非正式组织，发挥其积极作用。那么，首先要正视非正式组织的存在和认识它的积极意义；其次引导非正式组织的目标、方向统一到正式组织整体目标上来，使大目标的一致和小目标的分散统一起来；再次对非正式组织的感情需求、社交需求等自由活动要放松控制，提供必要的条件，在“大集体小自由”的关系结构中，使双方协调共处，相得益彰；最后，要努力消除非正式组织的消极影响，主要的方法有以下五个方面。

（1）工作调动。把非正式组织的核心员工调离原来的岗位，减弱非正式组织的影响，使非正式组织由紧密型向松散型演变。

（2）牵住关键人物。非正式组织中的英雄人物是非正式组织中的关键人物，他集中体现了非正式组织成员的共同价值观和共同志趣，他们往往凭借自身的技术专长和个人魅力在非正式组织中享有很高的威望和影响力。因而，管理者应对非正式组织中的英雄人物的影响给予高度重视，积极谋求与他们在各个层面上进行有效沟通，应积极邀请他们参与组织的重要决策，如有必要，还可邀请他们出任组织的正式职务。

（3）重视员工的需求，建设组织文化。员工们加入各种非正式组织，大多出于安全、归属、自尊和权利的需要。因此，在正式组织内开展各种活动，加强组织文化建设，满足员工的需求，强化正式组织的凝聚力，弱化非正式组织的影响。

（4）管理人员成为非正式组织的成员。他们通过融入到非正式组织中，施展个人影响，逐渐使非正式组织的行为和利益与正式组织管理目标保持一致。

（5）关注中层的管理方式。在企业管理中，一些管理人员为强化自己的管理职能，喜欢采用笼络员工的方式来培育自己的亲信，增强管理效力，客观上已形成了非正式组织。从表面上看来，这些非正式组织能较好地进行日常运作，对一般性经营目标也能完成，但这种拉帮结派对于企业或部门的长期发展非常不利，营造了不好的人际关系和工作氛围。

因此，正式组织的领导者应善于因势利导，最大限度地发挥非正式组织的积极作用，克服其消极作用。一句话，对非正式组织必须妥善地加以管理。

第七节　现代管理变革的新潮流

20 世纪 80 年代以来，管理上先后出现了企业文化理论、企业再造理论、学习型组织理论等潮流，这些理论都涉及到组织的变革，下面我们分别对它们做一个简单的介绍。

一、组织文化变革

对组织文化的界定向来是众说纷纭，莫衷一是。比较经典的是西方学者希恩于 1984 年下的定义：**“组织文化是特定组织在适当处理外部环境和内部整合过程中出现的各种问题时，所发明、发现或发展起来的基本假说的规范**。这些规范运行良好，相当有效，因此被用作教导新成员观察、思考和感受有关问题的正确方式”。也就是说，组织文化是组织在长期实践中逐步形成的，是组织成员普遍遵守和奉行的共同价值观和信念。一种文化的形成需要很长时间，而一旦形成，它又常常成为牢固和不易更改的。如果某种特定的文化已经变得对组织不适宜，就必须设法去变革它。但是组织文化的变革不可能在短时期内就会完成。即使在最有利的情况下，组织文化的变革也常常要经历较长（几周或几个月）的时间，才能看出其中的变化。

组织出现以下情况，如大规模组织危机出现、高层领导者更替、组织成立之初和组织文化弱小时，是组织文化变革的有利时机，可以较为轻松地推进组织文化变革。但是也并不一定就能取得变革的成功。因为文化变革的成功还依仗着有效的变革策略。一般来说，组织文化变革要经过以下步骤。

1. 解冻组织文化。文化变革的首要事务是解冻原来的组织文化，也就是做好组织文化分析和宣传变革重要性迫切性的工作。前者就是进行文化审核以评估现有的文化，即分析现有文化与环境是否适应；确定与环境适应的文化内容；将现有文化与预期的文化作比较，进行差距评价以确定哪些价值观及文化要素需要变革。后者宣传和灌输变革的危机感，管理当局必须向员工明确说明，如果不马上推行变革，组织的生存就会受到致命的威胁。要是员工没有意识到文化变革的必要性和紧迫性，那就很难使一种现存的强文化对变革的努力作出反应。

2. 关键管理人员的改朝换代。任命代表新文化的最高层领导者本身就是一个信号，它预示着一场重大的变革正在发生。新的领导者常会带来新的观念和行为标准，他需要把他的新观念尽快地注入组织中，这往往牵扯到关键管理职位的人员变动，用忠于新观念的人调换旧的管理者。例如，美国的克莱斯勒公司曾成功地进行了文化的变革，首先公司任命了新的首席执行官李·艾柯卡（Lee lacocca），而他又对公司高层经理作了迅速的大批调整，这为文化变革打下了坚实的基础。伴随着主要管理人员的调整，发动一次组织重组也具有重要的意义。设立一些新单位，或者将某些单位合并或取消，这些都以显而易见的方式传达着管理当局下决心将组织引入新方向的信息。

3. 塑造新的价值观体系。新的领导者上台要尽快创造出新的口号、故事、仪式、物质象征等来取代原有的文化载体，以便更好地向员工传播组织的主体价值观。围绕这一新价值观体系，树立新的榜样，以便对采纳组织所期望的价值观的员工形成有力的支持。推行以上的策略，也并不能立刻就带来强烈的组织文化的变革。变革的推动者要有足够的耐心，并坚持不懈。

二、企业再造

企业再造（Reengineening）也称企业再造工程，是指为了获得成本、质量、服务和速度等方面的突破性进展，而对企业业务过程进行根本性的再思考和关键性的再设计。最早系统研究和论述企业再造的是美国人迈克尔·海默（Michael Hammer）和詹姆斯·钱皮（James Champy）。他们基于广泛深入的企业调研在1993年发表了《企业再造——企业革命宣言》一书。书中指出，一些公司由于大幅度地改变了他们的工作方法而在一个或多个领域取得了惊人的成就，这些公司并没有改变他们所从事的业务，而只是改变了在这些业务中使用的业务流程或干脆取消了那些陈旧的业务流程。这种企业流程再造不是渐进式的改良，而是根本性的改变，是以过程为导向组织企业的活动，并通过对过程的改进谋求根本性和关键性的再设计，最终取得突破性的进展。如IBM公司下属的信用公司是为用户融资服务的，以往用户的融资申请，在公司内部的公文旅行中至少需要2至6周才能办完，而实际从事作业流程的整个时间才只有 90 分钟。经过对原来作业流程的彻底改造，把作业时间缩短了 90%，并大大提高了工作效率，现在只需45分钟便告完成了。

企业再造具有四大特性：根本性、关键性、突破性和过程性。同时，信息技术是企业再造的重要支持手段。再造工程离不开信息技术，但它不等于信息化。信息技术运用于高效率的工作中会提高它的效率，但是如果运用到低效率和不创造价值的工作中，则只能使无效的工作做得更快。因此，只有首先取消那些不必要的工作，彻底解决组织上、业务上存在的问题，才能更好地发挥信息技术的作用，才能取得更大的成果。同时，企业再造的成功还取决于从事再造工程的人的素质和观念。

三、创建学习型组织

1992年，美国麻省理工学院的教授彼得·圣吉（Peter M. Senge）推出了轰动工商企业界的名著《第五项修炼——学习型组织的艺术与实务》。作者在这本书中首先提出了两个问题并提出答案：为什么每个成员智商都在120以上，而整体智商却只有62？为什么20世纪70年代《财富》杂志列入500强的大公司到了80年代只剩下三分之二？这是因为一只看不见的大手（组织的智障）压制和吞蚀了大家的智慧和力量。如何突破智障？答案是要在今后把企业办成“学习型组织”。因为，未来企业唯一的持久发挥作用的因素是企业每位成员都比竞争对手更善于学习，学习得更快更好。

学习型组织是一个不断开发适应与变革能力的组织。大多数组织进行的是单环学习，即当发现错误时，依赖于过去的常规程序和当前的政策改正过程。而学习型组织运用的是双环学习，即当发现错误时，改正方法不仅包括常规程序还包括组织目标、政策的修改。双环学习向组织中根深蒂固的观念和规范提出挑战，其提出的截然不同的问题解决办法有利于实现变革的巨大飞跃。创建学习型组织要经过五项修炼。

1. “自我超越”。这要求每个员工学习如何认清、加深和不断实现他们内心深处最想实现的愿望，然后全身心投入、不断创造和超越。

2. 改变“心智模式”。心智模式是根深蒂固于心中，影响人们如何了解这个世界，以及如何采取行动的许多假设、成见或印象。人们在经营管理的许多决策中，常常被心智模式所操纵。人们不能把握市场契机和推行组织应有的变革，往往是与自己的心智模式相抵触。因此，适时改善自己的心智模式就是十分重要的了。改善心智模式的修炼要求人们学会有效地表达自己的想法，并以开放的心灵容纳别人的想法。进而审视现有心智模式导致的行为与应有行为的差距，正视这些差距，并逐步改善自己的心智模式。

3. 建立“共同愿景”。所谓共同愿景，是指能鼓舞组织成员共同努力的愿望和远景。主要包括三个要素：共同目标、价值观和使命感。共同愿景对学习型组织是至关重要的，能使人们致力于实现某种他们深深关切的事情时，产生“创造型的学习”。要注意，共同愿景不应是组织强加于个人的，而应是由个人的愿景整合而成的，这才能使成员主动而真诚的奉献和投入，而不是被动的服从。

4. “团队学习”。团队的集体智慧高于个人智慧，团队拥有整体搭配的行动能力。当团体真正在学习的时候，不仅团体产生出色的成果，个别成员成长的速度也比其他的学习方式要快。团体学习的修炼从“深度会谈”开始。这是一个团体的所有成员，摆出心中的假设，而进入真正一起思考的能力。通过在群体中让想法自由交流，以发现个人更深入的见解。团体学习的修炼，也包括学习找出学习的障碍。

5. “系统思考”。系统思考的修炼要求人们能纵观全局，形成对所有的组织过程、活动、功能和环境的相互作用进行思考。

复习小结

1. 组织：既是名词又是动词，作为名词的“组织”，是指按某一特定目标建立起来的人的集合体，包括组织机构和组织结构两个层次。作为动词的“组织”是指组织工作，即为了实现人的集合体的共同目标而确定各个成员角色安排、任务分派及其相互关系的活动过程，也就是设计一个组织结构，并使之运转以实现组织目标的过程。

2. 三种主要的组织理论是：以工作为中心的古典组织理论以人为中心的新古典组织理论和以系统和环境为中心的权变组织理论。

3. 组织的绩效在很大程度上取决于组织结构的选择和设计。

4. 组织结构描述了组织的框架体系，是表明组织各部分排列顺序、空间位置、运行规则、联系方式以及各要素之间相互关系的一种模式。组织结构具有复杂性、正规性和集权与分权性。

5. 常见的组织结构主要有以下九种：直线型组织结构；职能型组织结构；直线职能型组织结构；事业部制组织结构；矩阵型组织结构；控股型组织结构；网络型组织结构；多维立

体制组织结构；委员会制。这些结构各有利弊。

6. 组织结构设计就是根据组织目标和组织活动的特点，遵循一定的规律和原则对组织结构的组成要素及其相互间的连接方式的选择与设计，以此划分管理层次，确定组织系统，选择合理的组织结构形式的过程。

7. 组织结构选择和设计应注意的问题:（1）应根据不同行业、不同规模、不同的组织内外环境，选择不同组织结构；（2）在组织设计中还要处理好管理幅度与管理层次问题。

8. 人员配备作为管理的一项职能，是指通过招聘、选拔、培训、安置、考评和发展组织成员，以充实组织结构中的各个职位，简而言之，就是把适当的人员安排到适当的位置上的过程。

9. 人员配置的原则:（1）因事配人、因人施配的原则；（2）选贤任能、扬长避短的原则；（3）群体相容的原则；（4）公开竞争的原则；（5）人事动态平衡原则。

10. 授权，是上级委授给下属一定的权力，使下级在一定的监督之下，有相当的自主权、行动权。授权者对被授权者有指挥、监督权，被授权者对授权者负有报告与完成任务的责任。授权应遵循的原则（1）因事设人，视能授权；（2）明确所授事项；（3）不可越级授权；（4）授权适度；（5）适当控制。

11. 组织变革就是根据内外环境变化的要求，组织不断调整与完善的过程。组织变革是一个量变到质变的、渐进的、甚至飞跃的过程。组织变革的主要内容有：组织规模、结构、技术和人事、组织战略五大方面。有效的组织变革应包括四个步骤:（1）确定问题；（2）组织诊断；（3）制定改革方案并加以实施；（4）评价效果和稳定成果。

12. 非正式组织是指存在于正式组织之中，是人们在共同工作中所形成的靠感情和非正式规则联结的群体。它具有三大基本特征：自发性、内聚性和不稳定性。管理非正式组织要讲究方法。

13. 全球化、市场化和信息化三大时代大潮的背景下组织环境更加复杂多变，组织变革的速度越来越快，组织结构呈现出扁平化、柔性化、团队组织和网络化新趋势。

案例分析

D公司面向市场优化企业组织机构

不断改革企业管理体制，是适应不同产品结构、人才结构和科技结构，发挥企业各种资源效率的内在要求。D公司近年来在组织机构方面的改革主要有以下四个方面。

1. 逐步推行事业部制。为了适应快速多变的市场需要，提高企业的应变能力与管理效率已势在必行。D公司精心研究和策划企业组织机构的改革方案，作出了先实行模拟事业部制，而后实行独立事业部制的决定，将厂部的八个职能部门重新合并成八部一室，压缩或分流102名处室人员。这一措施激发了各经营分厂的活力，管理效率得以提高，而厂部的工作则着重于制定企业的发展战略及协调各经营分厂的经营战略、技术战略等更高层次的决策。

2. 生产组织管理从工艺专业化转向产品专业化。早在20世纪80年代末期，D公司采用以工艺专业化为核心的生产组织形式，但常常出现如下问题：（1）该种生产组织是跨行政部门的，在各生产工艺环节出现生产进度不一致时，难以协调；（2）由于原料品种多，可能会引起原料组织不到位而出现停工待料现象，影响生产效率。D公司对该公司的产品的生产组织进行仔细研究后，发现其主导的三大类产品基本上是相对独立的，没有必要按照生产工艺划分车间，于是打破了原来低效率的工艺专业化生产格局，建立起产品专业化的新体系，一年内劳动生产率提高了50%。

3. 改革科研体制。1991 年以前，D 公司将研究所集中于总厂，负责全厂的技术开发，由于科研人员远离市场，缺乏市场意识，新产品开发的速度与品种均跟不上市场需求的变化。针对这一矛盾，D 公司作出了把科技人员推向市场的决策，即解散远离市场的集中式新产品开发研究所，而将其转移到相关的经营分厂。这一措施取得了很好的效果，表现在：（1）技术开发以市场为导向，消除了科研与生产、销售脱节的弊端；（2）由于有了经济观念，产品开发中的不合理费用得以减少。

4. 引进多种经营机制，实行“一厂多制”。在市场经济条件下，各种所有制有其各自的优势，国有企业引进多种经营机制、提高自身活力是一种新的尝试。D 公司对此进行了初步的探索。例如，D 公司的传输分厂积极采用横向联合方式进行生产经营，一方面与某省古荡镇政府合办企业，解决了产业发展所必需的土地与厂房和企业富余人员的流向问题；另一方面与香港一家公司组建了合资企业——爱华达有限公司，生产具有当今国际先进水平的 SDH 同步数字传输光端机，既获得了必要的资金，又得到了先进的技术。

一、单项选择

1. D 公司推行事业部制的主要目的是（　　）。

A. 减少决策层次　　B. 精简人员
C. 经营自主权下放　　D. 提高决策效率

2. 把科技人员推向市场，最可能出现的灾难性问题是（　　）。

A. 企业科技人员地位下降　　B. 企业科技人员收入下降
C. 企业科技人员任务不饱满　　D. 企业长远科研项目停顿

3. 对 D 公司的组织创新效果的评判，以下哪一点不甚正确？（　　）。

A. 带来了经济活力　　B. 无显著经济效益
C. 带来了人事变更　　D. 获得了新的管理方式

4. D 公司的事业部建成后，可能遇到的主要问题是（　　）。

A. 决策混乱　　B. 企业文化不一致
C. 总厂资金回收困难　　D. 企业核心竞争能力下降

5. “一厂多制”最合理的理论概括是（　　）。

A. 多种经营体制的互补　　B. 合资合作是大势所趋
C. 经营资源的合理化配置　　D. 宏观经济体制改革的微观化

二、讨论题：D 公司这次的优化组织结构将会遇到哪些阻力？你认为将如何应对？

练习题

一、单项选择

1. 在以下组织结构形式中，能够有效结合组织的纵向垂直管理和横向水平管理的组织结构形式是（　　）。

A. 直线职能制　　B. 部门直线制

C. 事业部制　　D. 矩阵制

2. 管理幅度和管理层次的关系是（　　）。

A. 正比例关系　　B. 反比例关系

C. 没有什么关系　　D. 有密切关系

3. 企业规模较大、产品种类多、工艺差别大、市场比较广阔多变，适宜采用（　　）。

A. 直线职能型组织形式　　B. 事业部制组织机构形式

C. 矩阵型组织结构形式　　D. 动态网络型组织结构

4. 祥龙公司原是一家以生产经营床上用品为主的大型企业。该公司生产的床单和枕巾从20世纪60年代开始就受到欢迎，但近年来效益持续下滑。据分析，困扰公司高层领导的问题，主要是公司主要产品的市场需求发生了重大变化；公司在产品开发、制造、销售等环节中存在严重的沟通障碍；对主要竞争者的行为缺乏有效的反应等。据此，公司高层管理部门当前首先应该采取的措施为（　　）。

A. 重新明确公司业务定位　　B. 进行组织机构调整

C. 加强公司产品开发能力　　D. 加强人力资源管理

5. 某公司人力资源部在公司的快速发展时期，为公司人力资源的开发利用做出了重要贡献。有人说，这在相当程度上得益于人力资源部前几年在内部进行了较细致的专业分工，从而使有关人员可以快速熟悉专业，提高业务水平。但近来公司领导发现该部门工作效率和工作质量出现了一定的滑坡，许多成员不满于单调乏味的工作。对此，你认为最好采取下列哪一措施？（　　）

A. 严格内部规章制度，以改善工作作风和工作态度

B. 调整该部门领导班子，促其改变当前的工作面貌

C. 以工作丰富化为原则，进行工作和职务再设计

D. 调整该部门的工作目标，将部门职能分解出去

6. 除了较低层次决策的数量、涉及的范围以及对这些决策的控制等标志外，反映分权程度的标志还有（　　）。

A. 高层次管理者的管理幅度　　B. 组织中的管理层次

C. 低层次决策实施所涉及的费用数额　　D. 低层次决策的上级认可

7. 康全公司是一家设计环保设备的公司，经营规模虽然不大但发展迅速。公司成立以来，为了保持行动的统一性，一直实行较强的集权。请问当下列哪一种情况出现时，公司更有可能改变其过强的集权倾向？（　　）

A. 宏观经济增长速度加快　　B. 公司经营业务范围拓宽

C. 市场对企业产品的需求下降　　D. 国家发布了新的技术标准

二、多项选择

1. 职能部门化的局限性表现在：不利于产品结构的调整、（　　）。

A. 难以形成统一的政策　　B. 不利于高级管理人员的培养

C. 会出现多头领导　　D. 部门之间活动不协调

2. 组织中不利于分权的因素有（　　）。

A. 组织规模　　B. 活动的分散性

C. 政策的统一性　　D. 缺乏良好训练的管理人员

3. 从组织内部挑选适合的人员加以聘用的优点是（　　）。

A. 为组织发展注入活力　　B. 手续简便

C. 给组织带来新观点　　D. 给组织带来新方法

E. 费用较低

4. 影响组织集权与分权程度的因素有（　　）。

A. 决策的代价　　B. 决策的影响面

C. 管理哲学　　D. 决策的数量

E. 组织的规模

5. 非正式组织对正式组织的工作可能造成的危害包括（　　）。

A. 影响正式组织的变革　　B. 影响命令的畅通

C. 束缚成员个人的发展　　D. 影响信息传递速度

E. 由于目标冲突而产生极为不利的影响

6. 影响组织设计的权变因素主要有（　　）。

A. 组织战略　　B. 组织规模

C. 技术　　D. 组织环境

E. 管理者的特征

三、填空

1. 一个管理者如果管理四个直接下属，那么可能发生的工作关系数是______种。

2. 职权可以分为______、______和______。

3. 组织人员选聘的主要方式有______和______。

4. 权力可分为______、______、______、______、______。

5. 按组织的运行机理来分类可分：______、______。

四、简答题

五、什么是组织？请将组织分类举例说明。

2. 简述事业部制组织结构的优缺点。

3. 比较直线职权和参谋职权。

4. 简述有效组织变革的基本步骤。

5. 人员选聘的主要原则有哪些？

五、绘图题

下面是某制造业公司所设置的一部分职位的名称和配备人员数，请据此绘制一张组织图说明相互间的报告关系。

财务副总裁	财务主管
董事会	环境工程师
工业关系专家	总裁
安全主管	技术主任

续表

设计工程师	生产计划专家
审计室	招聘面谈专家
信用贷款经理	预算主任
销售经理	营销副总裁
主任会计	会计人员（3 名）
广告经理	人事副总裁
顾客服务代表	装运与验收
工厂厂长	
设备维护计划专家	设备维修主管
质量管理主任	总裁助理
地区销售经理（3 名）	工长（24 名）
销售人员（12 名）	工程技术
技术与研究副总裁	车间主任（4 名）
研究开发主任	工厂安全总监
采购主任	生产副总裁

参考文献

1. 芮明杰．管理学[M]．上海：上海财经大学出版社，2005

2. 斯蒂芬·P·罗宾斯，玛丽·库尔特著，孙健敏等译．管理学（第七版）[M]．北京：中国人民大学出版社，2005

3. 杨孝伟，赵应文．管理学——原理、方法与案例[M]．武汉：武汉大学出版社，2004

4. 尤建新主编．管理学概论[M]．上海：同济大学出版社，2002

5. 张勤国，朱敏．管理学——理念、方法与实务[M]．北京：立信会计出版社，2004

6. 张兆响，司千字主编．管理学[M]．北京：清华大学出版社，2004

7. Heinz Weihrich,and Harold koonts, Management,A Global Perspective, tenthedition, MeGraw－Hill, Inc, 1993．P358

网络资源

1. myPHLIP：www.prenhall.com/myphlip

2. 易迈管理学习网：www.mba163.com

3. 刘易勇：项目管理中的项目组织结构[J]，http://www.chinahrd.net/zhi_sk/article.asp?articleID＝14 902

案例答案

一、选择题：1. D 2. D 3. B 4. D 5. A

二、讨论题：（略）

习题答案

一、单项选择

1. D 2. B 3. B 4. B 5. C 6. C 7. B

二、多项选择

1. ABCD 2. ACD 3. BE 4. ABCDE 5. ACE 6. ABCD

三、填空题

1. 76 2. 直线职权、参谋职权、职能职权 3. 内部选聘、外部选聘 4. 惩罚权力、奖赏权力、法定权力、专长权力、感召权力 5. 机械式组织、有机式组织

四、简答

1. 所谓组织，就是人们为实现某一特定目标而形成的系统集合。它有一个特定的目的，由一群人所组成，有一个系统化的结构。组织从本质上来说是人们为了实现共同目标而采用的一种手段或工具。组织可以按照不同的分类标准进行分类，如按组织的目标性质以及由其所决定的基本任务，可以分为政治组织、经济组织、军事组织、学术组织、教育组织、宗教组织等；按组织人数的多少，可以分为大型组织和中小型组织；按照组织的运行机理，可以分为机械式组织和有机式组织；按照人员的顺从度分强制型组织、功利型组织和正规组织；按照组织合成"要素"的性质不同分为作业组织、管理组织和财产组织；按照组织是否具有明确的内部结构和制度规范的分工协作系统，可以分为正式组织和非正式组织等。

2. 事业部制组织结构的优缺点：这种组织结构以产生目标和结果为基准来进行部门的划分和组合，其特点是"集中决策、分散经营"，即在集权领导下实行分权管理。组织按产品或地区不同，建立不同的经营事业部，同时，每个经营事业部是一个利润中心，在总公司领导下，实行统一政策，分散经营，独立核算，自负盈亏，有利于组织的最高管理者摆脱日常事务而专心致力于组织的战略决策和长期规划，有利于调动各事业部的积极性和主动性并且有利于公司对各事业部的绩效进行考评。这种组织结构形式的主要缺陷容易使各事业部只考虑自己的利益，影响各事业部之间的协作；公司与各事业部的职能机构重叠，用人较多，费用较大。这种组织形式一般可以分为按产品划分的事业部和按地区划分的事业部两种形式，主要适用于产品多样化和从事多元化经营的组织，也适用于面临市场环境复杂多变或所处地理位置分散的大型企业和巨型企业。

3. 直线职权和参谋职权的区分标准：直线职权是一种完整的职权，包括决策权、指挥权和领导权。这种指挥命令关系从组织的最高层一直延伸到最基层，形成一条"指挥链"。参谋职权是一种有限度的、不完整的职权。从性质上说，参谋职权是一种顾问性的或服务性的职权，拥有参谋职权的管理者可以向直线管理者提出建议或提供服务，但其本身并不包括指挥权和决策权。参谋职权实际上是一种辅助性的职权。一个组织机构在其规模扩大到一定程度，直线职权已不足以应付所面临的许多复杂问题时就需要设置参谋职权。参谋的形式有个人参谋和专业参谋两种。直线权力与参谋权力的关系从定义可以看出，直线权力是命令和指挥的权力，参谋权力是协助和建议的权力，参谋的职责是建议而不是指挥。他们的建议只有当直线管理者采纳后并通过等级链向下发布指示时才有效。由此可见，直线权力与参谋权力之间的关系可以用一句话来概括：参谋建议，直线指挥。

4. 组织变革的实践，我们认为有效变革应包括四个步骤：（1）确定问题。确定问题就是要识别导致组织变革的原因或力量到底有哪些，并将其一一列举出来。通过分析，找出问题，提出组织结构需要改革的目标及任务。（2）组织诊断。就是要找出问题的根源，这是改革的关键。并将问题的重要性加以顺序排列，在此基础上制定出明确的变革目标。（3）制定改革方案并加以实施。究竟选择哪种变革方案，要根据所涉及问题的性质、参与者和各种不同因素来决定。在确定了变革方案以后，就要具体制定改革计划。任何变革，尤其是重大变革，要尽可能取得组织成员的支持和合作，把阻力降到最小。同时要抓紧变革的有利时机，因势利导，以保证改革计划的顺利实施。（4）评价效果和稳定成果。与此同时，还要有信息反馈系统，对计划执行情况的信息及时反馈，保证改革方案的顺利实施也为今后的组织变革提供参考借鉴。

5.（1）因事配人、因人施配的原则。一方面，要根据企业组织中各个职务岗位的性质配备有关人员，即人员的数量和结构与职位的多寡和类型相适应，人员的素质和能力要与其所担负的职责需要相吻合；另一方面，要按照人员的能力水平及特长分配适当的工作，使每个人既能胜任现有职务，又能充分发挥内在潜力。只有坚持这一原则，才能促进企业人-机系统的协调匹配，避免出现能力不足或能力过剩、人才浪费的现象。

（2）选贤任能、扬长避短的原则

在根据组织结构所确立的职务岗位安排相应人员时，还应坚持选贤任能、任人唯贤的原则，特别是各级主管人员的选拔，应当务求唯贤不唯亲，用客观的科学的标准和方法准确地考察与选择。俗话说，金无足赤，人无完人。我们还要善于识别人的长处，用其所长，坚持扬长避短的原则。

（3）群体相容的原则

现代企业内部分工细密，协作关系复杂，要求各工作群体内部保持较高的相容度。在人员配置中，不仅强调人员与工作的相互匹配，而且要注重群体成员之间的结构合理和心理相容。群体的相容度对群体的士气、人际关系、群体行为的一致性和工作效率都有直接影响，彼此间高度相容，会使成员行为协调有序，有助于充分发挥全体成员的积极性，收到群体绩效大于个体绩效之和的效应。

（4）公开竞争的原则

组织越是想提高管理水平，就越要在人员配置过程中坚持公开竞争原则。空缺的职务是对任何人都开放的，无论对组织内部或外部的人都应一视同仁，机会均等，这样才能使人才脱颖而出，才能吸引真正的人才。公开竞争的前提是人才必须能够合理流动，否则也就无所谓公开竞争了。

（5）人事动态平衡原则

以发展的眼光看待人与事的配合关系，根据变化的情况，进行适时调整，让能力得到发展的人去从事更高层次或更合适岗位的工作，使各部门各个岗位得到更合适的人员。因此，主管人员必须注意不断地对下级进行培养，其本人也要寻求培养的机会和进行自我培养，不断吸收新的知识，以适应社会的发展，这是人员配置过程中始终要遵循的原则。

五、绘图题（略）

第七章　领　　导

【教学目标】

1. 解释领导者和管理者之间的差异；
2. 掌握领导权力的来源；
3. 领导特质理论；
4. 领导行为理论；
5. 领导权变理论；
6. 掌握激励的过程；
7. 掌握有关激励的理论；
8. 熟练掌握对员工激励的方法；
9. 沟通在管理中的作用；
10. 有效沟通的障碍。

【教学重点】

1. 领导的内涵和本质；
2. 管理方格理论；
3. 领导方式的连续统一体理论；
4. 菲德勒的环境决定论；
5. 激励的期望理论；
6. 激励的公平理论；
7. 激励的强化理论；
8. 沟通原理；
9. 有效沟通障碍产生的原因。

【教学难点】

1. 领导的内涵和本质；
2. 菲德勒的环境决定论；
3. 激励的双因素理论；

4. 激励的公平理论；

5. 激励的强化理论；

6. 综合激励模型；

7. 沟通的含义和沟通过程；

8. 沟通原理；

9. 有效沟通障碍产生的原因。

【关键术语】

领导（Leading）　权力（Power）　领导方式（Style of leadership）

领导行为理论（Behavioral theories of leadership）

领导权变理论（Contingency theories of leadership）

激励（Motivation）　需要层次论（Hierarchy of needs theory）

ERG 理论（Existence-relatedness-growth theory）

公平理论（Equity theory）　双因素理论（Motivation-hygiene theory）

强化理论（Reinforcement theory）　沟通（Communication）

【管理名言】

留个缺口给别人。

——佚名

个人的能力是缺乏可持续性的。如果是所有的想法都来自 CEO，CEO 告诉每一个人如何做每一件事的话，这样的公司是不可能长久成功的。

——（美）杰克·韦尔奇

如果一个人在别人眼里从不显得过分聪明，那他就一定是够聪明的。

——佚名

办企业有如修塔，如果只想往上砌砖，而忘记打牢基础，总有一天塔会倒塌。

——（日）浦木清十郎

引导案例

柳传志：怎样当一个好总裁

总裁在企业里一般都要做两件事：第一是制定战略，并设计实行战略的战术步骤；第二是带好员工队伍，让你的队伍有能力按照这个战略目标去实施。这两件事做好了，企业就能向好处发展。但在做这两件事情之前，还有一件更重要的事要办，就是建班子。企业必须要有一个好的领导班子，否则你把事情布置下去之后，后面的人未必照你的意思去做。有了好的班子才能群策群力，同时对第一把手也就有了制约。没有一个好的班子就制定不了好的战略，就带不好队伍，所以领导班子实际上是第一位的。联想把以上这些总结为管理的三个要素：建班子、定战略、带队伍。

一、建班子

战略要靠班子来制定，队伍要靠班子来带，所以建班子是三要素中第一位的。班子不和，什么事都做不成。建班子有三大难题。第一个难题是进了班子后不称职怎么把他请出去。解决这个难题要注意两点，一是所有进班子里的人要德才兼备，以德为主。这个极其重要，否则你就很难理直气壮地把不称职的人请出去。高层领导的德，就是要以企业利益为最高利益。二是话要放在桌面上讲。第二个难题是重大问题有不同意见，两边的比例还差不多，怎么办？方法是先谈原则，第一把手先在底下一个一个地谈话，不要谈具体的事，谈有关此事的最高原则。第三个难题是如何提高班子成员的素质。第一把手注意要先集中后民主。就是我定规则大家做，取得别人的信任以后，逐渐提高素质，替换班子成员，一步一步实现由班子指挥。

二、定战略

制定战略的实质是确定目标，然后是怎么达到这个目标，怎么分解它。就此，我们确定了联想五步。

第一步是确定公司愿景。我们自己提出的口号是：联想要成为长期的、有规模的高科技企业。

第二步是确定中远期发展战略目标。公司目标的长短各有不同，我们认为现在的联想充其量只能制定五年的愿景规划。因为计算机领域的一些核心技术还掌握在别人手里，我们只是跟风，制定不了更长的计划。

第三步是制定发展战略的总体路线。

第四步是确定当年的战略目标（总部和各子公司的），并分解成具体战略步骤操作实施。

第五步是检查调整，达到目标。

联想的战略总则是“以稳为主，稳中求快”。这是由我的性格特点和我下面用的人的性格特点决定的，其他公司不一定也这样办。

三、带队伍

带队伍要做好三件事：一是如何充分调动员工的积极性；二是如何提高员工能力；三是如何使机器有序、协调、效率高。这些就是组织、架构和规章制度要解决的事。激励方面的核心是把员工的发展方向和追求与企业的目标融合在一起，这是我们最高的愿望。

领军人物和骨干队伍的培养，这是最重要的。第一把手有点像阿拉伯数字的“1”，后面跟一个0就是10，跟两个0就是100，跟三个0就是1000。这些“0”虽然也很重要，但没有前面的“1”就什么都没有。我们对领军人物有“德”“才”两点要求。“德”就是要把企业的利益放在最高地位；“才”就是一定是个学习型的人。要善于总结，善于学习，善于把理论的东西拿去实践，善于把实践加以总结。

最后作一个总结，做总裁第一点要知道企业管理、企业外部环境总体是怎么回事，粗细都要能够讲清楚，粗的1个小时甚至5分钟就能谈出来，细的能谈一天，能写一本书。第二点是你自己和你手下的人是什么样的要清楚。第三点是要明白你想要什么样的人做这些事，这些人够不够格，理想的人选是什么样的。第四点是怎么培养这样的人。明白事，明白人，明白怎么把你身边的人变成这样的人，这差不多就是个好总裁了。（资料来源：刘永好．中国顶尖企业家演讲录．北京：中央编译出版社，2002）

联想在柳传志的带领下取得了巨大的发展，柳传志本人无疑是一个成功的领导者。通过案例我们可以看到有管理的地方就需要领导，领导更多地体现在管理艺术性的一面，领导力主要是一种影响力，是通过对下属示范、说服、命令等途径，实现群体目标的过程。激励和沟通则是体现领导艺术的保证。本章重点介绍了领导方式、领导理论；激励理论是关于调动员工积极性的指导思想、原理和方法的概括总结，有内容型激励理论、过程型激励理论和强化激励理论三大类：沟通中的障碍总是影响沟通的有效性，但沟通的方法是多种多样的。通过本章的学习，能够权变地运用领导、激励和沟通的技术与艺术。

第一节　领导和领导权力

一、领导的内涵

1. 几个代表性的观点

柏拉图、孙子、诸葛亮、斯隆都曾试图对什么是领导给出答案，对于领导的含义至少有以下几种解释。

（1）领导是解决问题的初始行为。这强调的是为解决问题而采取的最初行动。

（2）领导是对制定和完成企业目标的各种活动施加影响的过程。这里重点说明对企业的活动施加影响，但过于空泛。

（3）领导是指挥部下的过程。它认为领导就是指挥。

（4）领导是在机械地服从组织常规指令以外所增加的影响力。这说明领导就是正式命令之外的影响能力。

（5）领导是一个动态的过程，该过程是领导者个人品质、追随者个人品质和某种特定环境的函数。

据统计，因上级领导的职权而发挥出来的职工才能约为60%，因主管人员引导和鼓励而激发出来的职工才能约为40%。换句话说，领导至少具有两个过程：一是利用职权指挥部下的过程；二是引导和鼓励部下的过程，两者缺一不可。第三个定义只看到了指挥而忽略了引导和鼓励；第四个定义忽略了指挥；第五个定义侧重于领导的决定因素及其动态过程，但没有对领导的本质做出解释。

2. 领导的内涵

所谓领导，**就是指挥、带领、引导和鼓励组织成员或群体为实现目标而努力的过程**。该定义包含四个要点。

（1）领导者一定有领导对象，或者说有部下或追随者，或者说就是被领导者。没有部下的领导者谈不上领导。

（2）权力在领导者和被领导者之间的分配是不平等的。领导者拥有相对强大的权力，可以影响组织中其他成员的行为；而组织中其他成员却没有这样的权力，或者说所拥有的权力并不足以改变其被领导的地位。领导者在权力方面的优越性是领导工作得以顺利进行的重要基础。

（3）领导者拥有影响其下属的能力或力量，包括由组织赋予领导者的职位和权力，也包括领导者个人所具有的影响力。

（4）领导具有目的性。领导的目的是通过影响部下来达到企业目标。

二、领导和管理的关系

从本质上说，管理是建立在合法的、有报酬的和强制性权力基础上对下属命令的行为，下属必须遵循管理者的指示。在这个过程中，下属可能尽自己最大的努力去完成任务，也可能只尽一部分努力去完成工作。据统计，管理只能发挥职工60%的能力。

领导则不同，领导可能建立在合法的、有报酬的和强制性的权力基础上，但是，领导更多的是建立在个人影响权和专长权以及模范作用的基础上。领导可以说是一种影响力或者是对下属施加影响的过程，这种影响力可以使下属自觉地为实现组织目标而努力。

由此可知，一个人可能既是管理者，也是领导者，但两者也有分离的情况，一个人可能是领导者，但不是管理者。非正式组织中最有影响力的人就是典型的例子，组织没有赋予他们职位的权力，他们也没有义务去负责企业的计划和组织工作，但他们却能引导和激励甚至命令自己的成员。

一个人可能是个管理者，但并不是个领导者。领导的本质就是有被领导者的追随和服从，它不是由组织赋予的职位和权力所决定的，而是取决于追随者的意愿。因此，有些具有职权的管理者可能没有部下的服从，也就谈不上真正意义上的管理者。

从企业的改造效果看，应该选择好的领导者从事企业的管理工作。对非正式组织中有影响力的人参加企业正式组织的管理，会大大有益于管理的成效。

参考材料

你善于领导吗？

阿瑟·佩尔（Arthur Pell）之“领导商数测验”系由下列25个问题所构成，请分别就每一问题答复“同意”或“不同意”：

1. 为纠正员工之错处，领导者应先指出员工之长处，然后再讨论其错误。
2. 领导者没有必要与下属讨论组织之远程目标。只要下属能了解组织之当前目标，他们即能有效地履行任务。
3. 最佳的谴责方式为当众申斥。
4. 冤情或士气问题应由员工之直属上司处理，而不宜诉诸特别指定的专人处理。
5. 为下属制定工作目标时，应令工作量超过他们所能负荷的限度。
6. 领导者之首要任务在于执行规章。
7. 同僚之间人缘最佳者照理应成为领导者。
8. 领导者如在下属面前认错，则将丧失下属对他的尊敬。
9. 领导者如以“我不知道，但是我将探寻答案，然后再答复您”作为问题之答复，则这个领导者将在下属面前显得愚蠢，并可能因而丧失体面。
10. 技术上够资格做某种工作的领导者，将够资格教导他人做该种工作。
11. 领导者是天生的，而非后天培养的。

12. 领导者值得花大量时间以令新员工接受良好的训练。

13. 讽刺是对付多嘴的员工之妙方。

14. 令规章被彻底执行的最好方法，便是制定多重的违规惩戒措施。

15. 领导者应询问下属有关他们对工作方法的意见。

16. 良好的领导者应尽量授权下属以履行他职务范围内的工作。

17. 为了绝对公平起见，领导者应不理会员工之间的个别差异，面对他们一视同仁。

18. 领导者应不断地提醒员工有关过去所犯的错误。一旦员工之错误已被改正，则不应再被提及。

19. 偶尔对员工责骂将有助于令一般员工循规蹈矩。

20. 在惩罚员工之际，惩罚者应避免说出或做出任何足以令员工憎恨的事。

21. 在倔强与需要殷切的领导者之下，员工的工作会做得最好。

22. 倘若新员工没有学好履行份内工作的方法，则应视他们为未曾接受适当的教导。

23. 领导者对自身工作感兴趣与否，要比他是否能够有效地履行工作更为重要。

24. 如果领导者对员工详细说明工作之细节，则员工将能以最有效率之方式履行工作。

25. 领导者若想有效地做好工作，则他对下属之感受、态度与观念必须具有经常的了解。

以上问题基本上涵盖了领导有关的各个重要层面，它们为领导力之增进提供了探索的路径。

［答案］

以下我们将依据学者、专家的意见，为每一个问题做出即价值判断。

1. 同意。在批评或纠正员工之前，如能肯定员工之长处，则不但可减轻或化解员工之防护心理，而且可使批评或纠正变得更容易被接纳。

2. 不同意。对组织之未来走向及远景有所了解的员工，将更能专心致志地投身于组织的远程及近程目标之实现。

3. 不同意。当众申斥只能令被申斥者在公众面前显得渺小与龌龊，而无法解决问题。更好的谴责是在不损及被谴责者的尊严下获致问题之解决。因此，谴责应在私底下为之，而不应公开执行。

4. 同意。冤情与士气问题之处理是直线部门主管所发挥的一项基本功能。由下层主管所发挥的这项功能特别重要。因为绝大多数的冤情与士气问题都可经由他们解决。在直线部门主管卓越的领导统驭下，“包青天”或“冤情大使”之类的人物并无存在之必要。

5. 不同意。工作目标定得太高将使员工气馁，因为他们势将感到无法达成工作目标而拒绝尝试。最理想的工作目标应根据员工过去所经历过的工作目标制定，它最好是稍微超过过去所曾经达成者。这样员工不但不会觉得它无法达成，而且会将它当做一种实质的挑战看待。

6. 不同意。领导者之首要任务在于激励、训练与指挥员工，而不在执行规章。在优秀的领导者领导之下，规章之执行将变成次要之事。

7. 不同意。人缘之好坏与领导者之良莠无关。有些人缘极佳的领导者具有高超的领导力，有些则欠缺起码的领导力。

8. 不同意。领导者所犯之错误迟早都会被发现，因此与其令错误本身欲盖弥彰，不如当面认错以维护下属之尊敬。

9. 不同意。理由同第8个问题。

10. 不同意。技术上之素养固然重要，但光是具备良好的技术素养仍无法从事传道授业与解惑之工作。除非一个人具有沟通之技能，否则他将难以担任领导工作。

11. 不同意。经验一再显示，只要经过适当的训练与鼓励，几乎任何人都可被训练成领导者。

12. 同意。领导者对新员工若施以完善之训练，则能令他们充分发挥聪明才智，这对组织而言是一种珍贵的资产。因此，领导者值得在新员工身上花费大量时间以提供更好之训练。

13. 不同意。讽刺通常只能滋生怨气，而极少能发挥警戒作用。对付多嘴的员工的最好办法，便是探寻其多嘴的原因并设法疏导之。

14. 不同意。执行规章的最有效办法是令每一位员工都了解规章的内容与制定规章的原因。

15. 同意。直接参与某种工作的人，通常都能对该种工作有关的问题提出解决或改进之道。

16. 同意。倘若领导者不能"分层负责，逐级授权"，则几乎没有一件属于他职务范围内的工作能被有效地执行。身为主管，他理应予下属适当的训练并从事工作之交托。

17. 不同意。"一视同仁"并不代表"公平"。主管为真正做到公平，必须清楚地掌握每位员工之长处与短处，并依据他们的能力要求他们竭尽所能。公平是指不刻意偏爱或菲薄，但这并不意味对每位员工都做同样的要求。

18. 同意。嘀咕是百害而无一利的事。一旦员工之错误已被改正，除非他们重蹈覆辙，否则主管不应旧事重提。

19. 不同意。对员工责骂只有损及他们的自尊心，而于事无补。只有建设性之批评才能令员工折服。

20. 同意。员工的任何憎恨心理均足以降低士气，并导致有意识的或无意识的破坏行动。

21. 不同意。固然倔强与需要殷切的领导者可能逼使员工之工作在质与量双方均达一定水准，但是长期之下，这种领导者的领导绩效将远不如公允待人且懂得激励员工的领导者。

22. 同意。新员工入行之初，领导者负有全责，以令其学好履行分内工作之方法。

23. 不同意。管理是以组织目标之实现为导向，因此，领导者所考虑的应以有效地达成组织目标为第一优先。固然领导者通常皆对自身工作是否感兴趣寄以莫大之关心，但与组织目标之达成相较，个人之兴趣乃变成次要之事。

24. 不同意。心理学家之研究发现，若给予员工提示概略的工作要领，并令他们自行探讨工作细节，则其工作效率远比为他们解说工作细节时为高。

25. 同意。领导者与被领导者之间的沟通应该是双向的而且是对流的。除非领导者能洞悉被领导者之心态，否则前者将无法探索问题的根源，也难给予后者适当的激励。

结语

根据上述学者专家之价值判断来衡量您对每一个问题的意见。倘若您的意见与学者专家之意见相符者达 23 个或以上，这大致表示您具有卓越的领导力；倘若相符者介于 20～22 个之间，这大致表示您具有良好的领导力；倘若相符者为 18 个或 19 个，这大致表示您具有普通的领导力；倘若相符者等于或少于 17 个，则大致表示您相当欠缺领导力。

三、领导的作用

在带领、引导和鼓舞部下为实现组织目标而努力的过程中，领导者要具体发挥指挥、协调、激励和纠正偏差四个方面的作用。

1．指挥作用

在组织的集体活动中，领导者具有引导、指挥、指导或先导活动，帮助组织成员最大限度地实现组织的目标。在整个活动中，要求领导者作为带头人来引导组织成员前进，鼓舞人们去实现组织的奋斗目标。

2．协调作用

因为各人的才能、理解能力、工作态度、进取精神、性格、地位等方面的不同，加上外部各种因素的干扰，人们之间在思想上发生各种分歧、行动上出现偏离目标的情况，需要领导者来协调人们之间的关系和活动，鼓舞人们去奋斗来实现组织的目标。

3．激励作用

领导者为了使组织内的所有人都能最大限度地发挥其才能，以便实现组织的既定目标，就必须关心下属、激励和鼓励下属，充分调动组织中每个成员的积极性，使其以高昂的士气自觉地为组织做出贡献。

4．纠正偏差作用

在实现组织目标的过程中，偏差是不可避免的。这种偏差的发生可能是外部因素的影响，也可能是内部不合理的组织结构、规章制度和管理人员的管理不力的影响。在领导过程中，领导者要全面了解组织活动的各种信息，驾驭和支配组织成员及整个组织的活动，正确运用各种控制手段纠正偏差，以消除导致偏差的各种因素。

四、领导权力的来源

领导的核心在权力，权力通常就是指影响他人的能力，在组织中就是指排除各种障碍完成任务，达成目标的能力。根据法兰西（John French）和雷温（Bertram Raven）等人的研究，领导的权力主要起源于两个方面。一是来自职位的权力。它是由上级和组织赋予的，并且由法律制度明文规定，属于正式权力。这种权力与职位相关，随职位的高低变化而变化，包括法定性权力、奖赏性权力和惩罚性权力。二是来自个人的权力。其影响力主要来源于其个人独特的魅力，包括感召性权力和专长性权力。

1．法定性权力

法定性权力是由个人在组织中的职位决定的。个人由于被任命担任某一职位，因而获得了相应的法定权力和权威地位。例如，在政府和企业等层级组织中，上级在自己的职责范围内有权给下级下达任务和命令，下级必须服从；教练有权决定谁上场和比赛的策略，队员必须服从；裁判有权判定是否犯规是否得分，并有权用出示黄牌或红牌提出对某一队员的警告或处罚，队员必须服从；老师有权布置作业，出试题和给分，学生必须服从等。

但拥有法定权的权威，并不等于就是领导。虽然我们通常把层级机构中担任各级职位的官员都称为领导，但是这些负责人可能是有效的领导者，也可能不是。有些官员根本没有自愿的追随者，只是凭借手中的权力作威作福而已，这样的人并不是真正的领导者。

同时，应当充分认识到下层甚至普通员工也拥有宪法、劳动法、合同法、工会法等法律和规章制度赋予他们的法定权力，他们凭借这种权力，也可以有效地影响和抵制领导者的领导行为。

2．奖赏性权力

奖赏性权力是指个人控制着对方所重视的资源而对其施加影响的能力。例如上级在其职权范围内可以决定或影响下级的薪水、晋升、提拔、奖金、表扬或分配有利可图的任务、职位，或给予下属所希望得到的其他物质资源或精神上的安抚、亲近、信任、友谊等，从而有效地影响他人的态度和行为。

奖赏性权力是否有效，关键在于领导者要确切了解对方的真实需要。人们的需要是多方面的，也可能各不相同，不一定都是金钱或官位，所以必须采用适当方式针对性地雪中送炭才能取得良好的效果。

被领导者也拥有某种奖赏权，例如对领导者的忠诚、顺从，更加积极地忘我工作，为了组织利益不计个人安危的英雄行为，甚至对领导者的热情招呼、演讲后的热烈鼓掌等，都可以看作是被领导者对领导者的奖赏。这种奖赏权也能有效地影响领导行为。

3．惩罚性权力

惩罚性权力是指通过强制性的处罚或剥夺而影响他人的能力。例如批评、罚款、降职、降薪、撤职、除名、辞退、开除、起诉等，或者调离到偏远、劳苦、无权的岗位上去。这实际上是利用人们对惩罚和失去既得利益的恐慌心理而影响和改变他的态度和行为。

应当注意，惩罚权虽然十分必要，见效也很快，但毕竟是一种消极性的权力，更不是万能的，因此务必慎用。如果使用不当，可能产生严重的消极后果。例如下属在合法范围内拥有消极怠工、抗议、上访、静坐、游行、示威、罢工等权力，员工可以利用这种合法权力来对领导者的不当行为进行惩罚，甚至引发不应有的暴力事件。

4．感召性权力

感召性权力是由于领导者拥有吸引别人的个性、品德、作风而引起人们的认同、赞赏、钦佩、羡慕而自愿地追随和服从他。例如无私工作、刚正不阿、主持正义、清正廉洁、思路敏捷、开拓创新、不畏艰险、有魄力、关心群众疾苦、保护下属利益、倾听不同意见、结交下层朋友等等模范行为，都会引来大批追随者，形成巨大的模范权力。

感召性权力的大小与职位高低无关，只取决于个人的行为。不过具有高职位的人，其模范行为会有一种放大的乘数效应。一些行为对普通人来说可能是很平常的事，但对某些高层领导者就会变成非常感人的模范行为，产生巨大的感召性权力。但是任何组织中，总是有许多没有任何职位的人，也往往会有巨大的感召性权力，成为非正式的群众领袖，他们对人们的影响力可能远远大于拥有正式职位的领导者。对组织有利的做法是后者应对前者有更多的尊重和争取更好的合作。

5．专长性权力

专长性权力是知识的权力，指的是因为人在某一领域所特有的专长而影响他人。一位医术精湛的医生在医院中具有巨大的影响力；一位资深的大牌教授、著名学者可能没有任何行政职位，但在教师和学生中具有巨大的影响力；企业中的一位财务专家、营销专家、工程师等都可能拥有某种专长权力，而在一定领域内发挥巨大的影响。

任何领导者绝对不可能在所有领域内都具有专长权，所以对组织中正式职位的领导者而言只要在他的工作职责范围内具有一定的专长权就可，而不必要求一定是某一领域的专家。例如大学校长只要具有正确的办学理念，能充分尊重和依靠各领域的专家教授，能筹集到足够的办学经费就行，不一定非要“院士”不可。实践证明，许多院士在本领域有专长权、有追随者、有无可争辩的权威地位，但面对全校错综复杂的局面往往一筹莫展。这样既耽误了组织的发展机遇，又浪费了专家的宝贵精力，荒芜了专长业务的长进，给组织和个人都带来无可挽回的损失。

组织中的各级领导者只有正确地理解领导权力的来源，精心地营造和运用这些权力，才能成为真正有效的领导者。

即使成为真正有效的领导者，也必须清醒地认识到领导者与追随者，领导者与管理者的正确关系。没有追随者就没有领导者，没有埋头苦干的管理者，领导者也难以获得成功。一个组织的成功必须依靠领导者、追随者、管理者的共同努力；不仅领导者要成为有效的领导者，追随者也要成为有效的追随者，而不是一味地盲从，管理者也要成为有效的管理者，而不能只满足于循规蹈矩地工作。

在现实生活中，处于层级组织各级职位的领导者在不同情况下，往往要扮演多种角色。在上级领导者面前，他是顺从的追随者，精明的管理者，在下层面前，他又是令人敬畏的领导者。从最低层的领导者，到最高层的领导者，概莫能外。即便是国家元首，也不是绝对的领导者，他必须成为民众意愿的积极追随者，成为广大人民群众利益的忠实代言人，否则就可能动摇领导者的权威地位。这就是中国古语中说“水能载舟，亦能覆舟”的道理。

第二节　领导理论

领导理论就是关于领导的有效性的理论，人们对领导的有效性的研究主要是集中在三个方面进行的，领导理论也相应地分为领导特质理论、领导行为理论和领导权变理论三个部分。领导特质理论侧重研究领导的品质、素养，目的是说明优秀的领导者应具备的素质；领导行为理论重点分析领导者的行为和领导风格对其组织成员的影响，目的是找出或发现最佳的领导行为和风格；领导权变理论则着重研究影响领导行为和领导有效性的环境因素，目的是说明在什么情况下，哪一种领导方式是最有效的。

故事中的管理学：野狗首领的榜样

沙漠戈壁，昼夜温差竟是这么大。中午，野狗们还被晒得伸着舌头直喘气，入夜，狂风骤起，温度一下子降到零下十几度，野狗们一只只冻得直打哆嗦。照这样下去。不用等到天亮，它们非冻死不可。

一只年纪较大的野狗顶着寒风站了起来，召集大家向一个地方集中。

在这只老狗的指挥下，野狗们一只紧跟着一只排成一队，把头埋在两腿之间，让身子尽量紧贴在地面上。那只年纪较大的狗则爬在队伍的最前面，迎着刺骨的寒风趴下来，用自己的身体掩护着后面的伙伴。

狂风卷着沙粒不停地打在它的脸上、头上、身上，像鞭子抽一样疼痛难忍，但它一动也不动地坚持着。它知道，身后的同伴们都靠它挡风御寒。它多坚持一分钟，伙伴们就多一分安全。

半个小时过去，它几乎快要冻僵了。这时，一只健壮的狗从队伍的末尾爬到队伍的最前面，把头夹在两腿之间，顶着狂风趴下来。它接替年纪较大的狗，为伙伴们遮挡着刺骨的寒风。

半个小时又过去了，又一只狗爬到队伍的最前面，把头夹在两腿之间趴下来，替换下趴在最前面的那一只狗。

肆虐的狂风呼号了一整夜，野狗们为伙伴挡风御寒的交替也持续了一整夜。它们一个接一个地爬到队伍的最前头，任凭风鞭不断地抽打，没有一个往后退的，也没有一个怕死怕苦的。

太阳升起来了，又一个温暖的白昼降临大地。野狗们抖抖身上的风沙跳起来。

沙漠狂风夜，野狗无一伤亡。

点评：身先士卒的老野狗赢得了同伴的拥护和爱戴，并齐心协力渡过了难关。身为一名企业领导人，如果你能做到为了员工的利益奋不顾身，那当你需要他们的时候，他们也会不惜代价地为你付出。无形中，你在自己的四周筑起了一个强大的力场。

一、领导特质理论

领导特质理论重点在领导本身特质的研究上，认为领导工作效率的高低与领导者的素质、品质和个性有密切的关系。这种理论最初是由心理学家开始研究的，他们的出发点是，根据领导效果的好坏，找出好的领导人与差的领导人在个人品质和特性方面有哪些差异，由此确定优秀的领导人应具有哪些特性。

究竟领导者应该具备哪些特性呢？不同的研究者有不同的说法。一些人认为，伟大的人物和普通人有很大的差异，具有使他们成为伟人的特质，如能言善辩、外表英俊潇洒、机智果敢、勇敢顽强、心理健康、较强的自信心以及幽默感等。还有些人认为，领导者的特质是与生俱来的，伟人们是“天生的”，而不是后天培养的，即使某些特质可以通过“学习”而来，但人们学习能力的差异也是先天形成的。许多西方学者长期以来一直把领导者个人的性格特征作为描述和预测其领导效能的指标。这种研究试图区分领导者与普通人的不同特点，并以此来解释他们成为领导者的原因，便形成了领导特质理论。其基本假设是：领导才能实际上是个人人格素质的特殊结合，领导者的个人特质是决定领导才能的关键因素。

斯托格迪尔（Stogdill）考察了124项研究，查阅整理了5000多种有关领导者素质的书籍和文章后，认为领导者素质包括5种身体特征（如精力、外貌、身高等）、4种智能特征（如知识、学识、语言流利等）、16种个性特征（如适应性、进取性、独立性、决断力等）、6种与工作有关的特征（如职业成就、创造性、责任等）和9种社会特征（如合作性、人际关系等）。

美国普林斯顿大学的鲍莫尔（W.J.Baumol）提出作为一个企业家应具备的10个条件，很具有代表性：①合作精神。即愿与他人一起工作，能赢得人们的合作，对人不是压服，而是感动和说服。②决策能力。即依赖事实而非想象进行决策，具有高瞻远瞩的能力。③组织能力。即能发挥部属的才能，善于组织人力、物力。④精于授权。即能大权独揽，小权分散。

⑤善于应变。即机动灵活，善于进取，而不抱残守缺，墨守成规。⑥敢于求新。即对新事物、新环境和新观念有敏锐的感受能力。⑦勇于负责。即对上级、下级、产品用户及整个社会抱有高度的责任心。⑧敢担风险。即敢于承担企业发展不景气的风险，有创造新局面的雄心和信心。⑨尊重他人。即重视和采纳别人的意见，不盛气凌人。⑩品德高尚。即品德为社会人士和组织员工所敬仰。

20 世纪 60 年代，著名心理学家吉赛利（E. Echiselli）在《管理才能探索》一书中提出了领导者的 8 种个性特征和 5 种激励特征。

8 种个性特征是：①才智。语言和文字方面的才能。②首创精神。开拓创新的愿望和能力。③监察能力。指导监督别人的能力。④自信心。自我评价高、自我感觉好。⑤适应性。善于与下属沟通信息，交流感情。⑥判断能力。决策判断能力较强，处事果断。⑦性别。男性与女性有一定区别。⑧成熟程度。经验、工作阅历较为丰富。

5 种激励特征是：①对工作稳定性的需要。②对物质金钱的需要。③对地位权力的需要。④对自我实现的需要。⑤对事业成就的需要。

吉赛利对这些特性做了科学、严密地研究，并具体分析了每种特征对领导者的领导行为的影响，同时还提出了这些特征的相对重要程度。吉赛利的研究成果说明了上述特性对领导者成功管理的影响可以分为三个层次：最重要的是才智、地位权力需要，监察能力、事业成就的需要，自我实现的需要，自信心和判断能力等；比较次要的是首创精神、工作稳定的需要，适应能力、物质金钱的需要，成熟程度等；再次要的是性别的区别。

对有效领导的特质的归纳，不同的国家、不同的学者各有不同，但都有一些共同的认识，即领导者的特质是先天赋予的，而不是后天培养的，即使某些特质可以通过“学习”获得，但人们学习能力的差异也是与生俱来的。领导特质理论对领导行为和现象的解释显然是不完善的，这表现在以下几个方面：一是认为领导者是先天的，这有片面性。现代领导行为学家普遍认为，领导行为的有效性是一种后天的习惯，是在实践中形成的，是可以通过教育和训练培养的；二是忽视了被领导者以及其他环境因素对领导效能的影响；三是对有效领导者所应具有的特质的内容及相对重要程度的认识不一致，有时甚至是相互冲突。

事实上，这些研究的成果很不一致，甚至相互矛盾。往往有的品质在某项研究中对领导的成就有积极的影响，但在另一项研究中则是否定的结论。在实践中，这些品质仅仅与选择领导者有关，而与他们的成就没有太大的关系。但一个领导者为更好地履行领导职责，实现有效领导，在个人素质上仍有其共性要求。总的来说，对领导者的素质要求包括知识素质、能力素质、心理素质和身体素质等四个方面。

1. 知识素质

领导者的知识素质可以有多种结构，但一般来看，领导者应具备两类知识：一是自然科学、社会科学的基础知识；二是本行业的专业知识和管理知识。如果领导者的知识面太窄，就难以适应工作的需要；若领导者缺乏本行业的专业知识和管理知识，就无法实施具体的领导。因此，领导者的知识素质应具有“T”型知识结构。“T”型是一种形象的表示。领导者在纵向上要具备比较精深的专业知识和管理知识，在横向上应具有较为广博的相关学科知识。领导者应在“专”的基础上向“博”的方向扩展，即由“I”型向“T”型转变。领导者只有对有关专业知识有一定的了解，才会与下属有共同语言，避免乱指挥；同时，只有广泛吸取相关学科知识，才能更好地发挥影响力，进行有效的领导。

2. 能力素质

工作能力是领导者在工作中各种能力的综合表现。领导工作是否有效，很大程度上取决于领导者的工作能力素质的高低。领导的工作能力素质体现在许多方面，如逻辑思维能力、预测决策能力、组织和协调能力、具体业务管理能力、社会交际能力、语言表达能力、管理自己时间的能力等。但处于组织的不同层次的领导，对其能力素质的要求有很大的差别。上层领导要求具备很强的决策能力和组织管理能力；中层领导要求具备很强的组织管理能力和一定的决策能力；基层领导则要求具备很强的业务管理能力。不管处于组织中哪一层次的领导，都要求具备一定的社会交际能力、语言表达能力和管理自己时间的能力。

3. 心理素质

心理素质是形成独特领导风格的决定性因素，也是选择领导者的主要标准。具有坚定的信念、积极向上的价值观和强烈的事业心是作为领导者的一个基本要求。在困难面前能迎难而上，具有克服困难的坚强意志，是领导工作对领导者的另一个基本要求。而领导者是否具有积极的情感，如热爱工作，待人热情、善意、公道，则在一定程度上决定了组织的工作气氛、人际关系和群体风气。领导者还应具有宽容大度的胸怀，善于与具有不同个性的人共事，临危不乱、善于处理危机，机敏亲切、善于应变。

4. 身体素质

中国有一句古话："德智皆寄于体，无体是无德智也。"这里的所谓"体"即身体素质，作为道德和智慧的载体，是领导者成功的基本物质条件。所谓"身体是革命的本钱"，良好的体魄是所有事业的基础。领导者的工作特点决定了他们要比一般员工面对更多的危机，面对更大的压力，也意味着他们要付出更多的精力和时间。因此，较好的身体素质是作为一个领导者应具备的基本素质要求。

二、领导行为理论

1. 领导方式理论

故事中的管理学：让督抚见机行事

康熙年间，乘吴三桂、耿精忠、尚之信先后起兵反清之际，占据台湾的郑成功之子郑经也渡过海峡，占领了泉州、漳州、温州等地。消息传到北京那天，康熙皇帝正率领诸皇子们射箭，只说了句："知道了。"

不一会儿，战报又来，说郑经的军队正在攻打台州。康熙仍然没有停下来，轻描淡写地说："知道了。"

又过了一会儿，战报报告了更坏的消息：整个台州失陷了！康熙皇帝仍然不慌不忙地指挥皇子们射箭。诸皇子都沉不住气了，放下弓矢跪在康熙面前，请求父皇降旨，指挥退敌。康熙镇静自若，唤起诸皇子，要他们继续练习射箭。皇子们不敢抗旨，但心里充满了疑惑。

射毕回宫后，康熙把皇子召到跟前，对他们说："福建离京有数千里之遥，消息传递需要时间不说，盲目地指挥前方的将领，那圣旨怎么能完全符合当地的情形？前方督抚如果不遵旨而行吧，是违抗圣旨；遵旨而行吧，就难免误事。平时派督抚镇守地方，就是为有事让他们及时采取相应对策。如今不降旨，正是为了让督抚便宜行事啊。”

诸皇子恍然大悟。

不久，“三藩之乱”平息，台州也被收复，郑氏军队全部撤回了台湾。

领导方式是领导者在活动中表现出来的比较固定的和经常使用的行为方式和方法的总和，又称为领导者工作作风，它表现出领导者的个性。例如，有的领导工作起来大胆泼辣又主观武断、粗暴、专断独行；有的领导在工作中胆小怕事，左请示、右汇报，非得等上级有十分具体、明确的提示后才肯行事，等等。领导方式既是个性的表现，又影响着他所领导的工作群体的作风，从而影响工作群体的工作效率。

基于权力运用的领导风格理论，集中研究领导者的工作作风和领导行为对领导有效性的影响。主要有两种模型。

（1）勒温的三种极端的领导方式理论

德国社会学家勒温（P. Lewin）于 1939 年提出的领导风格理论，他以权力定位为基本变量，通过各种实验，把领导者在领导过程中表现出来的工作作风大致分为三种类型。

① 专制型领导。领导者个人决定一切，布置下属执行，要求下属绝对服从，并认为决策是自己个人的事。

② 民主型领导。领导者在做决策时接纳下级参加，允许下属发表意见，下属在一定范围内可以自己决定工作内容和工作方法，但决策权仍然掌握在领导者的手中。这种领导风格的优点是能够发挥下属的积极作用。

③ 自由放任型领导。领导者撒手不管，下属愿意怎样做就怎样做，完全自由。他的职责仅仅是为下属提供信息并与组织外部进行联系，以此有利于下属的工作。

三种领导方式的差异十分明显，如表 7-1 所示。

表 7-1　三种领导方式的特征

项目名称	专制型	民主型	自由放任型
领导态度	①独断专行，所有的决策由领导者自己做出； ②领导者预先安排一切工作内容、程序和方法； ③除了工作命令外，从不把更多的消息告诉下级	①领导者在做决策前，通常与下属磋商； ②分配工作时，尽量照顾别人的能力、兴趣和爱好； ③对下属工作不做具体安排，下属有较大的工作自由、较多的选择性和灵活性	①领导者极少行使职权； ②留给下属很大的自由度，让其自行处理事务
工作参与工作评价	回避群体作业，领导者以个人好恶来表扬或批评	在精神上成为群体成员，依据客观事实来表扬或批评	除非成员要求，不经常发表评论，不主动协调
下级的任务	下级只能服从上级	个人有相当大的工作自由度，有较大的灵活性	给下级以高度的自由性
发生问题时	不向下属做任何说明，即下命令	向下属说明情况，再加以适当指示	不向下属做任何说明，也不向下属做指示
激励方式	主要靠行政命令、纪律约束、训斥和惩罚来维护领导者的权威	主要运用个人的权力和威信使人服从	下属行为不受任何约束，放任自流
沟通情况	领导者与下级保持相当的距离	领导者积极参加群体活动，上下级之间无心理上的距离	
成员反映	缺乏自主意识，失去个性，依赖性大，消极、不满	个性发扬，群体观念强	感到自由，但缺乏群体观念

结论：①工作效率最低的是自由放任型领导方式，只能达到组织成员的社交目的，但不

能完成工作目标；②专制型的领导方式虽然能够达到既定的组织目标，但组织成员没有责任感，情绪消极，士气低落；③工作效率最高的是民主型领导方式，既能完成工作目标，而且组织成员之间关系融洽，工作积极主动，富有创造性。

参考材料

领导方式测验

请您回答如下各题：

1. 你喜欢经营咖啡馆、餐厅之类的生意吗？

是_______ 不是_______

2. 平时把决定或政策付诸实施之前，你认为有说明其理由的价值吗？

是_______ 不是_______

3. 在领导下属时，你认为与其一方面跟他们工作，一方面监督他们，不如从事计划，草拟细节等管理工作。

是_______ 不是_______

4. 在你管辖的部门有一位陌生人，你知道那是你的下属最近录用的人，你不介绍自己而先问他的姓名。

是_______ 不是_______

5. 流行风气接近你的部门时，你当然让下属追求。

是_______ 不是_______

6. 让下属工作之前，你一定把目标及方法提示给他们。

是_______ 不是_______

7. 与部属过分亲近会失去下属的尊敬，所以还是远离他们比较好，你认为对吗？

是_______ 不是_______

8. 郊游之日到了，你知道大部分人都希望星期三去，但是从许多方面来衡量，你认为还是星期四去比较好，你认为不要自己做主，还是让大家投票决定好了。

是_______ 不是_______

9. 当你想要你的部门做一件事时，即使是一件按铃召人即可做的事，你一定要自己去以身作则，以便他们跟随你做。

是_______ 不是_______

10. 你认为要撤一个人的职并不困难？

是_______ 不是_______

11. 越能够亲近下属，越能够好好领导他们，你认为对吗？

是_______ 不是_______

12. 你花了不少时间拟定了解决某个问题的方案，然后交给一个下属，可是他一开始就找该方案的毛病，你对此并不生气，但是对于问题依然没解决而觉得坐立不安。

是_______ 不是_______

13. 充分处罚犯规者是防止犯规的最佳方法，你赞成吗？

是_______ 不是_______

14. 假定你对某一情况的处理方式受到批评，你认为与其宣布自己的意见是决定性的，不如说服下属请他们相信你。

是________　不是________

15. 你是否让下属为了他们的私事而自由地与外界的人们交往？

是________　不是________

16. 你认为你的每个下属都应对你抱忠诚之心吗？

是________　不是________

17. 与其自己亲自解决问题，不如组织一个解决问题的委员会，对吗？

是________　不是________

18. 不少专家认为在一个群体中发生不同意见的争论是正常的，也有人认为意见不同是群体的弱点，会影响团结。你赞成第一种看法吗？

是________　不是________

判断：

（1）如果1、4、7、10、13、16题，答“是”多，说明具有专制型倾向。

（2）如果2、5、8、11、14、17题，答“是”多，说明具有民主型倾向。

（3）如果3、6、9、12、15、18题，答“是”多，说明具有自由放任型倾向。

（2）利克特的四种领导方式理论

美国行为科学家利克特（R. Likert）与密执安大学社会研究所的同事合作，对领导行为方式进行研究，形成了领导方式系统理论。他们认为，领导者与下属的沟通方式是影响领导风格的重要因素，也是判定领导风格的标准。在这个假定的基础上，提出了领导风格的四种分类。

① 专制——权威式领导。这种方式的特征是领导者非常专制，很少信任下属；领导者发布命令，下属执行且不参与决策；通常采用使人恐怖与恐惧的方法，偶尔兼用奖励来激励下属；与下属的沟通采取自上而下的方式，而不注意自下而上的信息反馈，决策权也只限于高层。

② 开明——权威式领导。这种方式的特征是领导者对下属有一定的信任和信心，也向下属授予一定的决策权，但自己仍牢牢掌握着控制权；自上而下和自下而上地双向沟通信息，适当地听取下属的决策意见。

③ 协商式领导。这种方式的特征是领导者对下属抱有相当大但并不完全的信任；在制定总体决策和主要政策的同时，允许下属在具体问题上做出决策，并在某些情况下进行协商；采用奖励和处罚的方式管理下属；注意信息的双向沟通，调动下属进行具体的决策。

④ 群体参与式领导。这种方式的特征是领导者对下属在一切事务上都有信心和充分的信任，总是从下属获取设想和意见，并且积极地加以采纳；对于确定目标和评价实现目标所取得的进展方面，组织群体参与其事，在此基础上给予物质奖励；更多地从事上下之间与同事之间的沟通；鼓励各级组织做出决策，使整个组织形成一片良好的气氛。

第四种方式在设置和实现目标方面是最有效率的，而且通常也是最富有成果的。专制——权威式和开明——权威式的领导方式要向协商式和群体参与式的领导方式转变。

2. 领导行为四分图理论

1945 年，美国俄亥俄州立大学商业研究所发起了对领导行为研究的热潮。一开始，研究人员设计了一个领导行为描述调查表，列出了一千多种刻画领导行为的因素，通过逐步概括和归类，最后将领导行为的内容归纳为两个方面，**即以人为中心和以工作为中心**。

以人为中心，是指注重建立领导者与被领导者之间的友谊、尊重和信任关系。包括尊重下属的意见，给下属以较多的工作自主权，注重满足下属的需要，平易近人，平等待人，作风民主。

以工作为中心，是指领导者注重规定他与工作群体的关系，建立明确的组织模式、意见交流渠道和工作程序，但不太关心人际关系。主要任务包括设计组织机构，明确职责、权力、相互关系和沟通办法，确定工作目标和要求，制定工作程序、方法和制度。

领导者的行为可以是上述两个方面的任意组合，即可以用两个坐标的平面组合来表示。由这两个方面可形成四种类型的领导行为，这就是所谓的领导行为四分图。如图 7-1 所示。

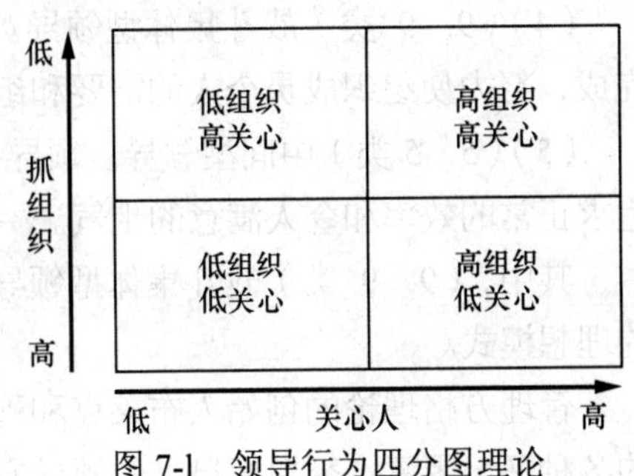

图 7-1　领导行为四分图理论

3. 管理方格理论

管理方格理论是美国管理学家布莱克（R.Blake）和穆顿（S.Mouton）于 1964 年创立的。他们将四分图中的以人为中心改变为对人的关心度，也就是领导者对组织员工的关心程度，对工作环境状况、人际关系状况以及信息沟通状况的关心等，以纵轴表示；将以工作为中心改变为对生产的关心度，即领导者对组织目标决策的关心程度，对组织经济效益、规章制度的关心程度等，以横轴表示。将纵横轴九等分，形成 81 个方格，从而将领导者的领导行为划分为许多不同的类型。在评价管理人员的领导行为时，就按照他们这两方面的行为寻找交叉点，这个交叉点就是其领导行为类型。纵轴的积分越高，表示他越重视人的因素，横轴上的积分越高，就表示他越重视工作。如图 7-2 所示。

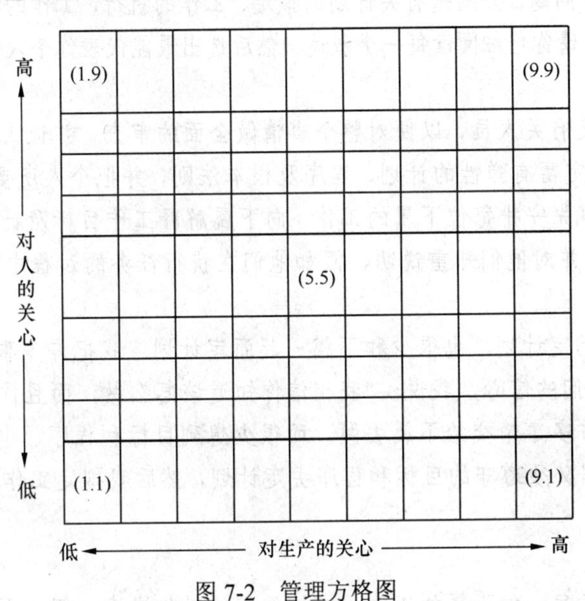

图 7-2　管理方格图

（1）（1. 1 类）贫乏型领导。领导者对组织成员极不关心，也仅以最低限度的努力来完成必须做的工作。

(2)(1. 9类)俱乐部型领导。领导者主要注意对组织成员的支持和体谅，很少关心任务和生产，努力使组织成员个人的需要和组织的目标最有效地结合起来。

(3)(9. 1类)任务型领导。领导者注意力重点集中在完成任务的效率方面，但并不关心人的因素，对员工的士气和能力发展很少注意，代表了极端的以任务为中心的领导方式。

(4)(9. 9类)战斗集体型领导。领导者非常关心组织成员的情况，又关心组织任务的完成，努力使组织成员个人的需要和组织的目标最有效地结合起来。

(5)(5. 5类)中间型领导。领导者对人的关心程度和对工作的关心程度能够保持平衡。追求正常的效率和令人满意的士气。

其中，(9. 9类)战斗集体型领导方式最为有效，是领导者努力的目标，但这是理论上的理想模式。

管理方格理论的创始人布莱克和穆顿认为，企事业的领导人应当客观地分析自己组织内的各种环境因素，努力把自己的领导方式改造成(9. 9类)战斗集体型的方式，这样才能进行最有效的领导。

从上述不同方式的分析中，显然可以得出下述结论：作为一个领导者，既要发扬民主，又要善于集中；既要关心企业任务的完成，又要关心职工的正当利益。只有这样，才能使领导工作卓有成效。

参考材料

自我评估

以下是根据布莱克和莫顿的管理方格理论编制的测验问卷：

说明：下面有4个问题，分别是有关计划的拟定、工作的执行、工作的考核及整体管理观念，每题中各有5个叙述，请你仔细阅读每一个叙述，然后选出最能代表你个人性格或作风的叙述。

1. 计划的拟定

(1) 我通常召集有关人员，以便对整个事情做全面的审查，并让大家发表意见，互相讨论，然后定目标，拟定富有弹性的计划、程序及根本法则，并把个人所要负的责任划分清楚。

(2) 我通常是事先安排每位下属的工作，向下属解释工作目标及计划之后，我把个人应做的事分配给他们，并对他们郑重说明，假如他们在执行任务的过程中需要协助，随时会帮他们的忙。

(3) 我很少自己定计划，也很少和下属一起商定计划。我把许多事情分配给下属去做，并且为了表示我对他们的信心，我说："我相信你知道该怎么做，而且你一定会做得很好。"

(4) 我只是把许多事情交给下属去做，而很少想到目标和程序，也很少做周详的计划。

(5) 我通常依据必须遵守的目标和程序去定计划，然后我拟定工作步骤，并规定注意事项，再分配工作。

2. 工作的执行

(1) 我随时注意每一位下属的工作，审核他们的工作进度。假如下属遇到麻烦或困难，再帮助他们。

（2）我对下属的工作只做例行地巡视，很少在工作现场采取任何行动。我尽量让下属自行解决他们工作上的问题。

（3）我对下属的工作所做的例行巡视，主要目的是想看看下属对工作是否忠诚，并看看他们对工作是否有所要求。

（4）我只掌握工作进度上的要点，并致力于发掘问题，以及共同与下属修订目标和程序。如果下属需要，我会协助他们排除工作上的障碍。

（5）我密切注意下属的工作，适时地加以批评，必要时并提出解决问题的办法。

3. 工作考核

（1）我通常事先安排下一步的工作计划，要开始执行的时候才把工作分配给下属，我对下属杰出的表现会加以褒奖，并纠正下属工作上的错误，而不太重视群体的表现。

（2）我通常是主持全面性的检讨会，来衡量工作的进度，并发掘需要改进的地方，我在适当的时候褒奖所有下属的努力，并表扬杰出的人员。

（3）我通常是问我的上级，下属该做什么，然后才指定下属去做。

（4）我通常召开会议公开表扬群体和个人的工作成果，我们的综合检讨会随时举行，以减少工作上的困难，使错误减少到最小，并使工作顺利进行。

（5）我通常召开会议，在会上指出群体工作的优缺点，并提出下属能做到的改进方法。当我把另一件工作给他们时，我会让他们有机会讨论任何可以改进工作的合理建议。

4. 整体的管理观念

（1）我认为，对于一个生产机构而言，员工的士气和机器同样重要，所以我对待下属公平、严格。我利用种种积极的或消极的方式激励下属，以求得良好的工作成果。

（2）我认为，要获得最佳的工作成果，应先定个高的工作标准，然后奖励那些达到标准的下属，对无法达到标准的下属，应鼓励他们而不可忽视他们的贡献。

（3）从长远看，我认为最好是能维持一个平稳、合理的生产速度，使组织内各阶层的人员都能从工作中得到满足感和安全感。

（4）我认为只要把工作指派给下属即可，不用再去管他们。

（5）我认为相互了解，相互接纳，是计划、指挥和考核的基础，同时，经下属的参与和意见的沟通，才能获得有效的工作成果。

答案

1.（1）（9. 9）　（2）（5. 5）　（3）（1. 9）　（4）（1. 1）　（5）（9. 1）

2.（1）（5. 5）　（2）（1. 1）　（3）（1. 9）　（4）（9. 9）　（5）（9. 1）

3.（1）（9. 1）　（2）（9. 9）　（3）（1. 1）　（4）（1. 9）　（5）（5. 5）

4.（1）（5. 5）　（2）（9. 1）　（3）（1. 9）　（4）（1. 1）　（5）（9. 9）

也许您是一个属于（1. 9）型的管理者，也许您的管理方式属于（5. 5）型，无论您是属于哪种管理方式，管理坐标可能帮助一个人了解自己的管理工作；同时，如果能够进一步研究员工的种种特性和组织环境，则管理坐标也可以用来衡量组织绩效。

三、领导权变理论

何种领导模式最能有效地增进组织效能，并且最能满足成员的需要，还没有得到一致的结论。因此，许多管理学研究者转而致力于情境或权变研究，它兴起于 20 世纪 60 年代，尤其是 20 世纪 70 年代，逐渐成为领导理论化运动的潮流。这一理论的核心观点是：当**领导模式与环境契合时，就会产生成功的领导**。简言之，其研究的焦点是试图预测何种领导方式在何种情境中较为有利。

1. 领导方式的连续统一体理论

美国学者坦南鲍姆和施米特认为，领导方式是多种多样的，从专权型到放任型，存在着多种过渡类型。根据这种认识，他们提出了"领导方式的连续统一体理论"。图 7-3 概括描述了他们这种理论的基本内容和观点。

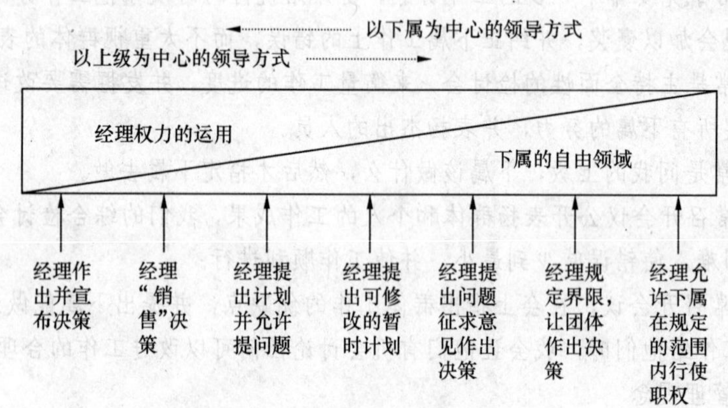

图 7-3　领导方式的连续统一体理论

图中列出了七种典型的领导方式。

（1）经理做出并宣布决策。在这种方式中，上级确认一个问题，考虑各种可供选择的解决方法，从中选择一个，然后向下属宣布，以便执行。他可能考虑，也可能不考虑下属对他的决策的想法。但不管怎样，他不给下属参与决策的机会，下级只能服从他的决定。

（2）经理"销售"决策。在这种方式中，如同前一种方式一样，经理承担确认问题和做出决定的责任，但他不是简单地宣布这个决策，而是说服下属接受他的决策。这样做是表明他意识到下属中可能有某些反对意见，通过阐明这种决策给下属带来利益以争取他们的支持。

（3）经理提出计划并允许提出问题。在这种方式中，经理做出了决策，并期望下属接受这个决策，但他向下属提供一个有关他的想法和意图的详细说明，并允许提出问题，这样，他的下属可以更好地了解他的意图和计划。这个过程使经理和他的下属能深入探讨这个决策的意义和影响。

（4）经理提出可以修改的暂定计划。在这种方式中，允许下属对决策发挥某些影响作用。确认问题和决策的主动权仍操纵在经理手中。他先对问题进行考虑，并提出一个计划，但只是暂定的计划，然后把这个计划交给有关人员征求意见。

（5）经理提出问题，征求建议，做出决策。在这种方式中，虽然确认问题和决策仍由经理来进行，但下属有建议权。下属可以在经理提出问题后，提出各种解决问题的方案，经理从他自己和下属提出的方案中选择出较为满意的。这样做的目的是充分利用下属的知识和经验。

（6）经理决定界限，让团体做出决策。在这种方式中，经理把决策权交给团体。这样做以前，他解释需要解决的问题，并给要做的决策规定界限。

（7）经理允许下属在规定的界限内行使职权。在这种方式中，团体有极度的自由，唯一的界限是上级所作的规定。如果上级参加了决策过程，也往往以普通成员的身份出现，并执行团体所做的任何决定。

坦南鲍姆和施米特认为，上述方式孰优孰劣没有绝对的标准，成功的经理不一定是专权的人，也不一定是放任的人，而是在具体情况下采取恰当行动的人。当需要果断指挥时，他善于指挥；当需要职工参与决策时，他能提供这种可能。

2．菲德勒的环境决定论

菲德勒（Fred Fiedler）是权变理论的创始人，也是第一个把人格测量与情境分类联系起来研究领导效率的学者。从1951年起，经过15年的大量调查研究，提出了菲德勒模型。权变理论认为不存在一种“普遍适用”的领导方式或领导风格，领导工作强烈地受到领导者所处的客观环境的影响。或者说，领导者和领导方式是某种既定环境的产物，即

$$S=f(L, F, E) \tag{7-1}$$

其中，S代表领导方式；L代表领导者特征，F代表被领导者（追随者）特征，E代表环境。

领导者特征主要指领导者的个人品质、价值观和工作经历；追随者特征主要指追随者的个人品质、价值观、工作能力等，环境主要指工作特征、组织特征、社会状况、文化影响、心理因素等。工作是具有创造性还是简单重复，组织的规章制度是比较严密还是宽松，社会时尚是倾向于追随服从还是推崇个人能力等，都会对领导方式产生强烈的影响。

菲德勒的领导权变理论是比较有代表性的一种权变理论。该理论认为各种领导方式都可能在一定环境内有效，这种环境是多种外部与内部因素的综合作用体。

菲德勒认为，管理风格由环境决定，与领导者的个性关系不大。在环境因素中，最重要的因素有三个。

（1）职位权力。即一个领导者所处职位的权力。职位高、权力大的领导者更容易博得下属的忠诚和追随。

（2）任务结构。即对任务明确阐述的程度和下属对此负责的程度。任务明确，下属愿意对此负责，工作的业绩容易度量，采取民主或者是参与式的领导风格就有条件，否则就必须采取集权式的领导风格。

（3）领导者与被领导者的关系。如果领导者受到被领导者追随和崇拜，被领导者有较高的忠诚，民主式领导容易实行。

为了测定领导者的人格特征与情境之间的关系，菲德勒对1200个群体做了广泛调查，设计了一个“最不愿与之共事者”（Least Prefered Co-worker, LPC）问卷。问卷由16组双级性问题组成，让作答者想出一个与自己最难共事者，然后对他进行评价。问卷以1～8等级计分，最后累加得分高者，说明即使对最不喜欢共事者，他也给予了比较好的评价，那么，他一定是关心人而且宽容和蔼的人，该领导属于关系导向型。LPC得分低者则相反，他多用敌意的词句评价最难处事者，该领导属于任务导向型。菲德勒运用LPC工具可以将绝大多数回答者划分为两种领导风格。当然，他也发现有一小部分人处于两者之间，他承认很难描述出这些人的个性特点。

菲德勒模型的下一步是根据三次环境变量进行评估。领导者与被领导者关系或好或差，

任务结构或高或低，职位权力或强或弱。他认为，领导者与被领导者关系越好，任务的结构化程度越高，职权越强，则领导者拥有的控制力和影响力越高；反之，领导者的控制力越低。总之，三项权变变量总和，就可以得到 8 种不同的情境或类型，每个领导者都可以从中找到自己的位置。如图 7-4 所示。

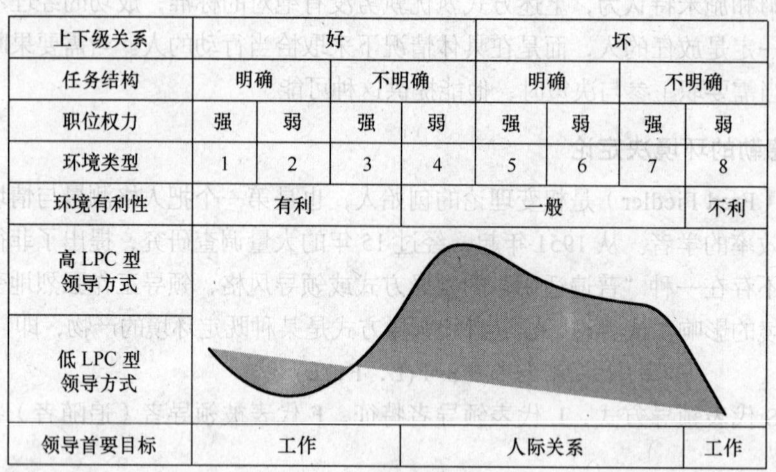

上下级关系	好				坏			
任务结构	明确		不明确		明确		不明确	
职位权力	强	弱	强	弱	强	弱	强	弱
环境类型	1	2	3	4	5	6	7	8
环境有利性	有利			一般				不利
高 LPC 型领导方式								
低 LPC 型领导方式								
领导首要目标	工作			人际关系				工作

图 7-4　菲德勒模型

研究结论表明：任务导向型领导者在非常有利（图 7-4 中第 1、2、3 类情境）或非常不利的情境（图 7-4 中第 8 类情境）下工作更有利；关系导向型领导者在中间状态（图 7-4 中第 4、5、6、7 类情境）中会干得更好。

3．领导方式生命周期理论

领导方式生命周期理论首先是由科曼提出的，后由保罗·赫西和肯尼斯·布兰查德，发展最终形成。他们认为，领导风格是变化的，应当根据下属的**心理成熟度和能力成熟度来决定**。

（1）基本概念

① 成熟度，是指下属对自己直接行为负责任的意愿和能力。它由工作成熟度和心理成熟度两项要素构成。

② 工作成熟度，是指一个人工作的知识和技能。工作成熟度高的人，由于拥有足够的知识、能力和经验，能独立完成其工作任务而不需要别人的指导。

③ 心理成熟度，是指一个人做事的意愿和动机。心理成熟度高的人不需要太多的外界鼓励，他们主要靠自我的内在动机来激励。

（2）理论模型

纵坐标表示以关心人为主的关系型领导行为；横坐标表示以关心工作任务为主的工作型领导行为，第三维坐标是下属的成熟度。如图 7-5 所示。

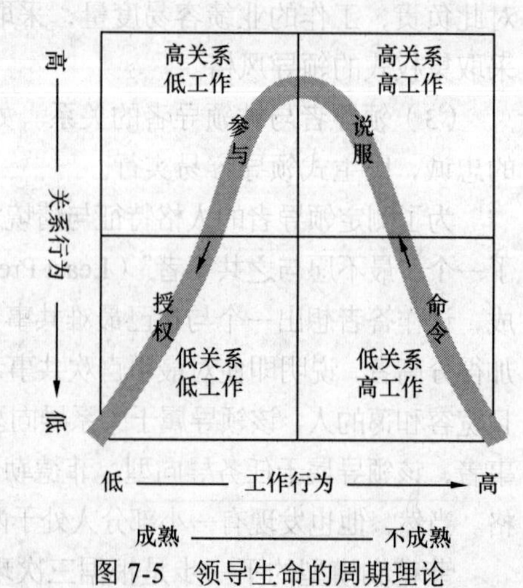

图 7-5　领导生命的周期理论

随着下属成熟程度由低向高的变化，其适合的有效领导方式会出现抛物线型变化。随着下属由不成熟向逐渐成熟过渡，领导行为应该按高工作低关系——高关系高工作——低工作高关系——低工作低关系逐步推移，这种推移变化就形成了领导方式的生命周期。领导生命周期理论说明，现实中没有一成不变的某种普遍最好的领导方式，而只有对特定情况最为合适的领导方式。

四种典型的领导模式如下。

① 命令式。适用于下属成熟度低的情况。下属不成熟，没有能力承担责任，也不愿承担责任，需要采取"高工作低关系"的领导风格。

② 说服式。适用于下属较为不成熟的情况。因为此时下属有承担责任的愿望，但没有独立承担任务的能力。因此，领导者既绝大多数回答者划分为两种领导网络。当然，他也发现有一小部分人处于两者之间，他承认很难描述出这些人的个性特点。

③ 参与式。适用于下属比较成熟的情况。因为下属已经比较成熟，基本能胜任工作，而且还不太满意领导者更多地指示与约束。这时，领导者应该通过双向沟通和细心听取下属意见，发挥下属积极性。适用的领导风格是"低工作高关系"。

④ 授权式。适用于下属高度成熟的情况。下属有能力承担任务，而且也有热情从事工作，领导者应赋予下属一定的权力，让下属决策，自己负责，领导者仅仅是起一个监督者的角色。适用于"低工作低关系"。

4．途径——目标理论

途径——目标理论是由马丁·伊文斯（M. Evans）在1963年首先提出，1974年由罗伯特·豪斯（Robert J. House）和特伦斯·米切尔，加以扩充和完善。他们以期望理论以及对工作的关心程度的模式为依据，提出了途径——目标理论。如图7-6所示。

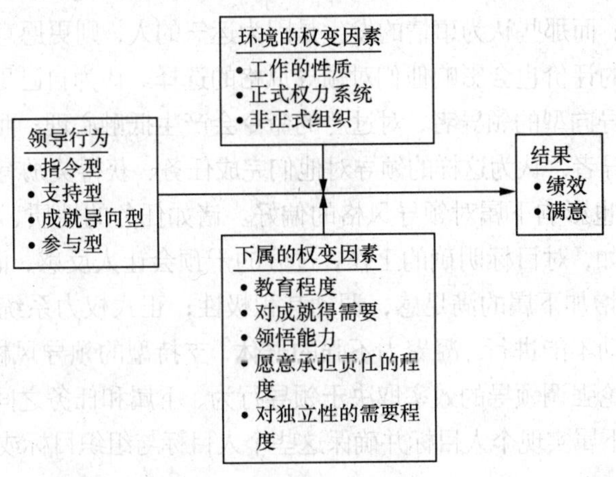

图7-6 途径——目标理论

途径——目标理论认为，领导者的效率是以其激励下属实现组织日标并在其工作中使下级得到满足的能力来衡量的。当组织根据成员的需要，设置某些报酬以激励组织成员时，组织成员就对获得这些报酬寄予了期望，并做出努力。但是，这种期望的实现必须有赖于工作的成绩，只有当他们知道怎样才能实现组织目标时才起到激励作用。因此，管理者需要确定适当的目标（报酬）和实现目标的途径。

伊文斯认为，管理者的领导风格会对下属获得何种报酬的预期产生影响，同样也影响下属对取得报酬途径的理解。例如，关系导向型的管理者会向下属提供加工资和职位晋升的机会，同时还给予支持、鼓励、安全和尊重。这种类型的管理者会关注下属之间的差别，并根据每个人的不同特点来设计奖励。任务导向型的管理者提供的报酬范围较窄，也不会特别关注下属之间的差异，但在将下属绩效与报酬结合方面会做得比关系导向型的管理者更好。任务导向型的管理者的下属非常清楚达到什么样的绩效水平，他们就能得到相应的薪水、奖金和晋升。

豪斯和米切尔认为，领导者的效率是以他能够激励下属达到组织目标并在工作中得到满足的能力来衡量的。他们把领导方式分成四种类型。

（1）指示型领导方式。即一些领导者让员工了解自己对他们的期望，对员工的工作提出具体的指导性意见，明确岗位责任，安排工作进度，坚持固定的工作标准，要求员工严格遵守企业的规章制度等。这种类型的领导者是什么事都要自己过问。

（2）支持型领导方式。即一些领导者平易近人、和蔼可亲，知晓员工的困难，关心员工的生活，理解员工的需求。他们经常通过做一些具体的事情，解决员工的实际困难，使员工感觉心情舒畅。

（3）参与型领导方式。即一些领导者在做出重大决策之前，常常征求员工意见，同大家共同协商，认真听取和对待员工的建议与要求，使员工有一种主人翁感。

（4）成就导向型。即一些领导者善于提出富有挑战性的目标。诱导员工尽可能地发挥自己的才干，同时对员工表现出一种极大的信任感，信赖员工能负起责任，努力工作，达到目标。

豪斯和米切尔通过识别两个有助于确定最有效领导风格的变量，拓展了伊文斯的途径——目标理论。这两个情境因素就是下属的个性和下属必须面对的环境压力和工作要求。

第一，下属接受什么样的领导风格与自身个性存在一定的联系。这项因素包括下属的个人需要、受教育程度、自信心和处理问题的能力等。确信自己的行为能够影响环境的人，比较喜欢参与式的领导风格；而那些认为事情的发生是因为运气的人，则更愿意接受集权式的领导风格。下属对自身能力的评价也会影响他们对领导风格的选择。认为自己工作能力强，能胜任现行工作的人喜欢成就导向型的领导者，对过严的命令会产生抵触心理；而认为自己能力不强的人则喜欢指示型的领导者，认为这样的领导对他们完成任务、获得奖励有很大的帮助。

第二，环境因素也影响下属对领导风格的偏好。诸如任务的性质、正式权力系统和工作集体等环境因素。例如，对目标明确的工作，过分的干预会让人反感，而对于不愉快的工作，领导的关怀则可能会增加下属的满足感，调动其积极性；正式权力系统明确地规定了哪些活动可以进行，哪些活动不能进行。凝聚力不强的群体，支持型的领导风格会对改进绩效有利。

途径——目标理论强调领导的效率取决于领导行为、下属和任务之间的协调配合。领导者的职责就在于帮助其下属实现个人目标并确保这些个人目标与组织目标或群体目标相一致。

第三节 激励原理

谁当助手

王经理经营着一家小型公司，该公司共有20名员工。近几年，公司效益稳步上升。王经理知道，公司取得这样的成就，是员工们努力的结果。其中，张昊与马奔尤为突出。

由于公司业务量的扩大，王经理感到，里里外外靠自己一个人，已经应付不过来了，迫切需要选择一名助手，自然张昊和马奔都在考虑之中。

平心而论，张昊和马奔无论从人品，还是从工作能力都很相当，很难分出高下，但助手只需要一名，如果两人都做助手肯定是一种浪费。他私下决定，提拔一名助手，给另一位加薪。但是提谁当助手，给谁加薪呢？王经理还是左右为难。这时，他想起了在某大学教管理学的好朋友刘教授，于是他决定向刘教授请教。

刘教授告诉王经理，你要对他们作出选择，不妨先了解他们需要什么？这令王经理茅塞顿开。

回去后，王经理分别找二人谈话，结果发现，马奔家境较困难，他上有双亲，下有尚在上学的女儿，妻子多病且没有工作。所以，就目前而言，钱对马奔来说更为重要。因此，王经理毫不犹豫地作出了决定。

以上案例说明：激励是发掘人的潜能的重要途径，而要取得最佳的激励效果，首先要弄清楚员工的需要。

一、激励的概念和特性

1．激励的概念

“激励”是指**激发人的内在动机，鼓励人朝着所期望的目标采取行动的过程**。它含有**激发动机**、**鼓励行为**和**形成动力**的意义。具体来说，对施加激励者来说，激励是研究人的需要，激发人的动机，激发人的积极性，使其实现群体目标的过程；对感受激励者来说，激励是一个人感到某种行为能满足需要的价值，从而积极自觉地投身到工作的状态。一个人成绩的大小，取决于其能力和动机激发程度两个条件，一般来说，工作成绩和动机激发程度成正比。

2．激励的特性

（1）激励的目的性。任何激励行为都具有目的性，这个目的可能是一个结果，也可能是一个过程，但必须是一个现实的、明确的目的。所以，从这个意义上讲，虽然激励是管理者的工作，但任何希望达到某个目的的人都可以将激励作为手段。

（2）激励通过人们的需要或动机来强化、引导和改变人们的行为。人们的行为来自动机，而动机源于需要，激励活动正是对人的需要或动机施加影响，从而强化、引导和改变人们的行为。从本质上说，激励所产生的人们的行为是其主动、自觉的，而不是被动和强迫的过程。

（3）激励是一个持续反复的过程。激励是一个由多种复杂的内在和外在因素交织起来持续作用和影响的复杂过程，而不是一个互动式的即时过程。

二、激励的作用

激励的主要作用在于激发、调动人的积极性，从而使人们能够更富有成效地去努力工作，以取得最大的成效。具体来说，激励的作用主要表现在以下几个方面。

1．激励有利于挖掘人的潜力

人的潜在能力与人平时所表现出来的能力有很大差别，前者会大大超过后者。通过激励可以调动人的积极性，人的积极性越高，人的潜在能力越容易发挥出来。

2．激励有利于企业吸引人才

人才管理是企业人力资源管理的主要内容，它关系到企业的长远利益和根本利益。成功的企业为了吸引人才，大多采取许多激励方法。例如，对优秀员工给予丰厚的报酬和奖励，为员工提供养老和医疗保险，组织员工学习，提高技能等。有效的激励措施可以吸引和留住大批优秀人才。

3．激励有利于实现企业目标

激励对员工行为进行有目的的引导，针对企业制定的目标，采取措施，充分调动员工的积极性，使员工自觉地发挥潜能，为完成企业目标而努力工作。有效的激励措施可以使员工的努力方向与组织目标趋于一致。

4．激励有利于员工素质的提高

提高员工素质，可以通过培训和激励的方法实现。例如，对坚持学习文化知识与业务知识的员工给予表扬，有利于形成良好的学习风气。

三、激励的基本过程

激励是一个循环过程，即当人们产生了某种需要，该需要又有了一定的强度，而且一时又不能得到满足时，心理上就会产生一种不安和紧张状态，并成为一种内在的驱动力，这种内在驱动力就是动机。在一定外界刺激下，促使人们采取某种行为或者行动，如果行为的结果与期望的目标一致，就会产生一种满足感，从而产生新的需要，强化行为。如果行为不能满足目标期望，行为者就受到挫折，其反应有两种：一是调整目标；二是调整行为。在较低的程度上获得满足，然后产生新的需要。

在组织中，激励的基本过程如图 7-7 所示。

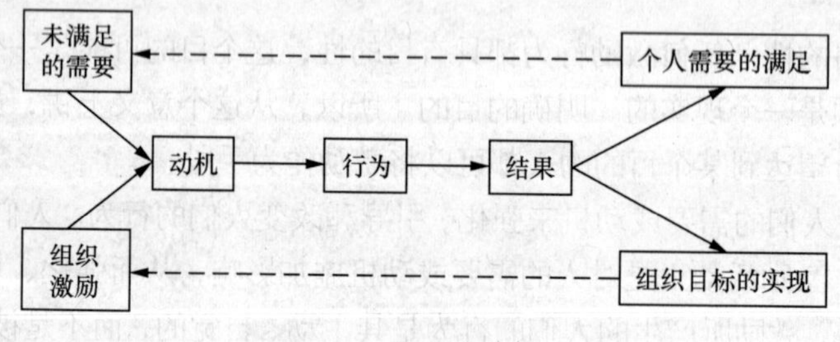

图 7-7　激励过程

由此可知，行为动机的形成有两个条件：一是人的内在需要和愿望；二是外部提供的诱导和刺激。激励因素与动机之间的关系，正如外因与内因的关系一样。激励就是在分析人们需要的基础上，不断激发、引导人们沿着有利于实现组织目标的方向去行动，以取得预期的效果。它是对需要和动机的诱导。

四、激励中对人性的认识

激励的对象始终并且也只能是人。因此，正如人们操纵一台机器之前必须首先了解它的工作原理一样，管理者在研究激励人的工作之前，也必须首先对人有一个正确的认识。对人的认识包括对人本身的认识，即对人性的认识；也包括对人所处环境的认识，即对客观存在的周围环境的认识。本书主要讨论对人的认识，即对“人性”的假设。在不同“人性”假设的指导下，管理者会采取不同的方法与手段来激励人。

1．经济人假设

经济人假设源自于亚当·斯密（Adam Smith），其哲学基础是功利主义，并深受18世纪理性主义的影响。这种思想还包括泰勒的科学管理理论、麦格雷戈总结的X理论。这种假设认为，人是以一种合乎理性的、精打细算的方式行事，人的行为受经济因素的推动和激发，而经济因素是受企业控制的，人在企业中处于被动的、受控制的地位。这是传统的管理思想，与之相适应，激励的主要手段就是“胡萝卜加大棒”，即运用奖励和惩罚两种手段，来激发和诱导人们以组织或管理者所期望的方式来行事，做出组织或管理者所要求的行为。

2．社会人假设

社会人假设源自于梅奥的霍桑实验。霍桑实验得出结论，人不是机器的附属物，他有社会心理的需要，并不单纯地追求金钱收入和物质满足。尽管霍桑实验没有偏离泰勒主义的思想范畴，但却对泰勒思想进行了重大发展，并开启了人际关系乃至行为科学领域的大门。这种假设认为，人是受社会需要所激励的，集体伙伴的社会力量要比上级主管的控制力量更加重要。这是初期人际关系论的思想。按照这种主张进行管理，领导者就应该关心和体贴下属，重视人们之间的社会交往关系，通过培养和形成组织成员的归属感来调动人的积极性，以此促进生产率的提高。

3．自我实现人假设

自我实现人假设源自马斯洛提出的需要层次理论。人际关系发展到后期，开始把追求自我实现看做是人们工作的最根本目的。需要层次理论的核心是人的动力来自五个自下而上的需要等级层次，人具有多种不同需要层次，当低级需要获得满足后，人便会追求较高层次的需要，以求达到自我实现的最终目的。这种假设认为，人是自我激励、自我指导和自我控制的，人们要求提高和发展自己的能力，期望获取个人的成功。从这一观点出发，企业就应当把个人作为宝贵的资源来看待，通过提高富有挑战性的工作使人的个性不断成熟并体验到工作的内在激励。而一旦工作被设计得富有意义并具有吸引力，足以引起人们的成就感，那么按照自我实现人的假设，人就可以在高强度的自我激励之下，不需要借助其他外来的激励力，而自动、自愿地将自己的才能发挥出来，为企业做出巨大贡献。

4．复杂人假设

20世纪70年代，美国行为科学家埃得加·沙因（Edgar H.Schain）在1965年出版的《组织心理学》一书中对人性进行了归纳，提出了“复杂人”假设，从而给管理者提供了一个较好的坐标，这也是对管理思想的一个较重要的发展。以复杂人假设为依据产生了权变理论。这种假设认为，现实组织中存在着各种各样的人，不能把所有的人都简单化和一般化地归类为前述的某一种假设之下。相反地，应该看到人是复杂的，千差万别的，人的要求会随着各种变化而变化。因此，要求管理者要根据具体人的不同情况，灵活地采取不同的措施，要因人而异，因事而异，不能千篇一律。换句话说，就是要根据具体情况而去采取适当的激励措施和领导方式。

5．文化人假设

20 世纪 80 年代后的“文化人”假设对人性进行了进一步揭示。这种思想在特伦斯•E•迪尔（Terrena E.Deal）和阿兰 • A • 肯尼迪（Allan A.Kennedy）在 1982 年出版的《企业文化——现代企业的精神支柱》一书中得到阐述。这种假设认为，人是环境的产物，环境是自变量，由此得出人的未来本性是不可知的。

五、激励理论

管理者对员工“人性”的不同假设，自然会导致各种不同的激励方法和方式。从灵活和权变的观点出发，管理者要对组织中动机各异的人的行为予以有力激励，就必须充分了解和把握有关激励的各种理论。

1．内容型激励理论

这类激励理论，根据对人性的理解，着重突出激励对象的未满足的需要类型，主要包括以下几个方面。

（1）需要层次理论

美国心理学家马斯洛（A. H. Maslow）在 1943 年著的《人的动机理论》一书中提出了需要层次理论。该理论是研究人们需要与行为动机关系的一种理论。

马斯洛认为，人们的行为都有一定的动机，而动机又是由需要决定的，需要是人类行为的原动力。如果人们的某种行动的结果能够使某种需要得到满足，于是这种需要就消失了，而同时另一种需要又出现了，人们就继续采取行动来满足新的需要。马斯洛把人的需要按其发生的次序分为五个层次，如图 7-8 所示。

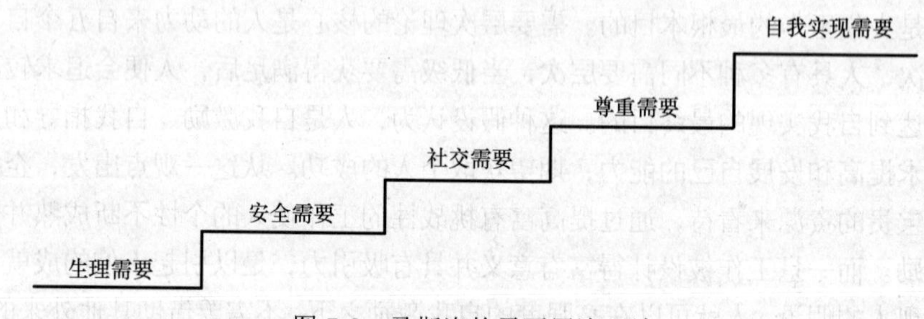

图 7-8　马斯洛的需要层次理论

生理需要是一个人对生存所需要的衣、食、住、行等基本生活条件的追求。在一切需要中，生理需要是最优先的。当一个人什么也没有时，首先要求满足的就是生理需要。

安全需要是指人对人身安全、职业安全和收入安全等的追求。当一个人生活或工作在动荡和不安之中时，其积极性是很难调动起来的。

社交需要是指人作为社会的一员，希望获得友谊、爱情和社会的认可，即成为某个集团的一员。马斯洛认为，人是一种社会动物，人们的生活和工作都不是孤立地进行的，人们希望在一种被接受或属于的情况下工作，而不希望在社会中成为离群的孤鸟。

尊重需要分为内部尊重和外部尊重。内部尊重因素包括自尊、自主和成就感；外部尊重因素包括地位、认可和关注或者说受人尊重。自尊是指在自己取得成功时有一种自豪感，它是驱使人们奋发向上的推动力，每个人都有一定的自尊心。如果得不到满足，就会产生自卑感，从而失去信心；受人尊重是指当自己做出贡献时能得到他人的承认和高度评价。

自我实现需要是指一个人有雄心壮志，希望成就一番事业，这是一种追求个人能力极限的内驱力。一个自我实现的人有以下特点：①自动；②思想集中于问题；③自治；④不死板；⑤同别人打成一片；⑥具有非恶意的幽默感；⑦有创造性；⑧现实主义；⑨无偏见；⑩不盲从。

马斯洛认为，需要是人类内在的、天生存在的，并且是从低级需要向高级需要发展的，当低级需要满足以后，这种需要就不再成为刺激人们积极性的动力，此时支配他们行动的是高级需要。这种理论应用到企业管理实践中，就必须细致体察所属人员的各种需要，并把人们合理需要和企业目标结合起来，做到在满足所属人员合理需要的同时，实现企业的最终目标。

（2）双因素理论

这一理论是美国心理学家赫茨伯格（F. Hertzberg）在1959年发表的《工作的激励因素》和1966年的《工作与人》等著作中提出的。他对9个企业中的203名工程师和会计师进行了1844人次的调查，发现使受访人员不满的因素大多与他们的工作环境有关，而使他们感到满意的因素通常是由工作本身所产生的。根据调查结果，赫茨伯格提出了“双因素理论”，即影响人们工作中行为的因素有保健因素和激励因素两种。

所谓保健因素就是使人们能够维持现状工作起保健作用的因素。它主要指属于人们工作环境和工作关系方面的因素，如企业的政策、工作的物质条件、工资和福利设施、同事关系等。这些问题解决不好，会引起员工的不满；而当这些问题获得改善后，不满就会消除，但不能提高员工的积极性。

所谓激励因素就是对员工积极性起调动作用的因素。它主要指属于人们工作本身和工作内容方面的因素，如工作上的成就感、自己的才能获得承认、增加工作责任、获得成长和发展的机会等。这些激励因素得到满足，可以调动个人和集体的积极性。

赫茨伯格双因素理论的核心在于强调保健因素与激励因素不可互相替代，各自的作用不同。自20世纪60年代以来，双因素理论在管理界越来越受到人们的注意。因为该理论告诉人们，激励人的积极性，更重要的是提供使人感到具有价值实现意义的工作，工作内容具有挑战性，应让人们承担更重要的责任；而不仅仅是把眼光局限于提高工资水平、改善工作条件上。从这个意义上看，赫茨伯格的双因素理论与马斯洛的需要层次论是相互联系的。激励因素是人的高层次需要，而保健因素是人的低层次需要。

（3）激励需要理论

也叫后天需要理论。美国哈佛大学著名心理学教授戴维·麦克莱兰（David Meclland）认为，人类的许多需要都不是生理性的，而是社会性的；很难从单个人的角度归纳出共同的、与生俱来的心理需要。人的社会需要不是先天的，而是后天的，来自于环境、经历和培养教育，特别是在特定行为得到报酬后，会强化这种行为方式，形成需要倾向。由此，麦克莱兰归纳了三种社会性需要。

① 权力需要。具有高度权力需要的人，最基本的特征是渴望影响或控制别人，而且自己具有强烈的不愿受他人控制的欲望。这种人一般都追求得到领导职位，要求拥有并保持权

力去影响他人。他们的个性特点是性格坚强、健谈、敢于发表意见、头脑冷静和乐于竞争，而且爱教训别人和公开讨论。

② 归属需要。有高度归属需要的人，具有建立亲密友好的人际关系的愿望，希望从被人接纳和喜爱中得到快乐，并尽可能避免被集体排斥所带来的痛苦。这类人的性格特征是善于交际，关心并维持融洽的社会关系，希望获得他人的友谊，喜欢结交知心朋友，并乐于助人。

③ 成就需要。有高度成就需要的人，具有强烈的要求成功的愿望，寻求挑战性工作，喜欢为自己设置一些具有适当难度的工作，敢于承担责任，并对风险采取现实态度。这类人有很强的内在驱动力量，希望将自己从事的工作做得完美和富有成效；他们不是靠运气来获得成功，而是靠自身的实力；他们喜欢独当一面，即使遭到失败也不过分沮丧和悲哀。

以上三种工作的动机和需要，在现实生活中人们都有不同程度的存在，只是各种需要的强弱程度会因人而异。根据麦克莱兰等人的研究，企业家们表现出很高的成就需要和相当大的权力需要，但归属需要却很低。管理者一般表现出有高度的成就和权力需要，而归属需要低，但高和低的程度都没有企业家那么显著。麦克莱兰还发现，小公司的总经理普遍具有非常高的成就需要，而大公司的总经理只有一般的成就需要，但对权力和归属需要的渴望一般较为强烈。大公司的中上层管理者在成就需要方面要高于他们的总经理。麦克莱兰认为，总经理已经达到了职位的高峰，而下面的人则还希望继续向上升迁。

许多事实证明，成就需要高的人对社会和企业大都有很大的贡献，而且比成就需要不高的人进步得要快。成就需要高的人越多，事业的发展就越快，组织就会更加兴旺发达。当然，由于管理工作除了要有成就的动力之外，还需要有其他动力，所以，每个组织应该既有相当强烈的成就需要的管理人员，也应有高度归属需要的管理人员。后一种需要对协调个人活动创造和谐的氛围具有重要意义。

2．过程型激励理论

内容型激励理论研究的重点在于什么样的诱因能激励员工，而过程型激励理论试图说明员工面对激励措施，如何选择行为方式去满足他们的需要，以及确定其行为方式的选择是否成功。主要包括以下三个方面。

（1）期望理论

它是美国心理学家弗鲁姆（Victor Vroom）在 1964 年出版的《工作与激励》一书中提出的。该理论认为，人们在工作中的积极性或努力的程度（激发力量）是效价和期望值的乘积，用公式表示为

$$激发力量（M）=效价（V）\times 期望值（E） \tag{7-2}$$

式中：激发力量是指一个人所受激励的程度；效价是指一个人对某项工作及其结果能够给自己带来满足的程度的评价，即对工作目标有用性（价值）的评价；期望值是指人们对自己能够顺利完成这项工作的可能性的估价，即对工作目标能够实现概率的估计。

期望理论认为，一个人从事某项工作的积极性的高低是由其对完成该项工作的可能性、获取相应外在报酬的可能性（期望值）的估计和对这种报酬的需要程度（效价）来决定的。当一个人对达到某一目标漠不关心时，效价为零；当一个人宁可不要达到这一目标时，就产生了负的效价，结果当然是没有动力。同样，期望概率如果是零或负值，一个人也不会有任何动力去达到这一目标。所以，为了激励员工的积极性，管理者应当一方面提高员工的偏好

程度；另一方面帮助员工实现目标，也就是提高期望概率。

（2）公平理论

公平理论是美国心理学家亚当斯（J. Stacy Adams）提出来的。1963 年，亚当斯发表了他的论文《对于公平的理解》。1965 年，亚当斯又发表了《在社会交换中的不公平》一文，从而提出了公平理论的观点。

公平理论的主要观点是：**在一定的环境中，人们总是将自己所做出的贡献和所获得的报酬之比与自己相关的人所做出的贡献和所获得的报酬之比相比较，来判断报酬的分配是否公平，从而决定下一步的行为**。这种理论主要讨论报酬的公平性对人们积极性的影响，而人们主要是通过横向和纵向两个方面的比较来判断其所获报酬的公平性。

员工选择的与自己进行比较的参照类型有三种：一是“其他人”。包括在本组织中从事相似工作的其他人以及别的组织中与自己相当的同类人，包括同事、同行、亲友、邻居等；二是“制度”。是指组织中的工资政策与程序以及这种制度的运作；三是自我。是指自己在工作中付出与所得的比率。

对某项工作的付出，包括教育、经验、努力水平和能力。通过工作获得的所得或报酬，包括工资、表彰、信念和升职等。亚当斯提出了著名的公平关系方程式

$$\frac{O_A}{I_A}=\frac{O_B}{I_B} \qquad (7\text{-}3)$$

式中：O_A 表示比较者获得的报酬；I_A 表示比较者做出的贡献；O_B 表示被比较者获得的报酬；I_B 表示被比较者做出的贡献。

① 横向比较。就是将自己获得的报酬与自己投入的比值与组织内其他人的比值进行比较，来判断自己所获得的报酬是否公平。

a. 比值相等，进行比较的员工觉得报酬是公平时，他会维持原有的工作积极性和努力程度。

b. 比值不相等，就有两种情况发生：一是 $Q_A/I_A>Q_B/I_B$，则说明这个员工得到了过高的报酬或付出的努力较少。在这种情况下，一般他不会要求减少报酬，而有可能会自觉地增加自我付出。但过一段时间他就会因重新过高估计自己的付出而对高报酬心安理得，其产出又会回到原有的水平。二是 $Q_A/I_A<Q_B/I_B$，比较者就会产生一种不公平感，认为自己的贡献没有得到公平的报酬，进而会调整自己的行为。

② 纵向比较，即把自己目前所取得的报酬与所做出的投入的比值，同自己过去的比值进行比较。结果有三种情况。

a. $Q_A/I_A=Q_B/I_B$。此员工认为激励措施基本公平，积极性和努力程度可能会保持不变。

b. $Q_A/I_A>Q_B/I_B$。一般来说，此员工不会觉得所获报酬过高，因为他可能会认为自己的能力和经验有了进一步提高，其工作积极性不会因此而提高。

c. $Q_A/I_A<Q_B/I_B$。此员工感觉不如从前，觉得不公平，就有可能导致工作积极性的下降，除非管理者给他增加报酬。

因此，一个人对工作的报酬是否满意，不仅受到报酬绝对值的影响，而且还受到报酬相对值的影响，同时还会受到这个相对值与可以比较的范围相对值的影响。只有当报酬是公平时，组织结构才能保持稳定，否则，就会出现矛盾。公平理论认为，当人们感觉到不公平时，为了消除由此产生的紧张不安，一般会采取以下几种措施。

a. 采取行动，改变自己的收支情况。如要求增加自己的报酬，以便提高自己的投入报酬率；或者以怠工、泡病号、推卸工作来减少自己的劳动投入。

b. 采取一定行动，改变别人的收支情况。如要求降低他人的报酬，以便降低他人的投入报酬率；或增加他人的支出，将工作推给他人。

c. 通过某种方式进行自我安慰。如换一个比较对象，以获得主观上的公平感，即“比上不足，比下有余”；或通过曲解自己的或别人的收支情况，形成一种主观上公平的假象，以寻求自我安慰，消除自己的不公平感等。

公平理论提醒管理者，应当在工作任务的分配、工资和奖金的评定以及工作成绩的评价中尽量做到公平合理，以保护和调动员工的积极性。但是，需要说明的是，公平也只是相对的、主观的，没有绝对的公平。

（3）强化理论

强化理论是由美国心理学家斯金纳（B. F. Skinner）首先提出的。这一理论的主要内容包括如下几个方面。

① 认为人的行为是对其所获刺激的函数。如果这种刺激对他有利，这种行为就会加强或者重复出现；如果这种刺激对他不利，则这种行为就会减弱，甚至消失。因此，管理者要采取各种强化手段，营造一种有利于组织目标实现的环境和氛围，以便使人们的行为符合组织的目标。

② 强化的具体方式有如下四种。

a. 正强化。是指通过给予被强化者适当的奖励方式，借以肯定某种行为，使这些行为得到进一步加强，从而有利于组织目标的实现。正强化的奖励方式可以是经济方面的，如提薪、奖金等；也可以是非经济方面的，如表扬、提升、进修等。为了使强化能达到预期的效果，还必须注意实施不同的强化方式。有的正强化是连续的和固定的，如对每一次符合组织目标的行为都给予强化，或每过一段固定的时间给予一定数量的强化。这种强化方式一般能马上收到效果，但随着时间的延续，人们对这种强化方式会产生越来越高的期望，或认为这种强化是理所当然的。因此，管理者要不断加强这种正强化，否则，它的激励作用会不断减弱甚至起不到激励的作用。还有一种正强化方式是间断的、时间和数量都不固定的正强化。实践证明，这种正强化方式更能起到激励作用，也更有利于组织目标的实现。

b. 负强化。是指预先告知人们某种不符合要求的行为可能引起的不良后果，以使人们采取符合要求的行为或回避不符合要求的行为，从而避免或消除不利于组织目标实现的行为。负强化的刺激物包括减少奖金、罚款、批评或降级等。在实施方式上，应以连续负强化为主，也就是对每一次不符合组织目标的行为都应及时给予负强化，消除人们的侥幸心理，减少甚至完全避免这种行为重复出现的可能性。

c. 惩罚。是指对不良行为采取惩罚的办法，以使这些行为少发生或不再发生。惩罚的方式多种多样，既包括经济方面的，如减薪、扣发奖金、罚款等，也包括非经济方面的，如批评、降级、撤职、处分等。根据发生行为的性质及严重程度的不同，惩罚可以连续性地或间断性地进行。但需要注意的是，惩罚一方面可能会引起被惩罚者的愤恨和敌意；另一方面随着时间的推移，惩罚的效果会减弱。所以，在采用惩罚手段时，一定要因人而异，注意方式和方法。

d. 忽视。是指对某种行为不采取任何奖惩措施，也就是对已经出现的不符合要求的行为进行“冷处理”，以达到“无为而治”的效果。与惩罚一样，忽视也可能使组织或管理者所不希望的行为减弱下来，因为人的行为都是有目的的，当一种行为长期得不到正强化，个人的目的实现不了，这种行为就会自然消退。

③ 强化理论是影响员工行为的一种重要方式，在应用时可遵循下面的几条原则。

a. 要明确强化的目标，从而使被强化者的行为符合组织的要求。

b. 要以正强化为主。根据心理学分析，表扬、奖励等可以使人产生一种积极的情绪，使人受到鼓舞，而批评则会使人忧虑和不满。因此，在管理实践中，应该把着眼点放在鼓励人的长处、发现人的优点，贯彻表扬与批评、奖励和惩罚相结合，但以表扬和奖励为主的原则。

c. 要及时反馈。为了实现强化的目的，应通过反馈的作用使被强化者及时了解自己的行动后果，并能及时兑现奖励或惩罚，以使有利于组织目标的行为得到及时的肯定，使其继续重复，而不利于组织目标的行为等得到及时纠正。

d. 强化方式因人而异。每个人都有自己的个性和思维方式，所以运用奖惩方式时，一定要注意从不同对象的心理特点出发，采取不同的方式。

老人与砸玻璃的孩子

有一位老人，孤单地生活在一个小村庄里，没有亲人。一群调皮的孩子总是喜欢骚扰这位老人，没事就喧哗吵闹砸玻璃。老人怎么也无法让他们安静与老实。

于是老人召集了孩子们，告诉他们：“明天你们谁砸了我的玻璃，我将给他一美金的奖励。”第二天，玻璃被砸完了，老人兑现了他的诺言，并且对孩子们说：“明天你们如果谁砸了我的玻璃，我将给他50美分作为奖励。”孩子们抱怨了一通，但隔天当然又来了并且痛快地大砸了一番……老人仍旧召集孩子们，说：“明天你们谁继续来，砸了玻璃的，我将给他一美分作为奖品!”孩子们嗤之以鼻，散了。

从此，老人的玻璃再也没有被砸过。

3. 综合激励模型

波特（L. W. Porter）和劳勒（E. E. Lawler）于 1968 年提出的综合激励模型比较全面地说明了各种激励理论的内容，如图 7-9 所示。

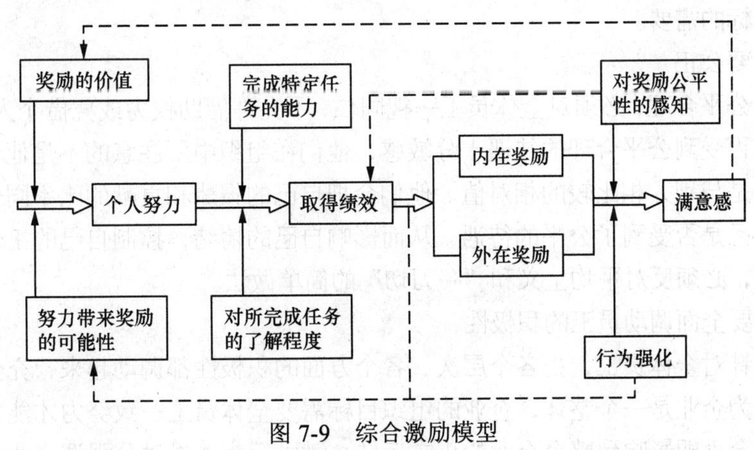

图 7-9 综合激励模型

从上述综合激励模型中可以总结出以下几个基本特点。

（1）一个人受激励的程度如何，以及由此引发的努力程度，不仅取决于奖励的价值，还要受到努力工作后达到绩效标准的可能性（或期望值）的制约。很明显，过去积累的经验、实际绩效以及奖励的价值对个人的努力产生影响。如果个人有确切的把握完成任务或者过去曾经完成过并且获得了相当高的奖励，则他会提高努力程度。

（2）个人实际取得的绩效不仅取决于自身努力的程度，而且还受到个人能力和素质的影响。能力和素质影响着个人努力的效果和工作质量（绩效），特别是对于比较复杂的工作。个人能力以及对此项工作的理解程度较之其实际付出的努力对所达到的绩效的影响更大，如果员工只有满腔的工作热情，而没有完成工作的真实本领，其工作只能是低效率的。

（3）个人所获得的奖励应该以其实际取得的工作绩效为评价标准。由此可知，只有完成了组织的任务，达到了所要求的目标，员工才能获得各种奖励，包括精神奖励和物质奖励。如果管理层设计的奖励系统在员工看来是用于奖励卓越的工作绩效的，则奖励将进一步强化和激励这种良好绩效。

（4）个人对于所受到的奖励是否满意以及满意的程度是以其对所获报酬公平性的感觉。如果受激励者感到公平，就会满意，否则就会不满意。

（5）个人是否满意以及满意的程度将会反馈到要完成的下一个任务的努力过程之中。如果满意则会导致更进一步的努力，如果不满意则会导致努力程度的降低甚至消极怠工或离开原有的工作岗位。

波特和劳勒的综合激励模型所描述的激励过程，既是组织成员个人努力、取得成绩、得到奖励、达到个人目标的过程，也是各种激励理论正确地、综合地加以运用的过程。它表明，激励工作是一件相当复杂的事情，充满着科学性和艺术性。

六、激励的要求与方式

1．激励的基本要求

（1）激励方向与组织目标相吻合

激励是为了鼓励员工向实现组织目标的方向努力，是实现组织目标的一种手段。管理者在进行目标激励时，要正确区分组织目标和个人目标，使之相互融合，在实现组织目标的同时满足个人目标的需要。

（2）激励要公正

激励必须公平合理，必须对全体员工一视同仁，不允许借助权力或凭借个人感情搞偏袒。员工对自己是否受到公平合理的待遇十分敏感，他们在组织中所注意的不是他们所得的报酬的绝对值，而是与别人相比较的相对值。他们会把自己的报酬和贡献的比率同他人的比率做比较，判断自己是否受到了公平的待遇，从而影响自己的情绪，控制自己的工作行为。为了做到公平激励，必须反对平均主义和“一刀切”的简单做法。

（3）激励要全面调动员工的积极性

激励应该针对全体员工，把各个层次、各个方面的积极性都调动起来，充分发挥他们的积极作用。因为企业是一个整体，企业的组织目标需要全体员工一致努力才能实现，一个部门运转失灵，会立即影响到整个企业的正常运转。激励行为如果过分强调企业的某一部分，而忽视另一部分，则被忽视的部分员工就会有一种失落感，进而影响他们的积极性，最终也会影响企业的经营效益。

（4）激励要有针对性

由于每个员工的具体情况不同，他们对各种激励的反应程度也不一样，所以，管理者在采取激励措施时，必须具有针对性。例如，有些员工比较看重荣誉；有些员工比较在意实惠；还有的员工既看重物质奖励，也在乎精神奖励。管理者应针对他们的具体情况，分别采取不同的激励措施，以收到事半功倍的效果。同时，在采取激励措施时，还必须分析员工目前的各自状态，当员工在某一方面还有潜力可以挖掘时，采取相应的激励措施最为有效。

（5）激励要降低成本

激励是有成本的，企业采取激励措施必须支付一定的费用。例如，组织活动、发放奖金都需要资金或其他资源的支持，这些资金或资源支出就构成了激励成本。而激励措施产生的收益会给企业带来效益，这是激励活动产生的绩效。企业是以营利为目的的经济组织，它必须进行投入和产出的分析，力争以最少的成本获得最大的产出。激励的支出与收益相比，应该使企业有利可图。如果激励成本高于激励所产生的绩效，这种激励对企业来说就没有实际意义。因此，企业在实施激励措施时，应注意激励成本的问题。

2．激励的基本形式

（1）物质激励和精神激励

物质激励是对员工的物质需要给以满足。如工资、奖金及各种福利等。

精神激励是对员工的精神需要给以满足。如表扬、授予称号等。它是对员工贡献的公开承认，可以满足员工的自尊需要，达到激励的目的。

（2）正激励与负激励

正激励是从鼓励的角度出发，当员工的行为表现符合期望的方向时，通过奖励的方式来支持、强化这种行为，以达到调动积极性的目的，它是对行为的肯定。主要是奖励和表扬。为使奖励真正起到激励作用，物质奖励和精神奖励要相互配合。

负激励是从抑制的角度出发，当一个人的行为与组织期望方向不一致时，组织将对其采取惩罚措施，以杜绝类似行为的发生，它是对行为的否定。主要是批评和惩罚。

（3）内激励和外激励

内激励是通过启发诱导的方式，培养员工的自觉意识，形成某种观念。在这种观念的支配下，产生组织所期望的行为。内激励是通过思想教育，逐渐将组织所欣赏的道德意识变为自律的标准。内激励需要对人的思想意识发生影响，比较缓慢，但内激励一旦发生作用，则持续长久，激励质量较高。

外激励是采取外部措施，奖励组织所欢迎的行为，惩罚组织所反对的行为。多以规章制度、奖惩措施的方式出现，表现出某种强迫性。外激励通过外界诱导或约束来影响员工的行为，帮助员工树立某种观念，从而产生内激励的效应。

（4）直接激励和间接激励

直接激励也可以说是直接满足，又叫“职务内”满足或“岗位上”满足。这就是工作本身和工作者与其他人的正常关系使他获得满足。间接激励又叫“职务外”满足或“岗位外”满足。这是工作以外，即工作后获得的满足。间接满足的内容基本有如下两种：工资；津贴、奖金、福利费、医疗费、养老金、休假等。

3. 激励的具体方式

（1）报酬激励

企业对员工的积极行为予以表彰，用增加员工报酬的形式满足员工的物质要求，从而刺激员工努力为实现企业的目标尽心尽力。如提高工资、发奖金、提高福利待遇等，是物质激励方式，也是最基本的激励方式。

（2）荣誉激励

荣誉激励是给优秀的员工以表彰、光荣称号、象征荣誉的奖品，如奖章等，这是对员工贡献的公开承认，可以满足人的自尊需要，从而达到激励的目的。周恩来在《论荣誉》一文中指出："荣誉可以使有为之士，益奋其勇气，以求闻达；不法之徒，思改其过失，以补前嫌。"

（3）上进激励

上进激励是组织采取措施，满足员工的上进欲望，让员工感觉自己由于付出了某种努力而一直在进步，从而激励员工的士气，引起员工对未来的憧憬。由此调动工作热情，努力为企业工作。如采用晋升、提级、培训等手段对员工进行激励，使员工感觉有奔头、前途光明，未来掌握在自己手中。

（4）成就激励

多数人都有成就需要，希望不断获得成功。成就需要作为一种基本需要是许多动机的基础，它能激励人们克服困难，运用手中的权力尽可能好和快地解决问题的倾向，以此来满足成就感。

（5）强化激励

强化是心理学术语，是指通过外力来干扰某种刺激与行为的联系。当某种行为受到外界鼓励时，这种行为倾向于重复出现，受到强化；并且行为每出现一次，就受到一次鼓励时，这种行为就会一直重复下去。企业必须对所期望的员工行为不断予以激励，使这些行为成为员工自觉的行为，并在企业内发扬光大。

（6）团队激励

企业可以利用团队之间的差异，采取措施激发团队之间的竞争，提高团队的工作绩效。如开展各种竞赛活动、信息交流等。

（7）挫折激励

挫折是员工从事有目的的活动时，在环境中遇到的阻碍和干扰，致使其动机不能获得满足时的情绪状态。任何人在满足需要的过程中，都可能遇到挫折。员工在受到挫折后，在心理上和生理上将产生种种反应，形成心理防卫机制。企业管理者必须正视员工的挫折，对他们进行积极的引导，激励员工在挫折面前不低头，努力克服困难，把挫折转变为动力，从而更加积极地工作，以实现企业目标。

（8）目标激励

人的需要决定了人们行动的目标。人的行动是为了追求特定的目标。当人们明确了自己的行动目标，并把自己的行动与目标不断加以对照，知道自己前进的速度并不断缩小达到目标的距离时，他行动的积极性就能持久。

在设立目标时，其难度应以中等为宜，这一目标又被称为"零点五"目标。目标难度太大，容易失去信心；目标过小，又激发不出应有的干劲。只有"跳一跳，够得着"的目标，激发作用最强。

（9）评判激励

评判激励是对人的某种行为做出一定的反应，或肯定的表扬、奖励，或否定的批评、惩罚，或什么都不表示的“沉默”。运用评判激励要注意求实、及时和中肯，要根据正确的标准和价值观，以及人的需要的不同层次和同一需要的不同阶段，给予不同类别的评判，引导人们分清正确和谬误、高尚与卑微、光荣与耻辱、美与丑，从而向着光明、进步、高尚的目标奋进。

（10）榜样激励

榜样是人们行为的参照系。作为领导者如果能够建立起科学、合理和先进的“参照系”，就会把人们的行为引向对组织目标的追求。领导者在实施榜样激励时应做到：实事求是地宣传榜样的先进事迹，激发下属学习、赶超榜样的动机；引导下属一分为二地看待榜样，防止机械地、形式主义地模仿；分析榜样形成的条件和成长过程，为下属指明赶超榜样的途径；关心榜样的成长，使之不断进步。

（11）表率激励

领导者除了组织赋予的正式权力外，还有非正式权力，即作为组织领导对下属的影响力。领导者需要下达的计划、指标是有声的命令，领导者的以身作则则是无声的命令，同样能激励下属的积极性。“其身正，不令而行，其身不正，虽令不从”，就是这个道理。这就要求领导者做到“要别人做到的事，自己首先做到；要别人不做的事，自己首先不去做”，充分发挥自己的表率作用。

（12）关怀激励

领导者对下属无微不至的关怀，把组织的温暖送到群众中去，就能增强下属的主人翁意识，激发他们的工作热情和献身精神。领导者必须经常深入基层，深入实际，了解群众疾苦，关心群众生活，为群众排忧解难。

（13）逆反激励

这种方法并不是直接从正面鼓励人们去实现某项目标，而是向他们提示与暗示与这种目标相反的结果，而这种必然出现或可能出现的结果则是他们无法接受的，从而使他们坚定地向着既定目标前进。逆反激励是一种更具有艺术性的激励方法。

（14）许诺激励

这是适应下属心理需要来激发其积极性，从而实现工作目标的一种激励形式。领导者的许诺一般采取公开许诺和个别许诺两种形式。掌握许诺激励须坚持以下原则：①准确性原则，即许诺的内容要准确，不能胡乱许诺；许诺的范围要准确，不能漫无边际。②适度性原则，即主观的许诺要符合客观事物本身，要掌握分寸，恰到好处。③公开性原则，即不能乱开口乱许诺，赏不当，罚不公。④针对性原则。领导者应深入细致地体会下属的心理，有针对性地许诺。

（15）危机许诺

常言道：“人无远虑，必有近忧。”面对变幻无常的环境和激烈的竞争，明智的领导者应不断强化危机意识，看到实际存在的危机随时都会制约组织的生存和发展，主动激发奋进，做到防患于未然。有效的领导者不仅自己要有忧患意识，还需注意唤起下属的“危机感”。只有居安思危，才能常胜不败。

（16）产权激励

美国人发明的“员工持股制”，极大地激发了员工的工作积极性和效率，它将员工的切身利益与企业的命运紧密地联系在一起，增强了员工的责任感。这种激励方式是让员工享有“自己”企业的股份，使其与企业有“共同利益感”并共享利润，即赋予员工个人享有一定“所有权”的法律地位。国外许多企业的实践证明，产权激励是最根本、最有效和最彻底的。

4．激励的操作方法

（1）认清个体差异

当代激励理论认为，每个员工都是一个独特的不同于他人的个体，他们的需求、态度和个性以及其他重要的个性变量各不相同。例如，期望理论对内控人比外控人预测得更准确。原因是内控人认为自己的生活在很大程度上为自己所掌握，这与期望理论中自我利益假设是一致的。

（2）使个人与职务相匹配

大量研究表明，将个体与职务进行合理匹配，能够起到激励员工的作用。如高成就需要者应该从事小企业的独立经营工作，或在规模较大的组织中从事相对独立的部门运作。但是，如果是在大型官僚组织中从事管理工作，候选人必须是高权力需要和低归属需要的个体。同理，不要让高成就需要者从事与其需要不一致的工作，当他们面对中度挑战水平的目标，并且具有自主性和可以获得信息反馈时，能够做得最好。但是，不是每一名员工都会因工作的自主性、变化性和责任感而受到激励。这类工作只对高成就需要者具有很强的吸引力和激励作用。

（3）运用目标

目标设定理论告诉我们，管理者应该确保员工具有一定难度的具体目标，并对他们工作完成的程度提供反馈。对于高成就需要者来说，外部目标的重要性则比较小，他们靠内部动机激励，但高成就需要者在任何组织显然都是少数。

（4）确保个体认为目标是可达到的

无论目标是否可以真正达到，如果员工认为目标无法达到，则他们的努力程度就会降低。因而管理者必须保证员工充满自信，让他们感到只要更加努力，就可以实现绩效目标。对于管理者而言，这意味着员工必须能胜任他的工作，而且他们感到绩效评估系统是可靠和有效的。

（5）个别化奖励

管理者应该根据员工的差异对他们进行个别化的奖励，管理者能够支配的奖励措施，包括加薪、晋升、授权、参与目标设定和决策的机会等。

（6）奖励与绩效挂钩

管理者必须使奖励与绩效相统一，只有奖励因素而不是绩效才能对其他因素起到强化作用。主要的奖励如加薪、晋升应授予那些达到了特定目标的员工。管理者应当想办法增加奖励的透明度，如消除发薪的保密性，代之以公开员工的工资、奖金以及加薪数额，这些措施将使奖励更加透明，更能激励员工。

（7）检查公平性系统

员工应该感到自己的付出与所得是对等的。具体而言，员工的经验、能力和努力等明显的付出项目应当在员工收入、职责和其他所得方面体现出不同。

（8）不要忽视钱的因素

以绩效为基础的加薪、奖励及其他物质奖励刺激，在决定员工工作积极性上起着重要的作用。有一项评价激励方式及其对员工生产率影响的研究，结论证明：当仅仅根据生产情况来设定目标时，生产率平均提高了 16%；重新设计激励机制以使工作更为丰富化，生产率水平提高了 8%～16%；让员工参与决策的做法，使生产率提高不到 1%；以金钱为刺激物使生产率水平提高了 30%。

在这里，我们并不是要管理者仅仅注重金钱的因素，而是提供了客观的证据。如果金钱作为一种刺激手段被取消，那么人们就不会在工作中付出更多努力，但是取消目标、丰富化的工作或参与决策这些因素，就不会出现这种状况。

（9）分享成果才是最好的报酬

现实中，人们找工作时，所考虑的因素不仅是固定的薪资，还希望能分享经营成果。因此，一些能代表公司的价值指标，如 IPO（Inifial Public Offering）股份增长幅度和公司每年的营业收入状况等，将备受重视。甚至还有些人希望能有内部产权的机会。

第四节 沟 通

空姐的尴尬

在宽敞明亮的机舱内，笑容甜美的空姐小李推着餐车缓缓走来，她一边送餐，一边询问："先生，您是吃饭，还是吃面？"生性爽直的王先生回答："要米饭。"空姐接着扭头问另一位邻座的刘先生："先生，您要饭，还是要面？"刘先生神情愣了一下，面带愠色大声回道："要饭!"话音刚落，周边的乘客便哑然失笑："我们也要饭!"见此情景，李小姐的脸颊上顿时浮现出羞赧的红晕……

这些例子告诉我们，导致沟通不畅或失败的因素是多方面的，包括文化差异、语义理解差异和沟通方式差异等。

事实上，上述例子也给我们提出了几个值得深思的问题：什么是沟通？沟通的基本过程是怎样的？沟通过程究竟涵盖哪些要素？沟通中的障碍是什么？如何进行有效沟通？这些正是本节将着重讨论的内容。

一、沟通的含义和沟通过程

沟通是**人们通过语言和非语言方式传递并理解信息、知识的过程，是人们了解他人思想、情感、见解和价值观的一种双向的途径。**

沟通是人和人之间进行信息传递的一个过程。在这个过程中，信息发出者和信息接收者都是沟通的主体，信息发出者同时也是信息产生的源泉。信息可以以语气、文字或其他表达形式为媒介，沟通的内容除了信息传递外，也包括情感、思想和观点的交流。

沟通的过程就是发送者通过一定的渠道把有一定内容的信息传递给接受者的过程。一个完整的沟通过程，如图 7-10 所示。

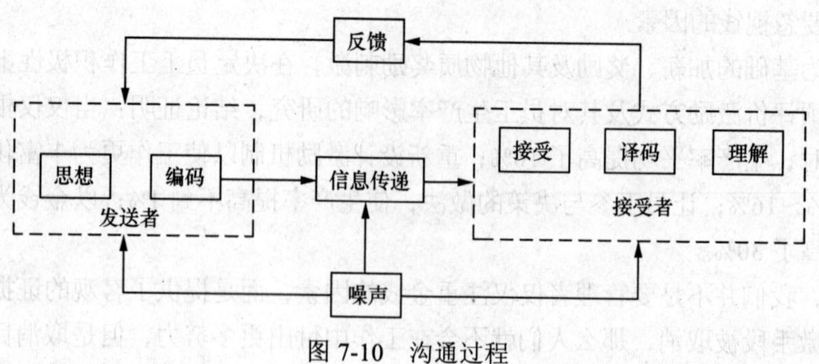

图 7-10 沟通过程

沟通过程包括以下五个环节。

1. 形成思想。即信息的发送者首先要明确进行沟通的信息内容。这里的信息可以是想法、观点和资料等。

2. 编码。指发送者将这些信息表达为某种或某些接受者能够理解的一系列符号，包括语言、文字、手势、图表和图片等。没有编码，信息就不能传递。

3. 媒体，或称沟通渠道。通过某种渠道把信息传递给对方，包括交谈、打电话、写信、写报告、演讲等。由于选择的符号种类不同，传递的方式也不同，通常重要或复杂的信息需要运用多种渠道来进行传递。

4. 接受。接受者接受这些符号，并将这些符号译码为具有特定含义的信息，包括接受、译码和理解等步骤。这个译码的过程关系到接受者是否能正确理解发送者所传递的信息，直接影响沟通效果。由于发送者翻译和传递能力的差异，以及接受者接受和解码水平的不同，信息的内容和含义有可能被理解错误。

5. 反馈。接受者把所收到的或理解的信息再返回到发送者那里，供发送者核查信息是否被理解，以纠正可能发生的某些偏差。包括交谈、电话、写信和写报告等。

整个沟通过程都可能受到噪声的影响。噪声就是指信息在传递过程中所受到的干扰因素，包括内部干扰因素和外部干扰因素。它可以在沟通的任何环节发生，从而造成信息的失真，影响沟通的有效性。

以上所述沟通过程既适用于人与人之间的沟通，也适用于非人际沟通，如电话、电报、传真机等通信工具之间的沟通。

在沟通过程中，心理因素无论是对信息发出者还是对信息接受者都会产生重要影响。因此，沟通的动机与目的也直接影响着信息发出者与接收者的行为方式。沟通过程可能是顺畅的，也可能会出现障碍。影响沟通效果的这些障碍既可能产生于心理，也可能源于不良的沟通环境。

然而，人们对于沟通的理解和认识各种各样，但多数缺乏对沟通含义的完整认识。以下是三种最为普遍的错误观点。

错误观点 1：沟通不是太难的事，我们不是每天都在进行沟通吗？

错误观点 2：我告诉他了，所以我已和他沟通了。

错误观点 3：只有当我想要沟通时，才会有沟通。

这些错误观点多源于对沟通理解上的片面性。持第一种观点者认为，我们天天都与人打交道，这是家常便饭，难在何处？正是因为把沟通看得过于平凡而忽视了其复杂性和难度。

在处理沟通问题时，容易简单化，不作充分准备，因此导致沟通失败也就在所难免。

持第二种观点者认为，只要我已经告知对方了，就完成了我的沟通任务，至于对方是否理解了我的意思，产生怎样的结果似乎与我无关。正是因为这种观点，导致生活、学习和工作中事与愿违的事情时有发生，与此相关的抱怨随处可闻。殊不知沟通并不是单向的，而是双向的。只有在听众正确理解了信息含义时，才是真正意义上的沟通。

持第三种观点者认为，只要我默不作声，就没在沟通。事实上，我们知道沟通除了语言的，还有非语言的。当一位演讲者站在台上时，他并没有想传递“我感到紧张”这一信息，但观众从他紧张的神态中清晰地获得了这一信息。

因此，沟通应该涵盖以下五个方面：想说的、实际说的、听到的、理解的和反馈的，如图 7-11 所示。

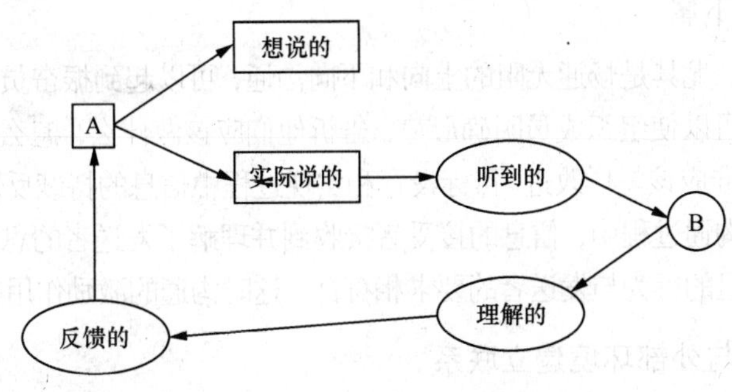

图 7-11　沟通的内涵

该模型中的 A 和 B 分别表示信息的发送者和信息接收者，而此处的“说”和“听”具有宽泛的含义，分别指“说、做或传递的”，以及“听到、看到或接收到的”。换句话说，在你想说到实际说了之间你会有所考虑，在此基础上作出必要的选择；而当你实际说了到听众听到时，听众会从其自身的角度出发去理解所听到的信息，然后作出反馈。理想的情况是，听众所反馈的其对该信息的理解恰好是你的初衷或你所期望的，但现实往往会令人啼笑皆非。在某高校召开的校长述职大会上，当各位正、副校长发言完毕，进入大会的第二项议题时，主持人以洪亮的声音说道：“我们接下来进入第二项议题，请各位校长下台就座。”话音刚落，会场一片哗然，其中的含义不言自明。这正好反映出“说者无意，听者有心”。因此，沟通并不像我们想象的那样轻而易举，相反，它是一门技巧性很强的学问。我们只有通过正确认识沟通，不断加强学习和训练，才能真正领略沟通的真谛。

二、沟通的重要性

萧伯纳曾经说过：你有一个苹果，我有一个苹果，彼此交换，则各人手里还是一个苹果。你有一种思想，我有一种思想，通过沟通那么两人则拥有两种思想。沟通不仅是一个人获取他人思想、感情、看法和价值观的一种途径，而且是一种重要的影响他人的手段和方法。沟通是计划、组织、领导和控制等各项管理职能得以实施和完成的基础。任何一家企业都知道沟通对于企业正常运转的重要性，没有沟通，则没有企业。沟通的作用主要体现在以下几个方面。

1. 有利于创造一个和谐的气氛

一个组织是否吸引人，组织成员在其中的积极性和创造性的发挥程度，不仅取决于组织的远景规划，还取决于这个组织是否有一种和谐向上的人际氛围，也就是组织成员之间友好相处、彼此互相尊重，即使产生一些矛盾，也可通过有效的方式妥善解决。而和谐的人际关系氛围的形成，不仅取决于员工的素质，还取决于良好的沟通方式和沟通渠道。通过沟通使组织成员之间不断交换意见，相互了解，进而调整自己的行为。通过沟通使成员在友好相处中共同工作，在统一思想认识的基础上开展活动。

2. 有利于实现领导职能

任何一个组织的管理者，不论他有多么高超的领导水平，有多么娴熟的管理方法，他都必须把自己的想法告知下属，并且要了解下属的意见和想法，进而采取相应的决策和行动，以实现组织目标。而这个“了解”过程，必须通过沟通这个工具来实现。

3. 有利于激励下属

良好的组织沟通，尤其是畅通无阻的上向和下向沟通，可以起到振奋员工士气、提高工作效率的作用。通过沟通可以使组织成员明确形势，告诉他们应该做什么，怎么做，为什么去做，没有做好或没有达到标准应该怎样改进。目标设置和实现过程中信息的持续反馈和沟通对员工具有很强的激励作用。在沟通过程中，信息的接受者接收到并理解了发送者的思想之后，一般都会做出相应的反应，使自己的行为与发送者的要求相符合，这时沟通的激励作用就表现出来了。

4. 有利于企业与外部环境建立联系

企业是在一定环境中生存的，所以，企业必然不断地要同消费者、政府、供应商、社会公众和竞争者发生各种各样的关系。它必须按照消费者的要求来改进产品设计和调整产品结构；它必须遵守政府的法令法规，承担自己所应尽的社会责任；它还必须和原材料供应厂商搞好关系，以获取更廉价的原材料；它还要不断了解竞争者的状况，以便采取有效的竞争战略，在激烈的竞争中获得一席之地。这一切都使得企业与各种环境因素进行有效沟通。而且，环境是在不断变化的，这也要求企业必须不断地与外界环境保持持久的沟通，以把握有利的环境机会，规避不利的环境威胁。

三、沟通的特点

与机器相比，人与人的信息沟通有其特点。具体来说，主要有以下几个方面。

1. 心理因素对沟通的效果影响很大

（1）影响信息发送者发送信息所选择的语言、表达方式、沟通形式。

（2）影响信息接受者对信息的理解。同一句话，在不同人的口中，在不同的场合，以不同方式说出来，会代表不同的信息。

2. 沟通过程既是一个信息传递过程，同时又是培养感情和交流感情的过程

如果沟通良好，信息不仅可以在组织内部进行准确、及时、完整的传递，保证组织运转顺畅，而且也有利于人与人之间进行感情交流、增进了解，建立良好的人际关系。

3. 沟通是以语言为工具和载体的

沟通既包括书面语言、口头语言，也包括体语。例如，同一决策，领导者是用文件形式

传达或用广播形式传达，还是开会亲自传达，其作用不一样。

4．人际沟通容易失真

由于每个人的知识、经历、价值观不同，人际沟通会因为受到人与人之间复杂的心理过程的影响而容易造成信息失真。

四、沟通的类型

组织中的**人际沟通，是指在组织背景下发生的人与人之间信息传递和交流思想及感情的过程**。而且由于组织中人都身处一定的职位，都处在上下左右的关系中，并受到正式和非正式权力关系的影响，因此，对组织沟通的方式可以从不同的角度进行分类。

1．按沟通方式分类

（1）口头沟通，即运用口头表达的方式来进行信息传递和交流。例如，交谈、讲座、讨论会、演讲和电话等。其优点是快速传递、快速反馈、信息量大、双方可以自由讨论、有亲切感。这对于双方统一思想、认清目标、体会各自的责任和义务有很大的好处。其缺点是具有时效性，有一过即逝的特点；另外传递中经过层次越多信息失真越严重，核实越困难。

（2）书面沟通，即用文字作为信息传播媒介来传递信息的沟通方式。例如，报告、备忘录、信件、内部期刊、公司手册和布告等。其优点是信息内容持久、有形、可以核实和查询。这对于复杂或长期的沟通尤为重要。重要的信息沟通一般都以书面形式沟通为主，“口说无凭，立字为据”就表现出书面沟通的严肃性。其缺点是比较呆板，不易随客观条件的改变而及时修正，不像口头沟通那样可以随机应变，也不能得到及时的反馈。

（3）非语言沟通，即用语言以外的非语言符号系统进行的信息沟通。它通过身体动作、面部表情、说话的语调和重音以及信息的发送者和接收者之间的身体距离来传递信息。例如，声光信号（红绿灯、警铃、旗语、图形、服饰标志）、体态（手势、肢体动作、表情）、语调等。其优点是信息意义十分明确，内涵丰富，隐含灵活。其缺点是传送距离有限，界限含糊，只能意会、不能言传。

（4）电子媒介。即通过电子符号进行信息的传递。近二十年来，随着网络等信息技术的发展，为组织中的沟通带来了很大的影响，人们已经逐渐掌握了应用各种电子媒介传递信息的方法。例如，传真、闭路电视、计算机网络和电子邮件等。其优点是快速传递、信息容量大、远程传递一份信息同时传递多人、廉价。其缺点是单向传递，电子媒介可以交流，但看不到表情。

2．按沟通的组织系统分类

（1）正式沟通，即按照组织设计中事先规定好的结构系统和信息流动的路径、方向和媒体等进行信息沟通。其优点是正规、严肃、富有权威性；参与沟通的人员普遍具有较强的责任心和义务感，所沟通的信息准确性及保密性容易得到保障。其缺点是比较刻板，缺乏灵活性，信息传播范围受限制，传播速度比较慢。

（2）非正式沟通，即正式组织途径以外的信息沟通方式，主要是通过个人之间的接触来进行的。它是正式沟通不可缺少的补充。其优点是信息传递速度快；信息量大，覆盖面广；可以满足职工的部分需要。其缺点是随意性强，信息扭曲和失真的可能性大。

3．按组织内信息沟通的流向分类

（1）上行沟通，即自下而上点面结合的沟通。在组织职权层级链中，信息由下层向上层流动。例如，下级向上级提出自己的意见和建议等。通常上行沟通存在于参与式或民主式的组织环境中。

（2）下行沟通，即自上而下的沟通。通常的表现形态是，在组织职权的层级链中，信息由高层次成员向低层次成员流动。例如，上级向下级发布命令、指示、指令、指导文件和规定等。这种自上而下的沟通在专制式领导的组织中尤为突出。

（3）横向沟通，即指水平方向的沟通。它是组织结构中处于同一层级的人员或部门间的信息沟通。

（4）斜向沟通，也叫交叉沟通，即信息处在不同组织层次的没有直接隶属关系的人员或单位之间的沟通。

以上四种组织内部信息沟通形式，如图 7-12 所示。

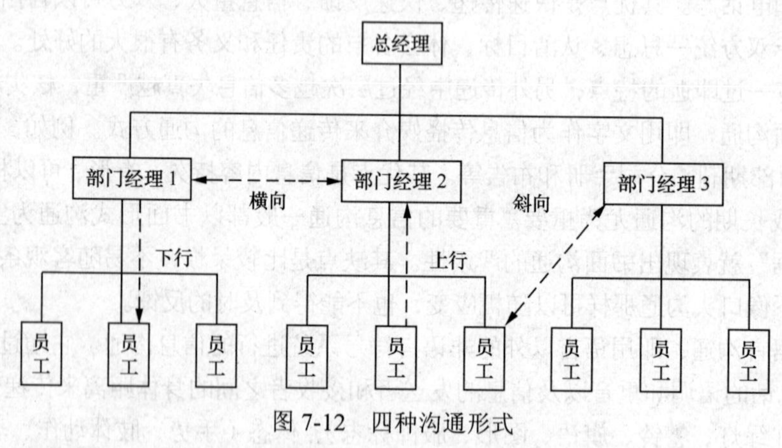

图 7-12　四种沟通形式

4．按沟通中信息发送者与接受者的地位是否变化分类

（1）单向沟通，即信息的发送者与接受者的地位不改变的沟通。在沟通中，不存在信息反馈。其优点是信息发送者不会受到信息接受者的询问，能保护发送者的尊严；信息沟通通常比较有秩序，速度较快。其缺点是信息接受者不能进行信息反馈，没有理解的信息只能强制性的接受，容易降低沟通效果。可适用于以下几种情况：①问题简单，但时间紧；②下属易于接受解决问题的方案；③下属没有了解问题的足够信息，在这种情况下，反馈不仅无助于澄清事实，反而容易混淆视听；④上级缺乏处理负反馈的能力，容易感情用事。

（2）双向沟通，即沟通过程中信息的发送者和接受者经常换位的沟通。其优点是：存在着信息反馈，发送者可以及时知道接受者对所传递信息的态度，理解程度，有助于加强协商和讨论，增强了解和对发送信息的理解。其缺点是费时，速度较慢，容易受干扰，信息发送者的心理压力较大。可适用于以下几种情况：①时间比较充裕，但问题比较棘手；②下属对解决方案的接受程度至关重要；③下属能对解决问题提供有价值的信息和建议；④上级习惯于双向沟通，并且能够建设性地处理负反馈。

虽然单向与双向沟通各有优劣，但是如果时间允许，采用双向沟通会更好

5. **按沟通时信息涉及的态度和价值观领域的程度深浅分类**

（1）浅层沟通，即在管理工作中必要的行为信息的传递和交换。例如，管理者将工作安排传达给下属，下属将工作的建议告诉主管等。企业的上情下达和下情上传都属于浅层沟通。浅层沟通的特点是：①它是企业内部信息传递的重要内容，如果缺乏浅层沟通，管理工作就会遇到很大麻烦；②一般仅限于管理工作表面上的必要部分和基本部分，如果只靠浅层沟通，管理者就难以深知下属的情感和态度等；③浅层沟通比较容易进行。

（2）深层沟通，即管理者和下属为了有更详尽的了解，在个人情感、态度和价值观等方面所进行的深入交流。例如，管理者与下属推心置腹的谈心就属于深层沟通。深层沟通的特点是：①它不属于企业管理工作的必要内容，但它有助于管理者更有效地管理好本部门或本企业员工；②深层沟通大都不在企业员工的工作时间内进行，通常是在两人之间进行；③深层沟通与浅层沟通相比较难度更大，因为深层沟通要占用双方的时间、精力和情感。

五、沟通网络

所谓沟通网络是指组织中沟通渠道的结构和形式。一种网络不同于另一种网络的基本特征主要是沟通渠道的数量、分布以及沟通是单向的还是双向的。

1. 正式沟通网络

在正式组织环境中，信息沟通网络的形态主要有**链式**、**轮式**、**Y 式**、**环式**和**全通道式**五种。具体形式及特点如表 7-2 所示。

表 7-2　　　　**正式沟通网络示意表**

形态	图　形	结 构 特 点	效　果	应 用 范 围
链式		信息在组织成员之间只进行单线、顺序传递的犹如条状的沟通网络形态；居于两端的成员只能与其内侧的一个人联系	成员之间的联系面很窄，平均满意度较低；信息经层层传递、筛选，容易失真，最后一个环节所接受的信息常常与初始环节发出的信息差距较大	系统比较庞大，需要分权或授权管理的组织；按直线职权关系逐级进行信息传递而没有其他关系的组织
轮式	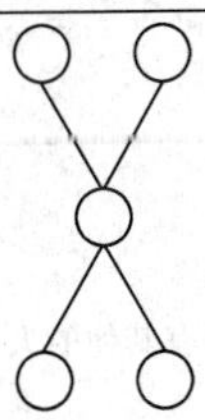	网络中的信息是由一名中心人物向周围进行传递的；网络中心只有主管领导是各种信息的汇集点和传递点，其他成员之间没有相互交流关系	信息沟通的准确度很高，解决问题的速度很快；主管人员控制力强；但是其他成员满意度低，士气往往受到较大影响	适用于组织接受紧急任务，需要进行严密控制，同时又要争取时间和速度的情形
Y 式	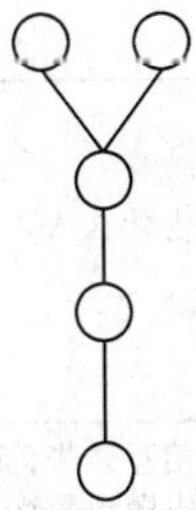	有一个成员位于网络的中心，成为网络中因拥有信息而具有权威感和满足感的人	组织成员的士气比较低，与轮式网络相比较，因为增加了中间的过渡环节，容易导致信息曲解或失真，因此沟通的准确性也受到影响	当主管人员的工作十分繁重，需要有人协助筛选信息和提供决策依据，同时又要对组织实行有效的控制时，适合采用这种沟通网络

续表

形态	图　形	结构特点	效　果	应用范围
环式		环式网络可以看做是将链式形态下两头沟通环节相连接而形成的一种封闭式结构；表示组织所有成员间都不分彼此地依次联络和传递信息；环式网络中的每个人都可以同时与两侧的人沟通信息，因此大家地位平等，不存在信息沟通中的领导和中心人物	采用环式沟通网络的组织，集中化程度比较低，组织成员具有较高的满意度；但由于沟通渠道窄、环节多，信息沟通的速度和准确性难以保证	如果组织中需要创造出一种能激发高昂士气的氛围来实现组织目标，这种沟通网络是一种行之有效的方法
全通道式		全方位开放式的沟通网络系统，所有成员之间都能进行相互的不受限制的信息沟通与联系	组织的集中化程度低，成员地位差异小，有利于提高成员士气和培养合作精神；具有宽阔的信息沟通渠道，成员可以直接、自由而充分地发表意见，有利于集思广益；提高沟通的准确性；工作效率低	以委员会方式运作的组织，就是全通道式沟通网络的应用

2. 非正式沟通网络

正式沟通提供信息的"骨骼"，而非正式沟通则提供信息的"血"和"肉"，它包括听取各种各样的观点、猜测、疑问、刁难、敌意、奉承、冲突和威胁，这些都是正式沟通所不可能传递的。非正式沟通的主要功能是传播职工（管理和非管理人员）所关心和与他们有关的信息。它取决于职工的个人兴趣和利益，与企业正式的要求无关。在美国常常被称为"葡萄藤"，用以形容它枝茂叶盛，随处延伸。与正式沟通网络一样，非正式沟通网络也有自己的沟通模式，主要包括集群连锁型、密语连锁型、随机连锁型和单线连锁型。具体形式和特点如表 7-3 所示。

表 7-3　　非正式沟通网络示意表

形　式	图　形	特　点
集群型		在沟通中，可能有几个中心人物，由他们转告若干人，而且有某种程度的弹性，传播效率最高
密语型		由一个人告诉所有其他的人，犹如独家新闻
随机型		碰到什么人就转告什么人，并无一定中心人物或选择性
单线型		信息在个人之间相互转告，通过非正式渠道依次传递，把信息传播到最终的接收者

非正式沟通网络客观上存在于组织之中，无法加以消除。对此应该加以了解、适应和整合，使其有效担负起沟通的重要作用。管理者在正确运用正式沟通时，要学会正确运用非正式沟通，具体对策如下所述。

（1）要认识到它是一种重要的沟通方式，任何否认的态度都会铸成大错，企图采取消灭、阻止、打击的措施也是不明智的。

（2）管理人员可以充分利用非正式沟通为自己服务，管理人员可以"听"到许多从正式渠道不可能获得的信息。"知道"谁在传播这些信息，谁最喜欢这些信息，管理人员还可以将自己所需要但又不便从正式渠道传播的信息，利用非正式沟通进行联络。

（3）对非正式沟通信息中的错误必须"以其人之道，还治其人之身"，通过非正式渠道进行更正。

（4）妥善处理失真的信息。一是采取不理睬的态度，相信"事久自然明"。二是采取进攻型策略，指出失真信息的错误所在，并且尽可能地告诉所有的人。但这种方法有可能导致火上浇油，局面越发不可收拾。三是采取侧翼包抄的战术，不提及和重复错误信息，而用事实反驳。

六、有效沟通的障碍

在沟通过程中，由于主观因素和外界干扰及其他原因，经常出现信息被丢失或被曲解，使得信息的传递无法正常进行或不能产生预期效果的现象，我们称之为**沟通障碍**。

1．信息发送方面的障碍

沟通的首要工作就是将信息发送者的思想进行编码，也就是信息发送者能将心中的想法以适当的语言加以编码，使之成为可以进行传递的信息。编码过程的质量会极大地影响到信息沟通的总体效果水平。一般来说，影响信息发送者编码信息质量的因素主要有三个方面。

（1）表达能力。有效沟通的一个最基本条件，是编码者必须具有良好的口头或书面表达能力以及逻辑推理能力。如果发送者不能清晰地发出自己所要表达的信息，就势必造成所传递信息的先天性缺陷。一份逻辑混乱、语言不通的书面报告，很难迅速和准确地传达所包含的信息；一个主题不突出、含糊不清的讲话，也很难表明发送者的意图。由此可知，作为信息源的发送者如果不能进行正确的信息编码，不能准确地把自己所要表达的内容传递出去，这样就在信息传递的第一个环节出了问题，必然使接受者出现茫然，难以解码所收集的信息。

（2）知识经验。任何人都无法传递自己不知道的东西。由于人们的个性及知识经验具有很大的差异性，如果信息发送者在某些问题上所掌握的知识或所拥有的经验有限，就可能影响所传递的信息质量。如果信息发送者与信息接受者之间有共同的经验区，这样才比较容易实现沟通信息的目标。

（3）发送者信誉。沟通中人们经常会发现，在沟通方式、沟通内容及沟通对象相同的情况下，不同的信息发送者可能会收到不同的效果，这说明人们对信息发送者的信任程度会影响沟通的效果。如果对发送者是信任的，则沟通就会顺畅得多。否则，如果信息发送者的能力不强，人品差，威望低，接受者对他具有不信任感，就会在情感上加以拒绝。特别是如果你平时言而无信，其他人对你说的话就会持怀疑态度，沟通也就无法有效进行。

2．信息传递渠道的障碍

（1）信息传递手段的障碍。在现代信息沟通中，对现代信息手段的使用越来越多，从而大大提高了沟通效率。但是，一旦这些手段发生了故障也会影响沟通的顺畅进行。例如，召开大会时，扩音器的噪声过大，就会影响报告的效果。因而，在信息沟通中，应尽可能地选择高质量或保证高效率的沟通工具。

（2）传递渠道的障碍。信息沟通是在一定的信息传递渠道中进行的，如果信息渠道不畅通，必然影响沟通的效果。一般来说，信息渠道的故障主要表现在如下两个方面。

第一，传递环节过多。信息在传递过程中，同其他物体运动一样，会发生损耗。如果一个信息从发送者那里发出，到达接受者那里的环节越多，这种损耗会越严重，使得信息失真、歪曲和丢失的可能性加大。据研究，信息量从最高层逐级传达到基层时只有原来的 1/5。所以，在沟通过程中，沟通的层次应尽可能地减少，以防止信息被过多地过滤。

第二，缺乏及时反馈。信息的沟通应该是双向的。在某些企业中，从上到下的下行沟通渠道是畅通的，但从下到上的上行沟通渠道却形同虚设，高层管理者往往得不到来自基层的信息反馈，由此使沟通效率降低。

3．信息接受者的障碍

（1）理解能力。这同发送者发送能力的障碍是一样的。如果信息接受者的素质差、理解能力不强，不具有信息发送者编码时所认定或设定具有的知识水平，这就可能对正常的信息产生误解，以至于妨碍正常的沟通。

（2）信息过量障碍。接受者收到过多的信息时，就可能使一部分信息被忽略，这应引起信息发送者和接受者双方的重视。在信息化的社会里，一个人所接收到的信息量是非常多的，信息接受者不可能对所有的信息都掌握，必然是有选择地接受信息。

4．沟通环境障碍

（1）社会文化环境。不同的社会文化环境具有不同的价值观念和信仰追求，这些价值观念和信仰追求又左右着人们的沟通行为。例如，在“报喜不报忧”现象盛行的社会文化环境中，许多个体都要通过对所传递的信息进行有意识的过滤、筛选，从而造成所沟通的信息的不真实。

（2）噪音干扰。环境的好坏，是沟通成功的重要因素。嘈杂的环境会使信息接受者难以全面、准确地接受信息发送者所发出来的信息。例如，交谈时相互之间的距离、所处的场合、信息发送者和接受者当时的情绪等都会对信息传递效果产生影响。环境的干扰通常会造成信息在传递过程中的损失和遗漏，甚至被歪曲，最终造成错误的或不完整的信息传递。

七、如何克服沟通中的障碍

1．掌握沟通艺术的重要性

管理要以人为本，管理的核心是协调人的关系，调动人的积极性。但是管理不是简单的我管你，或者管理者管理被管理者的活动，而是由管理者与被管理者相互作用的过程。在这个过程中，始终伴随着沟通的活动，对沟通稍有疏忽，就会影响管理的有效性。所以，掌握沟通艺术，对于管理者和被管理者的互相理解，上下一致共同努力完成组织目标具有十分重要的意义。沟通是人与人之间的信息交流。由于人有不同的个性和能力，没有普遍适用的沟通方式。沟通的艺术主要靠管理者自己去摸索、体会和总结，从大量的沟通实践中总结和提炼出沟通的一般规律和方法。

2. 提高表达能力

提高表达能力，主要是指提高沟通者的“说”与“写”的能力。许多研究表明，经理们沟通的时间有 30%花在“说”上。有 9%花在“写”上，因此，要克服沟通的障碍，提高沟通的有效性，就必须努力提高“说”和“写”的能力。要有效地“说”，首先要明确的是，我们要表达什么，然后用听众感兴趣的语言传递出去；要有效地“写”，应明确写东西的目的，同时明确要读者去做什么，去想什么，以及能感受到什么。企业管理者在平时的管理工作中，要多实践，多磨炼文笔，以提高吸引读者注意力和便于读者理解的写作技能。

3. 学会正确运用语言

掌握语言艺术的前提是通过学习和训练，提高自己运用文字的水平和语言表达能力，使自己的语言水平得以提高。一般规律是，沟通中，要将沟通对象、沟通环境、沟通内容结合起来考虑怎样使用语言。

（1）沟通中语言的运用要与沟通的内容相一致。如严肃性强的沟通内容，应少用形容词，少用比喻和夸张等修辞手法；而鼓动性的宣传、演讲、倡议、大会报告则要选择带感染力的语言；在同事之间交流谈心时，要注意语言的真挚动人，以表达诚恳真诚的心愿。

（2）沟通中语言的运用要与沟通对象相一致。不同的对象，理解力不同，要求也不一样。例如，工人、农民不愿听空洞、抽象的大道理，语言文字应朴实生动，有理有据，简明扼要。

（3）注意语言文字净化，不用不规范、不正确的文字。

（4）要学会用体语表达，即面对面沟通中的身体动作、姿态等。如在交谈中，两个人坐得很近，表明没有距离感，容易推心置腹沟通；在表扬下级时，拍拍下级的肩膀，就会加强表扬的口气；沟通中如果皱着眉头，就是不高兴的样子；如果耸耸肩膀，则是无可奉告的意思。

4. 倾听的艺术

倾听是一种完整地获取信息的方法。伏尔泰说：“耳朵是通向心灵的窗户。”松下幸之助曾把自己的全部经营秘诀归结为一句话：“首先细心倾听他人的意见。”美国著名的玛丽 • 凯化妆品公司创始人玛丽 • 凯曾说过：“一位优秀的管理者应该多听少讲，也许这就是上天为什么赐予我们两只耳朵、一张嘴巴的缘故吧。”对管理者来说，倾听不仅可以使其获得重要的信息、获得别人的信任和友谊，还可以激发对方的谈话欲望，发现说服对方的关键。但管理者要真正学会倾听，并不是件轻而易举的事情。现实中“听不进”常常有三种表现：一是根本不听；二是只“听”一部分；三是不正确地“听”。如何才能正确地倾听？表 7-4 列出了一些要点。

表 7-4　　听的艺术

要	不　要
显出兴趣	争辩
全神贯注	打断
该沉默时必须沉默	用心不专
适当的时间进行辩论	厌倦情绪

续表

要	不　要
注意采用非语言性暗示	过快地或提前做出判断
没听清时，用疑问的方式重复一遍	草率的得出结论
发觉遗漏时，直截了当地问	让别人的情绪直接影响你
注意整理出一些关键点和细节	消极的身体语言
克服习惯性思维	思维狭窄
重复听到的信息	固执己见
运用适宜的身体语言予以回应	缺乏诚意

5. 管理者面谈艺术

（1）选择好谈话的地点。不同的谈话地点在沟通中所起的作用是不一样的。①在办公室谈话，表明管理者对谈话的重视，管理者所持有的认真、严肃、慎重的态度；②到对方家中谈话，表示着关心和爱护；③约到管理者自己家中谈话表示的是亲近；④在下级的工作地点谈话，表示沟通信息的迫切性和扩大影响；⑤边走边谈则表示需要一个轻松的气氛。因此，管理者在同下级面谈时，要根据谈话的内容选择好地点。

（2）创造一个合适的交流的气氛，允许下级发表意见。如果气氛过于紧张，沟通就比较困难。因此，管理者应尽可能地创造一个活泼、友好的气氛；当然有时也需要严肃的谈话气氛。

（3）准备要充分。将可能出现的情况、处理方法及其后果都应仔细考虑。

（4）时间安排应尽可能充裕。面谈的时间安排不宜过于紧张、短促，应根据内容留有一点余地。如果时间太紧迫，就难以充分交换意见。

（5）讲话要有礼貌，控制情绪。管理者在与下级面谈时，不可避免地会遇到下级的顶撞、争论，甚至对抗现象。这时管理者应胸怀坦荡，控制自己的情绪，不受下级的激动情绪所影响。讲话应有礼貌，有节制，这有助于沟通进行下去，还有助于维护自己的权威。反之，一见到下级顶撞就大发雷霆，甚至拍桌子的领导威信并不一定高。

复习小结

1. 所谓领导就是指挥、带领、引导和鼓励组织成员或群体为实现目标而努力的过程。领导者是担负领导职责、负责实施领导过程的个人。领导者一定有领导对象，领导者拥有影响其下属的能力或力量，领导的目的是通过影响部下来达到企业目标。

2. 领导与管理不同，管理是建立在合法的、有报酬的和强制性权力基础上，对下属命令的行为和过程，下属必须遵循管理者的指示。领导则可能建立在合法的、有报酬的和强制性的权力基础上，但是领导更多的是建立在个人影响权和专长权以及模范作用的基础上。虽然管理者通过周密的计划、严密的组织和严格的　控制，也能取得一定的成效，但如果管理者在他们的工作中加上有效领导的成分，则管理效率会更高。

3. 在带领、引导和鼓舞部下为实现组织目标而努力的过程中，领导者要具体发挥指挥、协调、激励和纠正偏差四个方面的作用。

4. 领导作为一种人际间相互交往和作用的过程，它是由权力、对人的理解和支持、鼓舞和营造组织气氛等要素构成。这里的权力是一个人影响另一个人的能力，按来源不同，权力可以分为法定权力、奖赏权、强制权、专家权、感召权。前三者主要与领导者所居的职位相关，其他权力则与领导者的个人因素相关，所以它们常被分别称为职位权力和个人权力。

5. 领导理论是关于领导的有效性的理论。对领导有效性的研究主要是从三个方面进行的：领导特质理论着重研究领导者的素质和修养，目的是说明好的领导者应具备怎样的素质；领导行为理论着重分析领导者的领导行为和风格对组织成员的影响，目的是找出最佳的领导行为和风格；领导权变理论侧重于研究领导行为和有效性的环境因素，目的是要说明在不同情况下，哪一种领导方式才是最好的。

6. 领导风格理论包括勒温理论、利克特理论、领导行为四分图理论、管理方格理论；领导权变理论包括领导方式连续统一体理论、菲德勒的环境决定论、领导方式生命周期理论和途径——目标理论。

7. 激励是指激发人的内在动机，鼓励人朝着所期望的目标采取行动的过程。它含有激发动机、鼓励行为和形成动力的意义。激励是一个循环过程，当人们产生了某种需要，就会产生动机，在一定外界刺激下，促使人们采取某种行为。激励就是在分析人们需要的基础上，不断激发、引导人们沿着有利于实现组织目标的方向去行动，以取得预期的效果，它是对需要和动机的诱导。

8. 激励中对“人性”有经济人假设、社会人假设、自我实现人假设、复杂人假设和文化人假设五种认识。对人性的不同假设，自然会导致各种不同的激励方法与方式。

9. 激励理论包括内容型激励理论，如需要层次理论、双因素理论；过程型激励理论，如期望理论、公平理论、强化理论；综合激励模型。波特和劳勒的综合激励模型所描述的激励过程，既是组织成员个人努力、取得成绩、得到奖励、达到个人目标的过程，也是各种激励理论正确地、综合地加以运用的过程。

10. 沟通是指可理解的信息或思想在两个或两个以上人群中的传递或交换的过程。沟通过程就是发送者通过一定的渠道把有一定内容的信息传递给接受者的过程。一般由以下步骤组成：信息的发送者首先要明确进行沟通的信息内容，发送者将这些信息表达为某种或某些接受者能够理解的一系列符号，通过某种渠道把信息传递给对方，信息接受者接受这些符号并将这些符号译码为具有特定含义的信息，接受者把所收到的或理解的信息再反馈到发送者那里，供发送者核查信息是否被理解。

11. 沟通的方法有很多，按沟通方式分为口头、书面、非语言和电子沟通；按沟通的组织系统分为正式和非正式沟通；按组织内信息沟通的流向分为上行、下行、平行和斜向沟通；按沟通中信息发送者与接受者地位是否变化可分为单向和双向沟通；按沟通时信息涉及的态度和价值观领域的程度深浅可分为浅层沟通和深层沟通。

12. 正式组织有链式、轮式、Y型、环型和全通道式五种典型的信息沟通网络；非正式组织也有集群型、密语型、随机型和单线型四种沟通网络。

13. 沟通的障碍主要有信息发送、信息传递渠道、信息接受者、沟通环境障碍四个方面。要克服障碍应做到掌握沟通艺术的重要性，提高表达能力，学会正确运用语言，学会听的艺术，掌握面谈艺术及注意反馈。

案例分析

一、哪种领导类型更有效

ABC 公司是一家中等规模的汽车配件生产集团。最近，对该公司的三个重要部门经理进行了一次有关领导类型的调查。

安西尔

安西尔对他本部门的产出感到自豪。他总是强调对生产过程、产量控制的必要性，坚持下属必须很好地理解生产指令以得到迅速、完整、准确的反馈。当安西尔遇到小问题时，会放手交给下级去处理，当问题很严重时，他则委派几个有能力的下属去解决。通常情况下，他只是大致规定下属的工作方针、完成怎样的报告及完成期限。安西尔认为只有这样才能带来更好的合作，避免重复工作。

安西尔认为对下属采取敬而远之的态度对一个经理来说是最好的行为方式，所谓的“亲密无间”会松懈纪律。他不主张公开谴责或表扬某个员工，相信他的每一个下属都有自知之明。据安西尔说，管理中的最大问题是下级不愿意接受责任。他讲到，他的下属可以有机会做许多事情，但他们并不是很努力地去做。他表示不能理解以前他的下属如何能与一个毫无能力的前任经理相处。他说，他的上司对他们现在的工作运转情况非常满意。

鲍勃

鲍勃认为每个员工都有人权，他偏重于管理者有义务和责任去满足员工需要的学说。他说，他常为他的员工做一些小事，如给员工两张下月在伽利略城举行的艺术展览的入场券。他认为，每张门票才 15 美元，但对员工和他的妻子来说却远远超过 15 美元，这种方式也是对员工过去几个月工作的肯定。

鲍勃说，他每天都要到工厂去一趟，与至少 25% 的员工交谈。鲍勃不愿意为难别人，他认为安西尔的管理方式过于死板，安西尔的员工也许并不那么满意，但除了忍耐别无他法。鲍勃说，他已经意识到在管理中有不利因素，但大都是由于生产压力造成的。他的想法是以一个友好、粗线条的管理方式对待员工。他承认尽管在生产率上不如其他单位，但他相信他的雇员有高度的忠诚与士气，并坚信他们会因他的开明领导而努力工作。

查理

查理说他面临的基本问题是与其他部门的职责分工不清。他认为不论是否属于他们的任务，都安排在他的部门，似乎上级并不清楚这些工作应该让谁做。查理承认他没有提出异议，他说这样做会使其他部门的经理产生反感。他们把查理看成是朋友，而查理却不这样认为。查理说过去在不平等的分工会议上，他感到很窘迫，但现在适应了，其他部门的领导也不以为然了。

查理认为纪律就是使每个员工不停地工作，预测各种问题的发生。他认为作为一个好的管理者，没有时间像鲍勃那样握紧每一个员工的手，告诉他们正在从事一项伟大的工作。他相信如果一个经理声称为了决定将来的提薪与晋职而对员工的工作进行考核，那么，员工则会更多地考虑他们自己，由此而产生很多问题。

查理主张，一旦给一个员工分配了工作，就让他以自己的方式去做，取消工作检查。他相信大多数员工知道自己把工作做得怎么样。如果说存在问题，那就是他的工作范围和职责在生产过程中发生的混淆。查理的确想过，希望公司领导叫他到办公室听听他对某些工作的意见。然而，他并不能保证这样做不会引起风波而使情况有所改变。他说他正在考虑这些问题。

思考题：

1. 你认为这三个部门经理各采取了什么领导方式？试分析三种领导方式可能产生的结果。
2. 是否每一种领导方式在特定的环境下都有效？道理何在？

二、兔子与胡萝卜的故事

南山坡住着一群兔子。在蓝眼睛兔王的精心管理下，兔子们过得丰衣足食，其乐融融。可是最近一段时间，外出寻找食物的兔子带回来的食物越来越少。为什么呢？兔王发现，原来是一部分兔子在偷懒。

兔王发现，那些偷懒的兔子不仅自己怠工，对其他的兔子也造成了消极的影响。那些不偷懒的兔子也认为，既然干多干少一个样，那还干个什么劲呢？也一个一个跟着偷起懒来。于是，兔王决心要改变这种状况，宣布谁表现好谁就可以得到他特别奖励的胡萝卜。

一只小灰兔得到了兔王奖励的第一根胡萝卜，这件事在整个兔群中激起了轩然大波。兔王没想到反响如此强烈，而且居然是适得其反。

有几只老兔子前去找他谈话，数落小灰兔的种种不是，质问兔王凭什么奖励小灰兔？兔王说："我认为小灰兔的工作表现不错。如果你们也能积极表现，自然也会得到奖励。"

于是，兔子们发现了获取奖励的秘诀。几乎所有的兔子都认为，只要善于在兔王面前表现自己，就能得到奖励的胡萝卜。那些老实的兔子因为不善于表现，总是吃闷亏。于是，日久天长，在兔群中竟然盛行起一种变脸式（当面一套背后一套）的工作作风。许多兔子都在想方设法地讨兔王的欢心，甚至不惜弄虚作假。兔子们勤劳朴实的优良传统遭到了严重打击。

为了改革兔子们弄虚作假的弊端，兔王在老兔子们的帮助下，制定了一套有据可依的奖励办法。这个办法规定，兔子们采集回来的食物必须经过验收，然后可以按照完成的数量得到奖励。

一时之间，兔子们的工作效率为之一变，食物的库存量大有提高。

兔王没有得意多久，兔子们的工作效率在盛极一时之后，很快就陷入了每况愈下的困境。兔王感到奇怪，仔细一调查，原来在兔群附近的食物源早已被过度开采，却没有谁愿意主动去寻找新的食物源。

有一只长耳朵的大白兔指责他唯数量论，助长了一种短期行为的功利主义思想，不利于培养那些真正有益于兔群长期发展的行为动机。

兔王觉得长耳兔说得很有道理，他开始若有所思。有一天，小灰兔素素没能完成当天的任务，他的好朋友都都主动把自己采集的蘑菇送给他。兔王听说了这件事，对都都助人为乐的品德非常赞赏。

过了两天，兔王在仓库门口刚好碰到了都都，一高兴就给了都都双倍的奖励。此例一开，变脸游戏又重新风行。大家都变着法子讨好兔王，不会讨好的就找到兔王吵闹，弄得兔王坐卧不宁、烦躁不安。有的说："凭什么我干得多，得到的奖励却比都都少？"有的说："我这一次干得多，得到的却比上一次少，这也太不公平了吧？"

时间一长，情况愈演愈烈，如果没有高额的奖励，谁也不愿意去劳动。可是，如果没有人工作，大家的食物从哪里采呢？兔王万般无奈，宣布凡是愿意为兔群作贡献的志愿者，可以立即领到一大筐胡萝卜。布告一出，报名应征者很踊跃。兔王心想，重赏之下，果然有勇夫。

谁也没有料到，那些报名的兔子之中居然没有一个如期完成任务。兔王气急败坏，跑去责备他们。他们异口同声地说："这不能怨我呀，兔王。既然胡萝卜已经到手，谁还有心思去干活呢？"（资料来源：http://www.leadge.com/bbs/authentication/view.asp?id=257）

思考题：

1. 这个故事反映了管理中的哪些理论？
2. "胡萝卜"在企业管理中指什么？"胡萝卜"有哪些种类，分别会达到什么效果？

练习题

一、单项选择

1. 俱乐部型的领导在工作中主要表现出（　　）。

A. 注重良好的气氛，关心职工的生活，较少注意工作效率的提高

B. 在注重良好的气氛和关心职工生活的同时，也非常注意工作效率的提高

C. 虽不大注重良好的气氛，但却非常注意工作效率的提高

D. 既不注重良好的气氛，也不注意工作效率的提高

2. 根据领导的生命周期理论，以下哪一类人采用"低关系、低工作"的领导方式有效（　　）？

A. 刚进厂的新工人　　B. 专业上很有造诣的老专家

C. 一般的职工　　D. 已进入企业两年的大学生

3.（　　）假设认为人的需要是多种多样的，人在同一个时间内会有多种的需要和动机，在不同的环境会有不同的表现。

A. 经济人　　B. 社会人

C. 自我实现人　　D. 复杂人

4. 根据费德勒的观点，个人的领导风格因为是反映个人的人格特性，因此是（　　）。

A. 固定不变的　　B. 随时改变的

C. 具有一定弹性的　　D. 随情境变化而变化的

5. 需要层次论认为，人的最低层需要是（　　）。

A. 生理需要　　B. 安全需要

C. 尊重需要　　D. 社交需要

6. 提出双因素理论的是（　　）。

A. 弗洛姆　　B. 马斯洛

C. 亚当斯　　D. 赫兹伯格

7. 弗洛姆提出的激励理论认为（　　）。

A. 激励与期望值和效价的大小成正比

B. 激励与期望值大小成正比，与效价大小成反比

C. 激励与期望值大小成反比，与效价大小成正比

D. 激励与期望值和效价的大小成反比

8. 强化理论认为，(　　)。

A. 人的行为结果对自己有利时，这种行为可以重复出现

B. 人的行为受外部环境影响

C. 行为结果对自己不利时，这种行为会自动终止

D. 行为受内心活动影响

9. 以下(　　)因素不属于激励因素？

A. 责任感　　B. 挑战性工作

C. 晋升　　D. 同事关系

10. 某企业有一位中层经理，长期以来工作认真负责，身先士卒带领下属，在目前岗位上为企业发展做出了突出的贡献，尽管偶尔也会受其只有高中毕业文化程度的影响，在工作上出现一些难尽人意的问题。为了肯定该经理的工作，公司决定加大对他的激励，但具体在如何激励的问题上存在着以下几种不同的看法。请问(　　)种较合适？

A. 除了给予正常的物质奖励外，将其晋升到高一级岗位

B. 给予特别的物质与精神奖励，让他继续担任经理工作

C. 重点给予精神奖励，提拔他担任更高一级的管理工作

D. 由公司出钱让他到国内著名管理学院去进修管理课程

11. 木华公司是一家高新技术企业，在公司最初发展阶段效益较好时，总经理给员工涨工资、发奖金。虽然有些管理者提醒总经理应该采取一些别的方式来奖励员工，但是总经理认为奖励说到底都是钱，区别不大。随着市场同类产品的出现，公司效益开始大幅下降，员工的奖金也越来越少。尽管后来公司动用积蓄以维持员工的工资、奖金水平不变，还是有一些骨干人员提出辞职，还有人干脆不辞而别。这表明(　　)。

A. 员工是理性的“经济人”，是个人经济利益最大化的追逐者

B. 需要用更持久、稳定的手段维系与技术骨干之间的关系，而不仅是钱

C. 金钱只是满足员工需要的保健因素，并不能有效地激励员工

D. 公司需要在对经营长远预期的基础上确定员工收入，以保证收入分配的稳定

12. 下列各种沟通属于单向沟通的是(　　)。

A. 交谈　　B. 报告

C. 协商　　D. 会谈

二、是非判断

1. 领导者对个人和组织的影响力来自职位权力。(　　)

2. 社会人假设认为人在进行工作时将物质利益看成次要因素，重视的是和周围人的友好相处，满足社会和归属的需要。(　　)

3. 领导者有了职权，就会对下属有激励力和鼓舞力。(　　)

4. 分权式的领导总比独裁式的领导更有效。(　　)

5. 在领导行为四分图的理论中，只要领导采用高关怀和高定规的领导方式，就能取得良好效果。(　　)

6. 激励是指激发人的心理动机的行为过程。(　　)

7. 某种需要一定引起某种动机，某种动机一定引起某种行为。(　　)

8. 工作本身具有挑战性、个人得到成长、责任感，都属于保健因素。(　　)

9. 期望理论中的效价是指能达到某种效果的可能性大小。(　　)

10. 对人的某种行为给予肯定和奖赏，以使其重复这种行为的激励方式称为正强化。(　　)

11. 人们不仅关心个人努力所得报酬量的绝对值，而且还关心自己的报酬量与别人报酬量之间的关系，即报酬的相对值。(　　)

12. 沟通即信息交流，是指组织中人与人、部门与部门之间的联络与交流。(　　)

13. 要使管理工作更健康、更有效的进行，必须提高沟通的有效性，沟通者有良好的语言表达能力即可。(　　)

三、名词解释

1. 领导特质论　2. 领导行为论　3. 权变理论　4. 激励　5. 沟通

四、简答

1. 简述领导权力的构成。

2. 费德勒模型的主要贡献是什么？

3. 试述激励的过程和功能。

4. 简述强化理论的内容及其意义。

5. 如何运用综合激励理论提高人的积极性？

6. 有效沟通的障碍有哪些？如何克服？

五、讨论

1. 某销售型公司，销售人员主要是拿销售提成。在公司成立之初，销售提成的方法确实非常有效，公司业务很快打开。但是，随着公司的力量增强，公司的品牌和资源占的比重越来越大，单纯销售提成的弊端逐渐显露出来，主要表现在以下四个方面。

（1）部分业务员坐吃老本，斗志低迷，使公司丧失很多潜在客户。这些业务有几个比较好的客户资源，所以就不再费力开发新客户。本来，这些业务员经验丰富，能力也相对较高。如果他们去开发新客户，比新业务员的成功率要高。但是公司里，开发新客户的大多是新业务员，无形之中公司就失去了许多潜在客户，失去占有市场的机会。

（2）业务员推广新产品的积极性不高，新产品推广非常困难。新产品是公司新的增长点，对公司至关重要。但由于新产品的知名度不高，客户不容易接受，不愿意花费精力去推广新产品。

（3）部门、业务员之间相互“争单”，损害了公司整体利益。由于奖金是根据销售业绩来提成，所以，部门、业务员之间往往互相隐瞒客户资料，以更多争夺客户，甚至宁愿将获利点让给其他竞争对手，以保证自己的提成不会被同事挤占。

（4）技术上很难实现的“公平”，挫伤了业务员的积极性，造成了人才流失频繁。部门、业务员协同作战签的单，要在部门、业务员之间根据贡献分割提成，而贡献大小又往往不能完全准确地衡量，让双方都无可挑剔，总是会不满，甚至双方都不满意，由此挫伤了很多人的积极性，这也是造成上面“争单”的原因之一。

业务部门的主管同时又是公司的骨干员工，他们既有销售任务，又要进行部门管理。在单纯的销售提成的奖金方案之下，没有人想去做主管，没有人想在销售以外投入更多的精力。

讨论题：

（1）该公司存在的问题可以用哪些激励理论来解释？

（2）你认为可以采取哪些激励方法以改变现在存在的问题？

2. 某公司张经理在实践中深深体会到，只有运用各种现代科学的管理手段充分与员工沟通，才能调动员工的积极性，才能使企业充满活力，在竞争中利于不败之地。几年来，他在调查员工积极性、发扬其创新能力方面进行了改革。

首先，张经理直接与员工沟通，避免中间环节。他告诉员工自己的电子信箱，要求员工尤其是外地员工大胆地反映实际问题，积极参与企业管理，多提建议和意见。经理本人则每天上班时先认真阅读来信，并进行处理。他从大量的员工来信中收集到许多对决策有用的信息。如该公司在对生产线进行技术改造时，一名员工通过信箱，毛遂自荐要求担任改造工程的现场指挥。张经理及其他管理者经过调查后，认为该员工技术过硬，善于搞革新，便决定任用。结果他圆满地完成了任务。自从设立经理信箱以来，他先后收到员工来信 500 多封，这反映出员工对公司兴衰的关心。为了激励员工这种热情，工厂决定，凡是被采纳的建议给予鼓励；提出带有普遍性问题的来信，张经理给予答复。

其次，为了建立与员工的沟通体制，公司又建立了经理公开见面会制度，并定期召开，也可因重大事情临时召开，参加会议的有员工代表、特邀代表和自愿参加的员工。每次会议前，员工代表都广泛征求群众意见，提交经理公开见面会上解答。1998 年 12 月，调资晋级和分房两项工作刚开始时，员工中议论较多。公司及时召开了会议，厂长就调资和分房的原则、方法和步骤等做了解答，使部分员工的疑虑得以澄清和消除，保证了这两项工作的顺利进行。

最后，张经理还注意公司的舆论，注意对收集到的小道消息进行分析和利用。1999 年，该公司面临供电紧张、原材料涨价、市场竞争加剧的不利形式，许多员工对完成任务信心不足。一时间小道消息漫天飞，认为该公司会裁员，也可能倒闭，人心惶惶。张经理了解了小道消息的内容，临时决定召开公开见面会，给员工以提问的机会。意见集中在两点：一是企业如何生存；二是员工的收入是否会受影响。面对问题，张经理结合工厂面临的实际情况，进行沟通，如实而全面地向员工介绍了公司的经营状况，认为该公司面临供电紧张、原材料涨价、市场竞争加剧的不利形势等情况确实存在，可能要暂时影响员工的收入，但公司有信心解决困难，并向员工详细介绍了工厂的经营方针和对策，并请员工对这些政策、方针和对策提出意见，以便及时修改。张经理自动提出扣除自己上半年的奖金。出人意料的是，员工对公司的政策十分配合，部分员工自动请求减免上半年的奖金，最后大家一致同意扣除上半年的奖金。这一举动，使公司上下齐心，共同努力，克服了困难，渡过了难关，使产值和利润有了大幅度地增长。

讨论题：

（1）请你用本章所学的内容，分析张经理与员工在沟通方式上所做的选择。这些方式有何特点？

（2）沟通的主要内容是什么？

（3）从这个沟通案例中，分析管理者在沟通中所起的作用。

参考文献

1. Bass B.M.Leadership and performance beyond expectations.New York: The Free Press, 1985

2. Fred Luthans. Introduction to Management:A Contingency Approach. New York: McGraw–Hill Book Company, 1976.

3. 万卉林，贾书章，李淑勤主编. 管理学. 武汉：武汉理工大学出版社，2006

4. 杨洁，孙玉娟等编著. 管理学. 北京：中国社会科学出版社，2006

5. 许洁虹主编. 管理学教程. 广州：中山大学出版社，2005

6. 周三多主编，陈传明副主编. 管理学 北京：高等教育出版社，2005

7. 周颖，杜玉梅主编企业管理. 上海：上海财经大学出版社，2006

8. 王积瑾主编. 管理学. 杭州：浙江大学出版社，2007

9. 林根祥主编. 管理学基础. 武汉：武汉理工大学出版社，2006

10. 章健编著. 管理学基础. 上海：上海财经大学出版社，2007

11. 吴照云等编著. 管理学. 北京：中国社会科学出版社，2006

12. 刘永好. 中国顶尖企业家演讲录. 北京：中央编译出版社，2002

网络资源

1. http://blog4.eastmoney.com/alqa88888,100380311.html

2. http://www.leadge.com/bbs/authentication/view.asp? id=257

习题答案

一、单项选择

1. A　2. B　3. D　4. A　5. A　6. D
7. A　8. A　9. D　10. D　11. C　12. B

二、是非判断

1. ×　2. √　3. ×　4. ×　5. √　6. ×　7. ×
8. ×　9. ×　10. √　11. √　12. ×　13. ×

三、名词解释

1. 领导特质论：领导特质理论是研究领导者的个人特性对领导成败的影响。领导特质理论认为领导工作效率的高低与领导者的素质、品质和个性有密切的关系。这种理论最初是由心理学家开始研究的，他们的出发点是，根据领导效果的好坏，找出好的领导人与差的领导人在个人品质和特性方面有哪些差异，由此确定优秀的领导人应具有哪些特性。

2. 领导行为论：领导行为论不强调领导者的天赋与素质，而注重领导者本身的行为与作风。认为领导者对被领导者所采取的控制方式不同，将会影响组织气氛从而影响其成员行为和工作效率。可分为领导作风和领导行为两个方面。它包括勒温的三种极端领导方式理论、利克特的四种领导方式理论、领导行为四分图理论、管理方格理论等。

3. 权变理论：多数管理学者认为，领导有效性不仅取决于领导者本人的品质和才能、行为和风格（对下属影响），也取决于他所在的组织环境，如被领导者、工作等的性质和特点。领导权变理论认为，有效的领导行为应当随着领导环境的变化而变化，即 S=f（L·F·E），S 为领导的有效性，L 为领导者，F 为被领导者，E 为环境。有效的群体绩效取决于与下属相互作用的领导风格，也取决于情境对领导者的控制和影响程度之间的合理匹配。

4. 激励：激励是指激发人的内在动机，鼓励人朝着所期望的目标采取行动的过程。具体来说，对施加激励者来说，激励是研究人的需要，激发人的动机，激发人的积极性，使其实现群体目标的过程。对感受激励者来说，激励是一个人感到某种行为能满足需要的价值，从而积极自觉地投身到工作的状态。

5. 沟通：沟通是人们通过语言和非语言方式传递并理解信息、知识的过程，是人们了解他人思想、情感、见解和价值观的一种双向的途径。

四、简答

1. 领导权力通常就是指影响他人的能力，在组织中就是指排除各种障碍完成任务，达到目标的能力。领导的权力主要起源于两个方面。一是来自职位的权力，它是由上级和组织赋予的。并且由法律制度明文规定，属于正式权力。这种权力与职位相关，随职位的高低变化而变化，包括法定性权力、奖赏性权力和惩罚性权力。二是来自个人的权力，其影响力主要来源于其个人独特的魅力，包括感召性权力和专长性权力。

2.（1）费德勒模型的权变理论统合了领导现象的复杂性。领导是一个极为复杂的社会现象。一种领导现象的出现，不仅是领导者本人的行为结果，而且还有赖于周围的领导环境。费德勒模型的权变理论研究把领导者个人特质、领导者行为及领导环境相互联系起来，从而创造了一套比较完善的领导理论体系。

（2）费德勒模型的权变理论的另一个重要贡献是它为人们提供了一套有效的领导方法。领导者特质研究重点在于分析领导者应具备的各种特质，以此作为选拔领导者的依据，而没有涉猎领导方法之领域。

（3）费德勒模型的权变理论更切合实际领导工作者的需要，它以统合之方式和权变之观点解释了领导现象的复杂性，吸收了前人有益的研究成果，从而为人们提供了研究领导现象的新途径和提高领导效能的新方法，这就在很大程度上拉近了领导理论与领导实际的距离，满足了实际领导工作者对领导理论的需要。

3. 激励是一个循环过程，即当人们产生了某种需要，该需要又有了一定的强度，而且一时又不能得到满足时，心理上就会产生一种不安和紧张状态，并成为一种内在的驱动力，这种内在驱动力就是动机，在一定外界刺激下，促使人们采取某种行为或者行动，如果行为的结果与期望的目标一致，就会产生一种满足感，从而产生新的需要，强化行为。

激励的功能在于激发、调动人的积极性，从而使人们能够更富有成效地去努力工作，以取得最大的成效。具体来说，激励的作用主要表现在以下几个方面：（1）激励有利于挖掘人的潜力；（2）激励有利于企业吸引人才；（3）激励有利于实现企业目标；（4）激励有利于员工素质的提高。

4. 强化理论的主要内容包括如下三个方面。

（1）认为人的行为是对其所获刺激的函数。

（2）强化的具体方式有

①正强化；②负强化；③惩罚；④忽视四种。

（3）强化理论是影响员工行为的一种重要方式，在应用时可遵循以下原则：

① 要明确强化的目标，从而使被强化者的行为符合组织的要求；

② 要以正强化为主；

③ 要及时反馈；

④ 强化方式因人而异。

5. 波特和劳勒的综合激励模型所描述的激励过程，既是组织成员个人努力、取得成绩、得到奖励、达到个人目标的过程，也是各种激励理论正确地、综合地加以运用的过程。它表明，激励工作是一件相当复杂的事情，充满着科学性和艺术性。要注意以下几点。

（1）一个人受激励的程度如何，以及由此引发的努力程度，不仅取决于奖励的价值，还要受到努力工作后达到绩效标准的可能性（或期望值）的制约。

（2）个人实际取得的绩效不仅取决于自身努力的程度，而且还受到个人能力和素质的影响。

（3）个人所获得的奖励应该是以其实际取得的工作绩效为评价标准。

（4）个人对于所受到的奖励是否满意以及满意的程度是以其对所获报酬公平性的感觉。

（5）个人是否满意以及满意的程度将会反馈到要完成的下一个任务的努力过程之中。

6. 有效沟通的障碍主要有以下几个方面：一是信息发送方面的障碍；二是信息传递渠道的障碍；三是信息接受者的障碍；四是沟通环境的障碍。

克服沟通中的障碍要注意以下几点：一要掌握沟通艺术的重要性；二要提高表达能力；三要学会正确运用语言；四要学会倾听的艺术；五要掌握面谈艺术；六要注意反馈。

五、讨论题（略）

第八章 控　　制

【教学目标】

1. 解释控制的概念及其重要性；
2. 描述控制系统的构成要素；
3. 说明控制过程；
4. 阐述控制的原则；
5. 阐述控制的类型；
6. 说明成果控制的含义与内容；
7. 说明行为控制的含义与内容；
8. 说明文化控制的含义与内容。

【教学重点】

1. 控制系统的构成要素；
2. 控制过程；
3. 控制的原则；
4. 成果控制的含义与内容；
5. 行为控制的含义与内容；
6. 文化控制的含义与内容。

【教学难点】

1. 成果控制的含义与内容；
2. 产出控制的含义与内容；
3. 文化控制的含义与内容。

【关键术语】

控制（control）　　控制系统（Control systems）

控制原则（The principle of control）　　控制过程（Control process）

【管理名言】

尽管计划可以制定出来，组织结构可以调整得非常有效，员工的积极性也可以调动起来，但是这仍然不能保证所有的行动按计划执行，不能保证管理者追求的目标一定能达到。

——〔美〕斯蒂芬·罗宾斯

引导案例

海尔OEC管理

海尔集团经过多年的探索，有效地解决了员工惰性这一难题，并不断发展完善形成了其独特的制度体系——日清管理系统（OEC管理）。

OEC是下列英文单词的缩写：

O-Overall，海尔称其为全方位；

E-（1）Everyone，指每个人，（2）Everything，指每件事，（3）Everyday，指每一天；

C-（1）Control，控制，（2）Clear，清理。

OEC管理即企业全方位地对每人每天所做的每件事进行控制和管理，做到“日事日毕，日清日高”。具体地讲，就是企业每天所有的事都有人管，做到控制不漏项；所有的人均有管理控制的内容，并依据工作标准对各自所控制的事项按计划执行，且每日把实施结果与计划指标对照、总结、纠偏，达到对事物发展过程自控和事事控制的目的，确保企业计划目标的实现。

比如，在海尔的日清体系有一个看板管理。看板管理把海尔所有的事和物都按照一定的模式分成非常细微的目标，然后每一件事情，每一个物品都分给个人管理。例如，在海尔制造冰箱的车间，一共有两千多块玻璃，每一块玻璃的右下角都贴着一块小纸条，写着两个名字。第一个是由谁来负责清理这一块玻璃；第二个是由谁来做这个检查。这个小纸条就是海尔的看板管理的一个体现。与小纸条配套的制度就有：负责的人应该怎样对玻璃进行清理，多长时间清理一次；检查的人多长时间来进行检查一次，如果检查结果不好，应该出具什么样的清单列出来。在这样一种管理体制下，海尔整个厂区内非常整洁。同时在企业的生产环境里还有积极向上的环境布置。例如车间最外面有一块大的日清栏，里面有表扬栏目。所有的员工在“三工动态转换”的过程中，所谓“三工并存，动态转换”，是指全体员工分为优秀员工、合格员工、试用员工三种，分别享受不同的三工待遇（工龄补贴、工种补贴、分房加分等），并根据工作业绩和贡献大小进行动态转换，全厂分布。每个月都表扬优秀员工，当月表现最差的员工也要上榜。在这样的体系下，海尔建设了一个非常优秀的企业环境。走进海尔处处可以感受到一种企业的活力，一种奋发向上的创新的企业文化。

当前，各类组织都很重视管理工作。为了向管理要效益，组织管理者明确了企业的经营理念，制定了组织发展战略，设计并规范了组织结构和岗位设置，明确了业务流程，形成了一整套规范的管理制度。但在实际运作中，却常常发现一些好的设想难以落实下去：组织文化理念仅仅停留在领导人的口头和组织宣传上却难以转化为行动；组织手册、业务流程和规章制度被束之高阁；耗费心血设计出来的计划和制度流于空谈却没有对组织发展起到实际的推动作用。

这说明组织在控制方面有所欠缺。控制是实现计划的保障，有目标和计划而没有控制，人们可能知道自己做了什么，但无法知道自己做得怎样，存在哪些问题，哪些地方需要改进。组织需要通过控制工作来对具体的组织活动进行检查和调整，以保证计划的落实。

第一节　控制的基础

一、控制的概念

所谓控制，**是指管理者监视并纠正活动中存在的各种偏差，以确保预定计划得以顺利实施的过程**。

组织为完成目标而制定各层次计划，但由于客观环境的影响以及众多员工在个人意识、能力方面的差异，实施计划的具体活动难免地会出现各种各样的偏差。这些偏差会妨碍组织目标的实现。因此，通过控制职能，各层次管理者把已经完成的工作与计划应达到的标准相比较，就可以知道工作是否正常以及如何去改变不正常的工作状态。

控制并不仅仅是一种事后反应，同时还能够预测潜在问题以实现防患于未然。控制能够使管理者和员工集中精力于一些重要问题并通力合作，从而使企业实现稳定持续的发展。

二、控制的重要性

对于组织而言，控制能够在四个方面帮助组织获得竞争优势。

一是帮助组织提高生产效率。资源的投入产出比，即资源的效率标准，能够使管理者了解组织制造产品和服务的方式是否富有效率。从而让组织得以形成高效率的生产方式。

二是帮助组织提高生产质量。当前，产品的质量是市场竞争的焦点。管理者通过组织控制系统，了解到有关产品质量的反馈信息。比如，通过监测顾客投诉数量以及手机返修率，手机生产企业可以了解到产品的质量如何，以便能持续地改进质量，获得市场优势。

三是帮助组织提高顾客服务水平。一套良好的控制程序能够有效地对员工的行为进行监督，使员工有更高的积极性来为顾客服务。比如，组织可以定期向顾客进行满意度调查。如果哪个机构或个人遭遇过多投诉，组织就对此展开调查，寻找问题原因，拿出对策，并对相关人员进行奖惩。

四是帮助组织提高创新水平。当组织环境有利于员工自由实践和承担风险时，员工就会积极进行创新。合适的控制系统能够形成一套有利于知识创造与共享的业绩评价与激励制度，以引导项目团队和员工的价值创造行为。克莱斯勒公司把每个产品小组的业绩（降低成本或改善质量）与分红挂钩，对小组进行奖励。然后，产品小组的经理则评估每个小组成员的个人业绩，把报酬和晋升建立在员工杰出的业绩表现上。

三、控制系统的构成

一个组织的控制系统主要有以下要素构成，如图 8-1 所示。

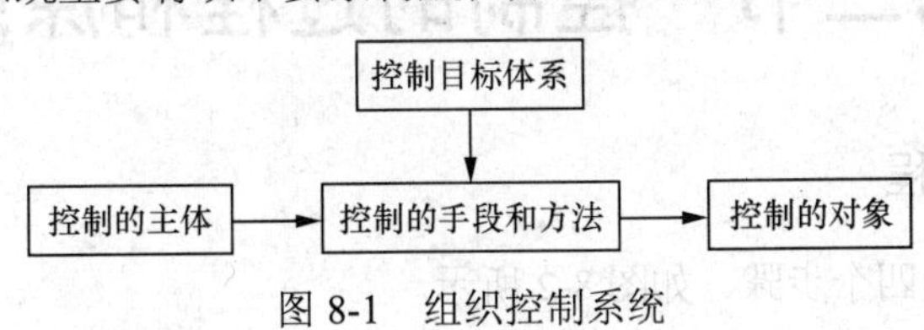

图 8-1　组织控制系统

1. 控制目标体系

任何控制活动都有一定的目标控制范围，不能无目的地进行控制。因此必须要有一个控制目标体系，常常以各种形式的控制标准体现出来，如数量标准、质量标准、行为准则等。在一个组织中，控制应服从于组织发展的总体目标。控制标准往往是根据总目标所派生出来的分目标及各项计划的指标所确定的。

2. 控制的主体

组织内的控制活动是由人来执行操纵的，因此，组织中控制系统的主体，即履行控制职责的各级管理者及其所属的职能部门。它以各层次的管理者为主体，能根据变化了的环境和条件有意识地调节自己的活动。一般来说，中低层管理者执行的主要是例行的、程序性的控制，而高层管理者执行的是例外的、非程序性的控制。控制系统能发挥多大作用取决于控制主体控制水平的高低。

3. 控制的客体

组织控制系统的控制客体，即控制的对象，是整个组织的活动。

首先，组织的控制应该是全面的控制。控制的对象可以从不同角度进行划分。从横向看，组织中的人、财、物、时间、信息等资源都是控制的对象；从纵向看，组织中的各个层次，如企业中的部门、车间、班组都是控制的对象；从控制的阶段看，组织内不同的业务阶段和业务内容也是控制对象，如企业中原料供应、产品生产、产品销售三个阶段都需要控制；从控制的内容看，态度、能力、行为、业绩都是控制对象。

其次，组织的控制还应是统一的控制。在控制活动中要把组织各个方面当成一个整体来控制，努力做到组织活动协调统一，实现整体优化，从而有效地实现组织目标。比如，要提高劳动生产率，就要把对设备的控制与对员工行为的控制有机结合起来，才能取得良好的控制效果。

4. 控制的手段和工具系统

控制的手段和工具系统主要包括控制的机构、控制的工具、信息系统等几个方面。

组织的控制机构从纵向看可分为各个不同管理层次的控制；从横向看可分为不同性质的专业控制，如生产控制、质量控制、成本控制等。

控制的工具主要是计算机和互联网。

管理信息是控制系统与控制活动的“神经系统”，没有信息，或者信息不准、不及时，就无法实现正确而有效地控制。控制系统的活动是按照所获得的信息来进行的。随着当代科学技术的高速发展，组织及组织所处的环境变得越来越复杂，组织所面临的问题越来越多，信息量也日益增大。在这种情况之下，组织的信息处理工作也自然形成一个管理信息系统。

第二节 控制的过程和原则

一、控制的基本过程

控制过程可以分为四个步骤，如图 8-2 所示。

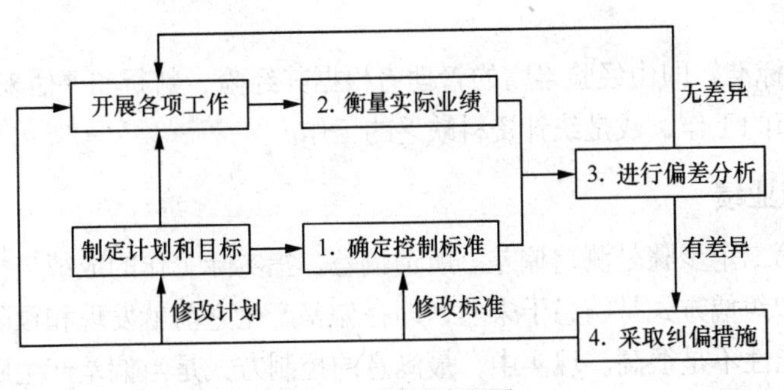

图 8-2　控制过程图

1. 确定控制标准

控制过程的第一步是确定控制标准。标准是一种以计划和目标为依据而建立起来的测量单位或具体的尺度。对照标准管理人员可以判断绩效和成果。标准是控制的基础，离开标准要对一个人的工作或一项劳动成果进行评估则毫无意义。

（1）控制标准的种类

标准的种类很多，管理控制中所用的标准主要有五种。

表 8-1　管理控制标准

时间标准	主要是反映工作时间进度的各种标准，如完工日期、时间定额等
成本标准	主要是反映各种工作与活动所支出的费用标准，如产品成本、质量成本等
数量标准	主要从量的方面规定工作和活动所应达到的水平和完成的时间等
质量标准	主要是从定性的角度规定工作的范围、水平及质的要求
行为标准	行为标准是对职工规定的行为准则

（2）制定控制标准的要求

控制标准制定得科学与否以及水平的高低，关系到整个控制工作的有效性。因此，一个好的控制标准，应符合以下几个方面的要求。

① 概括性和一致性。标准应具有概括性的特点，不能过于繁杂，以免给衡量和鉴定工作带来麻烦，同时，还要保持一致性。标准之间要相辅相成，完成一个标准应对完成另一个标准有促进作用，不能相互矛盾、相互影响。

② 可行性。可行性是指制定的标准既不能过高，也不能过低。标准过高，经过努力也无法实现，会挫伤员工的积极性；标准过低，不经过努力就能实现，控制也就失去了本来的意义。

③ 稳定性。控制标准一旦定下来之后，要在一定的时间内保持一定的稳定性。一方面可以简化控制工作，另一方面也有利于保持员工的工作积极性。

（3）制定控制标准的方法

控制的对象不同，制定控制标准的方法也不同。常见的制定控制标准的方法有三种。

① 统计性标准，也叫历史性标准，即根据组织的历史数据记录或对比同类组织的水平，用统计学的方法来确定标准。

② 工程标准，即通过对工作情况进行客观的定量分析来制定控制标准。比如，劳动时间定额是对受过训练的普通工人以正常速度按照标准操作方法完成某个加工工序所需的平均必要时间进行测定后所得出的控制标准；产出标准是其设计者计算的在正常情况下被使用的最

大产出量。

③ 经验估计标准，即由经验丰富的管理者根据其经验、判断和评估来对工作建立标准。一般适用于新从事的工作，或是统计资料缺乏的工作。

2. 衡量实际业绩

控制过程的第二个步骤是测定偏差。所谓偏差，指实际工作的成绩与标准之间的差异。最为理想的控制和纠偏方式是防患于未然，即在偏差产生之前就发现和预防偏差。但这种纠偏方式的现实可能性不是很高。现实中，最满意的控制方式是当偏差产生后能及时被纠正。管理者需要及时掌握偏差信息，为此就要使用预定标准对实际工作成效和进度进行检查、衡量和比较来获得这类信息。

（1）确定测量的精度和频率

在这一步骤中，首先要明确衡量的手段和方法，设置监测机构，落实进行衡量和检查的人员。为准确地测量执行情况，必须凭借切实可行的测定手段，还要考虑测定的精度和频率。

所谓测定精度是指对执行情况的衡量结果能在多大程度上反映出被控制对象的变化。精度越高，越能反映被控制对象的状态，但衡量工作就越复杂。因此，衡量的精度要适度。

所谓频率，是指对控制对象多长时间进行一次测量和评定。频率越高，越能掌握状态变化，但同时增加了监测机构的工作量，或者有时根本做不到，因此，测量频率的设定要适当。以什么样的频率对某种活动进行测量，取决于被控制活动的性质。比如，对产品生产线的质量控制常需要以日或小时为单位来进行；而对于投资项目的控制则需要以年或月为单位进行。控制对象可能发生重大变化的时间间隔是确定适宜的衡量频率所考虑的主要因素。

（2）建立良好的信息反馈系统

管理人员需要建立良好的信息反馈系统来及时掌握偏差信息。由于并不是所有的测量业绩的工作都是由管理者直接操作的，有时需要借助专职的检测人员，因此有了信息反馈系统，才能把实际业绩数据及时传递给管理者，使其能及时发现问题。同时，信息反馈系统还要及时将偏差信息传递给与被控制活动相关的部门和个人，以使他们及时知道自己的工作绩效：做得如何，哪里做得好哪里做得不好，怎样才能做得更好。这些信息能帮助基层人员认清工作绩效，进而改进工作绩效，保证预期计划的实现。而且还能防止基层人员把控制视为上级检查工作、进行惩罚的手段，从而避免抵触情绪。

（3）采用适当的测量方法

管理者可以使用四种方法来获得业绩信息，如表 8-2 所示。

表 8-2　　获得业绩信息的方法

个人的观察	提供了关于实际工作的最直接和最深入的第一手资料
统计报告	用统计数据来衡量实际工作情况；统计报告不仅有计算机输出的文字，还包括多种图形、图表，如条状图等；只能提供几个关键数据，忽略了其他许多重要因素
口头汇报	如各种会议、一对一的谈话或电话交谈等。这是一种快捷的、有反馈的，同时可以通过语言语调和词汇本身来传达的信息
书面报告	比口头汇报的形式更精确和全面；也易于分类存档和查找

3. 进行偏差分析

比较实际业绩与控制标准，确定两者之间是否存在差异。若无差异，则继续按原计划开展工作；若有差异，先判断差异是否在标准允许的范围内。若偏差在允许范围内，继续工作，同时也要分析偏差产生的原因，以改进工作；若是偏差在允许的范围之外，则应深入分析并找出偏差形成的原因。

（1）判断偏差是否重要

并非所有的偏差都影响组织的最终成果。有些偏差反映了计划制定和执行过程中存在着的重大问题，而另一些偏差是由于一些偶然的、临时性的因素所造成的暂时偏离，时间一长又会回到正轨。对于这些暂时偏离的现象就不需要刻意去纠正。因此，偏差分析就要首先对偏差信息进行评估和分析。一方面，要判断偏差是否值得去关注和纠正；另一方面，对于要纠正的偏差需要探寻其产生的主要原因。

（2）确定产生偏差的真实原因

明确原因是采取措施的前提。同一偏差可能是由不同的原因所造成。比如，销售利润低于预期，这个偏差就可能产生于不同的原因，我们必须找出最主要的产生原因，如图 8-3 所示。

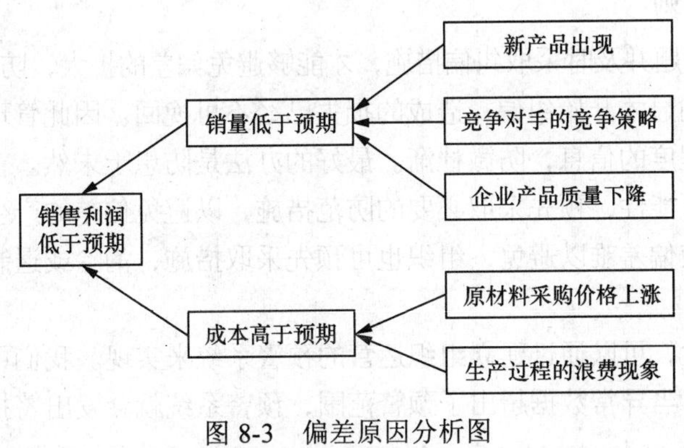

图 8-3　偏差原因分析图

不同的原因要求采取不同的纠偏措施。对偏差信息进行仔细分析，透过表面现象找出造成偏差的深层原因，在众多深层原因中找出最主要的原因，进而提高纠偏措施的针对性和适用性。

（3）区分不同性质的偏差

有两类不同性质的偏差，一类偏差的产生是源于工作失误，另一类偏差则源于原有计划考虑不周。如销售人员的月销售业绩低于预定计划，有可能是因为销售人员执行计划不力，也有可能是原计划定额太高导致难以完成，或者是原计划是合理的，但是这个月刚好碰到暴雨成灾，客观环境发生了预料不到的变化从而使原计划不再适应新形势。区分偏差的性质，才能采取针对性的应对措施。

偏差有正偏差与负偏差之分。正偏差即实际业绩高于控制标准；负偏差是实际业绩低于控制标准。导致正偏差出现的原因可能是设定标准太低，市场环境发生变化，员工比以前努力等，此时应修改原计划以适应新的变化。而负偏差的存在更需要认真对待，找出其原因。

4．采取纠偏措施

纠正偏差是控制过程的最后一个步骤，也是最关键的一步。纠正偏差是执行控制职能的目的。

如果偏差分析的结果表明，计划是可行的，控制标准也是适当的，问题出在执行工作本身，管理者就应该采取纠偏措施，如改进生产技术、转变管理方法、变动组织结构、调整人事安排等等。在纠偏措施中，不能“头痛医头、脚痛医脚”，只注重表面的、一时的成效，而要对症下药，明确偏差产生的根本原因，从根本上解决问题。

而在某些情况下，偏差是来自于不切实际的控制标准。如果控制标准制定得过高或过低，即使其他因素都发挥正常，实际业绩与控制标准的偏差也难以避免。此时管理者就要审查是否原计划考虑不周，或是计划的某些重要条件发生了变化等等。如果是控制标准不切实际，可以修改标准，但要慎重，防止为低水平的工作绩效开脱。

上述控制过程的四个基本步骤构成了一个完整的控制系统，四个步骤完成了一个控制周期。通过每一次循环，使偏差不断缩小，保证组织目标最有效的实现。

二、控制的原则

1. 适时控制原则

能够迅速发现问题并及时采取纠偏措施，才能够避免偏差的扩大，防止不利影响的扩散。等到偏差已经非常明显才开始纠偏，造成的损失已经不可挽回。因此管理者要及时掌握反映偏差产生及其严重程度的信息，防微杜渐。最好的办法是防患于未然。在偏差未产生前，就注意到偏差产生的可能性，预先采取必要的防范措施，以避免偏差的产生。如果由于某种组织不可抗拒的因素使偏差难以避免，组织也可预先采取措施，消除或遏制偏差产生后对组织造成的不利影响。

预测偏差的产生，可以通过建立组织运营的预警系统来实现。我们可以为需要控制的对象建立一个预警线。当异常数据超出了预警范围，预警系统就会发出警报，提醒管理者采取措施纠正偏差。

控制图可作为一个控制预警系统，如图 8-4 所示。

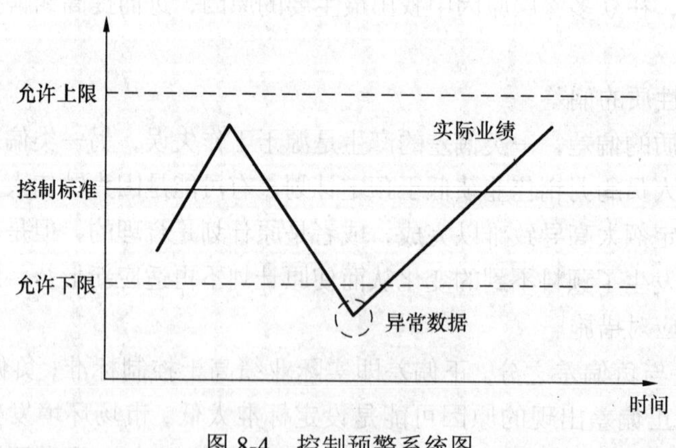

图 8-4　控制预警系统图

在图 8-4 中，纵轴表示控制标准的数值，横轴表示获取数据的时间。控制标准有一个上下限，如果数据在上下限范围内，则表明“一切在控制之中”；如果数据超出了上限或下限，则表示出现问题了，应引起管理者的注意，采取必要的纠正措施。

2．适度控制原则

适度控制是指控制的范围、程度和频度要适度。

（1）要防止控制过多或控制不足。过多的控制造成组织的条条框框太多，从而会扼杀组织成员的积极性和创造性，减少工作热情；而过少的控制会导致组织涣散，组织成员的行为难以协调一致，组织效率低下。俗话说："不审势，则宽严皆误"。可见控制程度是否适当，与组织面临的形势相关。管理者需要根据组织活动的性质、管理层次和下属素质高低等因素，决定适当的控制宽严程度。

（2）要处理好全面控制与重点控制的关系。我们不可能控制工作中所有的事项，而只能针对关键的事项，且仅当这些事项的偏差超过了一定限度，足以影响目标的实现时才予以控制纠正。抓住活动过程中的关键和重点进行局部的和重点的控制，这就是所谓的重点原则。组织可利用 ABC 分析法和例外原则等工具来进行重点控制。

（3）要获得足够的控制收益。控制是一项需要投入大量的人力、物力、财力等各种资源的活动，组织控制时必须要考虑控制效率，减少或消除不必要的或效率低的控制活动，改进控制方法和手段，以最少的资源投入取得理想的控制效果。

3．客观控制原则

控制工作应是客观的、符合组织实际状况的活动，而减少或避免主观意识对控制的影响。衡量业绩的技术和手段是客观的，控制标准必须是客观的而不是主观认定的，以保证要纠正的偏差是实际存在的。此外，标准和计量规范也应与时俱进，当过去的标准和计量规范不再适应当前的状况，就要积极改进，以求符合当前的客观状况。

4．弹性控制原则

任何控制对象和控制的过程都是受到众多未来因素的影响的，而对未来因素变化的预测总会存在着一定的不确定性，因此所控制的对象和过程也不可能完全按照所设计的控制目标发展。有效的控制系统应保证在发生某些未能预测到的事件（如环境突变、计划疏忽、计划失败等）的情况下仍能发挥作用，也就是要具有弹性。管理者要制定多种应付变化的方案和留有一定的后备力量，并采用多种灵活的控制方式和方法来达到控制的目的。

第三节　常见的控制类型

根据控制的性质、内容、范围等不同，控制可以分成许多不同类型。管理者根据实际情况选择合适的控制类型，对于有效的控制非常重要。

一、事前控制、事中控制、事后控制

控制活动可以按控制点处于事物发展进程的哪一个阶段，而划分为事前控制、事中控制和事后控制三种类型。

1. 事前控制

事前控制又称事先控制，是指一个组织在一项活动正式开始之前所进行的控制活动。事前控制主要是对活动最终产出的确定和对资源投入的控制，其重点是防止组织所使用的资源在质和量上产生偏差。因此事前控制的基本目的是保证某项活动有明确的绩效目标，保证各种资源要素的合理投放。如各种计划、市场调查、原材料的检查验收、组织招工考核、入学考试等，都属于事前控制。

2. 事中控制

事中控制又称过程控制、现场控制，是指在某项活动或工作过程中进行的控制，管理者在现场对正在进行的活动给予指导与监督，以保证按规定的政策、程序和方法进行。事中控制的目的是及时发现并纠正工作中出现的偏差。例如生产过程中的进度控制、每日情况统计报表、学生的家庭作业和期中考试等，都属于事中控制。

3. 事后控制

事后控制是在工作结束之后进行的控制。事后控制把注意力主要集中于工作结果上，通过对工作成果进行测量比较和分析，采取措施，进而矫正今后的行动。事后控制是历史最悠久的控制类型，传统的控制方法几乎都属于此类。如企业对生产出来的成品进行质量检查、学校对学生的违纪处理等，都属于事后控制。

二、反馈控制、现场控制、前馈控制

按照控制信息的来源不同，可以把控制分为反馈控制、现场控制和前馈控制三种类型。

1. 反馈控制

反馈控制就是根据最终结果产生的偏差来指导将来的行动。这是一种承前启后的控制，对前一阶段工作的考核和分析，从信息反馈中发现偏差，并通过分析原因，采取相应措施纠正偏差，来提高下一阶段的工作质量。其控制过程如图 8-5 所示。

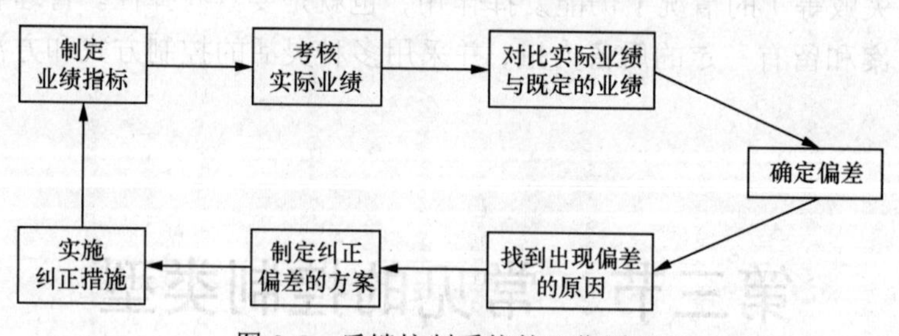

图 8-5　反馈控制系统的工作原理

冰箱的温控系统就是一种典型的反馈控制系统：当冰箱的温控系统察觉到冰箱内部的温度高于预先设定的温度标准时，就会发出信号，制冷功能随即启动；随着制冷设备的持续作业，冰箱内部的温度开始下降，当温度开始低于预先设定的温控标准时，温控系统重新发出信号，制冷设备随即停止工作。应用于管理领域的反馈控制系统，与冰箱的温控系统非常相似。

反馈控制是一个不断提高的过程，它的工作重点是把注意力集中在历史结果上，并将它作为未来行为的基础。在组织中应用最广泛的反馈控制方法有财务报告分析、标准成本分析、质量控制分析与工作人员成绩评定等。

2．现场控制

现场控制是指在某项活动或者工作过程中，管理者在现场对正在进行的活动或行为给予必要的指导、监督，发现偏差随时解决，以保证活动和行为按照规定的程序和要求进行的管理活动。现场控制主要是被基层主管人员所采用的一种控制方法。

现场控制活动的标准来自于计划工作所确定的活动目标、政策、规范和制度。现场控制的重点是正在进行的计划实施过程。现场控制的有效性主要取决于主管人员的个人素质。因此，主管人员的言传身教将发挥很大作用。

进行现场控制时，要避免单凭主观意志进行工作，主管人员必须加强自身的学习和提高，亲临第一线进行认真仔细的观察和监督，以计划或标准为依据，服从组织原则，遵从正式指挥系统的统一指挥，逐级实施控制。

对于一个组织来说，实现有效的现场控制必须具备以下四个方面的条件。

（1）较高素质的管理人员。在现场控制中，管理者没有足够的时间对问题进行深入细致的思考，也很少有机会和他人一起分析讨论，常常依靠自身的知识、能力和经验，甚至是“直觉”，及时发现并解决问题，需要管理人员具有较高的素质。

（2）下属人员的积极参与。现场发生的问题常常是程序化的，多数操作性较强，注重问题的细枝末节。管理者在按照计划对下属实施控制的过程中，必须多听取下属人员尤其是一线人员的意见和建议。

（3）适当的授权。在现场控制过程中，管理人员必须及时发现问题、解决问题，不应当也不能事事都向上级请示，以免造成工作中断和贻误战机。所以，担负现场控制责任的管理人员应当拥有相应的职权。

（4）层层控制，各司其职。一般而言，现场控制是上级管理者对下级人员的直接控制。一个管理组织中，可能同时存在多个管理层级，有效的现场控制必然由最熟悉情况的管理人员实施，这样才能保证全面深入了解问题并提出最为切实可行的方案，这样还可以避免多头控制和越级管理。

3．前馈控制

前馈控制是在组织活动开始之前进行的控制。管理者通过观察情况、收集整理信息、掌握规律、预测趋势，正确预计未来可能出现的问题，提前采取措施，将可能发生的偏差消除在萌芽状态中，以使预测与计划目标相吻合。如通过市场营销预测来调整企业的营销策略、通过流通资金的预算来控制资金的收支等，都属于前馈控制。

前馈控制系统的工作原理就是要“防患于未然”。例如，某企业对前八个月的销售业绩进行分析和评估，预测出按照现在的趋势可能会无法完成今年的销售指标。此时企业可以通过加大促销力度、降价等措施来改变滞销局面，扩大销售额，以避免“年底无法完成销售指标”这一偏差的出现。前馈控制系统的工作原理，如图 8-6 所示。

目前运用的比较先进的前馈控制技术之一是计划评审法，或称网络分析法。它可以预先知道哪些工序的延时会影响到整个工期，在何时会出现何种资源需求高峰，从而采取有效的预防措施与行之有效的管理办法。

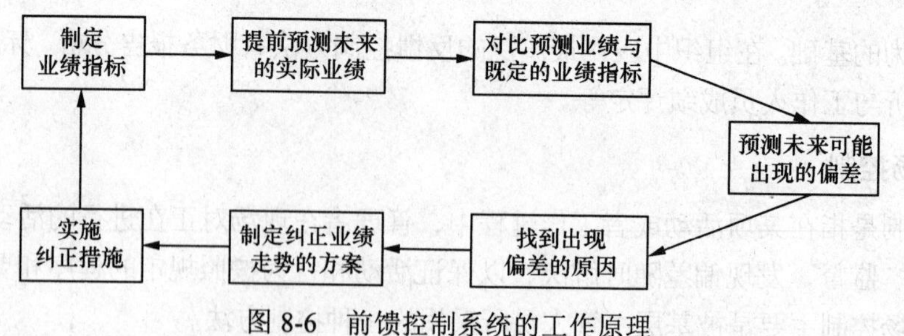

图 8-6　前馈控制系统的工作原理

在企业管理控制活动中，前馈控制的内容包括对人力资源、原材料、资金等的前馈控制。比如，人力资源必须适应任务要求（数量和素质方面），有能力完成指派的任务，并控制机构臃肿、“人浮于事的现象；”利用统计抽样来控制原料质量，根据抽样不合格率决定接受或退货，根据库存理论控制库存储备量等。

三、集中控制、分散控制、分层控制

按控制形式来区分，可以分为集中控制、分散控制、分层控制。

1. 集中控制

集中控制就是通过在组织中的控制中心来对所有信息进行集中统一的加工处理，并操纵所有的管理活动。企业的生产指挥部、中央调度室就是集中控制的例子。当组织的规模和信息不大，且控制中心对信息的取得、存储、加工效率及可靠性较高时，采用集中控制方式有利于实现整体的优化控制。

2. 分散控制

分散控制指组织管理系统分为若干相对独立的子系统，每一个子系统独立地实施内部直接控制。这种控制方式由于反馈环节少，因此反应快、时滞短、控制效率高、适应性强。即使个别控制环节出现问题，也仅是局部问题，不会引起整个系统的瘫痪。但各子系统难以协调一致，从而威胁到整体的优化，严重时会导致失控。

3. 分层控制

分层控制是将集中控制和分散控制结合起来的控制方式。它是指将管理组织分为不同的层级，各个层级在服从整体目标的基础上，相对独立地开展控制活动。上一层级的控制机构对下一层级各子系统的活动进行指导性、导向性的间接控制。

上述各种控制系统各有利弊和适用的场合。管理者不仅要正确认识每种控制类型的特点和作用，而且应当能够结合组织的特点对各种控制类型进行有效的运用和协调。

第四节　控制的方式

组织的管理者主要采用三种控制方式来管理和规范组织的行为，确保实现组织的发展目标。这三种方式是成果控制、行为控制和文化控制，如表 8-3 所示。

表 8-3　控制的方式

控制方式	控制机制
成果控制	财务成果 业务目标 运营预算
行为控制	现场监督 规则控制
文化控制	创始人价值观 新员工培训 仪式和典礼 故事和语言

一、成果控制

成果控制是以最终成果为控制对象。这种控制方式客观明确，易于量化，在组织整体、事业部、职能部门以及员工个人层次上都能得到广泛运用。管理者在成果控制上可采用三种标准，即财务成果标准、业务成果标准、运营预算标准。

1．财务成果

组织经营的好坏最终会反映到财务成果上来。因此，组织管理者最为关注财务成果，并且使用各种财务指标来衡量组织的业绩。常用的财务指标包括财务安全指标、偿债能力指标、盈利能力指标、经营效率指标。这些财务指标有助于管理者衡量组织是否实现了低债务水平、高偿债能力、高盈利能力、高经营效率的财务目标。如表 8-4 所示。

表 8-4　四种财务指标

财务安全指标		
资产负债率	负债总额/总资产	管理人员应采用多大的负债来为投资筹措资金
已获利息倍数	息前税前利润/利息费用	衡量组织的长期偿债能力如何
有形净值债务率	负债/（股东权益–无形资产净值）	计量债权人在组织处于破产清算时能获得多少有形财产保障
偿债能力指标		
流动比率	流动资产/流动负债	管理人员是否有足够资源以应付到期的短期债务
速动比率	（流动资产–存货）/流动负债	在不动用存货的情况下，组织是否能解决短期债务
现金比率	现金净额/流动负债	公司不依靠存货销售及应收款，支付当前债务的能力
盈利能力指标		
销售净利润率	税后利润/销售收入	每一元钱的销售收入能带来多少净利润
资产净利润率	税后利润/资产总额	每一元钱的资产能带来多少净利润
盈利现金比率	经营活动现金流量净额/税后利润	利润是否与现金流量脱节
经营效率指标		
应收帐款周转率	赊销收入净额/应收款平均余额	销售回款的快慢
存货周转率	销货成本/存货平均余额	资金积压在存货上的时间长短
流动资产周转率	销售收入净额/流动资产平均余额	资产周转的速度

2. 业务目标

为实现组织整体战略目标，组织管理者必须把组织战略目标分解为各职能部门具体的业务成果目标，并通过业务目标对下级进行领导和控制。这些业务目标明确地告诉各职能部门或事业部员工，要达成组织战略目标，其必须实现的业务成果。

例如，公司层次的管理者为事业部设定业务目标，以实现公司业务目标；事业部经理为每个职能部门设定业务目标，以实现事业部业务目标；各职能部门为部门员工设定业务目标，以实现职能部门的业务目标。这样把组织总目标层层细分，保证每个层级的目标与其他层级的目标相互协调，相互补充，从而使整个组织的管理者和员工共同努力，来实现组织的总目标。如图 8-7 所示。

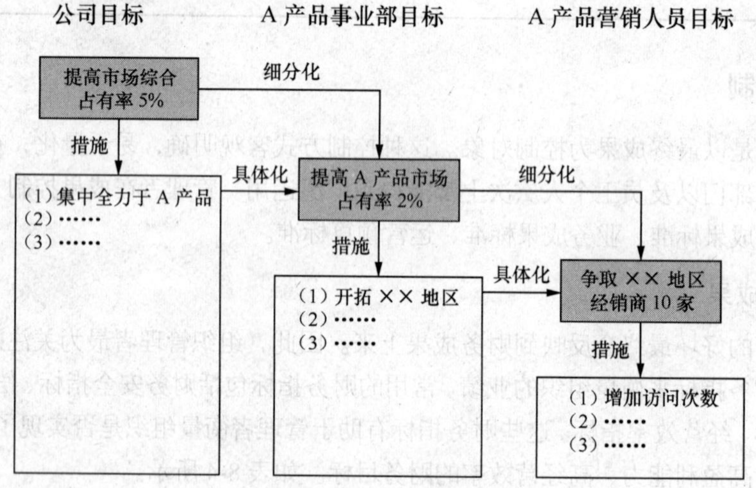

图 8-7　业务目标分解图

业务目标要量化。不要说“尽量做”，而要说“做多少”。要能够回答“在期末，我如何知道目标已经完成了?”我们可以用以下句式来表达：应于（某某时间），用（某某金额的费用），来（采取某某行动）。比如，工厂厂长可以设定这样的目标：应于 2008 年 5 月，用 25 万元的经费，来使本厂的产品装配工作自动化。

合适的业务目标能够激发员工的工作热情。过高的目标以至于无法实现时，员工会放弃努力；反之，若目标太低，员工不费吹灰之力就能实现，员工也不会充分发挥他的才能。最佳的目标是具有一定难度的目标。既能调动员工积极性，又不超过其能力范围。比如，把“100% 的用户满意度”作为目标，这就是一种不可实现的情况，希望每个人对你的服务都满意是不可能的；把“将用户满意度提高 12%”作为组织目标更加符合实际情况。

要做好业务目标控制，还要注重及时反馈。把目标的设置、目标实施情况不断地反馈给目标设置和实施的参与者，让员工时时知道组织对自己的要求，自己的贡献情况。这样才有利于业务目标的实现。

3. 运营预算标准

当管理者知道了自己要去实现什么目标，接下来就是要控制运营预算，即为完成目标所需各种资源的财务计划。预算是计划的工具，也是实际工作的控制基准。组织按照预算为每个层级的管理者分配一定数量的资源用以生产产品和服务。比如，组织销售部经理获得一笔 100 万元的预算，用以在全国市场推广某种新产品。他必须决定分给各个区域经理多少资金，以获取最大的销售收入和利润。

大组织中，对事业部经理的评价往往基于他们对于预算资源的利用效率。利用效率可以用三种方法来衡量。

（1）成本预算法：衡量事业部经理利用预算资源生产产品或服务的数量。

（2）收益预算法：衡量事业部经理从产品或服务中获得的销售收入最大化。

（3）利润预算法：衡量事业部经理利用预算资源所获得的利润数额大小。

总而言之，有效的成果控制包括三项标准，即财务成果标准、业务成果标准和运营预算标准。这些标准客观明确，易于量化，使管理者能够迅速了解目标与现实的差距，并快速采取纠正措施以缩小偏差，从而实现有效的管理控制。

4．成果控制的缺陷

由于成果控制采用的是量化指标，因此各层级管理者都有很强的动力去完成既定的成果标准。但对于成果控制的不适当使用会带来负面作用。

（1）量化指标不切实际，会使管理者行为扭曲

举例来说，组织在年初给销售部制定了本年度销售利润增加50%的目标。这个目标得到了一致接受，因为它看起来很有挑战性，又是可以做到的。过去两年的销售利润增幅也均在50%左右。但是在年中由于市场竞争的日趋激烈，导致销售利润大幅下降。销售部经理认为按常规做法在年末很难实现目标，这就意味着大笔的奖金会随之泡汤。为赢得奖金，销售部经理们会想尽各种办法来实现目标，包括大幅减少广告宣传费用，减少渠道推广费用，给经销商压货等。这些方法有助于实现既定的短期目标，但从长期来讲是损害了组织的市场竞争能力。因此，在成果控制时，组织应根据情况的变化来修正成果标准，避免出现为实现既定的量化标准而对组织造成实质性损害的情况。

（2）成果控制的滞后性

成果已是既成事实，不可改变。因而依据最后成果开展控制，其控制效果不可避免地会产生滞后性，只能起到“亡羊补牢”的作用。

二、行为控制

理想的结果产生于正确的行为。管理者对员工的行为进行控制，有助于减少行为偏差，进而获得较为理想的结果。

我们将分析两种行为控制机制：现场监督、规则控制。管理者可以运用这两种控制机制来规范员工行为，从而获得预期的成果。

1．现场监督

现场监督是行为控制最直接有效的控制机制。管理者在工作现场观察和监督员工的行为，找出不合理的行为，并及时予以纠正。这样既能及时发现并解决问题，又能言传身教，帮助下属提高工作技能，而且还可以与员工保持感情上的融洽和思想上的沟通。

现场监督这种控制机制也有一些缺点。首先，这种机制成本昂贵。一名管理者的管理幅度有限，难以同时监督很多下属。因此要做到对每位员工都进行现场监督，需要大量的管理者，成本过高。

其次，严密的现场监督让下属丧失工作积极性，因为下属觉得自己的一举一动均受到监

视，缺乏自主决策的空间。如果工作中一旦出现错误都会受到喝斥，下属更是小心翼翼，不愿承担责任，使工作缺乏主动性和创造性。

另外，对于脑力劳动等复杂劳动，比如广告创作或产品研发等工作，现场监督是难以发挥作用的。管理者要根据员工在一段时期内的成果进行评估，监督他们的工作行为意义不大。

2．规则控制

"没有规矩，不成方圆"，是我们熟知的一句话。原意是说如果没有规和矩，就无法制作出方形和圆形的物品，后来引申为行为举止要符合一定的标准和规则。在组织运营活动中，管理者通过制定规则和标准操作程序来控制员工日常工作行为，而对那些超过常规或标准的所有例外情况进行例外管理。

当员工遵循规则和标准操作程序时，他们的工作行为是标准化的，即按相同的方式一遍遍地重复行为，工作结果也是可以预测的。

规则，如"欢迎顾客时必须面露微笑……"

考勤制度，如"上班时间，员工不允许外出"。

操作程序，如"接待顾客的程序如下……"

案例：

麦当劳的标准化

尽管世界各国的市场都无一例外地在不断变化，尽管不同国家的市场环境存在着极大的差别，但整个麦当劳无论是美国国内的连锁店还是遍布世界各地的连锁店，几乎都采取了一种高度程式化的相同的营销管理模式，采取一种无视市场差别与变化的以不变应万变的市场营销策略。麦当劳的这种高度程式化的营销策略集中表现在以下几个方面。

1．产品的标准化

麦当劳对食品的标准化不仅有着定性的规定，而且有着定量的规定。例如，汉堡包的直径统一规定为25厘米，食品中的脂肪含量不得超过19%，炸薯条和咖啡的保存时间不得超过10分钟和30分钟，甚至对土豆的大小与外形等都有规定。这些规定在各地的连锁店中必须严格执行，并且每年会进行两次严格的检查。

2．分销的标准化

无论是麦当劳自己经营的连锁店还是授权经营的连锁店，店址的选择都有着严格的规定。最初的店址规定是5公里的半径范围内有5万以上的居民居住。后来这一规定被更改了，并规定连锁店必须建于繁华的商业地段，诸如大型商场、超市、学校或政府机关旁边等。这一规定沿袭至今并且作为选择被授权人的重要条件之一。不仅如此，而且所有连锁店的店面装饰与店内布置必须按照相同的标准完成。

3．促销的标准化

麦当劳在其整个经营过程中始终都坚持以儿童作为主要促销对象，其促销理念是吸引儿童消费就吸引了全家消费。为此，店内有供儿童娱乐的场所和玩具。其促销的方式主要是电视广告。

为了使所制定的各项标准能够在世界各地的连锁店得到严格执行，麦当劳设立了汉堡包大学，以此来培养店长和管理人员。此外，麦当劳还编写了一本长达350页的员工操作手册，详细规定了各项工作的作业方法和步骤，以此来指导世界各地员工的工作。

规则控制有很多好处，如能够建立工作场所的纪律和秩序，有效地提高工作效率；促进各部门及各岗位的相互了解和沟通，避免不必要的争议；易于提高组织形象，吸引人才；促进组织文化建设等等。但同时，强化规则控制也会给组织带来一些问题，降低了组织活力。

首先，强化规则控制会使组织官僚主义化。规则控制强调要按照规则手册来做事。而建立规则容易，废除规则难。刚开始组织规则较少，随着时间流逝，规则会越积越多，管的事越来越具体，导致管理者事事都要按规则来，难以对变化的内外环境做出及时的决策调整。

其次，强化规则控制会使人们头脑僵化。规则控制要求人们按规则行事，排斥人们的创新行为。久而久之，人们会习惯于遵守规则而停止创新性的思考，头脑日趋僵化，而不是与时俱进，从而降低了组织对环境变化的适应能力。

因此，管理者必须学会扬长避短。规则控制只适用于组织程序化决策，而不适用于非程序化决策，以及需要对环境变化进行快速反应的场合。

三、文化控制

当今的世界日新月异。面对快速变迁的环境，有的规范已不再适用，而新的规范又未确定，此时的管理控制运用现场监督作用不大，也难以制定规则约束员工行为，而且成果目标也无法确定和衡量，或者要经过较长时间才能有效衡量。在这种情况下，管理者要想有效控制下属的行为，需要采用另一种控制系统，即组织文化控制。

组织**文化是指组织在运营中逐步形成的，为全体成员所认同并遵守的，控制个人与群体相互作用和影响方式的价值观、规范、行为标准和共同愿景的总和**。组织文化不是依靠现场监督或规则程序这样的外部强制方式来发挥作用的，而是使价值观、信仰等这些具有强大促动力的东西成为人们主观意识的一部分，进而成为人们考虑问题、进行决策的直接影响因素。

组织文化是一种“软约束”。它能够使价值观和行为标准在员工的心理深层形成为一种定势，构造出一种响应机制。只要外部诱导信号发生，就能得到积极的响应，并迅速转化为预期的行为。这种软约束大大减弱了员工的抵触心理，并且能够使员工主动选择最有利于组织长期利益的决策和行动。在国外有这么一个案例，一个风雪交加的晚上，一家特快专递公司要送一个非常重要的包裹给客户。送包裹的员工快到客户家时才发现，这位客户住在山顶上，而大雪已经封死了上山的必经之路。约定包裹送达的最后期限马上就要到了！这位员工当机立断，在没有请示公司的情况下自己做主雇了一架直升飞机，并且自己用信用卡支付了所有费用，把包裹送了上去。客户感动万分，马上向当地媒体通报了这件事，于是这家公司声名大振。这个组织的员工之所以具有如此高度的责任心和创造力，首先是因为这个组织有一个强大且极富内聚力的组织文化，控制了员工的态度和行为，使员工能够主动地采取对组织有益的行动。

管理者能够影响组织内形成的文化类型。有些组织面临着激烈的市场竞争，把创新作为竞争优势的来源，因此组织鼓励员工具有创新精神并进行创造性工作，组织愿意尝试并承担由此所带来的风险。相反，另外一些组织追求保守而谨慎的工作方式，如保险公司、化工厂、炼油厂、金融机构等等。组织要求员工在工作中抱谨慎态度，尽量减少风险，并接受高水平的监督。由此可见，不同类型组织的管理者，会根据组织内外环境以及组织战略，来发展适应组织特点的组织文化。这种文化将通过创始人价值观、社会化、仪式和典礼以及故事和语言等形式，传递给组织成员。如图 8-8 所示。

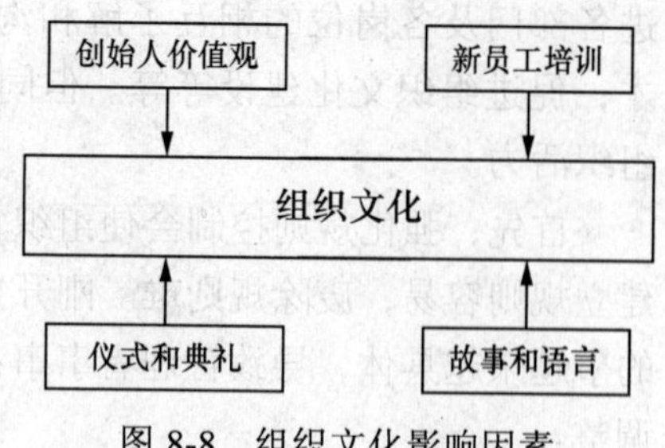

图 8-8　组织文化影响因素

1．创始人价值观

创始人对于组织文化类型的影响很大。组织创立之初，人数还少，其创始人自然拥有最大的影响力。早期员工受到耳濡目染，模仿创始人的工作风格，观念不和的则另寻出路。同时，创始人会有意识地挑选并提拔与自己的价值观念类似的组织管理者，而具有这种价值观的管理者又会影响到自己的下属。价值观念代代相传，从而使创始人的价值观日益成为组织文化观念的基础。

中国房地产行业的龙头企业——万科企业的创始人王石从 1988 年进入房地产行业开始就坚持的核心价值观是“创造健康丰盛的人生”。他倡导企业应持续提供超越客户期望的产品和服务，让客户满意；持续提供超越投资者期望的回报，让投资者满意；持续提供超越员工期望的发展空间和报酬，让员工自豪。二十余年来万科始终不渝地坚持这种核心价值观，使企业从一个小企业发展成中国最大的上市住宅开发企业。一位管理专家对此有评论，认为万科与同时代深圳诞生的无数企业一样，只是一颗小的种子，但这不是一个草种子，而是一颗树种子。两类种子的外观差别不大，其中的基因却截然不同，这个决定性的基因就是领导者价值观。

2．新员工培训

组织的员工是流动的。为保证进入组织的每位员工都能够接受企业文化，组织对新员工进行职前培训，使新员工学习组织价值观，掌握正确的行为规范。例如，军队通过新兵训练使新兵迅速从平民转变为合格的军人。很多企业也有着严格的新员工培训计划，不仅让新员工学习业务知识，还向新员工传递组织价值观，塑造新员工的正确行为。

3．仪式和典礼

组织可以通过制定组织仪式和典礼之类的正式活动，让员工了解到组织重视哪些事件。常见的组织仪式和典礼有过程仪式、一体化仪式和强化仪式。

过程仪式是关于员工个体如何加入组织、在组织中晋升和离开组织的仪式。新兵训练、升职典礼、退休典礼等就是常见的过程仪式。

一体化仪式的目的是建立和强化组织成员间的共同约束。如企业经常通过企业运动会、员工旅游活动、企业年度大会等形式来开展一体化仪式，从而使员工对组织有强烈的认同感和内聚力。

强化仪式是组织公开承认和奖励员工成就的仪式，从而对员工的贡献行为进行强化激励。强化仪式包括颁奖大会、新闻发布会和员工晋升等形式。

4．故事和语言

组织运用故事和语言使员工在潜移默化中加深对组织文化的理解和接受。

组织发展过程中传颂的一些故事揭示了组织所赞赏和反对的行为类型，深入地表达了组织文化的内涵。

比如，海尔公司广泛传播着一个企业故事。1996年，一位四川农民投诉海尔洗衣机排水管老是被堵，服务人员上门维修时发现，这位农民用洗衣机洗地瓜（南方又称红薯），泥土大，当然容易堵塞。服务人员并不推卸自己的责任，帮顾客加粗了排水管。顾客感激之余，埋怨自己给海尔人添了麻烦，说如果能有洗红薯的洗衣机，就不用烦劳海尔人了。

农民一句话，海尔人记在了心上。经过调查，他们发现原来这位农民生活在一个“红薯之乡”。当年红薯喜获丰收，卖不出去的红薯需要加工成薯条。在加工前要先把红薯洗净，但红薯上沾带的泥土洗起来费时费力，于是农民就动用了洗衣机，但不少洗衣机用过一段时间后，电机转速减弱、电机壳体发烫。

这令张瑞敏萌生一个大胆的想法：发明一种洗红薯的洗衣机。1997年海尔为该洗衣机立项，成立以工程师李崇正为组长的 4 人课题组，1998 年 4 月投入批量生产。洗衣机型号为 XPB40-DS，不仅具有一般双桶洗衣机的全部功能，还可以洗地瓜、水果甚至蛤蜊，价格仅为848元。首次生产了1万台投放农村，立刻被一抢而空。

这个故事生动地描述出海尔文化中的“服务意识”和“创新意识”。对于海尔文化的传播起到了积极的推动作用。

组织还会运用一些专用语言来表达自己的组织文化。迪斯尼公司运用的口头语言就有其鲜明的特色。

迪斯尼对员工的培训首先不是着眼于其素质和水平的提高，而是把它作为企业价值观和企业精神教育的一种重要手段。

培训中，所有新聘员工需要马上学会下列新的迪斯尼语言：员工是“演员”；顾客是“客人”；一群人是“观众”；一班工作是一场“表演”；一个职位是一个“角色”；一个工作说明是一个“脚本”；一套制服是一套“表演服装”；人事部是“制作部”；上班是“上台表演”；下班是“下台休息”等。

培训导师经常对员工说：“我们给人们带来欢乐。不管他们是谁，说什么语言，干什么工作，从哪里来，什么肤色，都要在此让他们高兴。你们不是被请来做工的，你们每一个都是来我们的节目中扮演一个角色的。”

在这种反复强化的训练中，迪斯尼的宗旨（迪斯尼给人们带来欢乐）已经被灌输进每个被培训者的脑海里，并融化到血液中。

组织语言的概念既包括口头语言，还包括人们的外在穿着、办公室布置、员工礼节等形式。同样是 IT 业巨头，IBM 公司是家长作风式文化，作风严谨，要求员工要有纪律性，具有对公司、对顾客、对社会的责任感；在衣着上，多年以来都要求员工穿白衬衣、红色领带和蓝色西装。而微软公司则是一种个性化的文化，强调独立性和思想性，给予员工充分的空间；在衣着上，鼓励随意穿着。

复习小结

1. 控制是指管理者监视并纠正活动中存在的各种偏差，以确保预定计划得以顺利实施的过程。通过控制职能，各层次管理者把已经完成的工作与计划应达到的标准相比较，就可以知道工作是否正常以及如何去改变不正常的工作状态，从而保证组织目标的实现。

2. 控制能够在四个方面帮助组织获得竞争优势：帮助组织提高生产效率、帮助组织提高生产质量、帮助组织提高顾客服务水平、帮助组织提高创新水平。

3. 一个组织的控制系统主要由控制目标体系、控制的主体、控制的对象、控制的手段和方法等要素组成。

4. 控制过程包括四个步骤：确定控制标准、衡量实际业绩、进行偏差分析、采取纠偏措施。

5. 进行有效控制要遵循适时控制原则、适度控制原则、客观控制原则、弹性控制原则。

6. 在组织中，由于控制的性质、内容、范围不同，控制可分为许多不同的类型。管理者应根据实际情况选择选择合适的控制类型。

7. 组织的管理者主要采用三种控制方式来管理和规范组织的行为，确保实现组织的发展目标。这三种方式是成果控制、行为控制和文化控制。

8. 成果控制是以最终成果为控制对象。管理者在成果控制上可采用三种标准，即财务成果标准、业务成果标准、运营预算标准。

9. 行为控制就是管理者对员工的行为进行控制，有助于减少行为偏差，进而获得较为理想的结果。有两种行为控制机制：现场监督、规则控制。

10. 文化控制就是通过把价值观和行为标准在员工的心理深层形成为一种定势，构造出一种响应机制，只要外部诱导信号发生，就能得到积极的响应，并迅速转化为预期的行为。建立组织文化可通过四种途径：创始人价值观、新员工培训、仪式和典礼、故事和语言。

案例分析

控制迷局——XX医院的个案研究

XX医院地处中小城市F，成立于20世纪80年代中期。当年为扩大规模及提高医疗水平，在市政府的主持下由市内几家小型专业医院合并而成的，XX是当时市内唯一的综合性医院。成立后不久，借助改革开放的春风，XX医院在张院长的带领下，通过引进人才、购买新的医疗设备等手段，在90年代初期获得了极大的发展。经过十年的发展，到1993年，医院拥有10层和5层的两幢大楼连同4层裙楼，建筑面积10 000平方米，固定资产接近8 000万元；下设内科、外科、骨科、妇产科、五官科、外科等8个病区共150余张床位；技术力量也较为雄厚，人才济济，医、药、护理人才齐全，全院员工351人，其中主任医师25人，副主任医师20人，主治医师100人。由于XX医院医疗水平不错，价格也不是很高（相对于其他城市），加上F市在省会城市附近，交通极为方便，因此，除本地人之外，还吸引了很多邻近城市（甚至省城）的病人前来治疗，可以说风光一时。为此张院长还被多次评为地方的劳动模范和先进工作者。张院长本人也颇为满意自己的工作，尽管当时医院内部管理也存在一定的问题，比如成本核算不合理导致药价和医疗费较高，医护人员考核不科学，“吃大锅饭”的现象严重等，但是这一切都被医院的快速发展以及人来人往的人气所掩盖了。

1995年以后，情况发生了变化。一方面，由于国家医疗体制的变化，国有企业职工的关系逐渐明晰，原来的医疗费用实报实销的模式被逐渐打破，职工生病治疗不再是享受“免费的午餐”，而是或多或少地需要自己掏一部分钱，这就使得职工理性地计算：是去医院还是自己去市场买药呢？不同医院之间是否也有价格差异呢？另一方面，也是更为重要的，F市内出现了一些私人的诊所和民营的小医院。这些诊所或医院虽然有的并不完全合法，医疗条件也较差，但是凭借机制灵活、服务好、价格低等优势，成为了XX医院有力的竞争对手。尤其是在中小疾病的治疗上直接分流了XX医院的病人。1995年至1997年XX医院连续三年各项医疗综合收入大幅下跌，很多科室中的治疗任务不足，各种医院管理中的问题也随之暴露出来，具体表现在以下几方面。

（1）由于医院收入下降，医生的收入直接受到影响。为了弥补与过去的差别，很多医生开始变相地向病人索取、收受红包或其他补偿。病人及其家属对此意见很大，甚至有人向报社和市长反映过。这直接影响了XX医院的声誉，造成了相当大的社会负面影响，从而进一步减少了来XX医院治疗的人数。

（2）同样是为了提高个人收入，很多医生和医院药材的采购人员不顾医德，与医药器材厂家的销售代表相勾结，有意无意地为病人开一些价格高却并不一定适用的药品，以从中赚取药材厂家的回扣。由于医生的收入与药材的销售直接挂钩，使得医生有很强的动机为病人开贵药，多开药，对同种疾病的治疗费用大幅上升，进而又造成了上门求医人数的减少。

（3）由于缺乏合理的绩效考核、工资分配机制，干多干少之间并没有太大的收入差距，直接影响了医护人员的积极性，大家都在想办法偷懒。医疗过程中，医生、护士互相推委，医护人员的服务态度变得越来越差，出现了多次医护人员与病人及家属之间的冲突，给医院形象造成了很大的损失。

（4）由于医院内部激励不足，而外界很多民营医院又开出高薪聘请有能力、有经验的医师，医院的人才正在加速流失。XX医院的医疗水平大幅下降，甚至出现了手术无人敢做、仪器无人会用的怪事。

（5）高浪费、高损耗导致了高成本，使得医院的各项治疗费和医药费居高不下，没有实现组织规模大所应有的规模经济，反而是规模不经济。而且由于采取的是老的计划经济下的财务体系，医院没有一个有效的成本控制系统，这使得张院长在内的管理层无法分析出究竟是什么环节导致了成本的提高。

上述这些问题互相交织、相互促进，使得XX医院走向了一个怪圈：问题导致医院低效，低效又促使更多的问题产生，从而进一步引起医院组织效率下降。

看着往日风光和人气的“无可奈何花落去”，张院长看在眼里，急在心里。他也曾试图通过一些改革方法来打破这个怪圈，使医院走向健康发展的良性循环。比如为避免医生、药材采购人员与药材厂家相互勾结，他特别规定了所有药材采购必须经过他本人的签名；还规定了不准接受病人家属红包、不准与病人及其家属争吵等工作守则等等。但是这些规定不仅没有收到预期的效果，甚至还带来了很多负面效果。如医院内开始有人传言，张院长将采购权集中在自己手里，无非是想自己大捞一把；不准收红包使得医生收入降低得更明显，加速了人才流失。张院长为此相当苦恼，不知道自己的做法究竟错在何处。要解决这些混搅在一起的问题应从何处入手呢？

思考题：

1. XX医院出了什么问题？问题的产生根源是什么？
2. 如何解决这些问题？谈谈你的思路。

练习题

一、选择

1. 种庄稼需要水，但这一地区近年来老不下雨，怎么办？一种办法是灌溉，以补天不下雨的不足;另一种办法是改种耐旱作物,使所种作物与环境相适应。这两种措施分别是(　　)。

A. 纠正偏差和调整计划　　B. 调整计划和纠正偏差

C. 反馈控制和前馈控制　　D. 前馈控制和反馈控制

2. 进行控制时，首先要建立标准。关于建立标准，下列四种说法中哪一种有问题？(　　)

A. 标准越高越好　　B. 标准应考虑实施成本

C. 标准应考虑实际可能　　D. 标准应考虑顾客需求

3. 某风扇厂生产部经理在制定组装线工人日生产定额时是这样考虑的：组装这种小型风扇需要五道工序，每道工序平均耗时 3 分钟，工人的日生产时间为 7 个小时，因此工人日生产定额是 28 个风扇。请问这种制定生产标准的方法是(　　)。

A. 统计性标准　　B. 工程标准

C. 经验估计标准　　D. 都不是

4. 某大型超市在市区有五个门店。一天总经理走访了其中一个门店，发现服务员的服务态度不佳。这种获得业绩信息的方式是(　　)。

A. 统计报告　　B. 口头汇报

C. 书面汇报　　D. 个人的观察

5. “我不管你怎么做，只要完成任务就行。”这种控制方式属于(　　)。

A. 成果控制　　B. 行为控制

C. 文化控制　　D. 都不是

二、判断（正确的打“√”，错的打“×”）

1. 控制越严密越好。(　　)

2. 控制标准越高越好。(　　)

3. 业绩低于控制标准要进行控制，而业绩高于控制标准则不需要控制。(　　)

4. 入学考试属于事前控制。(　　)

5. 成果控制有可能会导致管理者行为扭曲。(　　)

三、名词解释

1. 控制

2. 标准

3. 偏差

4. 反馈控制

四、简答

1. 为什么组织要加强控制工作？

2. 一个组织的控制系统由哪几个部分组成？

3. 进行有效控制要遵循的基本原则是什么？

4. 常见的控制类型有哪几种？

5. 什么是成果控制？如何进行成果控制？

6. 什么是行为控制？如何进行行为控制？

7. 什么是文化控制？如何建立组织文化？

五、论述

请结合实例阐述管理者进行控制的过程。

参考文献

1. 哈罗德·孔茨．管理学．北京：经济科学出版社，1998

2. 斯蒂芬·P. 罗宾斯．管理．北京：中国人民大学出版社，1997

3. 加雷斯·琼斯等．当代管理学．北京：人民邮电出版社，2003

4. 徐国华等．管理学．北京：清华大学出版社，1998

5. 邢以群．管理学．杭州：浙江大学出版社，2008

网络资源

1. http://business.nenu.edu.cn/benke/jingpin/13.htm

2. http://www.jyu.edu.cn/caijing/wlkt/glx/6alfx.html

习题答案

一、选择

1. C　2. A　3. B　4. D　5. A

二、判断

1. ×　2. ×　3. ×　4. ✓　5. ✓

三、名词解释

1. 控制：指管理者监视并纠正活动中存在的各种偏差，以确保预定计划得以顺利实施的过程。

2. 标准：是一种以计划和目标为依据而建立起来的测量单位或具体的尺度。

3. 偏差：指实际工作的成绩与标准之间的差异。

4. 反馈控制：根据最终结果产生的偏差来指导将来的行动。

四、简答题

1. 组织为完成目标而制定各层次计划，但由于客观环境的影响以及众多员工在个人意识、能力方面的差异，实施计划的具体活动难免地会出现各种各样的偏差。这些偏差会妨碍组织目标的实现。因此，通过控制职能，各层次管理者把已经完成的工作与计划应达到的标准相比较，就可以知道工作是否正常以及如何去改变不正常的工作状态。

2. 一个组织的控制系统由四个部分组成：（1）控制目标体系，常常以各种形式的控制标准体现出来，如数量标准、质量标准、行为准则等，控制标准往往是根据总目标所派生出来的分目标及各项计划的指标所确定的；（2）控制的主体，即履行控制职责的各级管理者及其所属的职能部门；（3）控制的客体，即控制的对象，是整个组织的活动；（4）控制的手段和工具系统，主要包括控制的机构、控制的工具、信息系统等几个方面。

3.（1）适时控制原则。管理者要及时掌握反映偏差产生及其严重程度的信息，防微杜渐。最好的办法是防患于未然。（2）适度控制原则，指控制的范围、程度和频度要适度。要防止控制过多或控制不足，处理好全面控制与重点控制的关系，并要获得足够的控制收益。（3）客观控制原则。控制工作应是客观的、符合组织实际状况的活动，而减少或避免主观意识对控制的影响。衡量业绩的技术和手段是客观的，控制标准必须是客观的而不是主观认定的，标准和计量规范也应与时俱进。（4）弹性控制原则。控制系统要保证在发生某些未能预测到的事件，如环境突变、计划疏忽、计划失败等情况下仍能发挥作用，也就是要具有弹性。管理者要制定多种应付变化的方案和留有一定的后备力量，并采用多种灵活的控制方式和方法来达到控制的目的。

4. 控制活动可以按控制点处于事物发展进程的哪一个阶段，而划分为事前控制、事中控制和事后控制三种类型；按照控制信息的来源不同，可以把控制分为反馈控制、现场控制、前馈控制三种类型；按控制形式来区分，可以分为集中控制、分散控制、分层控制。

5. 成果控制是以最终成果为控制对象。管理者在成果控制上可采用三种标准，即财务成果标准、业务成果标准、运营预算标准。

6. 行为控制就是管理者对员工的行为进行控制，有助于减少行为偏差，进而获得较为理想的结果。有两种行为控制机制：现场监督、规则控制。

7. 文化控制就是通过把价值观和行为标准在员工的心理深层形成为一种定势，构造出一种响应机制，只要外部诱导信号发生，就能得到积极的响应，并迅速转化为预期的行为。建立组织文化可通过四种途径：创始人价值观、新员工培训、仪式和典礼、故事和语言。

五、论述

控制的过程包括四个步骤：（1）确定控制标准。可以采用统计性标准、工程标准和经验估计标准等方法来制定标准。控制标准要符合概括性和一致性、可行性、稳定性。（2）衡量实际业绩，即衡量、对照及测定实际工作的成绩与标准之间的偏差。管理者可采用个人观察、统计报告、口头汇报、书面报告等方法来获得业绩信息，确定适合的测量精度和频率，并建立良好的信息反馈系统。（3）进行偏差分析。如果经测量发现存在偏差，就要分析偏差的重要性、偏差的形成原因，并区分不同性质的偏差。（4）采取纠偏措施。如果问题出在执行工作本身，管理者就应该采取纠偏措施，如改进生产技术、转变管理方法、变动组织结构、调整人事安排等等。如果偏差是来自于不切实际的控制标准，就要修改标准，但要防止为低水平的工作绩效开脱。

第九章　变革、创新与创业

【教学目标】

1. 了解驱动变革的因素；
2. 理解变革过程的“风平浪静”与“急流险滩”两种观点；
3. 理解变革的主要内容；
4. 理解变革阻力的来源和克服阻力的策略；
5. 理解组织如何激发和培育创新；
6. 理解创业的内涵；
7. 了解创业的过程。

【教学重点】

1. 变革的内容；
2. 组织如何激发和培育创新；
3. 创业的过程。

【教学难点】

1. 理解变革过程的“风平浪静”与“急流险滩”两种观点；
2. 创新与创造的区别；
3. 创业的内涵。

【关键术语】

组织变革（organizational change）

组织发展（organizational development，OD）

创新（innovation）

创业（entrepreneurship）

创造性破坏（creative destruction）

商业模式（business model）

可行性分析（feasibility analysis）

【管理名言】

创新是唯一的出路，淘汰自己，否则竞争将淘汰我们！

——安迪·格罗夫（英特尔公司总裁）

引导案例

Y制药公司的困境

1995年，Y制药公司被列为国家一级保护品种，保护期20年，这是目前国家对中药最高级别的保护。1999年9月Y制药公司已经拥有全资控股参股企业十余家，成为云南省实力最强规模最大的大型医药企业集团。由于Y公司一直受到国家特殊保护，公司一直过着小富即安的生活。员工几十年来安于现状，没有任何的危机感。销售人员基本上是守株待兔的工作方式，专职的销售人员很少去做市场调研和分析，曾经出现过公司外派的销售人员一个月躲在宾馆里不露面的情况。"躺在产品品牌上睡觉"是Y公司以前内部工作情况的最真实写照。

然而当前制药行业竞争空前激烈，Y公司之前很多工作一直没有太多变化。结果Y公司市场份额逐年减少，消费吸引力不断下降，总销售收入在2000年出现公司历史上唯有的一次负增长。2001年初Y公司董事会决意变革，调整领导机构，从外部调入王总担任公司总经理职务，对公司进行大规模的变革。

在Y制药公司这一特殊的企业中，王总应该采取什么措施来实施变革？

古希腊学者赫拉克利特曾说过："唯一亘古不变的事物是变化本身。"现代的商业环境就是不断变化的环境，而且其变化的速度越来越快。面对未来，我们唯一能确定的是：事事无时不在变化之中，唯有变化本身不变。在不确定的环境中，企业必须不断地扫描外部环境，不断地引进新产品和技术，不断地推陈出新，同时还必须不断进行内部审视，调整和创新自身组织结构、管理流程。对于现代企业而言，变革和创新已成为一种常态。企业在变革和创新的过程中，企业的创业精神是变革和创新成功的基本条件。

第一节 变 革

一、变革的含义

一般将企业变革定义为：**在一定条件下，企业的变革主体通过变革管理措施影响于变革客体，以达到预期的变革目标的过程**。企业变革实质上是一个过程，这种过程是变革主体在一定条件下与变革客体相互作用的结果，如图 9-1 所示。

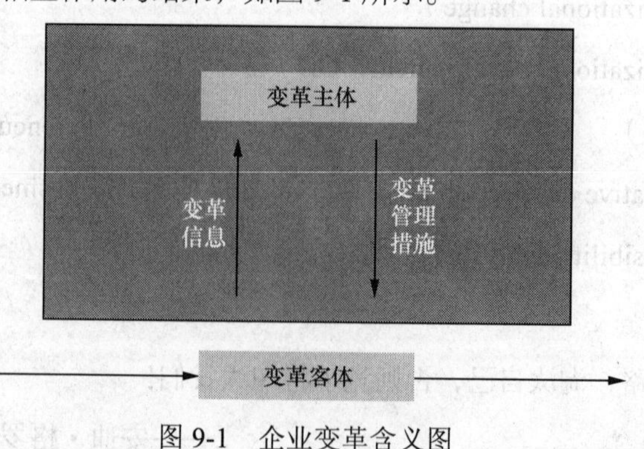

图 9-1 企业变革含义图

将变革的主体和客体连接起来的是变革过程的各种管理措施与手段。对于企业来说，变革的目标就是使企业从原有状态转变为一种新的状态，这种状态转变可以是从无序变为有序，也可以是从较低级的程序上升为更高一级的程序。

二、变革的驱动因素

1．外部因素

（1）政治因素

任何企业内部的变革都会受社会政治因素的影响，包括政治权利、政治冲突、各种立法等。如中美政治冲突，可能会导致美国对中国厂商的反倾销调查，影响企业的出口活动，从而可能导致国内企业的生产标准的变革。我国新劳动法的颁布导致国内很多企业进行人力资源管理方面的变革；反垄断法规的颁布导致寡头企业调整组织结构和业务战略方向。

（2）经济因素

经济的变化几乎会对所有的组织产生影响。如 2007 年～2008 年我国一定程度的通货膨胀，物价上涨，导致许多组织不得不创新管理机制，提高效率，节约成本；国家银根紧缩，提高银行准备金率，控制贷款，导致很多房地产企业进行内部变革。

（3）科技因素

技术的发展，一种“创造性破坏”因素，不断地更新着商品市场，陈旧的和老式的产品不断地被新产品所替代，同时还会引起企业营销策略的变革，企业经营管理机制的变革，更进一步还会改变一个行业的业态形式和消费者的购买习惯。如信息技术的应用，导致企业组织结构变得扁平化，中间层级越来越少，企业内外沟通的范围越来越广。

（4）市场因素

市场因素主要包括现有竞争对手、原材料供应商、销售商、消费者以及各种辅助市场因素。如顾客的收入、爱好与价值观的变化，将影响市场对某种商品的需求，由此又将影响企业生产职能的变革。我国消费者收入的不断提升，导致消费结构升级，消费者对价格的敏感度不断降低，而越来越重视非价格的因素，这一因素导致诸多国产品牌不得不调整战略方向，一些以价格取胜的企业不得不进行品牌延伸，提高产品的档次以适应新的消费偏好。

（5）自然环境动力

自然环境因素主要包括目前自然环境面临的难题和趋势，如许多资源短缺、环境污染严重、能源成本上升等。自然环境的变化会影响组织行为，全球范围的石油短缺，导致很多汽车制造商不得不开发混合动力、电动汽车；夏天气温持续升高，对空调、冰箱、雪糕等与制冷有关的企业来说就是变革发展的动力。

2．内部因素

这是在企业的内部起作用，并在企业管理部门控制之内引起变革的因素。属于这方面的动力因素主要有以下四个方面。

（1）组织战略因素

组织战略的重新制定或修订，一般都会带来一系列的变化。如联通从“蓝色阵营”跨入“红色阵营”，将企业标志改为以红色为主色，实际上意味着组织战略的重大变革，从以“技术”为重心转为以“服务”为重心，这一战略的变革将导致联通公司组织结构、服务流程等方面的重大调整，服务部门地位的大大提升，服务流程将更快、更好地贴近顾客需求。

（2）技术因素

技术系统是企业变革的重大推动力。机械化、自动化、网络化对于企业都有广泛的影响。某种新技术的采用会导致企业的生产方式深刻变化、劳动生产率的大幅提高，同时还会进一步影响到企业结构的调整和员工工作方式的调整。

（3）员工心理因素

企业变革的动力经常来源于社会心理系统，企业变革及其目标的实现在很大程度上依赖于人的因素。企业内部的群体动力状态、人际关系、信息交流和意见沟通、团体的凝聚力和士气等，还有每个企业员工的士气、态度、行为、意见和要求等对整个企业的变革都有重要的影响。员工对企业的新要求是企业变革的驱动性因素，也是企业变革成功的基础。对企业现状的不满、希望获得更大的发展空间等，会促使员工热情地投入到变革当中去，并为变革提供持续的动力。

（4）组织的人员构成

组织的人员通常都处于流动的状态，组织中人员的年龄、教育程度、性别等方面的结构都会发生变化。对于一个老年化的组织，老年经理人员比例不断增大，组织需要进行内部职务重组、组织结构和人力资源规划方向的调整，以便给年轻的、富有进取心的管理者提供上升的空间。

3. 管理者因素

管理者无疑是推动组织变革的重要因素。管理者往往是组织变革的中心人物和最终决定变革能否推进的关键。管理者推动变革有很多种方式，管理行为自身的调整，如领导风格、计划控制的方法或参与决策的程序变化等；可以响应别人的建议或积极的敦促变革；还可以利用内部和外部的顾问、参谋来促进企业变革等。特别是管理层中的高层领导的远大抱负是内部环境动力源中的主动性因素。具有远大抱负的领导，将从思想、价值观、行为、信念等方面为变革提供巨大动力。在动作较大的组织变革中，组织通常会聘请外部的咨询专家来设计、推进变革行动。外部咨询人员由于来自企业外部，在分析问题、推进变革过程中往往会更加客观，但是由于其主要职责是建议和协助，不需要为变革后果承担很多的责任，也不需生活在各种反应中，因此外部咨询人员往往倾向于更急剧的变革。而内部管理者必须承担变革的后果，因此更加谨慎。

三、变革过程的两种不同观点

对于变革过程，常常有两种截然不同的观点：一种观点认为组织是在一个相对稳定的环境中运营的，组织变革是偶然发生的；另一种观点认为组织始终处于一个不断变化、动态复杂的环境中，变革是一种常态，组织需要持续不断地变革以适应环境。

1. 风平浪静观

早在上世纪 40 年代，以库尔特・卢因（Kurt Lewin）为代表的一批社会学家就开始研究组织变革的理论，提出了著名的变革“三步曲”模型：（1）解冻（Unfreezing）；（2）变革（Change）；（3）重新冻结（Refreezing）。该理论用力场分析法解释了组织变革的现象和产生原因，为组织变革理论的研究奠定了基础。自 20 世纪 80 年代后期，该模型一直被用来描述管理者在变革管理中面临的情景。

卢因把组织描述成为一个具有稳定状态或者由相等的反向力量组成的"平衡体"。他认为，组织存在很多"驱动力量"，即变革的压力。而均衡这些驱动力量的是许多"抵制力量"，包括企业中固化的传统习惯和惯例、贸易联盟的协定、组织文化和思想观念等。由于每一种力量都必须要抵消其他力量，系统因而处于平衡状态。如图 9-2 所示。

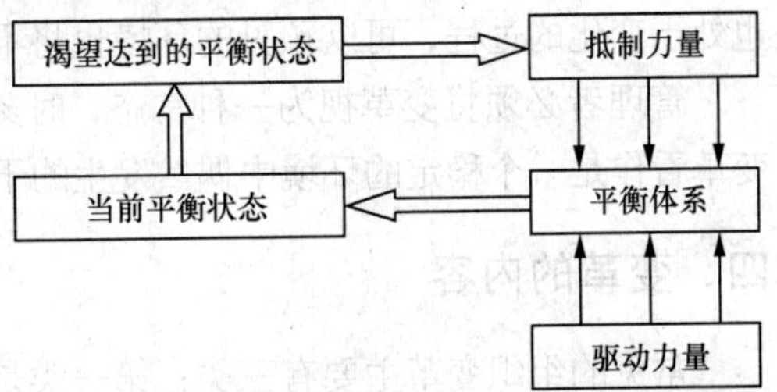

图 9-2　卢因的"力场"组织变革模型

卢因认为推动组织实施变革的动因在于"驱动力量"和"抵制力量"之间的互相作用力，这种力量随着环境的变化而此消彼长，互为胜负。而组织就是在这两种作用力之间寻求平衡，每一次从一种平衡达到另一种平衡，组织即发生激烈的变革。

卢因根据自己的模型断言，可以把任何组织的变革过程想像成为推动目前的平衡状态向人们渴望的状态，或者说建立新的平衡状态的转变。卢因因而提出了"三阶段组织变革模型"理论。

（1）解冻。解冻阶段的主要任务是发现组织变革的阻力，采取措施克服变革阻力的同时具体描绘组织变革的蓝图，明确组织变革的目标和方向，以形成待实施的比较完善的组织变革方案。

（2）变革。变革阶段的主要任务就是按照所拟定变革方案的要求开展具体的组织变革运动或行动，以使组织从现有结构模式向目标模式转变。

（3）再冻结。现实中经常出现，组织变革行动发生之后，个人和组织都有一种退回到原有习惯了的行为方式中的倾向。为了避免出现这种情况，变革的管理者就必须采取措施保证新的行为方式和组织形态能够不断地得到强化和巩固。因此在再冻结阶段，必须利用必要的强化手段如制度、政策及流程的方法，使新的态度与行为固定下来，使组织变革处于稳定状态。如果缺乏这一冻结阶段，变革的成果就有可能退化消失，而且对组织及其成员也将只有短暂的影响。

值得注意的是，卢因的三步骤理论对当今的管理者所面临的环境而言，已不再合适了。

2．急流险滩观

急流险滩观的比喻更适合现在不确定与动态的环境。信息主导的时代让整个世界变得动态，假设组织外部环境是稳定的、可以预测的，已经不再成立。当今环境更适用于急流险滩假设。

对现状的打破绝对不是偶然的，也不是暂时性的，可以返回到平静状态的。当今的管理者都无法躲避急流险滩。他们面临不断的变化，需要面对各种无序状态。这些管理者被迫在以前从未参加过的博弈中扮演角色，而博弈遵循的规则也完全在对局过程中确定。

我国手机行业自 2003 年以来一直处于急剧的变化过程中，市场竞争的焦点在不断地变化，从 2003 年的价格竞争为主，到 2005 年后以性能、款式设计为竞争焦点，竞争的规则在不断地变化，手机行业的品牌也像走马灯似的更迭不休。在如此动态的行业环境中变化对于企业无法避免。

当然不是每个管理都处于一个不断无序变化的环境，如我国铁路、航空、石油、邮政等行业，其所处的行业相对稳定。但处于相对稳定的行业越来越少，而且这些稳定的行业环境也处于变化的过程，可以预见的环境也将不断变化。

管理者必须将变革视为一种常态，时刻准备对其组织的变革进行有效地管理。现在还将变革看作是一个稳定的环境中偶然发生的干扰事件的组织将面临极大的风险。

四、变革的内容

常见的组织变革主要有三类：第一类是组织结构的变革，通过正式工作结构和职权关系的改善，而企图改善绩效的管理行为；第二类是人员的变革，是指员工态度技能及知识基础的改变，主要目的是提高员工的生产能力，并能够与他人协同一致地完成指派的工作；第三类是技术的变革，是指将资源转变成产品或服务的任何新方法的应用。

1. 组织结构变革

组织结构的变革主要可以从六大要素进行，这些要素是工作专门化、部门化、指挥链、管理跨度、集权与分权、正规化。管理者可以对这些结构要素的某一个或多个进行变革。例如为提高组织的规范化程度，可以制定更多的规则和程序，使组织的很多行为在可以监控的范围内。转型为电子商务企业，为了增加灵活性、提高决策速度，可以进行结构扁平化、广泛地授权、降低正规化程度、建立跨职能的团队。

同样，管理者还可以对整体的结构设计作出重大的改变。2005 年 5 月联想完成对 IBM 个人电脑事业部的收购成立新联想，联想集团又于 2005 年 10 月 15 日运行新的全球组织结构，将联想原有业务和 IBM 个人电脑业务在全球范围内整合在一起，形成一种类似矩阵的组织架构，全面调整了集团整体的组织结构。

2. 技术变革

早期很多管理学的研究成果就是探讨技术变革，如泰罗和吉尔布雷斯的研究。科学管理就是基于动作和时间研究来推进变革，以提高生产效率。当今的技术变革主要涉及新的设备、工具和方法的引进，以及实现自动化或电子化等。

产业内竞争的力量，或者新的发明创造，尝尝要求管理者引入新的设备、工具或操作方法。如随着我国电视产业中液晶电视市场日益成熟，国产家电品牌如 TCL、创维等纷纷进行技术更新，引入新的液晶电视生产线。

计算机技术的广泛应用成为当今技术变革的主要趋势。沃尔玛超市之所以成功，一个非常重要的原因就是计算机技术在其物流系统的应用，使其物流的速度更快、成本更低，从而超越竞争对手。我国家电零售巨头国美集团有 49 个一级分部，181 个二级分部，900 多家门店，它们全部统一使用一套 ERP 系统实现总部集中管理。通过信息系统的无缝对接，国美可以实时查询厂家库存数据、出货明细、变价明细、新品信息、排产计划、确认订单等相关信息，并根据厂商的库存情况制定采销计划，提高订单的准确率，从而避免以往盲目存货，或者畅销品断货的情况。

3. 人员变革

人员的变革在组织变革过程中十分重要，因为组织的效率很大程度上取决于组织成员的态度、行为、价值观等因素。组织发展（organizational development，OD）虽然有时用来泛指所有组织的变革，但更多的用作为进行人员变革的方案。组织变革就是通过一系列具体方法，调动全体员工的积极性，促进组织中的个人或群体更加有效地一起工作。组织发展调整领导与员工之间、员工之间、部门之间的关系，力图创造信任、协作、理解的工作氛围。它一般采用有计划的再教育手段实现自己的目的，通过有目的地改变人的态度，影响人的行为，不断创新规范，推动组织的发展。常见的组织发展形式有以下几种。

（1）敏感性训练

它是通过非结构化的群体互助来改变人的行为的一种方法。该群体由一位职业行为学者和若干参与者共同组成。这种方法并不是对群体规定某种议事日程，职业行为学者（不具有领导角色）也仅仅是为参与者创造表达自己思想和情感的机会。会谈自由开放，参与者可以探讨他们喜欢的任何议题。讨论中所注重的是个人的积极参与及其互助的过程。

（2）调查反馈

它是对组织成员的态度进行评价，确定其态度认识中存在的差距，并使用从反馈小组中得到的调查信息帮助消除其差距的一种方法。调查问卷通常分发给组织或单位的所有成员填写。问题包括成员对诸如决策制定、沟通效果、单位间的协调、组织的满意度、工作、同事及直接上司等广泛议题的认识与看法。将调查问卷统计处理后得到的数据制成表格，再发给有关的员工，使所提供的信息成为人们确定问题和解决问题的一个跳板。

（3）过程咨询

它是指依靠外部咨询者帮助管理者对其必须处理的过程事件形成认识、理解和行动的能力。这些过程事件可能包括工作流程、单位成员间的非正式关系，以及正式的沟通渠道等。咨询者帮助管理者更好地认识他的周围、其自身内部或与其他人员之间正在发生什么样的事情。

（4）团队建设

它是使工作团队的成员在互助中了解其他人是怎么做的。通过高强度的互助，团队成员学会相互信任和开诚布公。团队建设方案中的活动可能包括团队目标确定，团队成员间人际关系的开发，明确各成员任务和职责的角色分析以及团队过程分析等。

（5）组织协调

它是指试图通过改变不同工作小组成员之间的相互看法、认识和成见，从而使组织内外关系得到一种全新的、有效的协调，进而推动组织的发展。

五、变革的过程管理

1．变革的过程

领导研究与变革管理专家约翰·科特（John P.Koter）制定了促进变革的八个步骤。

（1）树立紧迫感。考察市场和竞争的状况；识别并讨论现在和潜在的危机与重大机遇。

（2）形成有力的指导力量。集合一群足以领导变革的人，鼓励这群人以团队的方式工作。

（3）制定愿景和战略。设定愿景以明确变革的方向，制定战略以实现所制定的愿景。

（4）就愿景进行沟通。通过使用各种可能的手段来沟通新的愿景和战略；通过变革中坚力量的榜样来教会新行为。

（5）充分授权于雇员去实现愿景。去除变革的障碍；变革严重制约愿景的制度和结构；鼓励冒险的、非传统的想法、活动和行为。

（6）收获短期的成果。谋划可见的绩效改进；实现这些改进；对参与改进的员工加以表彰和奖励。

（7）巩固成果并创造更进一步的变革。维持紧迫感，以新的项目、主题、人员开展新的变革过程。

（8）使新方法制度化。清楚阐明新行为和公司成功之间的联系；雇用、提拔和培训那些能够实现愿景的员工。

2. 变革的阻力来源

组织变革的成功率很低，研究表明大约80%的公司合并不能达到预期的财务战略和运作协同效应。之所以没有成功，很大程度上是因为对阻力管理的效果不佳。变革的阻力来源主要有三种。

（1）不确定性。变革使已知的东西变得模糊不清和不确定。当组织成员在一个既定的规则下行事，其成果可清晰预测，而变革使其无法预测未来。因此新的规则变革会使一些组织成员产生敌意或抵制行动。

（2）担心个人利益损失。变革威胁到人们在现状中已经做出的投资。对现有系统的投资越多，就越会阻挠变革。因为变革可能导致他们失去地位、收入、权势、关系等。

（3）顾虑变革不符合组织利益。这一阻力往往因为成员对变革的后果与变革者的估计不一致所造成的。如果组织成员认为该项改革对组织发展不利，他极有可能反对这项变革。变革者应积极与成员沟通，使其充分理解改革目标和方法，或者积极听取反对者意见，从而完善改革方案。

3. 克服变革的阻力

抵制组织变革的阻力并不可怕，导致失败的结果是因为没有有效地管理变革的阻力。在消除变革的阻力时，做到下面几点是相当有效的。

（1）营造变革迫近的气氛。通过各种手段告诉员工变革迫在眉睫，使他们有充分的心理准备。

（2）解释为什么需要变革。让员工知道变革的重要性，变革对个人和组织会产生什么样的影响，告诉他们变革能给他们带来的好处，以及企业采取什么样的方式弥补其损失。

（3）警惕抵制变革的信号出现。抵制变革的信号出现时，意味着变革中有些事情做错了。应该花时间仔细研究产生抵制情绪的原因，进而采取恰当的解决方法。

（4）促进员工积极参与。无论在什么时候，管理层都应积极要求员工参与到变革中来。员工由此会产生主人翁感，并增加了他们对变革的控制感，他们会更加积极地投身到变革中去。

（5）要充分重视培训和沟通。通过培训和沟通，让变革有关人员充分了解变革的目的、内容、执行方式与可能的结果，尽可能消除不必要的误解，降低员工对变革的抵制。

（6）不要为了变革而变革。作为领导，全盘考虑变革是相当重要的，并且确信变革是因为不得不变。不要因为一些微不足道的理由实施变革，反倒弄巧成拙。

（7）避免让员工产生惊讶。在组织变革过程中，一定要小心地安排好各项准备工作，避免员工在变革过程中感到莫名其妙。比如，导入新的管理系统前，充分了解已有方法存在哪些问题，员工对此有什么的建议，新的系统能带来哪些帮助。

（8）注重改变员工的态度。员工固有的思维方式、态度是阻力产生的源泉之一。管理层应利用种种方法更新自己和员工的态度。

（9）避免持续不断的变革。持续不断地变革会令员工没有安定感。在一个咨询案例中，企业两年内换了四届领导，每位领导上任都要拿组织结构、管理制度开刀，员工因此怨声载道。所以应尽量延长两次变革的时间间隔。

（10）在变革中引入员工帮助计划。在部分变革中，会导致某些员工出现个人方面的心理问题。员工帮助计划可以有效地帮助解决这部分员工的问题。

第二节 创 新

一、创造与创新

1912年熊彼特（Joseph A. Schumpeter）在其著名的《经济发展理论》中首先提出了“创新”的概念，包括几个方面：引进一种新的产品；采用一种新的方法；开辟一个新的市场；取得或控制原材料或半制成品的一种新的供应来源；实现任何一种新的产业组织方式或企业重组。

首先需要注意创新与创造存在区别。创造是产生新的思想，而创新是指一种新的服务项目、一种新的工作程序或者是一种新的生产方法。富有创造力的组织可以不断地提出新的思想，不断的开发出做事的新方式以及解决问题的新方法，而富有创新力的组织则能不断地将创造性思想转变为某种有用的结果，如开发出某种新产品、新技术、做事的新方法或者解决问题的新方法等。当管理者说到要将组织变革成更富有创造性的时候，他们通常指的是激发和培育创新。

二、创新的激发与培育

从图 9-3 中可以看出，能否取到创新，即创造出产品和工作方法，投入的要素与转换的过程是关键。在创新的全部过程中，投入的要素主要包括组织中具有创造性的个人和群体。不过，仅有创造性的人还不够，还需要有有效和合适的转换过程才能使创新过程开花结果。主要有三类因素可用来激发组织的创新力，即组织的结构、文化和人力资源实践。如图 9-4 所示。

图 9-3 创新的过程示意图

图 9-4　创新的因素

1．结构因素

激发创新的结构因素主要有以下三点。

（1）有机式组织形态。有机式组织是一种灵活的具有高度适应性的结构，其分工是跨职能、跨层级的，员工所做工作并不是标准化的。他们经过专门的训练，被授权从事各种各样的工作和处理问题，而不需要多少正式的规则和直接监督。有机式组织因其正规化和集权化程度低，单位间可以密切沟通，有利于克服创新的潜在障碍。因此，具有较强的灵活性、应变力和跨职能工作能力，使创新更易于被采纳。

（2）财力支持。拥有富足资源能为创新提供重要的保障。组织资源充裕，就使管理者有能力购买创新成果，敢于投下巨资推行创新并承受失败的损失。

（3）单位间密切的沟通有利于克服创新的潜在障碍。像跨职能团队、任务小组及其他这类组织设计都可促进部门之间的相互交流，从而得到创新性组织的广泛采用。

2．文化因素

富有创新力的组织，通常具有某种共同的文化。如鼓励试验，不论成功还是失败都给予奖励，并赞赏失败。充满创新精神的组织文化通常有如下的特征。

（1）接受模棱两可。过于强调目的性和专一性会限制人的创造性。

（2）容忍不切实际。组织不抑制员工对“如果……就……”这样的问题作出不切实际甚至是愚蠢的回答。看起来似乎是不可行的，但往往可能带来问题的创新性解决。

（3）外部控制少。组织将规则、条例、政策这类控制减少到最低限度。

（4）接受风险。组织鼓励员工大胆试验，不用担心可能失败的后果。错误被看做是学习的机会。

（5）容忍冲突。组织鼓励不同的意见。个人或单位之间的一致和认同并不意味着能实现很高的经营绩效。

（6）注重结果甚于手段。提出明确的目标以后，个人被鼓励积极探索实现目标的各种可行途径。注重结果意味着，对于任一给定的问题，可能存在若干种气的解决办法。

（7）强调开放系统。管理当局时刻监控环境的变化并随时作出快速的反应。

3．人力资源因素

组织中拥有创新意识的人激发组织创新非常重要。在人力资源因素中，我们发现有创造力的组织积极地对其员工开展培训和发展，以使其保持知识的更新，保证其具备创新的知识基础。同时，它们还给员工提供高工作保障，以减少他们担心因犯错误而遭解雇的疑虑。组织也鼓励员工成为创新带头人。一旦产生新思想，创新带头人会主动而热情地将创意予以细化，并提供支持，克服阻力，确保创新得到推行。最近有研究表明，创新带头人有一种共同的个性特征：高度自信、有持久力、精力旺盛、敢于冒风险。创新带头人也显示出与动态型领导相似的特征。如他们会以其对创新成功的潜在可能的认识，以及他们个人对其使命的坚信不移，善于激励精神和鞭策他人，并善于争取他人支持的力量。另外，创新带头人一般所担任的职位会有相当大的决策自主权，这使他们能在组织中引入并推行所提倡的创新。

第三节 创 业

一、创业的内涵

创业是一个过程，即某个人或某个群体不管手中是否拥有资源，通过有组织的努力，以创新的和独特的方式追求机会、创造价值和谋求增长。在创业这一定义中包含了三个核心观念。

1. 创新。创新形式是多样的，包含了变革、革新、转换和引入新方法，即新产品、新服务和商务活动的新方式。

2. 追求机会。追求环境的趋势和变化，而且是尚未被人们注意的趋势和变化。

3. 成长。创业者往往追求增长，不满足于现状，不断寻找新趋势和机会，不断推出新产品和新的经营方式。

创业活动并不仅仅局限于创业团队或个人创建新组织的活动，对于已建组织也可实施创业式行动。不同的组织有着不同的创业强度，有的组织极端保守常抱着“等等看看”的心态，很少创新并回避风险；而有些组织极度创业化，是典型的超前行动创新者，不回避风险。创业型组织更加适合于现代动态、不确定的环境，变革和创新需要组织拥有创业的意识和精神。

二、创业的重要性

1．对经济的影响

（1）创新

创新是创造新事物的过程，是创业过程的核心。熊彼特在《经济发展理论》中将创业者开发新产品和新技术淘汰旧产品，称之为“创造性破坏”（creative destruction）。因为“创造性破坏”能提高消费需求，刺激经济活性。“创造性破坏”过程往往是由新创企业最有效的发动。注意创造性破坏不仅仅局限于产品和技术，还包括定价、分销渠道、零售模式。研究表明创业型小企业承担了美国全部创新的 67%，并且二战以来 95%的激进创新是他们完成的。许多创新有助于个人和企业更平稳、更有效率地工作。

（2）创造就业

创业促进了就业。在我国，1997 年～2001 年创业不活跃的国有单位、城镇集体单位和联营单位净减少 5 343 万个工作机会，而创业活跃的公司、股份合作单位和私营企业（这项统计不包含农村私营企业所提供的净增就业机会）共提供了 1 407 万个新增就业机会。其中公司制企业创造的新增就业机会为 477 万，私营企业创造的新增就业机会达到 907 万。

（3）对大企业的影响

创业企业对大企业的效率也有积极的影响。很多创业企业是初级设备制造商，生产那些在大企业制造和销售的产品中的零部件。许多创业企业围绕那些有助于大企业效率和效益提升的产品和服务设计整个商业模式。这些创业企业提高了整个价值链的效率，降低了价值链的运营成本。例如很多跨国公司面临将网站翻译成其他语言的挑战，如通用公司，依靠转译软件公司帮助完成。

2．对社会的影响

创业中的创新活动改变了我们的生活，提升了我们的工作效率，改善了我们的健康状况并提供娱乐，使我们生活得更舒适。如手机使我们能随时随地与人保持联系，同时提高了沟通的效率；数码相机使人们更加快捷、方便地拍摄，存储日常生活影像，保留记忆。

三、创业过程

完整的创业过程包括四个步骤：决定创业；开发成功的商业创意；将创意转化为创业企业；管理并使创业企业成长。如图 9-5 所示。

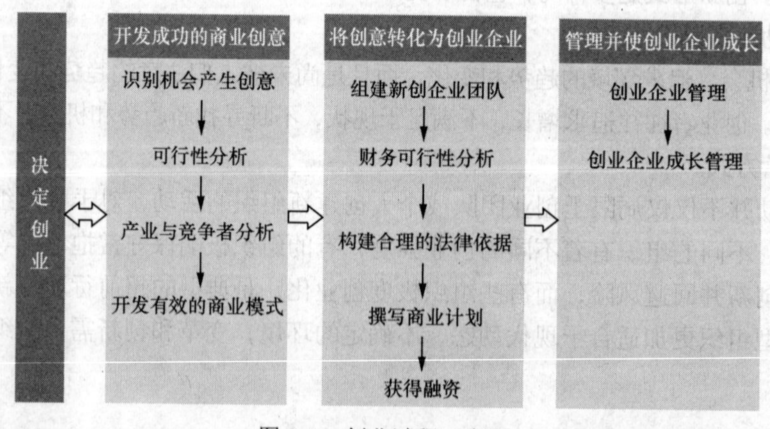

图 9-5　创业过程示意图

1．决定创业

在创业前，无论是团队还是个人首先必须要考察创业环境，包括新经济的现实状况、构成法律环境的社会法律法规，以及不断变化的工作环境的现实状况。逐项考察创业背景是很重要的，因为这些背景决定了游戏的“规则”以及可能获得成功的决策和行动是什么。

2. 开发成功的商业创意

许多新企业失败了，不是因为创业者不努力，而是因为没有真正的机会去开始。

（1）识别并认识机会

机会是营造出对新产品、新服务或新业务需求的一组有利环境。多数创业企业得以创建的动因有两个：外部激励和内部激励。

机会都是很难识别。机会识别一半是艺术，一半是科学。创业者必须依靠直觉，使其成为艺术；同时必须依靠有目的的行动和分析技能，使其成为科学。

机会有四个本质特征：①有吸引力；②有持久性；③及时性；④依附于为买者或终端用户创造或增加价值的产品、服务或业务。

识别机会主要有以下两种方法。

① 观察趋势。经济因素、社会因素、技术进步、政治活动与制度变革是要遵循的最重要趋势。可以通过创业者的认真研究并观察趋势。一般来说具有产业经验、具有良好的社会网络、创造性的、警觉的创业者，更可能发现趋势并正确解释它们。创业者也可以从独立调查公司购买定制化的预测和市场分析，来发现趋势。我国已进入老龄化社会，这一人口趋势一定会带来药品和保健品市场机会，因为老年人是药品和保健品的主要消费人群。

② 解决问题

有时识别机会只包括注意到问题并找到解决办法。这些问题可以通过观察趋势，或通过更简单的方式如直觉、运气或偶然性等被辨认出来。评论问题以及如何注意问题，可导致识别出商业创意。分众传媒创始人江南春发现，白领们在写字楼等候电梯时常常处于非常无聊的状态，因而江南春创造性的开创了电梯液晶屏广告，帮助人们打发了无聊的时光，并从中植入了全新的广告模式。已故的共同事业组织创始人约翰·加德纳（John Gardner）说：“每个问题都是一个被精巧掩饰的机会”。

（2）可行性分析

可行性分析（feasibility analysis）是确定商业创意是否可行的过程。作为对商业创意的初步评估，可行性分析来确定商业创意是否值得追求，并在投入资源之前对创意进行检测。

可行性分析主要分析产品/服务、行业/市场、组织和财务四个方面的可行性。产品/服务可行性分析指对拟推出的产品或服务的总体吸引力进行评估；行业/市场可行性分析是对将要提供的产品或服务的整体市场吸引力进行评估；组织可行性分析用来判定拟建企业是否具有足够的管理专业知识、组织能力和资源以成功创办新企业；财务可行性分析主要分析项目在财务方面是否可行。

（3）产业和竞争者分析

产业是由一组提供相似产品或服务的公司构成。一旦确认新企业进入某产业和市场并参与竞争是可行的，那么就必须做更深入地分析以了解企业计划涉足的产业内部和外部特征。这种分析有助于明确是否能够进入可行性分析中确认的利基市场，以及哪些因素是企业最佳的切入点。竞争者分析是对企业竞争对手的详细分析，有助于企业发现竞争对手的优劣势，从而有针对性的制定竞争战略。

（4）开发有效的商业模式

商业模式（business model）就是企业如何竞争、如何使用资源、如何构建关系、如何与顾客互动的计划或示意图。企业的商业模式超越了自身的界限。几乎所有的企业都要与其他企业形成合作关系，以使其商业模式有效运作。

成功有效的商业模式包括四个要素：核心战略（企业如何竞争）、战略资源（企业如何获得和使用拥有的资源）、顾客界面（企业如何与顾客互动）和价值/伙伴网络（企业如何构建和培育合作伙伴关系）。商业模式是创业成功的保障。

3. 将创意转化为创业企业

（1）创建新企业团队

新创企业失败的可能性非常高。而高失败率的原因之一在于学者们所谓的新进入缺陷（liability of newness），即公司经常由于创建者不能很快适应他们的新角色以及企业缺乏有关顾客或供应商的"记录"而受挫。组建一个有能力、有经验的新创企业团队是克服这些局限性的途径之一。

新创企业团队是促进新创企业从创意向功能完备企业发展的创建者、核心员工和顾问群体。通常，创业团队难以从一开始就立即组建起来，而是随着新企业能够招募更多人员而逐渐形成的。团队不仅仅包括领取薪水的员工，还包括能够提供指导和建议的董事会、顾问委员会和专家们。

（2）评估新创企业的财务实力与可行性

创业者识别机会并把机会转变为创业企业的能力，与资本的利用率密切相关。资本既可以从外部获取（如投资者或贷款者）。也可以通过公司收入内部生成。财务管理是以取得最高回报率的方法筹集资本并管理公司资本的过程。

为了评估企业能否满足财务目标的要求，企业必须对财务报表、预测和预算进行分析，这一阶段相对上个阶段财务分析更为具体和详细。

（3）构建合理的伦理与法律依据

创业涉及的伦理和法律问题相当复杂。重要的是认识这些问题并避免代价昂贵的失误。早期的伦理和法律失误可能给新企业带来沉重代价，甚至使其夭折。许多创业者高估自身的法律知识，或缺乏伦理意识。

这一阶段的内容包括创业者要合乎伦理地辞职，为新企业挑选律师，起草创建者协议，为创业企业选择企业组织形式。

（4）撰写商业计划

商业计划书是创业者或企业为了实现未来增长战略所制定的全方位计划，从企业内部的人员、制度、管理，以及企业的产品、营销、市场等各个方面对即将展开的商业项目进行可行性分析，主要用于向投资方和创业投资者说明公司未来发展战略与实施计划，展示自己实现战略和为投资者带来回报的能力，从而取得投资方或创业投资者的支持。商业计划书一定要充分说明六大要素：①商业模式；②市场；③产品（服务）；④竞争；⑤管理团队；⑥行动计划。

（5）融资

很多企业缺乏筹资的经验，造成很多创业者对某些资本来源过于依靠，而对其他资本来源利用很少。创业者应充分了解各种融资渠道，包括债务融资和权益融资等融资渠道。

4．管理并使创业企业成长

创业者必须加强对新创企业日常运营的控制，主要管理创业企业面临的组织、财务、风险、文化和营销问题，从而使企业持续经营，例如管理创业型企业的成长、管理企业的暂时衰落、风险投资的撤出以及创业者个人生活上的选择与挑战。

复习小结

1. 在一定条件下，企业的变革主体通过变革管理措施影响于变革客体，以达到预期的变革目标的过程。

2. 变革的驱动因素主要有外部因素、内部因素以及管理者因素三类。

3. 风平浪静观认为，变革是对组织平衡状态的一种打破。组织被看作是稳定的、可预见的，只是偶尔的危机才扰乱了它的秩序。而急流险滩观则认为，变革是持续的、不可预见的，管理者必须面对不断出现的、近乎无序的变革。

4. 三类组织变革的划分：第一类是组织结构的变革，通过正式工作结构和职权关系的改善，而企图改善绩效的管理行为；第二类是人员的变革，是指员工态度技能及知识基础的改变，主要目的是提高员工的生产能力，并能够与他人协同一致地完成指派的工作；第三类是技术的变革，是指将资源转变成产品或服务的任何新方法的应用。

5. 变革的阻力来源主要是变革造成不确定性和模糊性，带来了个人利益受损害的担心，以及变革可能不符合组织利益的顾虑。

6. 可以通过三类因素可用来激发组织的创新力，即组织的结构、文化和人力资源实践。

7. 创业是一个过程，即某个人或某个群体通过有组织的努力，以创新的和独特的方式追求机会、创造价值和谋求增长。

8. 创业过程包括四个步骤：决定创业；开发成功的商业创意；将创意转化为创业企业；管理并使创业企业成长。

案例分析

华为的创新之路

深圳华为技术有限公司（以下简称华为技术）成立于1988年，专门从事通信网络技术产品的研究、开发、生产与销售，致力于为电信运营商提供固定网、移动网、数据通信网和增值业务领域的网络解决方案，是中国电信市场的主要供应商之一，并已成功进入全球电信市场。

在发展历程中始终面临跨国公司的强大竞争，为了在竞争中求生存和发展，实施了三个重要的发展步骤，完成了三个重要的发展阶段。第一阶段，开发更加适合中国市场的具有自主知识产权的产品，走“农村包围城市”的市场发展道路，在国外产品垄断的夹缝中扎根生存。第二阶段，进行技术积累，实现局部突破，研制出大型数字程控交换机，打破了国外产品的垄断，成为深圳重点高新技术企业。第三阶段，持续创新，确立多元化发展战略，全方位地与跨国公司展开全面竞争，研制出 14 大类 70 余种拥有完全自主知识产权的通信产品。多元产品的技术优势形成了“创新—效益—再创新”的良性发展局面，企业综合抗风险能力增强，一跃成为中国通信制造业的骨干企业。

华为每年大量派遣管理人员、技术人员到国外考察、学习、交流。同时通过不断优化人力资源领域的管理，为员工提供良好的工作环境和事业发展的空间。华为建立内部劳动力市场，允许和鼓励员工换岗，让员工掌握多种技能，能够适应竞争。华为遵循“知本主义”，实行员工持股制度，在分配体制中能体现出知识劳动的价值。股权分配的主张向核心层和中间层倾斜，强调持续性贡献。华为的股本结构是：30%的优秀员工集体控股，40%的骨干员工有分量地控股，10%-20%的低级员工和新员工适当参股。而且，员工持有的股份会根据其“才能、责任、贡献、工作态度与风险承诺”做出动态调整。

从 1997 年起，华为开始建立与国际接轨的基于 IT 的管理体系。在集成产品开发、集成供应链、人力资源管理、财务管理、质量控制等诸多方面，与 IBM 公司、Hay Group 等公司展开了深入合作。在跨国咨询公司的帮助下，华为公司对其所有部门的运作程序都进行了仔细地探究性改造。不仅在硬件管理设施上、更在软件管理文化上进行了深层次的变革：企业流程再造和 1T 团队建设，通过与 IBM 合作，华为在 2002 年 100%的项目按集成产品开发流程运作；人力资源管理，完全采用了 Hay Group 公司的模式。

华为每年将销售收入的 10%用于科研投入，产品研发的科研人员达 4 000 多人。任正非说：“研发成果不能转化为商品，那就是失败项目。”为避免研发人员只追求技术先进而缺乏对市场的敏感，华为硬性规定，每年必须有 5%的研发人员转做市场，同时有一定比例的市场人员转做研发。追逐功利和实用的企业文化，已渗透到公司的每个角落。一条法则自发形成了：一切以场场需求为导向。这使得华为成功并受益至今。

思考题：

华为公司有哪些条件培育了该公司强大的创新能力？

练习题

一、填空

1. 维持和创新是管理的基本内容，有效的管理在于______与______的组合。
2. 从创新的规模以及创新对系统的影响程度来考虑，可将其分为______和______。
3. 从创新与环境的关系来分析，可将其分为______与______。
4. 从创新发生的时期来看，可将其分为______与______。
5. 从创新的组织程度上看，可分为______与______。
6. 鉴于创新的重要性和创新结果的______，有效的管理要求有组织的进行创新。
7. 由于一定的技术都是通过一定的物质载体和利用这些载体的方法来体现的，因此企业的技术创新主要表现在______以及______。
8. 成功的创新要经历______、______、______、______几个阶段的努力。

9. 要素组合方法创新包括______和______的时空组织两个方面。

10. 要素创新包括______和______两方面。

11. ______是决定企业其他制度的根本性制度。

二、选择

1. 下列不属于管理的“维持职能”的是（　　）。

A. 组织　　B. 创新

C. 控制　　D. 领导

2. 创新与维持的关系说法正确的是（　　）。

A. 维持是创新基础上的发展

B. 创新是维持的逻辑延续

C. 维持是为了实现创新的成果

D. 创新则是为更高层次的维持提供依托和框架

3. 产品创新（　　）。

A. 是企业技术创新的核心内容

B. 受制于技术创新的其他方面

C. 影响其他技术创新效果的发挥

D. 往往要求企业利用新的机器设备和新的工艺方法

4. 经营制度确定了（　　）。

A. 谁是经营者，谁来组织企业生产资料的占有权、使用权和处置权的行使

B. 谁来确定企业的生产方向、生产内容、生产形式

C. 谁来保证企业生产资料的完整性及其增值

D. 谁来向企业生产资料的所有者负责以及负何种责任

5. 产权制度、经营制度、管理制度这三者之间的关系是（　　）。

A. 一般来说，一定的经营制度决定相应的产权制度

B. 在产权制度不变的情况下，企业具体的经营方式可以不断进行调整

C. 在经营制度不变时，具体的管理规则和方法也可以不断改进

D. 管理制度的改进一旦发展到一定程度，则会要求经营制度作相应的调整

6. 就系统的外部说，有可能成为创新契机的变化主要有（　　）。

A. 技术的变化　　B 人口的变化

C. 宏观经济环境的变化　　D. 文化与价值观念的转变

7. 关于机构说法正确的是（　　）。

A. 它主要涉及管理劳动的横向分工的问题

B. 它与不同层次的管理部门之间的关系有关

C. 它主要涉及管理劳动的纵向分工问题，即所谓的集权和分权问题

D. 组织机构完全相同，但机构之间的关系不一样，也会形成不同的结构形式

8. 下列属于环境创新的是（　　）。

A. 通过企业的公关活动，影响社区政府政策的制定

B. 通过企业的技术创新，影响社会技术进步的方向

C. 通过组织创新，提高管理劳动的效率

D. 通过市场创新去引导消费，创造需求

9. 关于市场创新正确的是（　　）。

A. 它主要是指通过企业的活动去引导消费，创造需求

B. 新产品的开发是企业创造市场需求的唯一途径

C. 市场创新包括通过市场的物理转移，揭示产品新的使用价值，来寻找新用户

D. 市场创新包括通过广告宣传等促销工作，影响人们对某种消费行为的社会评价来增加产品销量

三、简答

1. 为什么说“维持和创新是管理的本质内容，有效的管理在于适度的维持与适度的创新的组合”？

2. 创新与维持有什么样的关系？

3. 从创新与环境的关系来分析，可将其分为哪些类型？

四、问答

1. 制度创新包括哪些内容？

2. 简述创新的过程。

参考文献

[1] 约翰·P·科特. 变革. 北京：中国人民大学出版社，1999

[2] 芮明杰. 管理学：现代的观点. 上海：上海人民出版社，1999

[3] 斯蒂芬·P·罗宾斯，玛丽·库尔特. 管理学. 北京：中国人民大学出版社，2004

[4] 彼得·圣吉. 变革之舞. 北京：东方出版社，2001

[5] R·H·迈尔斯. 领导公司变革. 北京：中国经济出版社，2001

[6] 约翰·P·科特，丹·科恩. 变革之心. 北京：机械工业出版社，2003

[7] 段盛华，于凤霞. 变革的障碍分析. 理论学习，2001(1)

[8] 陈春花，刘晓英. 组织变革中驱动机制和抵御习性的分析. 软科学，2002(5)

[9] 傅家骥，姜彦福. 技术创新——中国企业发展之路. 北京：企业管理出版社，1992

[10] 肖东生. 企业组织创新风险研究. 长沙：中南大学出版社，2002

[11] 王志莲，张红. TCL 集团组织创新研究. 经济问题探索，2003(4)

[12] 郭韬. 关于组织创新含义的再思考. 哈尔滨商业大学学报（社会科学版），2003(1)

[13] 姜彦福. 创业管理学. 北京：清华大学出版社，2005

[14] 布鲁斯·R·巴林格. 创业管理——成功创建新企业. 北京：机械工业出版社，2006

[15] K. Lewin. Field Theory in Social Science. New York: Harper & Row, 1951:201-225.

[16] Scott R.W.1998.Organizations : rational，natural，and open systems. Prentice Hail.

[17] Fitzgerald L.A.，Eijnatten F.M. van.2002.Reflections: Chaos in organizational change.

Journal of organizational Change Management, 15(4):402-411.

[18] Recardo R J. The What and How of Change Management. Manufacturing System, 1991(5):52-58.

[19] Charles W L. Hill, Garet R. Jape. Strategic in the Global Environment . Strategic Management , 2001:224-225.

[20] Robbins S P.Organization Theory, Structure Design and Applications. Fifth Edition New Jersey: Prentice Hall Engle-wood Cliffs, 1995:381-409.

[21] Kotter J P, Schlesinger L A.Choosing Strategies for Change. Harvard Business Review, (Mar/Apr), 1979:106-114.

网络资源

中国营销传播网：www.emkt.com.cn

赛迪网：http://www.ccidnet.com/

经理人网：http://www.sino-manager.com/

哈佛商业评论中文网：http://www.hbrchina.com/

习题答案

一、填空

1. 适度的维持—适度的创新
2. 局部创新—整体创新
3. 消极防御型创新—积极攻击型创新
4. 系统初建期的创新—运行中的创新
5. 自发创新—有组织的创新
6. 不确定性（或风险性）
7. 要素创新—要素组合方法的创新—产品的创新
8. 寻找机会—提出构思—迅速行动—忍耐坚持
9. 生产工艺—生产过程
10. 材料设备创新—手段创新
11. 产权制度

二、选择

1. B　2. CD　3. ABCD　4. ABCD　5. BCD

6. ABCD　7. BCD　8. ABD　9. ACD

三、简答

1. 从逻辑顺序上来考察，在特定时期内对某一社会经济系统（组织）的管理工作可以概述为：设计系统的目标、结构和运行规划，启动并监视系统的运行，使之符合预定的规则操作；分析系统运行中的变化，进行局部或全局的调整，使系统不断呈现新的状态。显然，概述后管理内容的核心就是：维持与创新。任何组织系统的任何管理工作无不包含在“维持”或“创新”中。维持和创新是管理的本质内容，有效的管理在于适度的维持与适度的创新的组合。

2. 维持与创新作为管理的两个基本职能，对系统的生存发展都是非常重要的，它们是相互联系、不可或缺的。创新是维持基础上的发展，而维持则是创新的逻辑延续；维持是为了实现创新的成果，而创新是为更高层次的维持提供依托和框架。任何管理工作，都应围绕着系统运转的维持和创新而展开，卓越的管理是实现维持与创新最优组合的管理。

3. 从创新与环境的关系来分析，可将其分为消极防御型创新与积极攻击型创新。防御型创新是指由于外部环境的变化对系统的存在和运行造成了某种程度的威胁，为了避免威胁或由此造成的系统损失扩大，系统在内部展开的局部或全局性调整；攻击型创新是在观察外部世界运动的过程中，敏锐地预测到未来环境可能提供的某种有利机会，从而主动地调整系统的战略和技术，以积极的开发和利用这种机会，谋求系统的发展。

四、问答

1

（1）产权制度是决定企业其他制度的根本性制度，它规定着企业最重要的生产要素的所有者对企业的权利、利益和责任。企业产权制度的创新也许应朝向寻求生产资料的社会成员“个人所有”与“共同所有”的最适度组合的方向发展。

（2）经营制度是有关经营权的归属及其行事条件、范围、限制等方面的原则规定。经营制度的创新应是不断寻求企业生产资料最有效利用的方式。

（3）管理制度是行使经营权、组织企业日常经营的各种具体规则的总称，包括对材料、设备、人员及资金等各种要素的取得和使用的规定。分配制度的创新在于不断地追求和实现报酬与贡献的更高层次上的平衡。

2

（1）寻找机会，创新活动是从发现和利用旧秩序内部的不协调现象开始的。不协调为创新提供了契机。旧秩序中的不协调既可存在于系统的内部，也可产生于对系统有影响的外部。

（2）提出构想，敏锐地观察到了不协调现象的产生以后，还要透过现象究其原因，并据此分析和预测不协调的未来变化趋势，估计它们可能给组织带来的积极或消极后果；提出多种解决问题、消除不协调、使系统在更高层次实现平衡的创新构想。

（3）迅速行动，创新成功的秘密主要在于迅速行动。创新的构想只有在不断地尝试中才能逐渐完善，企业只有迅速行动才能有效地利用“不协调”提供的机会。

（4）坚持不懈，构想经过尝试才能成熟，而尝试是有风险的，是可能失败的。创新的过程是不断尝试、不断失败、不断提高的过程。